大流士一世(前558~前486)

波斯帝国君主,经大流士一世的改革,波斯成为第一个横跨亚欧非三大洲的强盛帝国。

铸刻太阳神雕像的艾哈诺姆银盘

亚历山大大帝在中亚阿姆河畔建立了一座城堡"阿姆河上的亚历山大",即艾哈诺姆遗址。这个银盘见证了希腊文化对中亚的影响。

伊苏斯之战

公元前333年11月,亚历山大大帝的马其顿军队与波斯王大流士三世精锐的近卫骑兵在伊苏斯(Issus)开战。亚历山大东征客观上促进了东西方的交流。

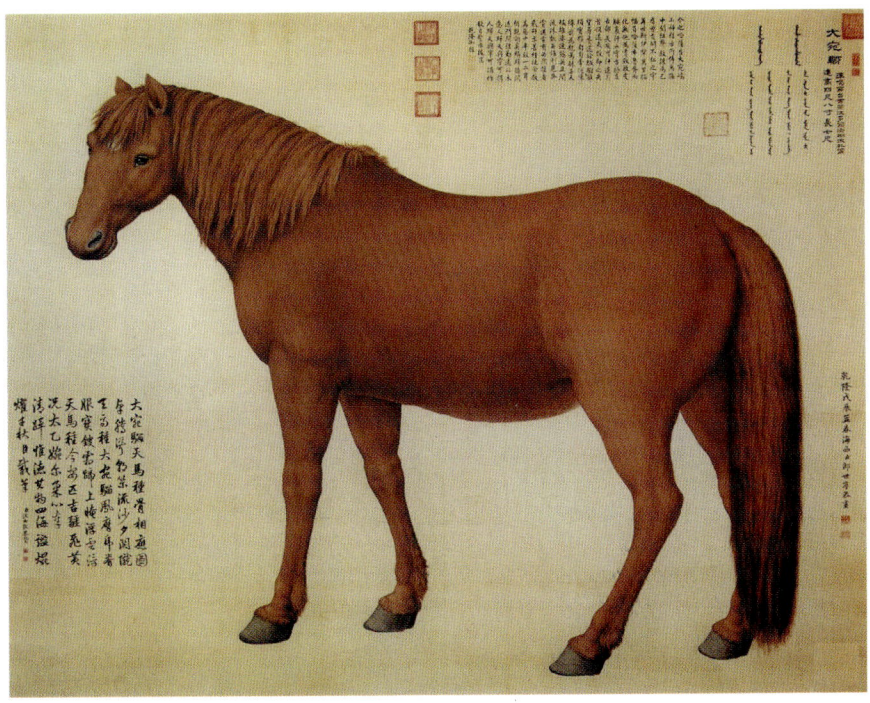

清郎世宁绘十骏图之大宛骝

因大宛的汗血宝马比乌孙马更矫健,汉武帝把因此把"天马"的名称转赐予大宛马。因大宛宝马,汉帝国与大宛还爆发了两次战争。

蚕种西传版画

于阗王为获得中原丝绸技术，派人向亲汉的鄯善求娶公主。图中描绘了"传丝公主"如何巧妙地躲避检查，将蚕种带到于阗的经过。

阿尔达希尔一世（公元226至公元240年在位）

阿尔达希尔一世推翻了安息末代君主的统治，建立了强盛的萨珊波斯帝国。

齐诺碧娅女王

齐诺碧娅女王是3世纪时帕尔米拉王国女王,她高举反抗罗马帝国的旗帜,后被罗马打败。图中齐诺碧娅女王手戴镣铐,对帕尔米拉望着最后一眼。

库思老一世(531至579年在位)

库思老一世是六世纪萨珊波斯国王,其在位时萨珊朝最为繁盛。铸币上描绘了库思老一世狩猎的场景。

犍陀罗文化

犍陀罗文化是西方希腊文化和东方佛教文化在丝绸之路上交汇产生的一种典型的混血文化,有"希腊式佛教"艺术之称。

吐蕃赞普松赞干布（617~650）

唐时吐蕃首领，采取了一系列措施，促进了吐蕃的全面发展。贞观十五年，与唐文成公主联姻，促进了唐朝与吐蕃的经济、文化交流。

巴米扬大佛

巴米扬大佛在今阿富汗巴米扬省境内,见证了佛教在中亚的传播,后被毁。晋高僧法显及唐朝玄奘曾瞻仰过巴米扬大佛。

捣练图

捣练图为唐代画家张萱名画,此为宋徽宗临摹本,今藏于美国波士顿博物馆。图中描绘了唐代妇女在捣练、熨平、缝制丝绸等的情景。

职贡图

唐阎立本所绘,描绘了唐时外国使节前来朝贡的盛况。

张议潮统军出行图

此为敦煌莫高窟壁画,描绘了唐时敦煌地区最高统治者张议潮,接受唐朝廷敕封为河西节度使后,统军出行的浩大场面。

玄奘取经图

唐高僧玄奘于贞观元年(627)一人西行五万里,历经千辛万苦到达印度取得真经。此图为日本人镰仓时期所绘,藏于日本东京博物馆。

柯胜雨 著

丝绸之路千年史

从长安到罗马

FROM
CHANG'AN
TO ROME

陕西师范大学出版总社

图书代号　SK18N0987

图书在版编目(CIP)数据

丝绸之路千年史：从长安到罗马/柯胜雨著.—西安：陕西师范大学出版总社有限公司，2018.10
ISBN 978-7-5695-0065-3

Ⅰ.①丝⋯　Ⅱ.①柯⋯　Ⅲ.①丝绸之路—历史
Ⅳ.①K928.6

中国版本图书馆CIP数据核字（2018）第142481号

Sichouzhilu Qiannian Shi: Cong Chang'an Dao Luoma
丝绸之路千年史：从长安到罗马

柯胜雨　著

出　版　人／刘东风
责任编辑／刘　定　郑若萍
责任校对／郑　萍　王　翰
封面设计／安　梁
出版发行／陕西师范大学出版总社
　　　　　（西安市长安南路199号　邮编710062）
网　　　址／http：//www.snupg.com
印　　　刷／西安市建明工贸有限责任公司
开　　　本／720mm×1020mm　1/16
印　　　张／25.5
插　　　页／8
字　　　数／353千
版　　　次／2018年10月第1版
印　　　次／2018年10月第1次印刷
书　　　号／ISBN 978-7-5695-0065-3
定　　　价／88.00元

读者购书、书店添货或发现印装质量问题，请与本公司营销部联系、调换。
电话：（029）85307864　85303629　传真：（029）85303879

目 录

第一章　世界两端
穆天子开辟玉石之路/001

亚历山大东征/007

吾爱希腊留遗篇/014

麻烦制造者匈奴/020

第二章　凿空西域
开拓者张骞/025

马邑败谋/029

中亚巨变/034

西行漫记/039

世界史开幕第一人/045

张骞归来/051

第三章　开拓丝路
帝国反击战/057

汉匈决战漠北/063

细君公主和亲/069

汗血宝马万里归/076

浚稽、燕然大战/082

第四章　西域攻略

刺杀楼兰王/089

结乌孙、开都护府/094

伐康居郅支毙命/102

号令西域/109

第五章　三绝三通

王莽乱政西域反/118

班超奇兵通丝路/125

血战疏勒城/133

贵霜崛起与西域二通/141

甘英西使大秦国/148

虎子班勇继父业/157

乱世之中的西域/162

萨珊波斯帝国/167

第六章　古道佛光

僧侣的足迹/173

丝绸贸易战争/178

出兵十万只为一僧/182

法显西行/188

丝路贸易反垄断/193

北魏经营西域/197

宋云、惠生西行/203

第七章　丝路战争

拜占庭–波斯争霸/207

突厥的奇迹/211

丝绸之吻/217

突厥大分裂/221

隋炀帝西巡/226

粟特与昭武九姓/231

第八章　拓疆西域

暴风雨前夕/238

唐太宗西征高昌/245

玄奘法师西游/248

扬威曲女城大会/255

唐、突决战西域/262

新皇帝的麻烦/268

"丝路命运共同体"/274

第九章　三国四方

两面告急/280

重置安西四镇/286

武则天光复安西/293

吐蕃、大食与突骑施/299

屈底波征服粟特/306

"丝路卫士"苏禄可汗/314

唐玄宗自毁门户/320

第十章　怛逻斯城

开元、天宝辉煌/331

"山地之王"高仙芝/336

"真主的化身"并波悉林/342

鏖战阿特拉赫小镇/346

并波悉林之死/353

杜环西行/358

第十一章　日暮丝路

安史之乱/364

西域易主与悟空西行/369

支离破碎的西域/377

落日余晖：张议潮归唐/382

丝绸之路更替/388

参考书目/394

第一章　世界两端

穆天子开辟玉石之路

正如美国著名学者塞缪尔·亨廷顿在其代表作《文明的冲突与世界秩序的重建》中所说的，"文明也在地理上相互分离……分割文明的距离和有限的克服距离的交通工具，限制了交流和商业关系"。从北非的尼罗河流域，到西亚的两河流域，再到南亚的印度河流域，最后直至远东的黄河流域，那里的远古原住民就像距离遥远的几个盆栽，贪婪地吸收阳光，各自绽放出孤傲而艳丽的花朵。

但是随着枝叶的蔓延，距离较近的盆栽偶尔也会相互触碰，甚至巧合遭遇，缠绕在一起。横贯东西方、绵延数万里、蜿蜒起伏的丝绸之路，就是相隔千山万水的几个文明不断外延、偶然间相互碰撞的产物。

众所周知，德国地理学家费迪南·冯·李希霍芬在1877年最先提出"丝绸之路"一词，泛指中国与欧洲之间最古老的贸易路线，货物以丝绸织品为最大宗，故名。但是丝绸之路承载的不仅是丝绸贸易等热络的商业往来，还有刻骨铭心的战争冲突与和平交流，是一条融汇几大文明的纽带，也无疑是人类历史上至关重要的大陆交通线。

丝绸之路穿越漫漫黄沙，跨过崇山峻岭，而此路的头号功臣，当属忍渴负重、耐饥奔劳、有"沙漠之舟"美誉的神奇动物——骆驼。叮当脆亮的驼铃声，见证了灿烂的辉煌岁月，也牢记了黯然的衰微年代，亘古不散，激荡在永恒的时空之中。

然而，丝绸之路最先却是一条玉石之路。其最早的开拓者不是骆驼，而是骏马，更确切地说，是八匹拥有瑰丽名字的骏马。

三千五百万年前，亚洲大陆上的喜马拉雅板块发生了剧烈的运动，中华民族名闻遐迩的瑰宝——和田玉就是拜其所赐。和田玉色泽温雅、质感柔润、坚固致密，是中华民族性情与修养的象征，造就了世界上独树一帜的玉文化。

从公元前1300年开始，和田玉沿着塔里木盆地南缘，穿过河西走廊，源源不断地运抵中原，成为历代王朝热捧的至宝。殷商王武丁的妃子，女政治家妇好就是位狂热的玉器嗜好者，人们在她的陵墓中发掘出七百余件玉器，有琮、璧、璜等祭祀礼器，其中半数是和田玉。

周王朝的第五位统治者——周穆王西巡昆仑山，更是玉石之路上的一段传奇，也是和田玉从西域输入中原较可信的最早历史记载。

公元前939年，一阵阵喧哗声击碎了河西走廊的幽静。两辆豪华大马车，尘土飞扬，昼夜不息地向西疾驰而去。周穆王坐在前头的主车上，由四匹骏马并排拉着，中间驾车辕的两匹服马，左边的叫绿耳，右边的叫骅骝，两侧的骖马，左边的叫白义，右边的叫赤骥，驾驭者是当时最出色的马车夫造父。后头的副车也是由四匹骏马拉着，中间的两匹服马，左踰轮，右渠黄，两侧的骖马，左盗骊，右山子。马车夫也是一个叫柏夭的高手。

周穆王的目的地是号称"群玉之山"的昆仑山。传说昆仑山上住着一个千年不老的西王母，早在渺远的莽荒时代，忙于治理洪水、三过家门而不入的大禹就曾经请益过西王母，同她探讨人生观和世界观。

周穆王赴昆仑山私会西王母的事迹在先秦典籍中屡见不鲜。伟大的诗人屈原在《天问》中，对周穆王的罗曼蒂克发出了羡慕的质疑："穆王巧梅，夫何为周流？环理天下，夫何索求？"——那周穆王策马扬鞭，为什么要环游天下？周穆王的行迹遍及天下，到底在追求什么呢？

几百年后，屈大夫的疑问找到了答案！

西晋的盗贼从与屈原同年代的魏襄王陵墓里挖出一大堆烂竹简，经过官方学者整理成书后，有两部轰动一时：一部是历史传奇小说《穆天子传》，另一部是可信度极高的史书《汲冢纪年》。二者相互印证，使得这位生性好动、喜欢驴行天下、富有探险精神的周天子，鲜活地重现在世人眼前。

根据《汲冢纪年》的记载，周穆王一生都在巡行天下，他北征过，也南征过，但是最令周穆王自豪的，无疑是以天子之尊，向西开拓，踏出了一条亘古未有的通天大道。周穆王的西行开始于其在位第十三年，他让赵氏的始祖造父驾驭大马车，远程奔跑了三千余里，"至于青鸟之所憩"，也就是丝绸之路要地敦煌的三危山。

正当周穆王沉溺于山水之乐，流连忘返之时，后院起火，东夷盟主徐子竖起反旗，僭越称王，自号徐偃王，在陈、蔡之间挖了一道运河，准备陆地行舟，直捣镐京。一旦老巢被端，社稷就将荡然无存。救兵如救火，周穆王不得不掉头东下，日驰千里，火急火燎地赶回镐京，平定徐偃王叛乱。

徐偃王扰乱了周天子与西王母共舞于昆仑山山顶的清梦。四年之后，也就是公元前939年，周穆王驾驭八骏马，再次西巡。周穆王沿着四年前的大道，出了镐京，向西北直线狂奔一千五百里，终于如愿以偿，抵临令人神往的昆仑山。

昆仑山不愧为群玉之山，到处都是玉矿，《穆天子传》甚至说"寡草木而无鸟兽"——昆仑山草木稀少，罕有飞鸟走兽，除了玉还是玉。周穆王在昆仑山脚下安营扎寨，命令工匠大肆开采玉矿。休整了四天，周穆王指定邢侯为采矿基地的负责人，留下督工，自己则带着"玉版三乘、玉器服物"，"载玉万只"，继续拜访西王母。

这座昆仑山并非西域那座高耸入云的巍巍昆仑，而是在青海西宁附近，距离镐京超过一千五百里①。周穆王所拜访的西王母,也并非后人想象中的那样,是一位雍容华贵、器宇轩昂的神仙富太太。《山海经·西山经》中说:西王母居住在玉山之山,"其状如人,豹尾虎齿而善啸,蓬发戴胜,是司天之厉及五残"。按照《山海经》的说法,西王母青面獠牙,拖着一条五彩斑斓的豹子尾巴,声音尖刺,而且蓬头散发,戴着一种叫胜的玉饰,显得很不协调,令世人对她的美好想象瞬间化为乌有。如此"面目可憎"的西王母,就是远远望着也胆寒,更别说与她促膝而谈,对饮到天亮了。

《山海经》对西王母的记载有妖魔化的嫌疑。西王母实际上是羌人先民部落的女性酋长,她不但才华出众、善解人意,而且对中原地区的富庶与发达心驰神往。周穆王也让西王母见识到了中原王朝君主的阔气与豁达,他给西王母的见面礼除了白圭玄璧,还有金玉百斤、锦组百缕——扎堆的精致丝织品。这也是丝绸第一次出现在玉石之路上的历史记载,而那些白圭玄璧应该就是通过玉石之路输入中原的和田玉加工品。

周天子从中原带来的精致礼物令西王母眼睛一亮,她毫不客气地照单全收。于是开始了丝绸之路上最浪漫的一段故事,两人宾礼相待,在瑶池终日畅饮,直到醉玉颓山。但是宴会上,西王母却如同深宫怨妇,为穆天子唱了一首充满哀愁与期待的歌谣:"白云在天,山陵自出。道里悠远,山川间之。将子无死,尚能复来?"——蓝蓝天空白云飘,高山峻岭连绵起伏。眺望远方路悠悠、青山绿水低问:若君王长命百岁,能再来一次否?

西王母情真真、意切切,仿佛心中的挚爱即将远离。听得周穆王心都碎了,也附和一首,"其辞哀焉":"予归东土,和治诸夏。万民平均,吾顾见汝。比及三年,将复而野。"——我回到东方去,把国家治理好。百姓安居乐业,还会来看你的。与卿相约三年,再聚首此原野!

---

① 《汉书·地理志》云:金城郡临羌,西北至塞外,有西王母石室、僊海盐池。北则湟水所出,东至允吾入河。西有须抵池,有弱水、昆仑山祠。公元4年,金城塞外羌人内附,汉遂得西王母石室,置西海郡管辖。

周穆王与西王母互相倾慕，彼此陶醉。可是天下没有不散的筵席，周穆王终究是要回去的。度过了一段甜蜜而温馨的时光，周穆王依恋不舍，辞别之际惆怅地长吁短叹："於乎！予一人不盈于德而谐于乐，后世其追数吾过！"——哎呀！我这样子贪图一时的欢乐，不知道后世子孙将怎样数落我！

　　周穆王的担忧是多余的。他绝对料不到，自己将作为玉石之路或丝绸之路开拓者之一而名垂千古。玉石之路以和田为起点，向东、西两翼延伸。东道经河西走廊，入中原，全长六千里。西道越葱岭（帕米尔高原）抵达西域的大夏（Tokhara）、粟特（Sogdia）和花剌子模（Khwarizm）地区。①周穆王西巡，行程超过三千里，最远抵达敦煌。敦煌恰好处在玉石之路东道的中间位置。

　　周穆王西巡，也是一次卓有成效的贸易之旅。沿途所经，周穆王必以随身携带的丝绸锦帛、黄金珠带、铜器贝带（装饰品）等中原工艺品，馈赠于当地的土著部落。礼尚往来，土著部落也无比慷慨地将成批的牲畜、农副产品回赠给周穆王。双方出手都很阔绰，开了上古对外大宗贸易的先河。

　　比如，与周人血脉相连的赤乌氏，献上酒千斛、食马（肉用马）九百、羊牛三千、穄麦百车，周穆王立刻赏赐给赤乌氏酋长丌墨车四乘、黄金八百两、贝带五十、朱三百裹。曹奴氏酋长戏献食马九百、牛羊七千、穄米百车，周穆王还赐黄金之鹿、白银之獐、贝带四十、朱四百裹。与鄸韩氏的贸易量更大，鄸韩氏酋长无凫献良马百匹、服牛三百、良犬七十、牸牛二百、野马三百、牛羊二千、穄麦三百车，周穆王则赐赏黄金银婴四七、贝带

---

① 帕米尔高原，中国古代称为葱岭，隋唐地理著作《西河旧事》曰："葱岭在敦煌西八千里，其山高大，上生葱，故曰葱岭也。"大夏，即 Tokhara 的最早音译，南北朝后译称吐火罗，大夏一词消失，范围包括中亚兴都库什山脉北麓阿富汗的东北部地区，与葱岭接壤，古希腊人称之为巴克特里亚（Bactria）。粟特，或译索格底亚，位于今中亚阿姆河（Oxus，古称乌浒水）与锡尔河（Jaxartes，古称药杀水）之间的泽拉夫善河流域。花剌子模，又译作火寻，在今阿姆河下游、咸海南岸。

五十、朱三百裹。像这样的物品交换有十几次，都是大手笔成交量。

如此热络、频繁的贸易往来，为日后数千年丝绸之路商业的繁荣发展奠定了坚实基础。开拓丝绸之路，周穆王居功至伟！

当周穆王的八骏马铁蹄铮铮，踏出丝绸之路东半段的同时，世界的另一端发生了哪些事？

在非洲的尼罗河流域，古埃及第二十一王朝刚刚落下帷幕。尼罗河三角洲的猫崇拜之风愈刮愈烈，家家户户都在养宠物猫。利比亚王子舍顺克夺取了尼罗河三角洲，就把都城设在猫女神巴斯特的圣城布巴斯提斯，建立古埃及第二十二王朝。

在地中海东岸耶路撒冷城内，犹太人的睿智之王所罗门大兴土木，完成了老爹大卫王未竟的建殿大业。他花了七年的时间，建造了上帝在俗世的住宅——金光灿灿的圣殿。又花了十三年的时间，让腓尼基工匠用精美的石块、香柏木、金银铜饰，堆砌了一座更为奢侈豪华的王宫，供自己居住。

在西亚两河流域，提格拉斯-皮勒塞二世正沾沾自喜地坐在王位上，俯瞰着疆域辽阔的亚述帝国。亚述帝国是一个充满血腥味的军事强国，经过三个多世纪的不断扩张，四周强敌俯首称臣，提格拉斯-皮勒塞二世成了一个雄踞西亚、不可一世的霸主。

日升月落，亚述帝国在亚非大陆横行近千年之后，终于在公元前612年被崛起于伊朗高原的米底王国所灭。米底王国战乱不断，很快就灭亡了。地处偏远西南的波斯部落酋长居鲁士起兵反叛，厮杀了三年，公元前550年，居鲁士攻陷埃克巴塔那①，在米底王国的废墟上建立了波斯帝国。

这个时候，东方的周王朝也是干戈四起、烽火连天。天下共主——周天子徒有虚名，地方五个诸侯你方唱罢我上台，轮流坐庄，争当霸主。孔圣

---

① 埃克巴塔那（Ecbatana），米底王国都城，今伊朗哈马丹。后为丝绸之路上的重镇，中国古代史书称之为阿蛮。

人带着满腔的复古热忱，跟他的信徒们周游列国，整天高喊"克己复礼"，推销和平主义，却无人理会。诸侯们忙于抢占地盘，掠夺人口和财富，早将四百年前周穆王西巡、开拓玉石之路（或丝绸之路）的丰功伟业抛到九霄云外去了，一路向西的壮举已成绝响。

亚历山大东征

剽悍的波斯人没有丧失开疆拓土的雄心。从公元前545年起，居鲁士亲率波斯大军，如同汹涌澎湃的潮水，凶猛地杀奔东方。战火燃烧了六年，大夏、粟特、花剌子模等地区相继沦陷，波斯人把势力范围扩展到了印度河、锡尔河流域。虽然距离玉石之路的起点和田尚有一千五百多千米，但是帕米尔高原并非遥不可及。

公元前530年，居鲁士东征，或许他的目标包括帕米尔高原，可是在横渡阿姆河时，他被一个印度人用尖矛刺死，波斯人的东进运动也因此而止。大流士一世执政后，为了巩固统治，致力于行政和财政改革。他施行一种全新的赋税制度，类似中国封建王朝的一条鞭法，规定帝国境内所有行省一律以白银征收。按照规定，大夏、粟特、花剌子模等中亚地区的居民每年必须缴纳九千千克白银。

大流士一世改革富有成效，波斯成为古代世界第一个横跨欧亚非三大洲的帝国。境内的交通异常发达，修筑了覆盖全帝国的驿站网络，其主干是西境的一条皇家大道，全长超过两千千米，犹如今天的高速公路，马匹和车辆飞驰而过，可以从西亚的苏萨经美索不达米亚，直抵小亚细亚半岛的以弗所，一路畅通无阻。大道上有一百一十一个驿站，旅店随处可见，人烟稠密，十分安全。

帝国东境也有一条交通大道，从最东边的兴都库什山，经大夏通往美索不达米亚。来自粟特和大夏的青金石、肉红玉髓，来自花剌子模的绿松石，还有印度的象牙和香料，通过这条大道，被商贩们的骆驼群不断地运往巴比

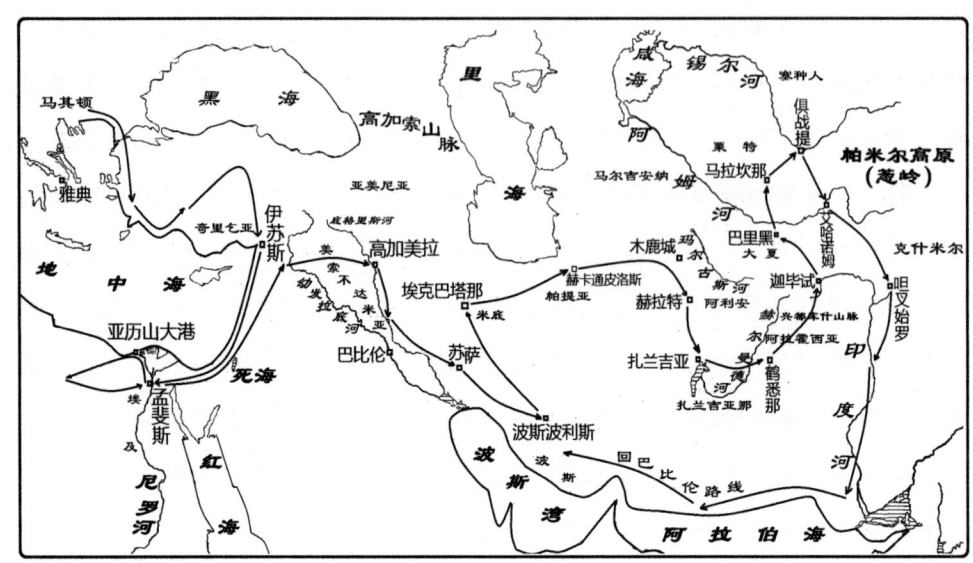

图1　亚历山大大帝东征示意图

伦、埃克巴塔那等上层贵族聚居地。青金石和绿松石都是中国古籍中记载的奇异宝石，价值连城，它们也通过中国境内的玉石之路传入中原。于是形成了一条横跨欧亚大陆的国际商品贸易和文化双向交流的大道，实际上就是未来的丝绸之路。

此时的丝绸之路像一只刚刚孵化破壳而出的雏鸟，浑身滑溜溜的。再经过漫长的一二百年，希腊城邦马其顿国王亚历山大大帝（Alexander the Great）东征仇敌波斯，这只雏鸟沐浴在熊熊战火之中，羽毛渐丰，终于长出它的模样了。

希腊与波斯的宿怨始于公元前480年，波斯王薛西斯一世率领大军漂洋过海，亲征希腊半岛。入侵者与反抗者进行了近两百年的殊死搏斗，虽然希腊人也曾经取得了萨拉米斯海战等胜利，但是波斯侵略者带来的巨大屈辱，一直在全体希腊人心中留下难以抹去的伤痕。

复仇！复仇！成为几代希腊人的强烈愿望。

公元前359年，在东西方同时出现了两位雄心勃勃的君主。东方是秦孝公，任用商鞅变法，使得秦国渐渐成为战国时代最强盛的诸侯国。西方是腓力二世，当上了希腊城邦马其顿的国王。马其顿地处希腊中北部，像秦国那样也是边陲小国，但在腓力二世的带领下，脱颖而出，跻身希腊最重要的城邦之列。

腓力二世被拥戴为科林斯同盟的盟主，成了全体希腊人的希望。报复万恶的波斯人，腓力二世责无旁贷。公元前336年夏天，马其顿举国上下磨刀霍霍，腓力二世也是踌躇满志，准备统领希腊盟军寻找老仇家波斯人出气。孰料天有不测风云，腓力二世惨遭暗杀。出师未捷身先死，噩耗传来，爱琴海为之哀鸣，希腊半岛为之震动。

所有希腊人的目光都紧紧地盯在年轻王子亚历山大身上。此时他刚年满二十，这个嘴上没毛的帅小子能够继承父志，实现全体希腊人的夙愿吗？历史证明，这位帅气的小伙子不但是世界古代史上伟大的军事统帅之一，而且近乎神明，在那个时代，还没有哪位凡人可以超越他，或者与他比肩。亚历山大的领袖风范与生俱来，十六岁时，老爹腓力二世率军远征，亚历山大就担任摄政王，留守国内。东边的色雷斯人瞧不起这个乳臭未干的毛孩子，企图乘虚而入，结果被亚历山大杀得片甲不留，连都城也成了亚历山大的战利品。

如此的天才人物一旦登基，腐朽的波斯帝国注定难逃覆没的厄运。公元前334年春天，亚历山大在安定后方之后，扬帆而去，横渡达达尼尔海峡。远征船队抵达小亚细亚岸边时，亚历山大第一个跳下战船，把一根长矛狠狠插在地上，摆了一个霸气的姿势，宣告自己即将是这片大地的主人。

亚历山大首先扫荡小亚细亚半岛，以剪除后顾之忧。公元前333年11月，在奇里乞亚的伊苏斯（Issus），亚历山大的马其顿军队与波斯王大流士三世精锐的近卫骑兵首度对垒，打响了复仇的第一枪。

仇人相见分外眼红，双方在狭窄的平原杀得天昏地暗。希腊人憋了两百年的仇恨瞬间爆发出来，势不可挡。大流士三世一败涂地，逃之夭夭，老母妻儿等所有王室成员尽数被俘。亚历山大还缴获了一个金匣子，于是把平生的最爱——《伊利亚特》放进去，书中有帝师、希腊圣贤亚里士多德专门为亚历山大做的详尽注解。

伊苏斯初战告捷，通往南边叙利亚、巴勒斯坦的门户洞开。亚历山大沿着海岸线继续南下，一路所向披靡，很快就杀入埃及。公元前332年11月，亚历山大自封为埃及法老。亚历山大乘坐一条船，从金字塔林立的孟菲斯溯尼罗河北上，亲自在尼罗河三角洲选定一个点，修建远征军的补给基地。翌年4月7日，尼罗河口开始冒出一座新的城市——亚历山大港①，此后这座城市独领风骚一千一百年，在公元10世纪之前一直是世界第一大港，扮演着欧亚非三大洲商贸中心的重要角色，也是丝绸之路的一个终点。

亚历山大港建成之后，亚历山大继续他的征讨大业。公元前331年8月，亚历山大远征军抵达西亚的美索不达米亚平原，10月1日，在巴比伦以北、著名的皇家大道附近，爆发了东征以来最惊心动魄的一战——高加美拉之役。大流士三世聚集二十五万大军，倾城而出，准备与亚历山大的四万七千人马决一死战。

决战之前出现了一次月全食，搞得双方将士人心惶惶。交战时亚历山大竖起他的战旗，面对优势敌人，采取了中央突破的战术，马其顿骑兵以排山倒海之势冲杀过去。波斯帝国气数已尽，混战之中大流士三世的马车夫被亚历山大投出的标枪刺死，大流士三世吓得屁滚尿流，跳上一匹快马仓皇而走，再次成了可耻的逃兵。国王一跑，波斯人阵脚大乱，全线溃退，遗尸超过十万具。残余的士兵抛弃了他们的指挥官，逃回各自的城市。亚历山大大获全胜，将波斯帝国的半壁江山收入囊中。

此后，亚历山大挟高加美拉大胜之余威，继续东进，一路上势如破竹，相继攻陷苏萨、波斯波利斯、埃克巴塔那三大都城，虏获人口、金钱、牲畜无数，基本上摧毁了波斯帝国两百多年的基业。

次年春天，亚历山大穷追不舍，命运不济的大流士三世走投无路，从西

---

① 在宋代赵汝适的《诸蕃志》中，亚历山大港被称为遏根陀国。

亚逃往中亚的大夏，结果死于大夏总督贝苏斯之手，并被弃尸于途，波斯帝国至此覆灭。7月，大流士三世的遗体被送到亚历山大的大本营，亚历山大得意扬扬地穿戴起混合式的东方服饰，宣布自己就是波斯之王。8月，亚历山大又马不停蹄地杀奔大夏，追打大流士三世的谋杀者贝苏斯。

公元前329年春天，亚历山大翻越"印度的高加索"——兴都库什山脉，在此修筑了一座城市"高加索的亚历山大里亚（Alexandria on the Caucasus）"。留驻七千马其顿人、三千雇佣军、数千希腊人，其余大部队开进大夏境内，但是贝苏斯早已逃到北方的粟特去了。亚历山大气得嗷嗷大叫，声称就是翻遍整个地球，也要把这个杀人犯缉拿归案。于是希腊人又渡过阿姆河，冒冒失失地闯入了粟特人的领地，这也是欧洲人第一次将势力延伸到丝绸之路的西端。

粟特人生活在阿姆河与锡尔河之间的泽拉夫善河①流域由沙漠环绕的肥沃绿洲上。他们深目高鼻，个个都是经商的能手。他们曾经被波斯人奴役过，但是不屈不挠，顽强抗争。现在，闯进他们家园的是一大群远比波斯人强大的欧洲人。粟特人依然无畏地拿起武器，誓死捍卫家园。

是年夏天，部将托勒密在粟特逮住了贝苏斯，将他就地处决。亚历山大则顺势，一举攻陷粟特人的都城马拉坎达（即撒马尔罕），在那儿建立远征军统帅部。但是粟特人纷纷揭竿而起，尤其以当地贵族斯皮塔米尼斯领导的义军英勇善战，最令亚历山大头疼。斯皮塔米尼斯一度收复马拉坎达，把亚历山大赶到城外去。

面对粟特人马蜂式的疯狂围攻，亚历山大不得不采取血腥屠戮政策——凡抵抗者，城破之后，成年男人一律被斩尽杀绝，女人和孩子则被贩卖为奴隶，并化整为零，与斯皮塔米尼斯展开异常艰苦的游击战。

---

① 泽拉夫善河（Zarafshan River），流经中亚塔吉克斯坦和乌兹别克斯坦境内，隋唐时称为那密水。

为了切断斯皮塔米尼斯的外援，亚历山大又用皮筏渡过锡尔河，打击北边的土著塞种人，并在锡尔河南岸建立了"最远的亚历山大里亚（Alexandria Eschate）"，用来安置马其顿和希腊老兵，以及粟特奴隶，它就是未来丝绸之路上的交通要塞俱战提或贵山城①。但是天气炎热，希腊人水土不服，士兵们像枯萎的稻草秆一样接二连三病倒了，就连健壮如牛的亚历山大也支撑不住，只好放弃征服塞种人的念头，把军队撤回马拉坎达城，重点围剿斯皮塔米尼斯的反抗力量。

斯皮塔米尼斯善于打游击战，神出鬼没，若跟他一味纠缠不休，势必陷入战争沼泽，这亚历山大可玩不起。狡猾老道的亚历山大采取了两个手段：其一是"掺沙子"，在粟特境内修筑了许多冠以亚历山大名号的城堡，迁居大量的希腊人和马其顿人；其二是"怀柔政策"，拉拢粟特的其他贵族，不断压缩斯皮塔米尼斯的生存空间。

亚历山大的谋略很快就奏效，公元前328年11月，斯皮塔米尼斯死于一个塞种人叛徒手中。粟特义军群龙无首，被亚历山大逐个击破。

次年春天，远征军经过苦战之后，攻拔了马拉坎达周边的粟特山，荡平义军的最后几个据点，持续了两三年的平叛斗争终于落下帷幕。为了庆祝这场胜利，亚历山大在马拉坎达附近的一个狩猎场组织了一次大规模的狩猎活动，共有四千多只野兽被杀死，其中还有不少凶猛的狮子。

大夏和粟特等地平定之后，亚历山大于此年夏天率三万远征军，沿着喀布尔河南下入侵印度。战至公元前324年春，亚历山大返抵巴比伦，东征结束。

亚历山大东征既是一场军事的征服，也是一次文明的传播。从遥远的地中海刮来了一股强劲而又清新的海风——古希腊文明，驱散了中亚地区的混浊陈旧，并在那儿生根发芽，滋长出粗壮的枝叶，这就是历史上著名的中亚

---

① 俱战提，或说即汉代大宛国都贵山城，今塔吉克斯坦第二大城市苦盏。

希腊化。

中亚希腊化只不过是希腊全球化一个有机部分，其背后推手亚历山大是古希腊文化彻头彻尾的崇拜者。古希腊哲学之集大成者、圣贤亚里士多德终身追随亚历山大，两人的师生关系非同一般。在亚历山大的身边，有一大群学问高深的古希腊智者，比如哲学家阿那克库及其弟子——怀疑学派的创始人皮洛、历史学家卡利斯提尼斯等等。

亚历山大在转战中亚期间，也按照古希腊人的传统，举办了奥林匹克运动会、酒神赞歌比赛、戏剧比赛等各种富有古希腊特色的竞技比赛。

为了控制被征服的中亚地区，亚历山大在交通便捷之处建立了七十多座城市，用来安置远征军将士及他们的家属，掀起了世界古代史上兴建城市的热潮。所有的城市都冠以亚历山大的名字，它们绝大多数都是日后丝绸之路的必经要地，从建筑布局到文化生活，都深深地打下了希腊式的烙印。马拉坎达城内的孩子们，可以倾听老人给他们讲海上女妖塞壬的故事；喜爱文学的粟特年轻人，也可以吟诵荷马史诗；而大夏的艺术家们则可能从米隆的掷铁饼者得到灵感。总之，一夜之间，中亚地区脱胎换骨似的，与万里之外伯罗奔尼撒半岛上的古希腊诸城邦没什么两样。

表1　亚历山大在中亚建的几个著名城市

城市名称	中国史籍译名	今地名或位置
Alexandria Arachosia		阿富汗坎大哈
Alexandria Ariana	也里（元代名称）	阿富汗赫拉特
Alexandria Eschate	俱战提、贵山城	塔吉克斯坦苦盏
Alexandria in Margiana	木鹿城、马鲁、谋夫	土库曼斯坦马雷
Alexandria in Opiania	鹤悉那、伽色尼、哥疾宁	阿富汗加兹尼
Alexandria on the Caucasus	迦毕试、高附国	阿富汗喀布尔谷地
Alexandria on the Oxus	（张骞出西域时已废弃）	阿富汗北部艾哈诺姆遗址

亚历山大也兴致勃勃地凝视着被征服的已知世界，在自己的统治下日益繁荣起来。他正三十出头，年富力强，前程不可估量。但是命运偏偏给他开了个大玩笑，公元前323年6月13日，亚历山大在巴比伦患热病暴卒，年仅三十二岁。亚历山大留给后人的遗产异常可观，一个遍及欧亚非三大洲的希腊世界。

吾爱希腊留遗篇

亚历山大帝国版图之辽阔，旷古未有。东西五千千米，南北两千五百千米，就像一只巨大的鳄鱼，地中海则成了血口大张的鳄鱼嘴，上颚是海岸线崎岖的希腊半岛，下颚是富饶的尼罗河流域。它的庞然身躯横卧在亚洲大陆上，四肢紧抓着里海和波斯湾，尾巴则翘到中亚的帕米尔高原和锡尔河去了。在帝国境内，希腊语成了通用语言，从地中海到印度河，宙斯神也被人们高高供起。

帝业犹存，开创者却驾鹤归西，令人唏嘘不已。更令人感慨万千的是，随着亚历山大这个擎天柱的轰然倒塌，整个帝国迅速滑入混乱无序的状态。

亚历山大临终遗言，把国王留给最强的人。短短一句话，让无数英雄竞折腰。结果亚历山大尸骨未寒，手下的几员大将就为了争抢遗产，不惜撕破脸皮，杀得你死我活，把古希腊人崇尚暴力美学的传统表现得淋漓尽致。在亚历山大死后的二十二年中，发生了四次继承者战争。各路军阀征战不休，生灵涂炭，庞大的帝国也被豆剖瓜分。

几个继承者中，不起眼的马其顿近卫兵指挥官塞琉古（Seleucus）后来者居上，夺取了亚历山大东征期间在亚洲打下的全部江山，于公元前305年建立塞琉西（Seleucid）王国，定都安条克①，中国古代史籍称之为条支。亚历山大的另一悍将托勒密也不甘落后，在尼罗河三角洲的亚历山大港自立为王，

---

① 安条克，今土耳其南部的安塔基亚（Antakya）。

建立托勒密王国，统治着埃及地区。

条支王国的情况不妙，很快就陷入动荡不安的局面。境内的总督们蠢蠢欲动，于是出现了争先脱离条支王国的多米诺骨牌效应。

公元前282年，小亚细亚西北部、爱琴海边的帕伽马城主阿塔罗斯率先发难，宣布独立，建立了帕伽马王国。

公元前256年，东北部的帕提亚总督安德拉戈拉趁着条支王国与托勒密王国忙于交战，无暇东顾，宣布脱离安条克朝廷，建立了中亚第一个希腊化政权——帕提亚（Parthia）王国。

邻近的大夏总督、希腊人狄奥多图斯一瞧帕提亚人动手了，也坐不住了，在蓝市城①高举独立大旗，中亚地区又诞生了一个希腊化政权——希腊-巴克特里亚王国，又称巴克特里亚王国，中国古代史籍则称之为大夏，即后世的吐火罗。巴克特里亚王国最鼎盛时，领地囊括兴都库什山脉北麓的大夏，北边泽拉夫善河流域的粟特，西边的木鹿城、赫拉特等地区。

穷兵黩武的条支王安条克二世对东面的叛乱无能为力，只好眼睁睁地看着大半江山易主。曾经的奴隶，"一群一文不名的乌合之众"——里海边的帕尼部落见势而起。就在年幼的秦始皇登基的同一年，公元前247年，帕尼人在酋长阿尔萨息斯的率领下杀入帕提亚，打死国王安德拉戈拉，建立了阿尔萨息斯王朝，中国古代史籍称之为安息。

安息与大夏两个王国大致以玛尔古斯河为界，立国之初，大夏版图比安息辽阔。而亚历山大生前在印度河流域的殖民地，因遭到北印度摩揭陀国孔雀王朝的大举反攻，早已丧失殆尽。

就这样，到了公元前3世纪中期，在中亚地区冒出了两个希腊化王国——大夏与安息。再加上退缩西亚的条支王国（塞琉西）、小亚细亚的帕伽马王

---

① 蓝市城，今阿富汗北部、阿姆河上游南部的巴尔赫（Balkh），又名巴里黑。蓝市城、蓝氏城、拔底延、缚喝、监氏城都是巴里黑不同时期的译名。

国、埃及的托勒密王国,以及希腊半岛的安提柯王国,一度辉煌灿烂的亚历山大帝国至此支离破碎,邦国林立。要是英明的亚历山大泉下有知,看到如此的乱局,肯定会气得在坟墓里直吐血。

唯一能让亚历山大感到欣慰的是帝国虽亡、文化尚存。亚历山大生前播种的希腊文明星星之火,在被征服的地区已成燎原之势,而且愈燃愈旺。特别是在托勒密王国,古老的埃及文明融入希腊文明之后,立即迸发出新的生机与活力,创造了更为辉煌灿烂的希腊化文化。亚历山大港受到智慧女神雅典娜的垂青与呵护,绽放出无比美丽的花朵,被誉为"黄金之城",据说拥有四千座宫殿、四千个澡堂、四百座剧场,以及一万两千名花匠、四万名纳贡的犹太人,熙熙攘攘,让昔日文化中心雅典望尘莫及,一跃成为希腊世界的新中心。

表2　希腊化时代的王国

王国(中国古代称呼)	存续时间	领土范围	灭亡于谁
塞琉西王国(条支)	前305年—前64年	西亚、中亚	罗马共和国
托勒密王国	前305年—前30年	北非埃及	罗马共和国
帕伽马王国	前282年—前128年	小亚细亚西北部	罗马共和国
安提柯王国	前276年—前146年	马其顿和爱琴海沿岸	罗马共和国
巴克特里亚王国(大夏)	前256年—前145年	帕米尔以西的阿富汗	大月氏
帕提亚王国	前256年—前247年	伊朗呼罗珊地区	安息
阿尔萨息王朝(安息)	前247年—前224年	伊朗呼罗珊地区	萨珊波斯

在中亚,大夏与安息受到了希腊文明的洗涤,伊人虽逝梦依旧,古希腊文化遗韵经久不息,一直延续到今日。希腊语成了两个王国的官方语言,那些高高在上的贵族们也以说希腊语为荣。国王们的诏书或命令都用希腊语发布,由使者传达到全国各地去;欣赏希腊艺人演出的希腊悲剧,成为一种时尚;国王们用标准的希腊语,跟来访的希腊智者高谈阔论;等等。总之,从

统治阶层到最下层的劳动人民，言必称希腊。希腊文化真正渗透进人们的细胞、人们的血液，甚至人们的灵魂中。

安息和大夏两个国家的钱币样式也都是从希腊钱币衍化而来的。安息的钱币正面是国王的大头像，反面则是一人身披斗篷坐在无靠背的座椅上，还刻有希腊语。但是从第五代安息王米特里达梯一世①开始，像其他希腊化政权的铸币那样，正面是系头带、面朝右的国王，反面则铸着希腊神祇，譬如众神之王宙斯、太阳神阿波罗、胜利女神尼姬，或者裸体站立的大英雄海格力斯等等。

安息的国王们还具有浓郁的"恋母情结"，他们对文化母邦——希腊真情表白，在钱币上铸有国王的名号——"爱希腊者"（Philhellene）。如此的情结发轫于米特里达梯一世，以后被列代国王所沿用，持续了四个世纪，直至安息灭亡的那一刻。

安息的邻国大夏如法炮制，从开国君主狄奥多图斯开始，就把挥舞雷电的宙斯作为自己的标识物——纹章刻在钱币上，以此证明自己也是希腊世界的一分子。

大夏无论是官方文书、献词或墓志铭，使用的都是原汁原味、地地道道的希腊语，丝毫看不出有任何异化的迹象。政府当局更是不遗余力地推广希腊智慧的精髓，如将六千千米之外希腊圣地德尔斐阿波罗神殿的箴言，颁行为市民的道德和文明规范，以昭示他们捍卫希腊传统的决心。

阿富汗北部的艾哈诺姆遗址，其前身就是亚历山大大帝在公元前328年春天修筑的一座城堡——"阿姆河上的亚历山大里亚（Alexandria on the Oxus）"。阿姆河上的亚历山大里亚靠近葱岭，坐落在今喷赤河与科克恰河的汇流处，是大夏王国的东北重镇。狄奥多图斯建国之后，指定希腊人基尼亚斯为此市的市长。

---

① 米特里达梯一世（Mithradates Ⅰ），公元前171年至公元前138年在位。

公元前250年左右，古希腊著名哲学家、亚里士多德逍遥学派的代表人物克利尔库斯云游四方，曾经造访此城。他携带着从德尔斐阿波罗神殿抄录的一百五十条箴言，万里迢迢而来，献给基尼亚斯。基尼亚斯大喜，当即下令将这些箴言刻在石碑上，作为公民道德准则，竖立在市中心。

历经沧桑，石碑虽荡然无存，但基座犹在。上面刻有一句克利尔库斯的题词："克利尔库斯精心抄录、搜集，在远方基尼亚斯的圣所闪闪发亮！"以及克利尔库斯抄录的最后一部分箴言："幼年时代，学习良好行为。青年时代，控制奔放热情。中年时代，努力实施公道。老年时代，凡事深思熟虑。去世之时，则无丝毫悔恨。"

这些箴言闪烁着古希腊的智慧光芒，充分显示了大夏王国的希腊移民们离乡不忘本、心系母邦的情怀，及祈盼获得太阳神阿波罗庇护的愿望！

在阿波罗光芒的照耀之下，远在中亚内陆深处的大夏王国逐步迈向强盛。第二任大夏王攸提德莫斯一世①靠谋杀狄奥多图斯上位，与他同时上台的条支王安条克三世②自认为真命天子、亚历山大大帝的继承人。为了扭转条支王国每况愈下的颓势，安条克三世进行了一系列对外战争。

公元前209年，安条克三世亲征安息和大夏，企图恢复在中亚的统治。条支大军攻势凌厉，很快就拿下安息的都城，迫使安息王称臣。紧接着，安条克三世又挥师东向，把大夏国都蓝市城围得水泄不通。

激烈的蓝市城攻防战打了三年，到了公元前206年，大夏王攸提德莫斯一世眼见支撑不住了，就提议双方各下一个台阶，以体面的条款议和。攸提德莫斯提出了一个很有说服力的媾和理由，大夏王国周边散布着数不清的游牧民族，里海以北的斯基泰人、锡尔河以北的塞种人等等，他们成群出没，如同躲在石头后边的饿虎，随时就会猛扑出来，将一切吞噬。如果再不停战，

---

① 攸提德莫斯一世（Euthydemos Ⅰ），公元前223年至公元前200年在位。
② 安条克三世（Antiochus Ⅲ），统治时间为公元前223年至公元前187年。

大夏和条支就玉石俱碎了。

攸提德莫斯这么一说，安条克三世当即慌了神。于是双方迅速和解，条支与大夏结成儿女亲家，安条克三世把女儿嫁给攸提德莫斯一世的儿子——德米特里斯一世①，以换取对大夏的宗主权。

解除了西面的危机，攸提德莫斯一世、德米特里斯一世父子俩开始雄心勃勃的征伐行动。大夏人兵分两路，一路向东，翻越葱岭，进入了塔里木盆地，最远杀到疏勒（Seres）和蒲犁（Phryni）。漫漫黄沙一眼望不到边，大夏人心生恐惧，再往前就掉进沙漠出不来了，这才停止了脚步。但是大夏的东征，打通了从中亚到中国西部的孔道，使得中国这一遥远而又陌生的国度，日益走进了希腊人的视野。古希腊人称中国为 Seres——赛里斯（即疏勒），就是这么来的。另一路朝南，翻越兴都库什山脉，攻入南亚次大陆。经过三十年的开疆拓土，大夏王国臻于极盛，北起锡尔河，与伊犁河、楚河流域的原住民塞种人相邻，南抵恒河流域中游，与孔雀王朝统治的摩揭陀国接壤。

但是过度的扩张造成了希腊人的过度分散，结果就像泥菩萨摔跤，一下子就散架了。公元前171年，欧克拉提德一世②发动叛乱，大夏王国以兴都库什山脉为界，分裂为南北二国。欧克拉提德一世割据北方，阿波罗多图斯一世③则把兴都库什山脉以南的希腊殖民地重新整合为印度-希腊王国，南北二国相争不已。印度-希腊王国也是一盘散沙，总督、军阀们趁机割据，乱成一锅粥，两百五十年间，竟然留下了三四十个国王的名字。

安息王米特里达梯一世趁着欧克拉提德南下攻打印度-希腊王国，浑水摸鱼，曾经两次攻入大夏境内，侵占了木鹿城、赫拉特等西部重镇。公元前145年，欧克拉提德在北归途中被儿子赫利奥克勒斯一世④谋杀，连尸体也遭到亵

---

① 德米特里斯一世（Demetrios Ⅰ），公元前200年至公元前180年在位。
② 欧克拉提德一世（Eucratides Ⅰ），公元前171年至公元前145年在位。
③ 阿波罗多图斯一世（Apollodotus Ⅰ），公元前174年至公元前165年在位。
④ 赫利奥克勒斯一世（Heliocles Ⅰ），公元前145年至前130年在位。

溃。大夏王国再次陷入大混乱，内耗加剧，已经到了山穷水尽的地步，北部边境空空如也。就在这当头，锡尔河以北的塞种人和一支叫月氏的游牧部落如潮水般涌至，很快就将大夏王国淹没在滔天巨浪之中，揭开了丝绸之路上壮观的一幕幕。

麻烦制造者匈奴

月氏部落的最早故乡本来是在中国的河套地区[①]，它为何要辗转流徙到数千里之外的中亚内陆，去抢希腊人的殖民地？这首先得从被西方的史学家认为是"魔鬼的后代"的游牧民族——匈奴谈起。

匈奴可以说是中原人的天敌，从华夏文明诞生的那一天起，中原人就跟匈奴纠缠不清，两者有着两千多年的恩怨情仇。匈奴的发祥地在亚洲东部蒙古高原南界阴山山脉及河套地区，他们逐水草而迁徙，就像梦魇一般飞出郁郁葱葱的阴山，无时不在缠绕着中原王朝。

公元前221年，秦始皇一统天下，派遣蒙恬率三十万大军北伐，匈奴族的酋长头曼单于大败而逃，被迫放弃水草繁茂的河南地（河套地区南部），北退阴山，几乎回到靠狩猎、采野果混日子的原始时代，中原也安宁了许多。

但是好景不长，公元前210年，秦始皇和蒙恬相继死去，天下大乱，河南地的秦军纷纷撤走。头曼单于苦憋了十年，终于熬到扬眉吐气的机会。匈奴人纷纷从阴山的密林中钻出来，一路南下，又夺回河南地。他们不但掌握了中原的冶铁技术，而且战斗技能迅速提高，卧薪尝胆十年之后，成了草原上的霸主。

就在匈奴以前所未有的强势姿态重现于世时，却发生了惨烈的父子相残事件。而月氏部落也被卷入其中，酿就了它的第一次西迁。

头曼单于本来有个储君叫冒顿，是未来大位继承人。后来头曼单于疼爱

[①] 河套地区：中国内蒙古和宁夏境内黄河"几"字弯沿岸的冲积平原。

的阏氏（皇后）又生了一个小儿子。那个时代是拼爹拼妈的时代，无论中原王朝还是游牧民族政权。子以母荣，头曼单于打算废了冒顿，另立小儿子为储君。于是就想出了借刀杀人的馊主意，把冒顿送到月氏去做人质，而后发兵攻打月氏。月氏人果然大怒，准备杀掉冒顿。冒顿偷了一匹快马，连夜跑回匈奴。头曼单于十分吃惊，就让冒顿统领一万名骑兵。但是冒顿对头曼单于借刀杀人的事耿耿于怀，公元前209年，也就是条支王安条克三世东征的那年，在一次狩猎中，冒顿射死头曼，自立为单于。

冒顿把大本营设在阴山南部的头曼城①，创制了一套完整的政权体系，包括汗庭、印玺、旗帜、军队等等。一个无比强大的草原帝国横空出世，日后将称霸亚欧大陆长达数个世纪，并引发了一系列波澜壮阔的民族大迁移。

冒顿即位后做的第一件事就是摧垮东胡部落联盟。解除了东边的威胁，冒顿又掉转矛头，直指西南边的月氏，以洗刷人质之辱。遭到冒顿的痛击之后，月氏人被迫离开祖居地——河套地区，西迁到敦煌祁连间——今祁连山与天山山脉之间广袤的草原、荒漠地带。紧接着，冒顿单于又南灭楼烦王，占白羊河南王之地。至公元前204年左右，冒顿陆续降伏周边各游牧族群，控弦之士三十余万，成了蒙古高原的主宰，开始觊觎丰饶的中原地区。

此时中原地区经历了秦末农民战争的摧残，一片萧条。汉高祖击灭西楚霸王项羽之后，于公元前202年建立了汉王朝。但在建政初期，民生凋敝、经济萧条、物资紧缺，"民亡盖藏，自天子不能具醇驷，而将相或乘牛车"——老百姓一贫如洗，连皇帝出行时都没有像样的马车，牛车成了王侯将相的抢手货。

草原上兵壮马肥的匈奴人发出狂傲的嗤笑，如此残破的王朝只需几匹战马就可将它踩烂。公元前201年，在凄厉的牛角声中，匈奴铁骑开始挺进中原。

---

① 头曼城，今内蒙古巴彦淖尔市乌拉特中旗石哈河镇以南。

冒顿单于的第一个目标是被分封在马邑（今山西朔州）的韩王信。匈奴人把马邑围得如铁桶一般，韩王信不战而降，可耻地叛投冒顿单于，成了历史上第一个汉奸。在韩王信的引领之下，冒顿单于一路向南飞奔，迅速穿越雁门关，兵临太原城下，那儿离汉王朝的统治中心关中不过千余里。

匈奴人不但凶狠，而且狡猾。就连腹黑透底的汉高祖也中了冒顿单于的圈套，在白登山的冰天雪地里被四十万匈奴大军围困了七天七夜。白登解围之后，汉高祖谈"匈"色变，彻底沦为胆小鬼，谁主张动武谁掉脑袋。冒顿单于从此高枕无忧，随心所欲地掠夺扩张。遭殃的除了汉王朝，还有河西走廊上的月氏部落。冒顿单于富有战略眼光，不但会打仗，而且颇有经济头脑。打开地图，冒顿单于第一眼就看到了河西走廊，它是东、西方商贸连接线——丝绸之路的关键部位，谁夺得河西走廊，谁就拥有商道的控制权，从而在中介贸易中捞到暴利。

冒顿单于的铁拳狠狠地打在地图上，河西走廊前途无量，志在必得！

此时河西走廊在月氏的手中。月氏被匈奴赶出河套平原后，流徙到河西走廊，经过二三十年的繁衍，全族已有六七十万人，其中战斗人员一二十万，算是一个强大的部落。自然界的最基本法则就是弱肉强食，人类社会也不例外。匈奴欺压月氏，月氏也欺压河西走廊西端敦煌一带更弱小的乌孙，杀其昆弥（乌孙王称号）难兜靡。乌孙人四处逃散，只有几个忠臣拼着老命，誓死保护难兜靡遗留下的唯一血脉——尚在襁褓中的儿子猎骄靡，跑到匈奴去。传说在逃难途中，猎骄靡被一只母狼和乌鸦救护，冒顿单于非常喜欢这个受到神灵眷顾的婴儿，就收养了他[①]。

月氏击溃了乌孙，又把触须伸到远方的塔里木盆地，将西域的楼兰等瘠牛羸豚变成自己的保护国，称雄大西北，一时风光无限。但是好日子很快就

[①] 乌孙为月氏所灭及猎骄靡出生时间当在公元前177年左右。据《汉书·乌孙传》，汉武帝元封年间（前110年至前105年），"昆莫年老，言语不通，（细君）公主悲愁"，猎骄靡时七十上下，完全说得通。

到头了。公元前176年，冒顿单于瞄上了河西走廊这块必争之地，率领大军从天而降。月氏部落遭到覆灭性的打击。老上单于时再次挥师进攻月氏，月氏王阵亡，头颅被砍下来，当作冒顿单于的饮器。一小部月氏人翻越祁连山，到达青海境内，与西王母的后裔羌人混居，称为小月氏。大部分月氏人沿着天山山脉，开始了第二次西迁，称为大月氏。大月氏向北迁徙到千里之外的伊犁河、楚河流域，在那儿碰到了塞种人。为争夺水草丰茂之地，大月氏和塞种人大打出手。大月氏斗不过匈奴人，但是对付塞种人绰绰有余。强龙力压地头蛇，塞种人连连吃了败仗，被挤压到西部锡尔河北岸的狭窄地带。这次西迁，使得本来就暗潮涌动的中亚泛起层层波浪，激发了一连串鲶鱼效应。

冒顿单于赶走了月氏人，独霸河西走廊。紧接着，挥师西北，使西域的楼兰、阿尔泰山南麓的呼揭部落、乌孙遗民臣服，还有周边二十六个游牧部落，统一了亚洲北部大草原。睥睨天下的冒顿单于再也不把汉王朝放在眼里。

在给汉文帝的书信中，冒顿单于自称为"天所立匈奴大单于"。崇尚以德治天下的汉文帝生怕出了差错，也恭恭敬敬地称呼冒顿为"匈奴大单于"，重申始终恪守和亲政策、兄弟之约，并献上成批极其精美华丽的丝绸罗缎、黄金器具——"服绣袷绮衣、绣袷长襦、锦袷袍各一，比余一，黄金饰具带一，黄金胥纰一，绣十匹，锦三十匹，赤绨、绿缯各四十匹"，以表示对冒顿单于攻伐武功的敬畏。

公元前174年，冒顿大单于死去，把一个庞大的草原帝国留给儿子老上单于。汉文帝依然小心谨慎地奉行和亲政策，让宫中太监中行说陪护宗室女人远嫁匈奴。中行说一听见大漠两个字就双腿发抖，怎么也不肯去。汉文帝火了：不去就要你的命！中行说恨恨不已，临行前立下毒誓：你要我的命，我就让匈奴要你的命！

中行说一到单于王庭（龙城以东）①，立即投入老上单于的怀抱。摇身一变，变作深受老上单于宠信的军事顾问，日夜教唆他出兵南下杀戮劫掠，沦为一个臭名昭著的大汉奸。

公元前166年，老上单于率领十四万精骑，在中行说的带路下，越过腾格里沙漠，往汉王朝侧背后猛插一刀，入宁夏境内的朝那、萧关，杀死汉王朝的北地都尉（北地驻军指挥官）段印，进抵离长安城仅有五百里之遥的彭阳。匈奴大军的前锋游骑继续冲到距长安城仅有百余里的甘泉山南麓，长安城头上高高飘扬的旌旗清晰可见。

甘泉山地势险要，为屏障长安城的前哨阵地。自华夏始祖黄帝以来就是中原王朝的祭天圣地，曾经也是匈奴祭天处，后来被秦始皇夺走了。一旦甘泉山被匈奴人抢回去，汉家王朝不但颜面无存，而且长安城也将岌岌可危。消息传来，举国震惊。汉文帝紧急调动战车一千乘、骑兵十万，驻守长安附近警戒，并组织大部队准备打大仗。老上单于纵兵大肆掳掠了一个多月，这才不慌不忙退回塞外。汉军远远地尾随其后，不敢紧逼，一出长城就掉头回来，鲜有斩获。

老上单于觑破了汉王朝的懦弱，此后年年入犯，边关老百姓惨遭荼毒，死者数十万计。汉文帝无能为力，只会天天遣使到匈奴去抗议。如此你掳掠我抗议的悲剧年复一年，汉王朝的北边残破不堪，老上单于这才心满意足，向汉文帝重提和亲旧约。

---

① 老上单于时已将王庭从头曼城移至龙城以东。龙城，为匈奴祭祀天地、鬼神之处，今蒙古国乌兰巴托西南鄂尔浑河与和硕柴达木湖的哈拉和林。

第二章　凿空西域

开拓者张骞

辽阔的匈奴帝国大致以浚稽山—居延泽一线为界，分为东、西二区。除了龙城以东的大单于庭，另外增设左贤王庭与右贤王庭。左贤王负责匈奴东部地区，右贤王负责匈奴西部地区。

左贤王管辖的诸王包括：左伊秩訾王、姑夕王，驻牧在东边的锡林郭勒草原，既威胁汉王朝的东北疆，也监控鲜卑、乌桓两个游牧部落；左犁污王、右奥鞬日逐王，驻牧在河套以西一带，从正北面威胁汉王朝；休屠王、浑邪王，驻屯在河西走廊上，是捅向汉王朝心脏地区——关中的两把利刃。

右贤王管辖的诸王包括：犁污王与温偶駼王在河西走廊北边，担负第二梯队，随时配合第一梯队的休屠王、浑邪王作战；皋林温禺犊王、句林王则驻牧于居延海以北和涿邪山，防守河西走廊与西域的结合部；日逐王、东蒲类王、伊蠡王、呼衍王、南犁污王等诸王，对西域诸国行使有效的管辖权。

匈奴人的主要兵力置放于长城、河套、黄河一线，摆起长蛇阵，从东北、北、西三面对汉王朝形成半月形的包围圈，就像一条长达三四千里的铁链，紧紧捆住了汉王朝的手脚。布下长蛇阵的匈奴人有恃无恐，翻手为云覆手为雨，视汉匈关系为儿戏，如同钟摆在战和之间不停地晃动着。

老上单于不久死去，儿子军臣单于即位。公元前158年，军臣单于撕毁了老上单于的和亲之约，派出三万精骑，南下抄掠上郡、云中，掳杀不计其数。平静了几年的北边风波再起，汉王朝举国上下紧绷神经。汉文帝急忙调派大军，布下内外两条防线，外线屯兵北地、句注、飞狐口，内线屯兵长安西细柳、渭北棘门、霸上。匈奴骑兵气焰嚣张，杀到句注，耀武扬威。从代县到甘泉山、长安城，烽火台一个接一个被点燃了。汉军也不断地开赴前线，可是等全部集结完毕之后，匈奴人早已扬长而去。

翌年，汉文帝驾崩，一代贤君汉景帝即位。汉景帝采用晁错的削藩之策，准备一劳永逸地解决地方封国的威胁。结果以吴王刘濞为首的七国集团，高树叛旗，起兵作乱。在草原上隔岸观火的军臣单于再也按捺不住了，勾结赵王刘遂（汉高祖之庶孙），准备来个里应外合，浑水摸鱼，"杀去长安，夺了鸟位"。

但是军臣单于还没有发兵，七国之乱就被汉景帝迅速扑灭。汉军大部队向北滚滚而至，军臣单于不敢轻举妄动，只好响应汉景帝重修和亲之约的号召。汉景帝又是赐婚，又是开放边关贸易，军臣单于满载而归，乐得合不拢嘴，使得汉匈关系度过了十多年的蜜月期。除了零星的小冲突之外，基本上是和平的。

由于外部环境宽松，汉王朝的经济发展迅猛，迎来了封建王朝的第一个太平盛世——文景之治。汉王朝富得流油，"京师之钱累巨万，贯朽而不可校。太仓之粟陈陈相因，充溢露积于外，至腐败不可食"——国库里的四铢钱堆积如山，数以亿计，由于多年没有动用，串钱的绳子都断了。粮仓里的米粟积压了好多年，吃都吃不完，甚至发霉变质。全国人口也由汉初的一千三百万人增至两千万人，比肩于欧洲的地中海霸主——罗马共和国，并列为当时世界上富强的大帝国。

国家如此强盛，再奉行汉高祖以来既定的韬光养晦政策，对匈奴人的盘剥和敲诈百依百从，势必自食恶果，遗患无穷。是该唤醒大汉帝国这条沉睡巨龙的时刻了！

第二章 凿空西域

公元前141年前后的世界很不安宁。在地中海东岸，犹太人西蒙率众突袭耶路撒冷的阿克拉城堡，用棕榈枝、竖琴和赞美诗庆祝犹太脱离条支王国，获得独立。

在西亚，安息王米特里达梯一世攻陷条支王国的重镇塞琉西亚（今伊拉克巴格达附近），并吞美索不达米亚。

在东方，汉王朝的第六位皇帝——汉景帝龙驭归天。刚刚行完成年礼的刘彻在哀乐缭绕之中登上皇位，他就是汉武帝。汉武帝会像两百年前的亚历山大大帝那样，引领帝国迈向开疆拓土、笑傲天下的新时代吗？

胸怀壮志的年轻皇帝决心要唤醒沉睡的巨龙，驾驭它翻江倒海，直冲云霄，让整个世界为之惊艳，为之震撼。站在巨大的地图前，看着匈奴帝国占据了大半张地图，汉武帝心中在高喊：一定要灭了匈奴人！

可是这个马背上的民族剽狡异常，要战胜它谈何容易！有几个归顺的匈奴人给汉武帝支着，匈奴大单于杀死了月氏王，还用他的头颅盛酒喝，月氏人虽然被赶走了，但是对匈奴人恨入骨髓。不如跟月氏联手，合击匈奴。

汉武帝具有冒险精神，想象力天马行空。他曾经微服私出，行至长安东边四百里处的柏谷，差点儿遭到旅店老板的暗算。几个匈奴降人献策之后，汉武帝的天才脑洞又钻出了一个惊人的构想，遣使到西域去，寻找行踪不明的大月氏人，跟他们约和，东西连横，夹攻匈奴。

那时遥远的西域对所有人来说，还只是一个充满未知、处处凶险的缥缈之地。汉帝国对西域的认知始于公元前176年，当时匈奴杰出的军事统帅冒顿单于在给汉文帝的书信中，提到了"楼兰、乌孙、呼揭及其旁二十六国"。尽管三十五年过去了，但是中原地理学家的视野仍然受限于此，停滞不前。而且要出西域，必定得从匈奴人的眼皮下穿过河西走廊，凶多吉少。汉武帝急需一个胆大心细的探路先锋，协助他实现那个宏伟的外线作战计划。

于是一个伟大的开拓者风风光光地登上了历史舞台！他就是张骞。

张骞的老家在汉中城固，那儿曾经是汉高祖与西楚霸王项羽逐鹿中原的根据地。张骞从小就怀着一颗报效国家的赤子之心，汉武帝即位后不久，张骞入宫，做了一个叫作郎的侍从官。公元前139年，汉武帝悬赏天下，招募出使西域的勇士。张骞时年约二十五，慨然应募。

满怀期待的汉武帝亲自授予张骞象征大汉国威的旌节。跟张骞同行的还有一百多个随从，其中有一个胡奴格外招人注目，在史书上被称为堂邑父——堂邑氏的家奴甘父。据学者钱伯泉考证，甘父本是汉文帝时期的匈奴战俘，姓甘（匈奴小姓，也译作瞻葛）名父，弓马娴熟，被赏赐给馆陶公主刘嫖之夫——堂邑侯陈午。甘父在堂邑侯府中服侍了二十多年，是个忠实的老奴仆。陈午与刘嫖的女儿后来成了汉武帝的第一任皇后。汉武帝或许对国丈爷家中这个忠心耿耿的匈奴老仆印象颇深，就让他做张骞的副手，兼任翻译、向导。

从张骞率领使团离开长安城的那一刻起，就注定他将永载史册，流芳千古。张骞绝对想不到，自己每向西迈出一小步，中国人的视野就开阔了一大片。张骞西行，堪比后世的郑和下西洋、哥伦布发现新大陆，在世界探险史上书写下浓重的一笔。

探险，不但意味着希望和成功，而且也意味着牺牲和奉献。后人有理由坚信，张骞在出发的前夜，必定对此番出使做了沙盘推演，已有舍身成仁的心理准备。

张骞踏上河西走廊之后，就像踩着一块随时就会破裂塌陷的薄冰，小心翼翼地避开军臣单于的耳目。可西行了八九百里，在陇西的关山古道上，还是被匈奴人发觉了。使团成员逃的逃，死的死，一下子散去了大半，张骞、堂邑父等被送去见正在匈奴西部的军臣单于。

当时大月氏已迁徙到匈奴西北的伊犁河、楚河流域，傲慢的军臣单于对汉帝国的远交近攻嗤之以鼻，嘲问张骞说："月氏人在我的北方，未经我的许可，汉朝的使者怎么过去？假如我派人出使南越国，你们的皇帝肯放行吗？"没等张骞辩解，军臣单于就把他拘押起来，软禁在大草原上。

张骞日夜朝西方眺望，陌生的西域充满了诱惑与凶险，但他的心中只有理想抱负与汉武帝的嘱托。军臣单于知道中原汉人"家"的观念特别强烈，就让张骞娶了一位善良的匈奴女子，意使百炼钢，化为绕指柔。

但是事与愿违，张骞身在匈奴心在汉。贤惠的妻子反而让张骞的日子富有生机，也让他更加坚定了心中的信念，不完成皇帝的使命，誓不生还长安城。

在长安城内静候佳音的汉武帝为了不惊动匈奴人，暴露自己的目的，憋着一口气，继续韬光养晦，奉行和亲之约。年轻的皇帝显露出与实际年龄极不相称的成熟和老到，他表现得比谁都沉着、冷静，仿佛一切尽在掌控中。汉武帝不但下令不许开第一枪，即使遭到袭击也不得擅自还击，而且边贸市场全部开放，对匈奴人实行单边的最优惠政策。结果匈奴帝国上自军臣单于，下至卑贱的马车夫，都优哉游哉地出入于长城内外。

无所忌惮的匈奴人让汉武帝心烦意乱，他天天翘首西望，可是年复一年，张骞犹如石沉大海，音讯全无。汉武帝根本就不知道此时张骞已经身陷囹圄，在牛马成群的草原上度日如年。盼望变成了失望，但是志在四海的汉武帝决不会绝望。即使没有大月氏的配合，汉帝国也要单干。痛击匈奴人的嚣张气焰，刻不容缓。

马邑败谋

然而，汉帝国的和亲政策已经实行了近七十年，举国上下均沉浸在和亲睦邻的浓郁氛围里。朝中主和派当道，其代表人物是靠行贿丞相田蚡而上位的御史大夫韩安国。主战派寥寥无几，只有一个负责民族事务的大行令王恢。此人曾经在边关做过事，深知前线百姓的苦难，因而抱有坚决的抗敌之心。公元前135年，军臣单于请求和亲，在朝会上王恢的微弱呼声很快就被淹没在主和派的唾沫之中。以韩安国为首的主和派呈现出一边倒的态势，汉武帝迫于无奈，只得继续奉行委曲求全的和亲政策。

次年发生了戏剧性的变化。雁门郡马邑县有个土豪叫聂壹，看到边区常年遭到匈奴人的蹂躏，决心拯救百姓于水深火热之中，就到长安城去找已经被主和派逼到墙角的王恢。

聂壹告诉王恢，军臣单于刚刚和亲，麻痹大意，何不趁机将他诱出击杀，就可一了百了解决边患问题。王恢大喜，这可是建功立事、扬名天下的机遇啊！

此时的汉武帝也是朝思暮想着要给匈奴致命一击，以壮大汉王朝国威。在朝会上，汉武帝悲愤不已，问群臣说："我精心装扮公主，让她远嫁匈奴，贿赂单于的金银珠宝、绫罗绸缎也不计其数。匈奴单于却恩将仇报、得寸进尺，荼毒边境，杀人盈野，是可忍孰不可忍！我准备起兵复仇，你们怎么看？"

朝中和、战两派再次展开一番唇枪舌剑之争。王恢先声夺人，慷慨激昂地列举了战国以来攻打匈奴的事例，痛陈就是因为主和派官员的不作为，让匈奴人气焰冲天，来去中原如入无人之境。

怒气冲冲的韩安国以汉高祖白登之辱警告王恢，"不以己私怒伤天下之公"——不要为一己之私，把整个帝国推向灾难。

王恢反驳说："汉高祖戎马生涯数十年，所向披靡，不报白登之仇，并非无能，而是不能，饱受秦末战争之苦的老百姓需要喘息的机会。如今国家一片繁荣，边境却屡屡遭到匈奴人的袭击，载着官兵棺材的马车接连不断地从前线下来，无数个家庭失去了亲人。不决一死战，如何对得起那些为国捐躯的将士？"

韩安国又认为王恢是在痴人说梦，怎么战？进攻匈奴，必须长驱而进，深入大漠千里，补给线拉得过长，根本就跟不上。一旦人马缺粮草，随时有不战自溃、反被匈奴人包饺子之危。

王恢对韩安国远程奔袭的战法付诸一笑，他有自己的一套战法，以逸待劳、瓮中捉鳖。在马邑设伏，而后利诱军臣单于上钩，"或营其左，或营其右，或当其前，或绝其后，单于可禽，百全必取"。

王恢和韩安国两人你来我往，争论得面红耳赤，几乎到了掀翻桌子出手的地步。血气方刚的汉武帝则沉住气，就像一个陌生的路人在一旁冷眼相观。和战争议悬而未决，一直持续了好几个月。直到公元前133年的春天，汉武帝想到了去向不明的张骞，断然拍板，依行王恢和聂壹之计，在马邑伏击军臣单于。

马邑距离雁门关不远，是塞北游牧民族南下中原的必经之地，此处沟壑纵横，到处坑坑洼洼，不利于骑兵作战，却是埋伏的好战场。

7月，汉武帝任命主和派领袖韩安国为护军将军（近卫兵指挥官）、卫尉李广为骁骑将军（骑兵指挥官）、太仆公孙贺为轻车将军（战车指挥官）、太中大夫李息为材官将军（步兵指挥官），而马邑行动的总策划王恢则被任命为督战队长——将屯将军。参战的有山地步兵、骑兵等诸兵种，总数超过三十万，悄悄地埋伏在马邑旁山谷间，布下天罗地网，准备捕捉来自北方草原的大老虎。

汉武帝的作战构想是这样：韩安国、李广、公孙贺率汉军主力，负责对付进入包围圈的军臣单于；王恢、李息率三万人集结于马邑东边百余里的代郡，马邑战斗一打响，就袭击匈奴人的粮草辎重，并迂回至其侧背后，形成关门打狗之势，聚歼匈奴大军于马邑地区。

万事俱备，只欠东风。汉武帝又让聂壹潜入匈奴，充当间谍，引诱军臣单于上钩。聂壹抛出的诱饵是马邑城，他哄骗军臣单于说："我可以宰杀马邑的县令、县丞，献出整座城池，财物、牲畜都归你。"

天上掉个林妹妹，军臣单于大喜过望，对聂壹的话深信不疑。于是聂壹跑回马邑，砍下死囚犯的头颅，悬挂在马邑城头，告诉匈奴使者说："我已经杀死马邑的长官，请大单于速速前来接管。"

军臣单于不知是计，听了使者的报告，二话没说，立刻起兵十万，呼呼地越过长城，来到了武州塞（今山西左云县至大同市西一带），此地离马邑不过百余里。只见牛马羊成群，漫山遍野到处跑，无人看管。细节决定成败，汉军这一钓鱼手法却露出破绽。匈奴人自出娘胎那天起，就跟牲畜打交道。军臣单于更不是只会大碗喝酒大块吃肉的粗野汉子,见状立即起了警惕心,派兵攻下附近的一个烽燧哨所,抓住了在此观察敌情的一个雁门尉史,准备将他杀了。

倒霉的雁门尉史为了保命,竟然将马邑伏击的计划全盘泄露给了军臣单于,并供出几支汉军部队的埋伏地点。军臣单于打开地图一瞧,不由地吓出一身冷汗,自己已经深入中原两三百里,再向前一步就掉进汉王朝挖好的坑了。要不是自己多一个心眼,恐怕早被汉军剁成肉酱了,当即下令退兵。回到大漠之后,军臣单于视雁门尉史为上天派下来拯救自己的神灵,把他作为天王高高供奉起来。

军臣单于毫发无损地走了,苦等进攻信号的汉军伏兵闻讯奋起直追,可是追到长城边,不见一个匈奴人的身影,无功而返。在代郡负责袭击匈奴辎重粮草的王恢,听说敌军兵力众多,也不敢出战。汉武帝苦心谋划与部署的马邑伏击战至此成了竹篮子打水——一场空,沦为天下人的笑料。

汉武帝暴跳如雷,把王恢骂得狗血喷头。王恢为自己辩护说:"当初按照预定计划,诱骗单于进入马邑城,然后伏兵四起,将其围歼。我亲自率三万人袭击匈奴的后勤辎重部队,可大获全胜。现在被军臣单于识破计划,伏击之谋化为泡影。我手下仅有三万人马,追击匈奴人只会自取其辱,也知道回来难逃一死,但能够保全这三万有生力量,我死也瞑目了!"

如此说来,王恢不但无过,而且有功,这是什么逻辑?汉武帝气愤不过,将王恢交给廷尉——司法部门审处。廷尉的判决是,王恢怯懦,逗留不进,错失战机,按律当斩。

王恢赶紧去找丞相田蚡,贿赂了一千金,求他说个情。田蚡是汉武帝的舅舅,但不敢直接去见汉武帝,就去找太后王娡,对她说:"王恢是马邑之谋的首创者,如今因为事败就杀了王恢,那是做出令亲者痛仇者快的事,替匈奴人报仇啊!"

太后在汉武帝请安时转告田蚡的话,请皇帝刀下留人。

汉武帝说："首创马邑之谋的确实是王恢，为了王恢的一句话，我兴师动众，调派的军队多达数十万人。就算放跑了军臣单于，只要王恢能够率部袭击匈奴人的辎重，也可以挽回一点面子，给士大夫一个交代。今天不杀王恢，何以谢天下？"王恢听到此话，知道自己躲得过初一，躲不过十五，在狱中自杀而亡。

平心而论，王恢只不过是替罪羊。马邑谋败的罪责应当由急于求战的年轻皇帝，还有那些缺乏对匈奴大规模作战经验的文臣武将来承担。汉帝国的君臣们低估了对手的好谋善断和骁勇善战，对游牧民族骑兵的强大机动性和战力也认识不足，不但部署欠周，而且胃口过大，幻想一次性成功。老辣的军臣单于能够轻易地躲过了一劫，也在情理之中。

马邑之谋，军臣单于险些命丧黄泉。军臣单于恚恨之下，宣布断绝和亲，起兵复仇。但今非昔比，汉帝国已不是汉高祖时期百废待兴的残破王朝，而且汉武帝也没有关闭边贸市场，匈奴仍然可以从中渔利。仗照打，生意也要照做。中原物产丰饶，丝绸织锦、美酒佳酿等等都是匈奴贵族的爱物，贸易往来还是必需的。军臣单于投鼠忌器，只是派遣小队人马，时不时南下骚扰，进攻汉帝国的边关要塞，劫掠边民。

汉武帝虽然没有取得预期的目标，但是借助马邑事件，消弭了朝中的主和言论，极大地增强了汉帝国内部的凝聚力。君臣上下团结一心，在运用战争手段解决边患问题上达成高度一致。从此汉、匈进入全面战争状态。

马邑之谋不但是汉匈关系的转折点，而且也是东西方关系的转折点。军臣单于从马邑之谋想到了被拘押的张骞，又从张骞想到了大月氏。大月氏西迁到伊犁河、楚河流域已有四十多年，渐成尾大不掉之势。日后若果真与汉帝国联手，对匈奴来个东西钳击，那可是大麻烦。

此时乌孙王子猎骄靡已长大成人，召集乌孙旧部，途经哈密盆地，循天山山脉西进，游牧于伊塞克湖一带。猎骄靡在军臣单于面前日夜枕戈泣血，要为死难的父亲难兜靡和族人复仇。

军臣单于遂决意西击大月氏。为了迷惑汉帝国,耍了个瞒天过海之计,实行积极防御、谨慎开放的策略。同时腾出主力部队,集结于匈奴帝国西部,任命右贤王为统帅,与伊塞克湖的乌孙人结成同盟,准备在中亚跟月氏人大干一场,以求彻底解决这个宿敌。

中亚巨变

约公元前132年,在中亚的楚河和伊犁河之间的广袤草原上,战马嘶鸣,刀剑交错,杀声震天。匈奴右贤王率数十万匈奴精骑,暴风骤雨般从东面横扫过来,猎骄靡率志在复仇的乌孙人也从南面的伊塞克湖向北包抄。

《汉书·乌孙传》记载,乌孙全盛时"户十二万,口六十三万,胜兵十八万八千八百人"。这个数字是猎骄靡复国之后的统计。即便是如此,也无法与公元前210年左右,控弦者一二十万,敢对冒顿单于叫板的大月氏相比。而猎骄靡率乌孙人西迁伊塞克湖流域时仅仅"控弦数万",王明哲、王炳华在《乌孙研究》一书中估计,乌孙西迁时全族十万人,其中兵三万。如果没有跟匈奴人组成联军,绝对无法战胜兵强马壮的大月氏。

在匈奴-乌孙联军的两面夹击之下,大月氏人措手不及,乱哄哄地仓促应战。双方人员近百万:乌孙全族超过十万人,其中三万骑兵;匈奴人一二十万;大月氏四五十万,包括数不清的无辜老人和妇孺。

这是中亚草原上史无前例的大战,战场上硝烟弥漫,杀成一片。血腥杀戮也许持续了数个月,草原上尸横遍野,流血千里。月氏王死后,族人拥立其遗孀为主。经历此役,大月氏损失巨大,余部在王后的率领下,向西南狂奔千余里,终于甩掉了匈奴-乌孙联军。

猎骄靡赶走了大月氏,报了杀父之仇,就在伊塞克湖盆地、伊犁河流域安居下来,定都赤谷城①。三四十年了,猎骄靡终于复国成功,堪称乌孙的中

---

① 赤谷城,今伊塞克湖以南、吉尔吉斯斯坦伊塞克湖州伊什提克。

兴之主。

大月氏退往锡尔河北岸，冤家路窄，在那里又撞见曾经的手下败将——塞种人。此时的中亚局势是这样的，伊犁河和伊塞克湖地区是乌孙，乌孙以西的巴尔喀什湖与锡尔河之间是大月氏和塞种人，巴尔喀什湖与咸海之间是大月氏的附庸康居，锡尔河以南则是希腊人的殖民地——大夏王国。当大月氏和匈奴-乌孙联军在草原上杀得天昏地暗的时候，大夏王国也是乱糟糟的，由于发生了欧克拉提德叛乱，兴都库什山脉以南不服气的希腊殖民者另起炉灶，建立了希腊-印度王国。

大月氏和塞种人为了争夺水草丰茂的牧场，在锡尔河北大打出手。面对大月氏的咄咄逼人之势，塞种人渐渐招架不住，眼见生存空间日益萎缩，只好铤而走险，横渡背后水流翻滚的锡尔河，举族向南迁徙。

过了锡尔河，塞种人分两路行动，一路进入东边的费尔干纳盆地，建立了大宛（希腊语Yavanas的音译）。费尔干纳盆地呈倒三角形，物产丰饶，土地膏腴肥美，东、南、北三面高山环绕，矗立着天山山脉、吉萨尔-阿赖山脉，只有西面一个狭窄的入口处——锡尔河峡谷。而亚历山大大帝当年修建的"最远的亚历山大里亚"——那时称作贵山城（即俱战提），以及另一座城堡贰师城①，坐落在峡谷口处，有一夫当关、万夫莫开之势。又有数百塞种人从大宛翻越古萨尔-阿赖山脉，进入阿赖谷地，建立了弹丸小国——休循②。

另一路塞种人穿越粟特地区，而后继续渡过阿姆河，杀入大夏王国的西境。大夏国危若累卵，掌权的赫利奥克勒斯一世是靠弑杀老爹欧克拉提德一

---

① 贰师城，即苏对沙那（Usrushana），唐时称东曹，在今塔吉克斯坦西北乌拉秋别（Uratube）。《新唐书·西域传》记载，"居波悉山之阴，汉贰师城地也"。因盛产贰师马而著称，故名贰师城。

② 休循，今天新疆阿克陶西部、帕米尔高原北部山中阿赖谷地萨雷塔什（Sary-Tash）一带。

世而上台的，故而人心未服，局势动荡。西边两个重镇木鹿城和赫拉特早已被安息王国侵占，现在塞种人又杀到了，如同大象进了瓷器店，一切都被打得破破烂烂。希腊人的殖民地瞬间被撕裂成无数个碎片，贵族、军阀纷纷抢占山头，谁也不愿意听谁的。大夏王赫利奥克勒斯一世成了光杆司令，惶惶不可终日。

台风过后又是海啸，更悲惨的还在后头。塞种人前脚刚踏进门，大月氏后脚就跟来了。贵山城和贰师城就像两个雄赳赳的铁将军，让大月氏人望而生畏，他们只好绕过费尔干纳盆地，扫荡阿姆河以北的大夏王国领土。大月氏人控制了阿姆河与锡尔河之间的河中地区，包括粟特人的领地。由于史料缺载，大月氏征服河中地区的详情不得而知。在攻打粟特时，顽强不屈的粟特人势必群起而动，坚决反击，保家卫国。遥想当年，英勇非凡、智略高深如亚历山大大帝之辈，也跟粟特人打得难分难解。大月氏要想让粟特人乖乖就范，如无数月之功，当难以致之。

艾哈诺姆城——大夏王国东北边防的重镇，亚历山大大帝修建的一座典型的希腊式城市，或许就在此时被大月氏彻底摧毁，化为废墟，静静地躺在土层之下两千多年，考古学家们才把它挖掘出来。当这座已经消失的城市重现于世时，后人惊奇地发现，尽管经过了兵火的洗劫和两千多年的掩埋，但是残存下来的建筑物，包括希腊风格的宫殿和体育馆，依旧是那么庄严、高傲和冷酷无情。建筑在斜坡上的希腊式剧院和雕刻精美的石砌喷泉，以及那些富有希腊特色浴池的私人住宅，让人感受到浓浓的地中海风情扑面而来。

艾哈诺姆城的毁灭是整个大夏王国衰亡的缩影。随着大月氏人和塞种人的步步紧逼，希腊殖民者已经无法站稳脚跟，赫利奥克勒斯一世黯然神伤的身影连同曾经繁华一时的艾哈诺姆城，不久就被历史尘封。赫利奥克勒斯一世退往兴都库什山脉以南，直到公元前130年死去。

也有人说，赫利奥克勒斯一世在抵抗大月氏的战争中阵亡。总之，赫利奥克勒斯一世是大夏的末代希腊国王，在他弃世之前国土几乎被大月氏人和塞种人瓜分干净。塞种人在大月氏的驱赶下，纷纷南下，越过兴都库什山脉，入侵喀布尔谷地的希腊-印度王国。希腊殖民者据守地势险要的迦毕试——其前身是亚历山大大帝修建的城堡"高加索的亚历山大里亚"。在希腊-印度王国以南，还有一个定都富楼沙①的犍陀罗国。

塞种人受阻于迦毕试城堡，又分两路，一路往东而

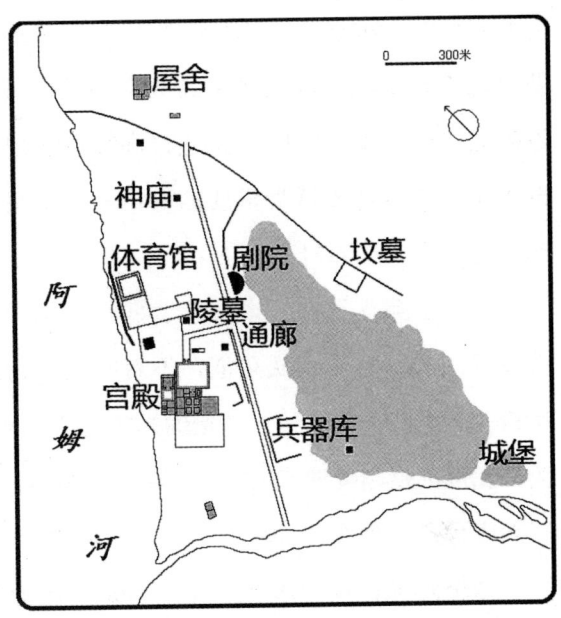

图2　艾哈诺姆遗址示意图

下，翻越喀喇昆仑山脉之间的通道，进入喀布尔河流域，定都循鲜城②，建立罽宾国。另一路转而向西，越过大夏西境，杀入安息王国，占领扎兰吉亚那和阿拉霍西亚。安息人成为挡住来自亚洲北部游牧民族侵袭的最后屏障。

七十多年前，条支王安条克三世围攻大夏国都蓝市城时，大夏王攸提德莫斯一世曾经警告他说："大量的游牧部落聚集在边界上，对我们双方都构成威胁。如果蛮族越过边界，他们无疑将征服这块土地。那么我们这些亚历山大大帝的后继之君都将死无葬身之地！"

不幸被攸提德莫斯一世言中了，被内乱搞得遍地狼藉的希腊殖民者，使大夏王国成为第一个断送在蛮族手中的希腊化政权。

当大夏逐步迈入死亡，让位于大月氏和塞种人的时候，西边的安息王国趁势崛起。安息王米特里达梯一世算得上雄才大略的君主，他即位后首先挑

---

① 富楼沙，又名布色羯逻伐底（Pushkalavati），今巴基斯坦白沙瓦东北。
② 循鲜城，又作修鲜城，即呾叉始罗（Taxila），今巴基斯坦伊斯兰堡西北约五十公里处的塔克西拉。

起安息-大夏战争，夺取大夏西部要地木鹿城，稳定东线局势。继而挥师向西，兵锋直指饱受内乱之苦的条支王国，又拿下米底地区，打开了西进和南进的大门。公元前141年，安息大军长驱直入美索不达米亚的心脏地带，攻拔条支王国在两河流域最重要的城市——底格里斯河畔塞琉西亚。条支王国从此一蹶不振，江河日下。

打垮了条支王国，米特里达梯一世又乘人之危，在大月氏和塞种人涌入大夏王国的同时，再次东征，不费吹灰之力就夺走了大夏西境的另一重镇赫拉特。至米特里达梯一世统治的末年，安息东与康居、大月氏接壤，濒临阿姆河，东南远抵印度河流域，西至幼发拉底河，西北至高加索地区的亚美尼亚，一跃成为国际性的大帝国。

这个时期，从印度西北岸港口远赴西亚波斯湾和北非托勒密王国的海上商道尚未开通，东西方的陆上贸易通道，也就是即将开辟的丝绸之路西端，先是被大夏王国控制，后来又落在大月氏人手中。从发掘出来的大夏王国遗址来看，热络的贸易主要在希腊化世界内部进行，也就是条支、安息、大夏与希腊-印度王国四者之间。大夏王国跟恒河流域的摩揭陀国孔雀王朝的贸易关系也很密切。这时候的东西方贸易主干线起点是摩揭陀国都华氏城，上溯恒河流域，穿越希腊-印度王国，抵达迦毕试，再翻过兴都库什山脉，进入大夏境内。而后西转至安息境内的埃克巴塔那，一路向西，直抵底格里斯河畔塞琉西亚或条支王国的都城安条克。

而此时中、西亚的希腊殖民地同东方的中原王朝尚未建立真正的贸易关系。因为匈奴帝国牢牢占据了西域的塔里木盆地和河西走廊，将丝绸之路东端置于自己的控制之下，如同恶魔利爪紧紧掐住了所有的咽喉要道。在匈奴贵族的墓葬中既发现来自中原的丝绸和刺绣织锦，也发现了大月氏的毛毯、大夏的刺绣品、安息的挂毯，以及希腊风格的欧洲毛质壁毯，饰有狮身鹫首的怪兽格里芬（Griffon）。

匈奴帝国成了一个以暴力掠夺为专业的中转服务组织，无论是天山南北的西域小邦，还是葱岭以西的中亚地区，都成了匈奴人的提款机。负责经营西域的匈奴日逐王在天山南麓的焉耆、危须、尉犁之间设立了税务机关——僮仆都尉，征收赋税，剥夺、奴役西域诸国，成为这个草原帝国物资、粮秣、赋税的主要来源。

中亚地区的商人为了同中原王朝发展经贸关系，不得不避开匈奴这只霸道的拦路虎，取道恒河中游的摩揭陀国，翻山越岭，经滇缅、入川蜀，另拓西南的丝绸之路。四川畸形多姿的邛崃罗汉竹拐杖、精美绝伦的成都蜀锦，就是通过西南商道，贩运到中亚去，成了大夏王国炙手可热的商品。但是日益壮大起来的汉王朝为了跳出匈奴人的半月形包围圈，殚精竭虑，拓展外线作战，终于开辟了横贯欧亚大陆的贸易交通线——丝绸之路。

一切战争都与经济有关，经济利益是战争的最初诱因。匈奴大军长驱中亚，远程奔袭大月氏，其目的就是廓清中亚商道上的所有障碍，使之与河西走廊连成一线，达到彻底控制丝绸之路东端的目的。而在汉匈边境地区，关市贸易尚存，军臣单于贪嗜其利，所以也不敢像冒顿单于那样，一次就发动三四十万人的大兵团进攻。由于大部队调往中亚攻打大月氏，所以袭扰中原的主要是左犁汙王、右薁鞬日逐王，且兵力并不雄厚，无法组织大规模攻势，只能采取游击战术，以掠夺中原边民的财物、牲畜为目标，抢了就跑。

不堪其扰的汉武帝在马邑谋败之后卧薪尝胆了五年，决定再组织一次诱敌战，消灭敌人有生力量，打击匈奴人南下的嚣张气焰。

西行漫记

公元前129年秋天，朝廷接到边报，有大队匈奴骑兵南下抄掠上谷地区，兵力当在万人以上。汉武帝闻讯，立即调派军队，准备聚歼这股匈奴骑兵。具体部署是：皇后卫子夫弟弟车骑将军卫青出上谷，正面迎敌，骑将军公孙敖出代郡、轻车将军公孙贺出云中、骁骑将军李广出雁门，从侧翼进攻匈奴人，配合卫青歼敌，四将各率一万骑兵。

此役有人称为关市奇袭作战，是一代名将卫青的处女战，他在上谷对匈奴骑兵发起迅猛攻势。匈奴人第一次领教到大汉勇士的厉害，溃不成军。卫青乘胜追击，直杀到漠南的一个关市——茏城（今内蒙古锡林郭勒盟境内），斩获首级七百有余而凯旋。

但是其他三员大将就没有这么幸运了。公孙贺出了云中，没有遇到匈奴人，一无所获。公孙敖出了代郡，被匈奴人打得鼻肿眼青，一万骑兵竟然损失七千，大败而回。李广更是鼻梁碰着锅底灰——触霉头，不但部下全军覆没，连自己也成了俘虏。后来伪装病重，趁着匈奴人不备，夺得一马，利用高超的箭术逼退追兵，侥幸脱逃。

这次关市奇袭作战，四路大军除了卫青小胜，公孙贺无功，公孙敖和李广惨败。打得比五年前的马邑之谋还要难看，汉武帝铁青着脸，一怒之下，将公孙敖、李广踢进大牢。二将的家人花了大量财物，才把他们赎回家，但乌纱帽尽失，成了一介平民。

此战匈奴人可谓大胜，加上西征大月氏的右贤王部队也陆续回到蒙古高原，匈奴人再度猖獗起来，于是年冬天大举侵犯渔阳。汉武帝把韩安国派到渔阳去，结果在次年秋天被两万匈奴骑兵困住。韩安国的千余骑兵损失殆尽，危难之际幸亏救兵杀到，韩安国这才没有成为第二个李广。几次交战汉军都输得一塌糊涂。失利的阴影笼罩在汉武帝的心头上，他整天忧心忡忡，眉头紧锁。不由地又想起了那个豪情纵天的西行使者：张骞，你还活在世间吗？

张骞被军臣单于拘押已经十年了，有了妻室，或许还有一个活蹦乱跳的孩子，然而温馨的家并不能拴住张骞那颗奔腾的心。西行，西行！张骞矢志不渝。汉武帝亲授的旌节还是那样完好无损，张骞几乎天天握着、看着，从未离手过。只要旌节在，信念就在，希望也在。

张骞决定寻机开溜。史载张骞"居匈奴西"，所以张骞并非从蒙古高原上的单于庭逃走的。至于为何张骞不居单于庭，而居西部，可能是匈奴西征大月氏时带上了张骞，想让他亲眼见识一下，月氏人是多么不堪一击，汉武帝远交近攻的谋划是多么愚蠢无知；也可能张骞跟他的妻儿被流放到匈奴西部，靠近西域的地带，那儿离中原很远。

十载光阴，足以摧毁一个人的雄心。但是十年过去了，张骞的西域情怀依旧！匈奴人早已把他当作自己人看待，不再严加防范。于是在某一天，张骞悄悄地扯上堂邑父，或许还有其他随从，突然朝着西方疾驰而去，很快就消失在草原上。①

张骞首先穿越匈奴帝国控制西域的门户——位于吐鲁番盆地的姑师国。姑师即车师，毗邻南方的楼兰，"邑有城郭，临盐泽"——建有城池，东边是神秘的罗布泊，烟波浩渺，广袤三百余里，人称盐泽。

从姑师国出发，沿着天山南麓和塔里木盆地北缘之间的荒漠戈壁奔跑了五百多里，就是焉耆、危须，匈奴人在此设置僮仆都尉，奴役西域小国。张骞和堂邑父绷紧神经，所幸的是从草原来的追捕文书尚未送达，这里的人都把张骞当作陌生的匆匆过客，视若无睹。当匈奴官员收到文书，如梦初醒，四处搜索张骞和堂邑父时，他们已经向西艰辛跋涉了数十天，身在两千余里之外，跑到塔里木盆地的西缘——疏勒去了。匈奴人鞭长莫及。疏勒东距长安九千三百五十里（地图上的直线距离六千里），西接葱岭，当大月氏、大

---

① 张骞第一次出使西域的路线有四说。其一为德国学者赫尔曼（Herrmann）主张的西域南道说，依据为《史记》卷一百二十三《大宛列传》所载西域诸国均位于南道上，却不见北道诸国。此说有失公允，已无人赞同。其二为日本学者桑原骘藏，提出张骞归来走西域南道，去途则取西域北道，即沿着天山南麓西达疏勒，而后越葱岭抵大宛，由大宛北上康居，再南下大月氏。此说对国内外学者的影响很大。其三为日本学者长泽和俊的天山北麓说，依据是张骞对乌孙描述很详细，但是没有关于疏勒、龟兹的报告。所以西行路线当自漠北，经准噶尔、伊塞克湖，沿着天山北麓出乌孙，南下大宛。其四为国内学者余太山首创的经巴尔喀什湖北岸说，沿楚河南下大宛。笔者赞同西域北道说，依据史载张骞"居匈奴西"，可见张骞出发点并非漠北，而是匈奴西部，大致在西域附近，取西域北道越葱岭，为抵临大宛的最短路径，符合史书上"西走数十日"的记载。

宛、康居交通要冲，是出入西域的必经之道。丝绸之路正式开通后，疏勒将成为汉帝国经营西域的大本营。

在疏勒国举头眺望群山逶迤、绵延不断的葱岭，或许还有气势磅礴的冰川，张骞雄心再起。自周穆王西巡以来，还没有一个中原人的脚步到过如此遥远的地方。

离开了疏勒，张骞迈出豪迈的铿锵步伐，踏上了古老的葱岭北道，行进在蜿蜒起伏的高山峡谷中，宛若在云端飘游，俯瞰烟火人间。这是海拔四五千米上的一次探险运动，更确切地说，是一次远甚于披荆斩棘的探路行动，要为长安城内那位伟大的皇帝探出一条开疆拓土、走向未知世界的通天大道。

从疏勒国一路向西，地势逐级抬升，张骞先后走过今天的"雄伟山口"乌鲁恰克提、"黑山口"喀拉达坂。沿途冰山密布、白雪皑皑。在冰天雪地中穿梭了四百余里，又缓缓下坡，最后抵达捐毒国（今伊尔克什坦一带）。站在高山上向西瞭望，张骞眼前为之一亮，山下是一块狭长的小谷地——鸟飞谷。那儿有个袖珍小邦——休循国，仿若一个婴儿静静地蜷缩在巍峨群山的怀抱之中，已经进入了安谧的梦境。

张骞突然而至，把这个仅有千余人的迷你小国从梦乡中惊醒。《汉书》上载："休循国民俗衣服类乌孙，因畜随水草，本故塞种也。"休循居民属于塞种人，仍然保留着逐水草而居的游牧生活，王帐设在鸟飞谷。张骞向北翻过休循人的牧地吉萨尔-阿赖山脉之后，顿时豁然开朗，巨大的费尔干纳盆地赫然在目。满眼尽是金灿灿的稻谷，烟树苍茫，阡陌交通，城池耸立，村舍俨然，鸡犬相闻，仿佛回到了朝思暮想的中原，那儿就是大宛。从小深受东方文明熏陶的张骞可能是第一个触摸到希腊文化的中国人。

张骞在日后的报告中，向汉武帝勾勒出这一异域大国的轮廓："其俗土著，耕田，田稻麦。有蒲陶（葡萄）酒。多善马，马汗血，其先天马子也。有城郭屋室。其属邑大小七十余城，众可数十万。其兵弓矛骑射。"

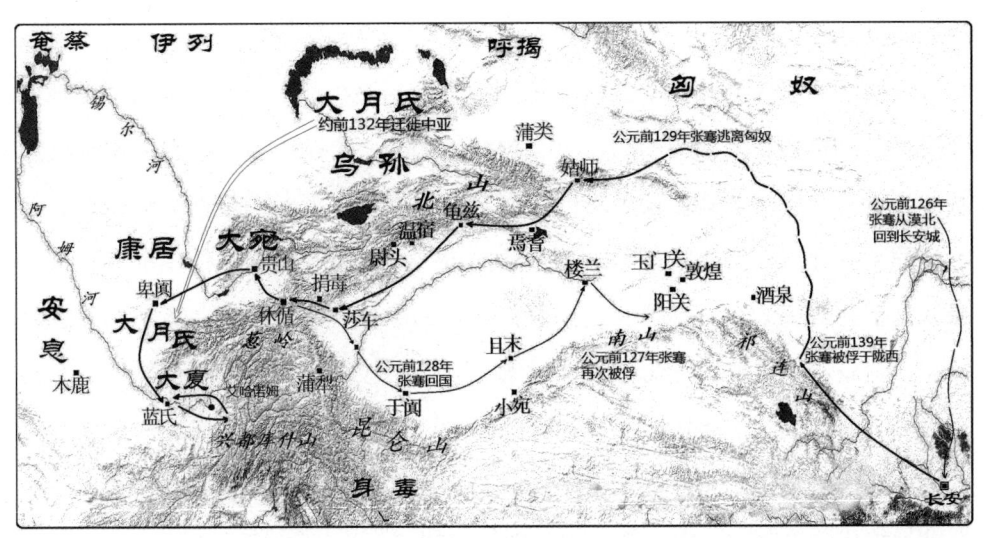

图3 张骞一出西域示意图

费尔干纳盆地一度臣属于大夏王国，约公元前160年脱离希腊殖民者，宣告独立，但仍与大夏王国保持热络的贸易关系。其后中亚巨变，北方游牧民族接踵而来，塞种人率先征服费尔干纳盆地，将为数众多的希腊式坚固城堡据为己有，从此过上定居的农耕生活。塞种人在膏腴之地既种植粮食、水稻和麦，也种植葡萄，并且从希腊殖民者那里学会了酿制和保存葡萄酒的技术。

葡萄酒是希腊文明的血液，也是希腊人的专属。发源于地中海克里特岛的葡萄酒文化，在酒神狄俄尼索斯的播布之下，很快就弥漫了整个欧洲，并跟随着希腊人的脚步，传至被征服的每一个殖民地。大夏王国西边毗邻的马尔吉安纳、阿利安都盛产葡萄酒，史书上说，大宛"富人藏酒至万余石，久者至数十岁不败"。一说西汉时期的一石相当于二十七斤，张骞见到有的大宛土豪一次就储藏了二三十万斤的葡萄酒，几代子孙吃喝都不用愁，如此痴恋葡萄酒真是少见。

张骞这位来自中原的大探险家也有幸与酒神狄俄尼索斯共舞，在大宛国都贵山城内，跟好客的国王畅饮醇美的葡萄佳酿，体会到不同于中原传统黄酒的宿醉感受。

张骞领略着非同凡响的异域风物，除了葡萄酒等地方特产之外，最令他惊讶的是费尔干纳盆地四周的高山上有种奇异的马，奔跑时脖、颈会流出鲜红似血的汗水，这就是极具神秘色彩的汗血宝马，据说是天马的后裔。让张骞意料不到的是，此后在自己的推荐之下，汗血宝马被引进中原，倾倒了所有的人，即便是富有天下的汉武帝也对之如痴如狂，为了争夺汗血马种，竟然两度兵临大宛，造就丝绸之路上一个血腥的话题。现代科技却给了这种倾国倾城的宝马一个令人啼笑皆非的解释，所谓的汗血其实是马病，罪魁祸首是一种名为多乳突副丝虫的寄生虫，在皮层下结缔成圆形血痂，当马匹奔跑时会促使血痂破裂，导致皮肤流血，医学上称之为马副丝虫病。

大宛王早就仰慕汉帝国的物阜民丰，苦于相隔千山万水，无法相通，见到张骞喜出望外。张骞也是如他乡遇故知，跟大宛王抵掌而谈。大宛王问张骞："你万里迢迢而来，有何贵干？"张骞回答说："我奉命出使大月氏，被匈奴人挡住了去路，只好逃亡到这里。望大王派人引路，果真抵达大月氏，我回去之后禀报皇帝，你要什么财物皇帝就赏你什么，数不胜数啊！"

大宛王很高兴，当即拍板，行！立刻派几个翻译和随从，恭恭敬敬地把张骞送出贵山城。但是大宛的建立者塞种人仍然对大月氏耿耿于怀，又不愿意让远道而来的中原使者失望，所以并未把张骞带到南边的大月氏，而是向西北行一千五百里，抵达康居国的都城——卑阗城（今哈萨克斯坦奇姆肯特）。张骞也乐得不行。世界真大，人生就是要多走走，多看看，使自己开阔眼界，增长见识。

康居是个马背上的王国，冬夏迁都，冬季聚居于锡尔河北岸的乐越匿地，夏季北上卑阗城，其习俗与大月氏相似。控弦八九万人，夹在南方的大月氏与东方的匈奴帝国之间，康居为了生存只得两面讨好，一臣事二主。

张骞在康居获得一个极有价值的情报，大宛东北的乌孙，也是游牧政权，与匈奴同俗，控弦数万。乌孙昆弥猎骄靡幼年受到匈奴人的抚育，对匈奴人感恩戴德，怀欲报之心，加上复国之初力量不济，所以甘心臣服于匈奴帝国。可是随着乌孙羽翼渐丰，猎骄靡开始起叛逆之心，不但召回抵押在匈奴的人质，而且拒绝前往单于庭朝拜匈奴单于。这个情报将对后来汉帝国经营西域的方略产生重大影响。

张骞还听说康居西北两千里有一个习俗与康居相近的游牧国家——奄蔡，奄蔡控弦之士超过十万人，常年居住在北海，附近没有高原。这个北海就是世界上最大的咸水湖——里海，奄蔡国是游牧民族坎姆纳斯吉里人（Kamnaskirid）约在公元前150年建立的，西方称之为阿兰王朝，驻牧于里海以北的伏尔加河流域至咸海西北一带。张骞的目光已经飞越至亚欧大陆的交界处了，真正是中国睁眼看世界的第一人。

康居与大月氏关系似乎不错，在康居使者的护送下，张骞继续南行，终于在公元前129年左右抵达位于大宛西边两三千里、阿姆河北岸的大月氏。这个苦难的游牧民族为了生存，七十年来不停地流浪，从阴山以南的河套平原到河西走廊，再到伊犁河、楚河流域，最后落脚于中亚的阿姆河流域，迁徙总路程超过万里，在古代世界民族大迁移的热潮中起到了推进的作用。

世界史开幕第一人

当张骞谒访大月氏时，或许大月氏征服粟特地区的战斗刚刚落下帷幕。该地传承了两个世纪的希腊化文化正遭遇一场大浩劫，受到势不可挡的野蛮横扫。大月氏人对阿姆河北岸星罗棋布的希腊式城堡兴味索然，他们每摧毁一座城市，就让它荒芜长草，变成一个牧场。所以张骞在后来的报告中称，大月氏"行国也，随畜移徙，与匈奴同俗"，"都妫水北，为王庭"——并在阿姆河北设幕立朝，建立王庭，这完全是游牧民族的政权模式。

此时大月氏当家做主的是王后，汉帝国对她来说太过于遥远了，甚至比头顶上的依稀星空还要渺茫，令她无法想象。张骞竭力劝说王后与汉帝国联手，东西夹击匈奴，以报月氏王身死头颅为饮器的血海深仇。可是任凭张骞口沫横飞，女王就是无动于衷，一语不发，不置可否，只是让人带着张骞到处走走，领略一下阿姆河岸的秀丽风光，以及肥饶的粟特沃土。

张骞也不急于求成，既来之，则安之。在耐心等待女王答复的同时，张骞渡过阿姆河，足迹踏遍兴都库什山脉以北的大夏地区。张骞见到的大夏是这样的："其俗土著，有城屋，与大宛同俗。无大长，往往城邑置小长。其兵弱，畏战。善贾市。"——阿姆河以南的大夏王国豖分蛇断，塞种人、大月氏人、希腊殖民者，各立山头，抢占地盘。似乎大夏的国都——蓝市城还在希腊殖民者手里，城中有贸易市场，贩卖着各色各样的货品，交易量颇大。但是不同种族的派系势力犬牙交错，每一座城池都是拥有自治权的政治组织，如一盘散沙。亚历山大大帝时代希腊人的英勇气概荡然无存，军队畏战、避战，纷纷弃戈从商，在大月氏人的高压之下，阿姆河南岸的各方势力相继臣服，尊奉北岸的女王为宗主。

张骞在阿姆河南岸的大夏故地待了一年，一年时间不但让张骞的视野急剧开阔，也将让万里之外的中国人迎来一场信息大爆炸。正如日本学者桑原骘藏在《张骞西征考》中所说的，张骞出使西域，是一次前所未有的壮举，作为历史上第一个接触地中海文明的东方人，张骞改变了古代中国及古代日本对世界的认识。

大夏由于特殊的地理位置，南下北上、东来西往的商贾汇聚于此，人口众多，超过百万，是东西方商道重要的地区之一，成为西亚条支、安息与印度次大陆的交通枢纽，在贸易中扮演着非常重要的角色。大夏居民都是谙熟经商的生意人，给张骞留下极为深刻的印象。张骞"为人强力，宽大信人"，胸襟开阔，谈吐不凡，诚恳待人，每行一处都受到人们的欢迎。不论是蒙古高原上的匈奴人，还是中亚地区的月氏人、塞种人、康居人和希腊殖民者，都为张骞的诚信为本所折服。张骞的朋友遍及世界各地，包括西亚、印度甚至从地中海远道而来的富商大贾。张骞也从中受益匪浅，从他们口中获取了无比丰富的世界人文地理知识。

大夏邻近的安息是张骞关注的国家之一。当张骞在阿姆河畔密切地注视着这个雄踞西亚的大帝国时，武功卓著的安息王米特里达梯一世因为病情恶化，不得不让太子弗拉阿特斯二世①摄政。

此时安息兵革四起，来自西边的条支王安条克七世试图扭转乾坤，重振雄风，夺回被米特里达梯一世侵占的领地，但是回天乏术。公元前129年，也就是张骞抵临大月氏的那一年，安条克七世在一个狭窄的峡谷中遭到安息军的伏击而身亡。这成了希腊化史上的一个转折点，曾经称霸西亚的条支王国顿成明日黄花，战火纷飞，国土四分五裂，小邦林立。而东边的塞种人在践踏大夏之后，也不断地涌入安息境内，占据了东部的扎兰吉亚那和阿拉霍西亚两个省份。弗拉阿特斯二世疲于奔命，日夜不得安宁。

大概因为战事，张骞被迫放弃了继续西行的计划，但是并未放弃近距离观察安息的任何机会。张骞对这个自我标榜为"爱希腊"的帝国产生了浓厚的兴趣，在日后呈献给汉武帝的西使报告中，对安息的描述比其他西域诸国都要详细：

"在大月氏西可数千里。其俗土著，耕田，田稻麦，蒲陶酒。城邑如大宛。其属小大数百城，地方数千里，最为大国。临妫水，有市，民商贾用车及船，行旁国或数千里。以银为钱，钱如其王面，王死辄更钱，效王面焉。画革旁行以为书记。"

在竹简时代，著书立说惜墨如金，尽管张骞只有寥寥数语，但是为后人留下了丰富的希腊化文化信息。

首先是张骞见到了不同于中原地区的希腊化货币体系。汉武帝即位之初，汉文帝时期推行的四铢半两钱继续在帝国境内流通。但是在张骞出使西域的前一年（前140年），汉武帝进行第一次币制改革，毁四铢半两钱，更铸

---

① 弗拉阿特斯二世（Phraates Ⅱ），在位时间为公元前138年至公元前128年。公元前138年，米特里达梯一世病重，弗拉阿特斯奉命摄政。六年后米特里达梯一世死去，弗拉阿特斯二世正式称王。

图4 安息王阿尔达班二世（前128—前124）铸币

三铢钱（重约2克）。三铢钱正面铸有"三铢"二字，背面光溜溜的平夷无饰。公元前136年，汉武帝进行第二次币制改革，废除三铢钱，重用四铢半两钱。此时张骞被扣押在匈奴，对重用四铢钱并不知情。无论三铢钱还是四铢钱均用铜料制造，外圆内方，正面铸着"三铢"或"半两"的币值，背面空白无文。

张骞在西域所见到的安息钱币与中原地区的铜钱截然不同，都是以银质的古希腊德拉克马（Drachma，重约4.37克）为母币铸造的。正面铸有脸部向左的安息国王头像，以及赞美国王的希腊铭文，诸如"伟大的国王""众王之王""神的显灵者""爱希腊者"等等；背面则有希腊字母环绕边缘，中间是一个穿着游牧人服饰、手挽弓箭的坐像。更让张骞惊奇的是，"王死辄更钱，效王面焉"——安息银币正面的头像随着国王的更迭而更迭，就像中国古代皇帝的年号一样。

张骞给中原人带来的第二个希腊化文化信息是"画革旁行以为书记"。安息人使用羊皮纸为书写材料，从左到右横着写。其字如螃蟹横行，张骞称之为"旁行"。不像中原人从上而下，从右到左，遒劲有力，挥洒自如。

羊皮纸当为张骞在西域见到的一大神物。张骞的时代正处于造纸术发明的前夜，全世界的人都为书写的事发愁。古代中国人用的是二尺四寸的竹木简，既损耗大又笨重。战国时期墨翟周游列国，要带上三大牛车的竹简。东方朔上书汉武帝，洋洋洒洒三万字，竟然使用三千枚竹简，汉武帝耗费了两个月的时间才读完。

古代的欧洲人则很随便，早期是就地取材，陶片、泥板、叶子、树皮、亚麻，甚至石头，捡到什么就用什么来写字，但也面临着保存和携带的大难题。后来随着古希腊人向海外殖民扩张，从古埃及人那儿进口莎草纸，一直使用到唐朝时期中国造纸术传入。

亚历山大帝国分裂后，统治埃及地区的托勒密王国拥有得天独厚的优势，垄断所有的莎草纸资源，并对出口实行严格的限制。托勒密一世建立的亚历山大图书馆收藏了两百年来遗留下来的纸草古籍，无数学者文人趋之若鹜，亚历山大港精英荟萃，大学问家满街跑。托勒密王国由此文化高度发达，遥遥领先于其他希腊化王国。

这令偏隅于爱琴海边一角的帕伽马王国大为眼红，倾全国之物力，仿照亚历山大图书馆在境内建造一座宏伟壮观的图书馆。帕伽马国王欧迈尼斯二世①即位后，大肆扩充该馆的藏书量，使之增至二十万卷，誓言要将亚历山大图书馆的风头压下去。为此不惜花费重金挖墙脚，招揽亚历山大图书馆馆长伊拉托西尼斯。此君为希腊世界名噪一时的地理学家，曾经计算出地球圆周近似值。托勒密王国的统治者闻讯震怒，下令对帕伽马王国进行文化封锁，严禁向该国出口莎草纸。

穷则变，变则通。身处绝境的欧迈尼斯二世为了打破托勒密王国的文化垄断，决定另辟蹊径。他想到古希腊人尚未获得莎草纸之前，曾经在山羊和绵羊的皮子上写字，于是脑洞大开，发明了羊皮纸。羊皮纸的制作工艺是这样的，将剥下来的羊皮浸泡在石灰水中，脱去妨碍书写的羊毛和脂肪，而后将正反两面刮薄，再拉伸、晒干，最后仔细磨滑，使之柔韧纤薄。羊皮纸不但耐用，携带方便，并且两面都可以书写，因而问世之后广受欢迎，风靡西

---

① 欧迈尼斯二世（Eumenes Ⅱ），公元前197年至公元前159年在位。

方,也迅速地从帕伽马王国传播到东边的邻国条支和安息,再从安息输入大夏及印度。

大夏境内曾经两次发现希腊文书写的羊皮纸遗物。一次是在西北重镇艾哈诺姆遗址中,挖掘出抄写希腊诗文的羊皮纸;另一次是在蓝市城附近的阿桑戈尔那(Asangorna),挖掘出一张希腊文书写的羊皮纸税单收据。

张骞在大夏期间,必定见过光滑、美观、耐用的羊皮纸,甚至目睹了安息人或大夏人左右横写的"绝技",这让他大开眼界,故而在西行报告中特别提及"画革旁行以为书记"。

张骞给中原人带来的第三个希腊化文化信息是希利尼语。《史记·大宛列传》中说:"自大宛以西至安息,国虽颇异言,然大同俗,相知言。"《大宛列传》是司马迁根据张骞出使西域的汇报写成的,这表明当时西域诸邦之间流行着官话,各地方言虽然稍有差异,但是并不影响人们之间的相互交流。据学者们研究,中亚绿洲农业地区的居民和草原地区的游牧人都操印欧语言,其中当包括希利尼语。

希利尼语也称亚历山大语(Alexandrian)或科因内语(Koine Greek),是希腊化文化传播的重要媒介,希腊化世界的官话。在亚历山大东征之前半个世纪,雅典的演说家伊索克拉底就赤裸裸地指出:"希腊的名称不再是种族的象征,乃是一种外在的标志,这种标志是赋予那些分享我们文化而非血液的人们的。"伊索克拉底热衷于鼓吹希腊人优越论,他口中的"外在标志",就是指希腊语。伊索克拉底一生都在幻想让希腊重振雄风,四方朝仪。亚历山大大帝实现了伊索克拉底的梦想,希腊语随着马其顿军队前进的步伐传播到被征服的每一个地方,分布的范围甚至比希腊殖民地更广。但在被征服地,希腊语仅仅是官方和贵族的语言,商人们和平民百姓只能学习已经简化的、通俗的草根希腊语——希利尼语。

张骞在西域是否亲耳听到希利尼语?从音韵学的角度来看,答案是肯定的。否则张骞怎能将希腊语中的"botrus"(葡萄一词的拉丁化)音译为"蒲陶（上古发音为bo-du）"呢？又怎能将希腊语中的"mudike"音译为苜蓿（上古发音为muat-siuk）呢①？

西晋太傅崔豹在《古今注·音乐篇》提到，张骞把一首叫《摩诃兜勒》的乐曲带回中原，后来经过大音乐家李延年（汉武帝宠姬李夫人之兄）改编为《新声二十八解》，被采纳作为皇家仪仗队的军乐。这个"摩诃兜勒"就是希腊语"Makedones"的音译，意即马其顿人。

张骞由此成为将希腊化文化信息携入中原的第一人，受到世人的高度评价，近代维新派人物梁启超誉之为"坚忍磊落奇男子，世界史开幕第一人"。

张骞归来

张骞这个"坚忍磊落奇男子"在大夏耳闻目睹，获取到的地理人文信息是惊人的。除了安息帝国，张骞还知道，安息再过去数千里是条支，也就是曾经显赫一时的塞琉西王国。

张骞在西使报告中说，条支"临西海，暑湿，耕田，田稻。有大鸟，卵如瓮。人众甚多，往往有小君长，而安息役属之，以为外国。国善眩"。

西海，当为今天的波斯湾。至于能够产下"卵如瓮"的大鸟，无疑就是鸵鸟了。因其雁身驼蹄，故称鸵鸟。丝绸之路正式开辟后，鸵鸟也紧随着汉帝国与西域的频繁往来，走进了中国人的视野。两百多年后（101年），安息王满屈（帕科罗斯二世）②进行动物外交，派遣使者向东汉和帝献上安息的狮子及条支的鸵鸟——时人称之为安息雀，一时引起轰动。

张骞对条支的描述也基本属实。自安条克七世东征安息败亡之后，条支王国风光不再，失去了往日世界强国的地位，国土分崩离析，以后的条支王沦为叙利亚北部纷争诸国的小君主，所以张骞称"往往有小君长"。安息以

---

① 音标数据来自上海高校比较语言学E研究院的上古音查询系统。
② 帕科罗斯二世（Pacorus Ⅱ），公元90年至105年在位。《后汉书》译为满屈。

北有奄蔡、黎轩（一作犁靬）。这里的黎轩就有点莫名其妙了。许多学者认为黎轩当指托勒密王国的都城——亚历山大港，但其位置在安息的西南方，故而颇令人费解，极有可能是张骞误记。

张骞还发现，在大夏地区的市场上竟然见到来自四川的邛崃拐杖和蜀锦，惊奇地问贩卖商：哪儿来的？贩卖商答说：从身毒国那儿买到的。又发现了一块新大陆，张骞兴奋不已，马上向贩卖商打听身毒国的情况。在后来的西域出使报告中，张骞转述大夏商贩的话，简单介绍了身毒国，"身毒在大夏东南可数千里。其俗土著，与大夏同，而卑湿暑热云。其人民乘象以战，其国临大水焉"。

身毒国就是位于印度恒河中游的摩揭陀国，这也是中国人对印度的最早记录。尽管只是传闻，但是对摩揭陀国的描述大致正确，气候湿润，土著骑着大象打仗，国内有条大河（恒河）。此时统治摩揭陀国的孔雀王朝已经谢幕，取而代之的是巽加王朝。张骞第一次出使西域时，巽加王朝的统治者是婆苏蜜多罗[①]。

光阴似箭，眨眼之间就一年过去了。张骞走遍大夏一个个城市，拜访当地的希腊社团，也参观不少极具希腊特色的建筑物，在体育馆里体验别样的希腊式教育，去剧院欣赏催人泪下的悲剧。当然，张骞不是一个自由自在的旅行者，万里迢迢到西域可不是来游山玩水的。他肩负着一个神圣的使命，手持汉武帝亲授的旌节，以大汉天子特使的身份游说大月氏结盟，共同对付死对头匈奴人。张骞望眼欲穿，但是大月氏女王比中原地区的大家闺秀还要含蓄，在结盟问题上遮遮掩掩，迟迟不肯给出一个明确而满意的答复。

张骞无比思念那座金碧辉煌的长安城，也思念那位年轻有为的皇帝。于是在公元前128年，张骞带着一丝遗憾启程东归了。渡阿姆河，越帕米尔高原抵达中亚地区，入塔里木盆地的门户——疏勒时，东行之路有两条，西域

---

① 婆苏蜜多罗（Vasumitra），公元前131年至公元前124年在位。

北道与西域南道。为了避开天山北路上焉耆、危须、尉犁之间的匈奴僮仆都尉，张骞决定走西域南道。

西域南道途径莎车、于阗、扜罙（又作扜弥）、且末、楼兰等地，一路除了荒凉的沙漠，可谓畅通无阻。忠心的老仆堂邑父本来就是匈奴的神箭手，百发百中。张骞途中没得吃了，堂邑父就射下几只大雁充饥。但是过了楼兰，走到罗布泊，张骞的心又悬了起来。罗布泊以东直到陇西长城，南至青海的羌人部落，整个河西走廊都是匈奴人的天下。张骞就紧紧挨着南山（阿尔金山、祁连山），触石穿林，准备取道青海，走周穆王西巡老路，回长安城。

可是就像命中注定一样，公元前127年，张骞走到祁连山时，与匈奴逻卒狭路相逢，再次落入匈奴人之手。到了单于庭见到军臣单于，张骞万念俱灰，两眼茫然地向南望去，准备在大漠上度过余生。

此时，汉帝国与匈奴的战争如火如荼。汉武帝吸取了马邑之战与关市奇袭作战的教训，开始提拔、重用一批年轻的将领，组建一支足以跟匈奴人抗衡的精锐部队。在公元前129年秋天的关市奇袭中，车骑将军卫青斩获敌首七百余级，这是汉武帝即位以来取得的第一次大捷。卫青从此挑起了抗击匈奴的大梁。当张骞在祁连山与匈奴人躲猫猫时，卫青再传佳音，他沿着黄河北岸快速西进，对占领河南地的匈奴楼烦、白羊王来了个大迂回、大穿插、大包围，杀得匈奴人措手不及，杀死、俘虏数千人，掳获牛羊百余万只，一举收复了沦陷长达八十多年的河南地。壮志凌云的汉武帝初尝开疆拓土的甜头，在河南地设置朔方郡、五原郡，极大地改善了汉帝国北边的安全态势，长安城的危险线向北推移一千六百余里，建立了出击匈奴腹地的战略基地。

雁门、河南地两战两捷，举国欢腾，马邑与关市作战失利的阴霾一扫而光。汉武帝龙颜大喜，立即对参战的将领加封晋爵。主帅卫青的食邑增加三千户，封长平侯；校尉苏建封平青侯、张次公封岸头侯。

就在满朝喜气洋洋地沉浸在收复失地的欢庆之中，张骞从西域回来了。张骞被关押在匈奴一年有余，至公元前126年冬天，军臣单于死去，匈奴大乱。军臣单于的弟弟左谷蠡王伊稚斜捷足先登，自立为匈奴单于，发兵攻打军臣单于的太子於单。於单走投无路，南奔中原，被汉武帝赐封为涉安侯，可惜没几个月就死去了。草原上兵戈抢攘，狼烟四起，到处乱糟糟的。张骞否极泰来，带上堂邑父和匈奴妻子趁乱逃回中原。

张骞眺望宫阙参差的长安城，不禁泪流满襟。阔别十三年，现在终于回家了。十三年前出行时，张骞的使团成员百余人，如今能够生还的只有张骞和匈奴妻子、堂邑父三人而已，恍惚如隔世。

在朝堂上，张骞展示自己绘制的西域地图，还有从大夏带回的葡萄、苜蓿、石榴、胡桃等西域物产的种子，令满朝文武大臣惊叹不已。历史将牢记这一刻，中国人的视野从此获得飞跃性扩展。汉武帝站在宫阙嵯峨的长安城头，他的目光飞出群峰巍峨的帕米尔高原，已经可以看到远在万里之外，两百年前亚历山大大帝血战过的地方了。

拥有一颗永不满足的好奇心的汉武帝，如同三岁小孩，扯住张骞的衣袖，喋喋不休地问个不停。张骞也仿佛是一个久经沧桑的老人，毫无保留地将他在西域的所见所闻，一股脑儿全倾倒给那位即将带领中国人走向世界的伟大皇帝。

为了突破匈奴人的封锁，张骞给汉武帝设计了一张战略路线图，走西南的蜀-身毒道，即经川蜀、身毒，出中亚，与大夏等中亚诸国结盟。阿姆河流域的大宛、大夏、安息都是大国，境内多奇物，风俗与中原同，以农耕为主，但是军事上羸弱，又贪恋汉帝国的财物。锡尔河流域的大月氏、康居，以游牧为主，兵力强盛，可诱之以财利，把他们拉拢过来。如此不但可以抗衡匈奴，而且可以拓地万里，布大汉天威于四海，开创千古奇勋。而欲出西域，必走川蜀西南道。张骞的理由是，大夏在汉帝国西南一万二千里，而身毒在大夏东南数千里，在那儿能买到川蜀的物产，可见身毒跟川蜀相近。如果取道青海羌中通西域，不但路途艰险，而且羌人敌视汉帝国；经河西走廊出西域，则有匈奴这只凶猛的拦路虎挡道。都不如通畅便利的蜀-身毒道，既是条捷径,又没有敌对势力。

张骞侃侃而谈,"天子欣欣以骞言为然"——汉武帝不由地拍案惊呼,这个张骞简直就是为帝国而生!此前汉武帝早就有通西南夷之意,无奈耗费巨大,令他望而却步。现在张骞旧事重提,又触动了汉武帝开辟西南道的心弦。

进军大西南成为汉武帝通西域的第一个行动,但这次行动因汉武帝、张骞二人对西南夷的民族隔阂估计不足,最后化为泡影。

汉武帝令蜀郡、犍为郡派出特使,分为四路:第一路出岷江上游的冉駹部落,第二路出大渡河南北的莋都部落,第三路出安宁河流域的邛都、徙两个部落,第四路出滇东川南的僰人部落。四路齐头并出,各向西南行一二千里,寻找一条通往身毒国的大道。

不幸的是,四路出使行动相继夭折,前三路汉使分别遭到氐人、莋都、巂人部落(在今云南保山)的阻挠,无功而返。最后一路汉使入滇之后,在滇池附近遭到昆明部落的杀害,惨死异乡。昆明部落"编发,随畜移徙,无常处",半农半牧,族群众多,没有一个发号施令的首领,司马迁称之为"无君长",结果再也没有使者敢于前进半步,通过昆明众部落的领地。汉王朝苦心策划的通西南夷行动历时四年之后宣告失败,张骞梦寐以求的蜀-身毒道终成空。

但是汉武帝与张骞也并非一无所得。从西南夷侥幸逃生的使者回来报告说,在昆明西边千余里处,有个乘象国滇越,跟川蜀的贸易关系很密切。这个乘象国就是傣族先民在伊洛瓦底江上游建立的勐卯果占壁王国①,因其定都达光城②,故又称达光王国。汉武帝大喜,立即遣使结好达光王国。

通西南夷计划如同滚芥投针,加上自收复河南地之后,恼羞成怒的伊稚斜单于进行疯狂报复,乌云压顶,汉匈大战一触即发。汉武帝不得不集中精

---

① 勐卯果占壁王国(前364年至233年),其统治中心在今云南保山、德宏一带,也就是后来的哀牢王国所在地。公元69年,哀牢王柳貌派遣儿子率族人内附东汉。
② 达光城,即太公城(Tagaung),今缅甸拉因公县境内。此处参考杨永生的《"乘象国"滇越考》,《思想战线》1995年第1期。

力对付当下最危险的敌人,暂时将开拓蜀-身毒道的事置之脑后。

匈奴人在东起代郡、西至朔方的漫长边境线上,频繁入犯,制造了无数起惨不忍睹的边境惨案。伊稚斜单于即位之后的夏天,派遣数万骑兵袭击代郡,杀死汉帝国的代郡太守恭友,掳走边民千余人。秋天,又入犯雁门,杀掠边民千余人。次年(前125年),匈奴人的攻势逐步升级,兵分三路,每路各三万精锐骑兵,袭击代郡、定襄、上郡,杀掠数千人。匈奴右贤王亲率大军,杀至汉帝国在河南地的边防重镇朔方郡,无数官民惨遭杀戮。汉帝国整个边境地区受到匈奴铁蹄的野蛮蹂躏,残破不堪。汉武帝铆足了劲,当即下令反击,汉匈百年战争进入惊心动魄的高潮阶段。

第三章　开拓丝路

帝国反击战

汉帝国的第一次大反击是高阙之战。

公元前124年春天，汉武帝决定来个斩首行动，敲掉屡犯河南地的匈奴右贤王，为此调动了十万大军，挂帅的是收复河南地的第一功臣、车骑将军卫青。

汉武帝的作战部署是：西线主攻，东线牵制。

西线，卫青率三万精骑，出朔方、高阙，直扑六七百里之外的右贤王庭。游击将军苏建、强弩将军李沮、骑将军公孙贺、轻车将军李蔡等四将率数万人出朔方，配合卫青奇袭右贤王庭。

东线，大行李息、将军张次公率数万人出右北平，牵制、迷惑左贤王的部队，使之不敢西援。

匈奴右贤王辖地在陕北以西的河西走廊，延伸至西域与乌孙接邻的大片地区。其大本营设在浚稽山及蒲奴水（今蒙古国西南翁金河）以南，距离朔方超过七百里。在右贤王眼中，汉军只是一支由"泥腿子"庄稼汉组成的徒兵部队，战马奇缺，士卒不习骑战，且右贤王庭处于远离汉帝国边境的大漠深处，汉军怎么杀来？所以右贤王高枕无忧，整天在帐幕里，搂着爱妾，喝得四脚朝天，做着夺回河南地的黄粱美梦。

但是右贤王绝对低估了他的对手——卫青，百年罕见的进攻型将领。

卫青率部在朔方渡过黄河，趁着天黑秘密穿越乌拉山与狼山之间的缺口——高阙，两三天的时间，昼夜兼程，疾驰六七百里，如同一支离弦箭，迅速逼近右贤王庭。在匈奴帝国的纵深地带，数万骑兵竟然从敌军侦探的眼皮下溜过。卫青创造了一个军事奇迹。

又是一个风高月黑的夜晚，匈奴右贤王像往日那样烂醉如泥，突然之间卫青率汉军从天而降，以迅雷不及掩耳之势，杀了个匈奴人猝不及防。汉军攻势如潮涌，很快就把右贤王的部队淹没在血海之中。醉醺醺的右贤王从梦中惊醒，吓得魂魄皆散，一手扯上爱妾，带着数百精锐护卫，仓皇北走。得知右贤王逃跑，卫青立即下令轻骑校尉郭成等率部追击，狂追了数百里，但不见右贤王的踪影。

是役，卫青大获全胜，重创匈奴右贤王部，捕获匈奴男女一万五千余人，裨王十余人，牲畜多达数十百万头。从那以后，匈奴人再也没有到过河套平原，汉帝国的朔方防线得到进一步巩固，为日后扫灭匈奴打下坚实的基础。

右贤王的部队遭痛歼之后，伊稚斜单于为了挽回面子，于当年秋天出动万余骑兵，南下抄略代郡，杀死都尉朱英，掳走边民千余人。

伤其十指，不如断其一指。汉武帝决定再次痛击匈奴人，这回把目标对准伊稚斜单于的主力部队。

公元前123年春天，汉武帝组建了一个拥有十万骑兵的庞大军团，指定卫青为统帅，麾下有六员大将，中将军公孙敖、左将军公孙贺、前将军赵信、右将军苏建、后将军李广、强弩将军李沮。此外，两个特殊的人物跟随卫青出塞作战，一个是校尉张骞，因为他在匈奴待了十年，熟悉大漠的水土风俗；另一个是侍中霍去病，年方十七。此人是卫青之姊卫少儿与平阳县小吏霍仲孺私通而生下的。但这个非婚生子英姿勃发，很受卫青和汉武帝的宠爱，故而任命他为票姚校尉。

3月，卫青按照汉武帝的指示，率领大军出了定襄，一路向北直奔，准备复制高阙之战的辉煌，袭击单于庭。但是伊稚斜单于早有防范，汉军出塞没多远，就遭到匈奴人的截击。双方大战一场，汉军歼敌三千，击溃敌军。卫青见目标暴露，天气又酷寒，就回到定襄、云中、雁门一带休整。

5月，卫青见时机成熟，再度出击。不料，北上数百里后，陷入匈奴重兵的伏击圈。汉军损失惨重，前将军赵信、右将军苏建的人马合成一路，遭到伊稚斜单于和左贤王的两面夹击，血战一天，三千骑兵伤亡殆尽，苏建仅以身免。赵信本是投奔过来的匈奴小王，被汉朝赐封为翕侯，兵败后，赵信立刻下令部属八百骑兵弃戈投降。

卫青本军也陷入一番苦战，幸亏汉军兵力占据优势，再加上卫青指挥得法，霍去病骁勇冲杀，伊稚斜单于一败涂地，遗尸累累，狼狈北逃。卫青当即下令转入反攻，初出茅庐的霍去病率领八百骁骑一路领先，孤军深入数百里，穷追猛打，斩杀匈奴人二千零二十八人，击毙匈奴相国、当户、单于大行父籍若侯产（籍若侯是封号，名产），生擒单于的叔叔罗姑比，战绩冠绝全军。

这次漠南大战至此以汉军的大胜而落下帷幕，汉军前后共斩杀匈奴军一万九千人，可也付出前军和右军覆没的惨重代价。在汉武帝看来，虽然汉军胜利了，但是很不完美。所以在战后封赏大会上，除了赏赐卫青千金，没有再加封。霍去病初露锋芒，汉武帝大喜过望，封冠军侯，食邑一千六百户，视他为卫青的接班人。此外，汉军得以不困乏，始终保持旺盛的战斗力，归功于张骞对大漠水草分布情况的熟知。再加上之前出使西域，汉武帝数功并赏，封张骞为博望侯，取"广博瞻望"——知识渊博、视野开阔之意。

经过此役，匈奴人终于尝到了大汉勇士的厉害。赵信投降之后，受到伊稚斜单于的宠用，被封为自次王。赵信给伊稚斜单于支着，将单于庭迁至大漠以北，远离长城边塞，一旦汉军来攻，即可诱敌深入，以逸待劳。伊稚斜单于立即予以采纳，结果匈奴扰边的现象大幅减少，汉帝国的北部边境基本稳定，战争主动权落入汉武帝手中。

匈奴单于主力北撤之后，广大的漠南地区只剩下驻屯河西走廊的休屠王、浑邪王，以及云中以北以东的左贤王势力。河西走廊，再次进入汉武帝的视线中。

张骞从西域回来后说了一句话："匈奴右方居盐泽以东，至陇西长城，南接羌，鬲汉道焉。""鬲汉道焉"意即隔绝通往中原的道路。这四个字如同一把锋利的匕首插在汉武帝心上，让他疼痛难忍。而通西南夷受挫，又像皮鞭狠狠地抽打在身上。汉武帝铺开张骞绘制的地图，紧紧盯着地图上标记的"河西走廊"四个字，突然间发出一声怒吼，出击！

公元前121年4月，在漠南大战中出尽风头的冠军侯霍去病被任命为骠骑将军，汉武帝只拨出一万精锐骑兵，让他实施一次勇敢的试探性进攻——"针刺行动"。

汉军浩浩荡荡地从陇西出发，途经金城（今甘肃兰州）、令居（今甘肃永登西）。这是霍去病第一次独立指挥作战，为了避开匈奴和羌人的耳目，他沿着河西走廊地理起点乌鞘岭北坡的草地行军，过匈奴遬濮部落，渡狐奴河（今石羊河），从河岸边转战六个昼夜，向西北挺进千余里，快速穿越鸾鸟、张掖、显美、番和、骊靬等地的匈奴五个小部落，一路所向披靡，"拒战者诛之，归附者赦之"！

匈奴单于把河西走廊南端分给了休屠王，北端分给了浑邪王。二王拥有的骑兵超过十万，是汉军的十倍以上。但是蓬勃锐气的霍去病无视这个悬殊的对比，翻越海拔四千米的焉支山。焉支山处于河西走廊的中间地带，是浑邪王与休屠王的接合部。在焉支山以西，霍去病的一万骑兵遭到了休屠王和浑邪王的疯狂合击。这是一次血与肉的激烈碰撞，战斗异常惨烈，霍去病身先士卒，冲锋陷阵，汉军勇士拼死血战，敌我双方在河西走廊崎岖的山道上杀得天昏地暗，血肉横飞。匈奴人被汉军的英雄气概吓倒了，浑邪王部、休屠王部相继败溃，尸堆如山。此役，汉军斩获八千九百六十余首级，活捉浑邪王子、相国、都尉等大小头目，缴获休屠王的两尊祭天金人。但是汉军兵力也锐减七成，一万骑兵只剩下三千，可谓惨胜。

霍去病率领残余的三千疲惫之兵，在班师途中行至皋兰山（在今兰州南）下时，又遭到匈奴折兰王（折兰氏部落酋长）和卢侯王（卢侯氏部落酋长）的封锁。霍去病猛烈发起冲杀，阵斩折兰、卢侯二王，安全地回到长安城。

汉武帝对这次"针刺行动"大加赞赏。霍去病身上透露出了一种与众不同的锐气与果毅，跟汉武帝的开拓进取不谋而合。是年夏天，汉武帝根据霍去病的战情汇报，决定发起河西会战，全力夺取河西走廊，用血与火打通汉与西域的通道。

按照预定计划，汉军兵分东西两路：西路由骠骑将军霍去病、合骑侯公孙敖率数万骑兵，杀入河西走廊，彻底歼灭匈奴浑邪王、休屠王的部队；东路由博望侯张骞、郎中令李广率领一万五千骑兵，出击右北平，牵制匈奴左贤王的兵力，阻其西援。

大军事家孙武说："凡战者，以正合，以奇胜。"汉武帝的河西攻略就体现出孙子这一用兵思想。西路的公孙敖自陇西出塞，一路沿着河西走廊北上，从正面进攻浑邪王和休屠王；霍去病自北地郡出塞，绕道浚稽山沙地（今巴丹吉林沙漠）西北缘新月形的居延泽，迂回到合黎山以北，包抄浑邪王和休屠王。

但是霍去病派出的斥候回来报告，前方不见一个汉军，匈奴人军容整齐，丝毫没有混乱的迹象。敏锐的霍去病立即做出判断，一定是公孙敖出了问题，无法按期抵达作战位置。事后霍去病才知道，原来公孙敖是个路痴，由于迷失方向，一直在黄河两侧兜圈子。

孤军悬师，是兵家之大忌。此时形势危若累卵，一旦浑邪王、休屠王协力向西北，霍去病恐将难逃覆没的厄运。死地则战。霍去病当机立断，再次不按常理出牌，抢在匈奴人之前发起暴风骤雨般的进攻。双方战马交错而过，蹄声飞扬，数万把刀剑在空中挥舞交错。汉军踏着同伴们的尸体奋勇直前。鏖战终日，杀得匈奴人丢盔弃甲，浑邪王、休屠王扔下遫濮王等三万零二百具尸首之后，落荒而逃。匈奴单桓王、酋涂王、相国、都尉以下降者两千五百人，另有裨小王七十余人沦为战俘。汉军则伤亡了三成的兵力。

东路重演了西路的误期。李广率四千骑先行数百里，张骞率万余骑后行，两人之间出现长达数百里的空隙。匈奴左贤王趁机率四万骑突然杀到，将李广围得水泄不通。李广占据有利地形，摆开阵势。双方展开激烈的大战，血战两个昼夜，汉军死者过半，杀伤匈奴人亦相当。后来张骞赶到，匈奴人见占不到便宜，率先退出战场。

战后汉武帝论功行赏，霍去病增益五千四百户，张骞与公孙敖贻误战机，按律当斩，二将搬出家财赎罪，被贬为平民。李广功过相当，无赏。

河西大战，汉军无论在战略还是战术上均取得辉煌成就。铁血名将霍去病砍断匈奴一臂，夺取了河西走廊这个极其重要的战略通道，通往西域地区的门户洞开，此役堪称丝绸之路正式开通的剪彩礼之战。

河西走廊沦陷、匈奴死者数万的败讯传到大漠，气急败坏的伊稚斜单于像一只斗败的恶狼一样咆哮，扬言要把浑邪王、休屠王抓回去杀头。惊恐万分的浑邪王、休屠王抱头痛哭，商议之后决定投奔汉帝国。公元前121年秋天，汉武帝恐有不测，让匈奴的大克星霍去病前去迎降。果然不出汉武帝所料，休屠王临时变卦，浑邪王情急之下，杀死休屠王，率残部四万余向霍去病献上降表。浑邪王的归顺，标志着匈奴在西部统治的彻底崩溃。自金城以西的河西走廊、南山，一直到罗布泊，在长达三千里的广大区域内，已经被纳入汉帝国的版图。大漠上匈奴人奔走呼号，唱着一首悲凉的歌："失我祁连山，使我六畜不蕃息；失我焉支山，使我嫁妇无颜色！"

伊稚斜单于怒火难平，于公元前120年命令左贤王出动数万骑兵，相继入犯右北平和定襄，杀掠千余人，但这是匈奴人最后的疯狂了。第二年，漠北大会战爆发，匈奴人受到致命的一击，从此一蹶不振。

汉匈决战漠北

伊稚斜单于听取投降的翕侯赵信之策，把单于庭迁到漠北去，远离汉匈边境线，妄图引诱汉军远距离奔袭，而后以逸待劳，围而歼之。公元前119年春，汉武帝与卫青、霍去病等众将商议，决定将计就计，组织一次大兵团作战行动，主动出击，直捣匈奴老巢，彻底歼灭匈奴单于和左贤王的主力部队，一劳永逸地解决边患问题。

为此，汉武帝做了精心的战争准备。选调十万骑兵，分成两个兵团，统帅是汉武帝的左膀右臂，帝国最耀眼的两颗将星——卫青、霍去病，每人各五万骑兵。除了十万匹战马，还有四万匹马负责运载粮草，步兵及勤杂人员更是多达数十万人，几乎是倾全国之力。配备的将领也全是那些身经百战的老将、悍将。"敢力战深入之士"都拨调给霍去病兵团，使之成为汉军精锐中的精锐。郎中令李广屡次主动请缨，汉武帝瞧他胡子一大把，先是没有答应，过了很久才允许，让他做卫青的副手。但是这位老将军绝对料不到，自己数十年的戎马生涯将在此战中黯然落幕，留下了令后人无比感慨的"李广难封"的叹词！

汉武帝对霍去病寄予厚望，令他自定襄出塞，负责歼灭伊稚斜单于的主力部队。卫青自代郡出塞，负责对付匈奴左贤王部队。可是大军还没成行，抓获的匈奴俘虏称，伊稚斜单于已经跑到东边去。汉武帝赶紧改变部署，令霍去病出代郡、卫青出定襄，分进合击，会师于漠北。

卫青出塞之后，也抓了几个匈奴人，得知伊稚斜单于的行踪，才知道自己仍将面对着单于的主力部队。卫青不敢怠慢，立即做出战斗部署。出征前汉武帝特地交代卫青，前将军李广年老，要照顾一下。分配任务时，卫青让前将军李广与右将军赵食其两人为东道，负责兵团的侧翼安全。卫青自率左将军公孙贺、后将军曹襄，直取伊稚斜单于。东道路途遥远，而且水草稀少，李广满腹牢骚，要求追随主力，跟匈奴单于拼命。卫青坚决不肯，立功心切的李广几乎就要闹翻脸，最后愤愤而去。

伊稚斜单于依赵信之计，把辎重、粮草留在北方寘颜山（今蒙古国纳柱特山）的赵信城①，将最精锐的骑兵部队在漠北摆开阵势，以近待远，准备瓮中捉鳖，聚歼卫青兵团。卫青北行千里，在蒲奴水上游地区遭遇到严阵以待的匈奴单于主力②。面对体力已经消耗极大的汉军，伊稚斜单于觉得胜券在握。

但是匈奴人高兴得太早了。卫青不愧为一代名将，他马上下令摆出武刚车——一种外侧绑长矛、内侧置盾牌的步兵战车，环绕着汉军，筑成一道坚固的堡垒。汉军将士躲在武刚车背后，拉开弓弩，刀枪向外，如同一个巨大的刺猬球，准备抵挡匈奴骑兵的冲击。卫青创造性地发明了战车阻击骑兵的战术，使此战成为一个教科书式的经典案例。

汉军的武刚车阵使匈奴人体力上的优势很快就化为乌有。远道而来的卫青反而握住战场主动权，他派出五千骑兵，发起试探性的进攻。伊稚斜单于这才清醒过来，赶紧出动一万骑兵应战。突然刮起大风，沙砾击面，到处一片昏暗，两军难辨彼此。卫青迅速抓住战机，派兵从左右翼迂回包抄伊稚斜单于的本阵。伊稚斜单于一瞧汉军兵多马强，自己绝非对手，再斗下去恐将成为汉军的刀下鬼，于是乘着黄昏日落、风沙弥漫，跳上一辆六骡马的战车，在百余名贴身卫士的护送下，杀开一条血路，冲出汉军重围，向西北疾驰而去。

汉、匈两军混战至深夜，杀伤相当，大漠上尸横遍野。后来抓到的匈奴俘虏称，伊稚斜单于已在日落之前逃走了。卫青立即派遣一支轻骑兵连夜追袭，自己率大军随后跟进。匈奴人听说单于跑了，也树倒猢狲散，各自逃去。卫青追出两百余里，到了天亮，不见伊稚斜单于的踪影。此战，卫青兵

---

① 赵信城，今蒙古国乌兰巴托西鄂尔浑河南岸的车车尔勒格（Tsetserleg）。
② 根据史书记载测算，卫青与伊稚斜单于的交战地点大致在蒙古国翁金河（蒲奴水）下游的阿尔拜赫雷（Arvayheer）附近。

团共俘斩匈奴人一万九千人，乘胜向北挺进，攻克匈奴的补给基地——寘颜山赵信城，缴获粮草、物资无数。汉军在赵信城待了一天，肃清四面残敌，将赵信城中的积粟烧成灰烬之后凯旋。

回到漠南，卫青撞上了因迷路未能及时参战的李广和赵食其。名震塞外的"飞将军"李广对自己多舛的命运痛不欲生，当卫青派长史来查问失期的缘由时，李广羞愧难当，愤然拔刀自尽。老将李广之死，使得血腥惨烈的漠北大战更增添几分悲壮的色彩。

与西路卫青的血流成河、肝髓流野相比，东路霍去病简直就是摧枯拉朽、势如破竹。霍去病的骑兵、辎重虽然不亚于卫青，但是配备的将领却不如卫青。卫青手下悍将云从，李广、公孙贺、曹襄、赵食其等四大金刚身经百战，经验丰富。而汉武帝拨给霍去病的都是些新手菜鸟，就连一个低级的军官——裨将也没有。

出塞之前，霍去病瞧了瞧手下那伙满脸稚气的军官，不禁无奈地摇摇头，实在挑不出可以独当一面的人物。霍去病只好将就了，让李敢、徐白为、赵破奴等充任裨将。霍去病出了代郡之后，几乎没有碰到匈奴人像样的抵抗，在荒无人烟的大漠上，向北狂飙两千余里，才遭遇到匈奴左贤王的部队。匈奴人对霍去病的威名早有耳闻，结果汉军只一个冲锋，匈奴人就弃甲曳兵、一败涂地，左贤王吓得落荒而逃。战事呈一边倒态势。汉军席卷残云，一直追到狼居胥山（今蒙古国乌兰巴托以东肯特山），共斩获首级七万又四百四十三，生擒屯头王、韩王等三人，将军、相国、当户、都尉八十三人。战绩之辉煌，世所罕见。为庆祝胜捷，霍去病"封狼居胥山，禅于姑衍，登临翰海[①]"——在狼居胥山祭天，在姑衍山（今蒙古国乌兰巴托东郊）祭地，又登上翰海山，在峰顶勒石记功而还。这三大庆功仪式，成了历代兵家孜孜以求的最高奋斗目标，更是历朝皇帝的人生梦想，堪比封禅泰山。

[①]翰海，据岑仲勉考证，并非贝加尔湖，而是今蒙古国杭爱山。

至此，惊心动魄的漠北会战落下帷幕，汉军取得前所未有的胜利，杀敌八九万人，基本上消灭了匈奴单于、左贤王部队的有生力量。汉军也付出巨大牺牲，士卒阵亡数万人，战马死去十余万匹，国力损耗巨大。加上天妒英才，不久霍去病去世，汉武帝十几年内没有再发起大规模的战役。

战后，由于伊稚斜单于去向不明，匈奴一度发生混乱。史书记载，"匈奴远遁，而幕南无王庭"。——单于和左贤王率领残兵败将，狼狈逃往大漠西北遥远的地区，无力南犯，危害中原地区数百年的匈奴边患基本上解除了。漠南从此并入大汉帝国的版图，汉人源源不断地渡过黄河，在朔方以西修筑光禄、居延、令居三城，置官驻军，对新辟的领地进行有效管辖。

把匈奴人从漠南轰走，河西走廊成了汉帝国的天下，通往西域的大道一马平川，目光如炬的汉武帝又开始遐想西域的风情。由于在河西之战中贻误战机，张骞被褫夺博望侯的封号，成了一介草民。但是汉武帝仍旧念念不忘这个通西域的大功臣，把他叫来，多次询问大夏及其属国的事。张骞也巴不得有个立功赎罪的机会，就向汉武帝建言。要想让大夏归顺，首先得把乌孙争取过来。猎骄靡复国之后，胳膊粗了，称雄西域，根本就不买匈奴人的账。伊稚斜单于上台后曾经讨伐猎骄靡，结果被打得灰头土脸而回。如今我们大破匈奴人，威震四海。乌孙人留恋故土，又贪中原财富，何不以利诱之，让乌孙人迁回河西走廊？而后让汉室公主出嫁乌孙，与猎骄靡联姻，乌孙人必定乖乖地俯首称臣。乌孙一归附，西域的大夏等国就不招自来了。

汉武帝大喜，马上赐封张骞为中郎将（皇帝的侍卫军头领），让他率领一个庞大的使团，包括三百名成员，六百匹马，牛羊数万头，金币、布帛价值数千巨万，踏上了第二次西域之旅。

临行前，汉武帝面授机宜，授权张骞可自行派遣"持节副使"出访大夏的其他西域邻国。

浩浩荡荡的张骞使团一路畅通无阻，很快就抵达乌孙国都赤谷城。猎骄靡只知道有匈奴，不清楚汉帝国的大小，对张骞使团不屑一顾。张骞赠赐给乌孙大量的金币，可猎骄靡却板着脸，要求张骞按照汉使觐见匈奴单于的礼节，"去节墨面"——没收手中的旌节杖，把脸涂黑，方能进入庐帐。热脸贴上冷屁股，张骞火了，对猎骄靡说："天子赏赐大量财物，你再不拜谢，我立即走人。"

猎骄靡这才叩拜张骞。张骞搬出汉武帝的诏书，告谕猎骄靡，乌孙若能迁回东土，汉帝国就把公主嫁给昆弥做夫人，约为兄弟之邦，共抗匈奴。如此一来，击破匈奴易如反掌！

猎骄靡对张骞的话半信半疑，汉帝国那么遥远，谁知道是不是弹丸小国？远亲不如近邻，匈奴近在咫尺，曾经也是乌孙的宗主国。而且乌孙的大臣们都非常害怕匈奴，坚决反对跟汉帝国联姻结盟，更何况待在伊塞克湖畔，打猎捕鱼，整天过着优哉安闲的日子，根本就不想冒着长途跋涉的艰辛，搬回东方去住。

迁徙、结盟，事关乌孙举族安危，再加上此时乌孙国内情况复杂，为了争夺王位继承权搞得四分五裂。猎骄靡本来属意于长孙军须靡，授予岑陬一职，立为储君。中子大禄不满，准备进攻军须靡。猎骄靡拨给军须靡一万骑兵，令居别处，自己也有万余骑兵，以备不测。于是形成三足鼎立之势，虽然名义上总归猎骄靡统领，但他并未掌控绝对的话语权。所以猎骄靡不敢擅自许诺张骞，支支吾吾了很久，始终没有做出明确的答复。张骞一面耐心待在赤谷城，一面派遣"持节副使"，分路出使大宛、康居、大月氏、大夏、安息、身毒、于阗等西域诸国，播扬汉帝国的天威。

与十年前张骞的第一次出使相比，西域形势发生了巨变。大月氏人不再满足于对阿姆河南岸大夏的宗主统治，他们越过阿姆河，很快就征服了那些四分五裂的城市，将其置于自己的统治之下，把大夏王国从地图上抹去，一个强盛的游牧政权——大月氏帝国崛起了。其版图囊括原先的大夏王国全境，北与康居、大宛接壤，西邻安息，南边越过兴都库什山脉，就是塞种人建立的罽宾国。大月氏帝国被阿姆河分成南北两区，大月氏王居住在阿姆河北岸的王庭里，南岸新征服的大夏地区则被大月氏的五个游牧部族首领——翕侯瓜分了，演变成听命于北岸王庭的五个附属国。这五个部族是休密、双靡、贵霜、肸顿、都密。在不久的将来，贵霜翕侯兼并其他四个翕侯，取代阿姆河北岸的大月氏王，一统大月氏，定都蓝氏城，建立鼎盛一时的贵霜王朝。

张骞第一次出西域时，由于安息帝国东境战火纷飞，未能亲自造访这个高举"爱希腊主义（philhellenism）"旗帜的特殊希腊化王国。因此这一次张骞特地派遣"持节副使"出使安息，把它视为日后汉帝国外交的重点国家。

此时，安息王米特里达梯二世与塞种人的战争日渐尾声。八九年前，安息王弗拉阿特斯二世在一次跟塞种人的战斗中以身殉国。米特里达梯二世即位之后，派遣贵族苏林率兵东征塞种人，苦战数年，逐渐收复木鹿城、赫拉特等东部重镇，使安息帝国的边界重新回到阿姆河附近，恢复同大夏、粟特等地区的交通，所以史书上说安息"临妫水（阿姆河）"。

张骞派遣的"持节副使"西向安息，重兵云集的木鹿城是必经之地。当米特里达梯二世得知汉使即将来访，激动万分。为了展示安息帝国的雄风，保护汉使的人身安全，米特里达梯二世特意敕令苏林调派两万骑兵，从木鹿城一路护送到西边数千里的国都番兜城①。番兜城是条支王国的开创者塞琉古兴建的城市之一，意为"百门城"，号称诸路汇合之处，约公元前238年成为安息的都治。番兜城地理位置十分险要，在里海附近，扼中、西亚商贸古道的中心。

汉使在安息大军的簇拥之下，沿途经过数十座城市，所至之处，无不受到安息人的热烈欢迎，风风光光地进入番兜城。在番兜城里，更是受到米特里达梯二世最高规格的款待。米特里达梯二世对万里之遥的那个汉帝国兴致

---

① 番兜城，即赫卡通皮洛斯（Hecatompylos），濒临里海，在伊朗达姆甘和塞姆南市的中间。

盎然，派人随同汉使回访中原。

张骞游说乌孙昆弥猎骄靡虽未能获得成功，但猎骄靡看到西域诸国竞相遣使结好汉帝国，也不甘落后，在张骞回国时抛出大手笔，不但给他配备翻译、向导，而且派遣乌孙使者数十人、良马数十匹，借着到长安城答谢汉武帝的名义，乘机刺探情报，摸清汉帝国的实力。

细君公主和亲

公元前115年，张骞从西域满载而归，汉武帝喜之不尽，立即任命张骞为大行（类似外交部部长）。张骞二出西域获得巨大成功，标志着丝绸之路的正式开辟。从此，汉帝国与西域诸国之间的使臣往来、商贸往来，日益热络，奏响了中外交通史上动人的音符。

张骞将东、西方文明连接在一起，堪称人类历史上伟大的探险家和外交家。不幸的是，张骞回到长安城后不到一年，于公元前114年病逝。汉武帝沿着张骞开拓的道路，带领一个蒸蒸日上的帝国，昂首阔步，迈向世界。

张骞病逝的同一年，匈奴伊稚斜单于也在一片凄凉之中撒手而去，把一个日渐衰落的草原帝国留给了儿子乌维单于。这时候，汉武帝正忙于征伐南方的闽越和南越，无暇顾及匈奴。乌维单于也无心也无力继续入犯，汉匈边境倒也相安无事。

张骞虽死，但他的诚信正直，在西域已经深入人心，其封号"博望侯"已升华为一个象征着和平与诚信的符号。每当有汉使来到西域，当地居民都夹道相迎，高声欢呼："博望侯回来了！"此后的许多年里，汉帝国出使西域的使臣都被封为博望侯，以取得西域诸国的好感与信任。

张骞的功成名就，让世人眼红不已，上至朝中官员，下至市井小人，远赴西域的热情高涨。西域在世人眼中，简直就是一座取之不尽、用之不竭的金山。请求去西域淘金、猎奇的奏疏如雪片般飞进宫中，朝中有识之士对此忧心忡忡，汉武帝却乐观其成。因为这将大大促进帝国的开疆拓土，更何况西域路途既遥远又艰辛,并非磨磨嘴皮就可以办到的,所以无论何人,只要你有意愿出西域,汉武帝一律批准,给诏书,给旌节,任其招募随从。

出西域的汉使满天飞,鱼龙混杂,难免干出一些侵吞财物的不法之事,甚至违逆皇命。汉武帝却认为他们对西域的事驾轻就熟,是一伙不可多得的外交人才,就授意有关司法部门予以重惩,让他们出钱赎罪,再次出使西域。结果形成恶性循环,使者越来越多,违法的事也层出不穷。汉武帝好大喜功,喜欢听那些大话、空话,满口狼烟大话的人被封为正使,授予象征天威的旌节,偶尔吹大法螺的也被封为副使。皇帝的推波助澜,加剧了羊群效应,使之演变成一场狂热的西进运动。那些品德低劣、妄言无行之徒纷纷加入出使队伍,当中大都是浑水摸鱼的穷家子弟,他们将官府赏赐给西域诸国的财物据为私有,到了西域之后又低价出售,从中渔利。

结果贪赃枉法、厚颜无耻的中原使者在西域泛滥成灾,造成极恶劣影响,使得开拓者张骞生前苦心经营的声誉毁于一旦。要是张骞泉下有知,非得气得吐血再亡。西域诸国不胜其烦,将汉使列为最不受欢迎的人。西域的统治者认为中原远在万里之外,汉军鞭长莫及,不可能来攻,就采取"断奶"的制裁措施,禁止给汉使提供食物,让他们困死在西域。扼守西域南、北道入口处的两个小国楼兰和姑师公然劫掠汉使王恢等人财物,甚至充当汉帝国仇敌——匈奴人的耳目,引匈奴出兵堵住王恢等人的通路。王恢等对西域的积怨到了极点,就极力鼓动汉武帝讨伐西域,说什么西域有都邑、城池,兵力薄弱,不堪一击云云。

公元前109年,汉武帝听从王恢等汉使的话,决定组织一支讨伐军,用武力清扫西域通道上的障碍,任命追随过霍去病的从骠侯赵破奴为讨伐军统帅,王恢为赵破奴的副手。赵破奴是九原人,曾经流亡到匈奴,后又逃回中原,在霍去病麾下担任司马一职。公元前121年,出击北地有功,封从骠侯。公元前111年,赵破奴攻匈奴至匈河水。虽无功,但累积了丰富的战斗经验,故而汉武帝让他率属国骑兵及郡兵数万西征楼兰和姑师。

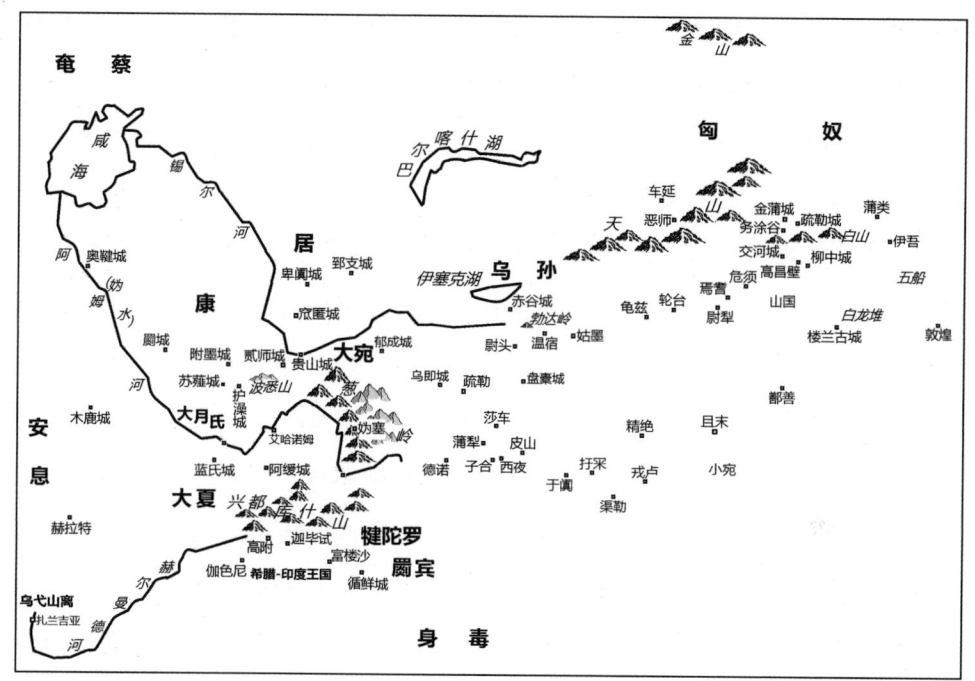

图5 汉代西域地图

赵破奴命令王恢随后，自己只率七百轻骑，从阳关向西长驱一千六百里，突然兵临楼兰城下。楼兰王猝不及防，束手就擒。赵破奴又纵兵向北，大破姑师，震慑乌孙、大宛等西域诸国。汉军的据点沿着狭长的河西走廊，一路修筑到玉门关。消息传来，长安城内欢声雷动。汉武帝大喜过望，立刻诏令赐封赵破奴为浞野侯，王恢为浩侯。

姑师是匈奴人进出西域的门户，汉军进攻姑师，意在斩断匈奴人伸向西域的魔爪。击破姑师之后，汉武帝又将其更名为车师，把它分为车师前、后王国和山北六国①。车师前王庭交河城（今新疆吐鲁番西北），车师后王庭务涂谷（今新疆吉木萨尔以南），中间隔着天山，往来相通。

楼兰王被擒，姑师被肢解，西域震动，打破了西域诸国吃定汉军不敢出

---

①山北六国：卑陆前国、卑陆后国、蒲类前国、蒲类后国、东且弥国、西且弥国。

兵的看法。派往中原窥探汉帝国实力的乌孙使者回去报告猎骄靡，汉帝国疆域辽阔无比，国力强盛！猎骄靡也亲眼见到楼兰、姑师对抗汉帝国的下场，从此越发敬重汉帝国。匈奴乌维单于听说猎骄靡暗中通好汉帝国，大怒，准备发兵进攻这个不忠不义的老家伙。

见到周边的大宛、大月氏等国都相继与汉帝国结好，猎骄靡越发恐惧，再不有所行动，恐将在西域成为孤家寡人了。猎骄靡顶住了匈奴的压力，遣使到长安城去见汉武帝，表示愿娶汉室的公主，与汉帝国约为兄弟。

汉武帝召集群臣商议之后，对通婚提出一个条件，"必先内聘，然后遣女"。——你先下聘礼，我再嫁女。于是猎骄靡派出一个盛大的迎亲队伍，聘礼是一千匹马。汉武帝册封侄孙女刘细君为和亲公主，远嫁乌孙，赐予乘舆服御物，陪嫁队伍更是超乎寻常规格，太监、奴仆多达数百人，嫁妆也是琳琅满目，不可胜数。细君公主去赤谷城后，受到猎骄靡的宠幸，被立为右夫人。

见乌孙与汉帝国已成铁板一块了，匈奴乌维单于这才紧张起来，赶快也把自己的女儿嫁给猎骄靡。猎骄靡心中仍旧忌惮匈奴，将单于之女立为左夫人，位在细君公主之上。细君公主在中原过惯了豪门闺秀的日子，不习惯住在奔波流徙的庐帐中，"自治宫室居，岁时一再与昆莫会，置酒饮食，以币帛赐王左右贵人"。——自己搭建一座木房子，独居他处，但是每一年都举行好几次酒宴，与猎骄靡相聚，借机用金、帛贿赂猎骄靡身边的达官贵人，以维护汉乌联盟。细君公主每当寂寞难耐，思念中原的时候，就在马背上拨弄弦鼗聊以自慰，据说这便是琵琶的滥觞。

细君公主是罪臣的女儿，她的父亲江都王刘建是汉景帝之孙，荒淫无耻，公元前121年试图谋反，事泄后畏罪自缢身亡。身上背着生父的累累罪行，却肩负着无比沉重的使命，这一个孱弱的中原女子巾帼不让须眉，其忍辱坚毅足以令任何一个七尺男儿黯然失色。

细君公主嫁到乌孙时，猎骄靡年已超过七十，言语不通，倍感孤独。细君公主整日以泪洗面，吟唱着一首凄凉的思乡之曲《悲秋歌》："吾家嫁我兮天一方，远托异国兮乌孙王。穹庐为室兮旃为墙，以肉为食兮酪为浆。居常土思兮心内伤，愿为黄鹄兮归故乡！"

歌词传到长安城，就连铁石心肠的一代雄主汉武帝也为之动容，每隔一年就遣使给细君公主送去帷帐锦绣，以解其思乡之苦。

但是更痛苦的还在后头，依照乌孙习俗，国王死后，年轻的王后要嫁给后继之君。猎骄靡对细君公主说了两个字"我老"，决定在自己归西之前让她再嫁给王位继承人——孙子岑陬军须靡。在中原这可是为世人所不齿的乱伦，细君公主不听，从万里之外上书给汉武帝。汉武帝回复了一道严旨："从其国俗，欲与乌孙共灭胡。"——要细君公主无条件做一个政治婚姻的牺牲品，让汉帝国与乌孙结盟，共灭匈奴。

谁叫你出生在大汉皇室？细君公主抱着为汉武帝大业牺牲一切的决心，或许还有替父赎罪的心理，嫁给了军须靡，祖孙共妻，实属罕见。不久，猎骄靡死去，军须靡继为昆弥。细君公主为其生下一女，名叫少夫。

乌孙人不肯回娘家，让汉武帝遗憾不已，本来已经在河西走廊上留出一块大空地，就是先前匈奴浑邪王的旧居地，准备用来安置归来的乌孙人。这块地盘是霍去病生前的杰作，也是无数大汉勇士抛头颅、洒热血换来的，总不能让它荒芜长草。于是，汉武帝在浑邪王故地设酒泉郡管辖，从内地迁徙大量的汉人前去垦荒，使之成为汉帝国守护河西走廊的重要据点。汉武帝又在休屠王故地分置武威郡，以隔绝漠北匈奴与青海羌人的联系。

细君公主和亲，促成西域强国乌孙与汉帝国结为政治联盟，为汉帝国一统西域立下不可磨灭的功勋。西域使者跟随张骞生前派遣的"持节副使"都陆陆续续地抵达长安城，他们见识到了一个朝气蓬勃的东方大帝国。尤其是安息使者向汉武帝献上大鸟卵（鸵鸟蛋）、黎轩善眩人（托勒密王朝的魔术师），在长安城掀起一阵"安息热"，从此开启了两大帝国之间长达两百多年的友好往来。

除了安息、乌孙、大月氏等西域大国的使者之外，还有一些小国使臣，诸如塔里木盆地南北的姑师、扜罙，康居五翖侯之一——苏薤①，阿姆河下游西岸的驩潜（即花剌子模），里海以东的游牧民族大益（即达赫人Dahae），等等。在张骞去世十年之后，汉武帝通西域的梦想终成真！

汉武帝为了展示中原的富饶与强盛，每次出巡，都要带上西域使者，"散财帛以赏赐，厚具以饶给之"，每次赏赐汉武帝均不惜血本，赏赐完了还摆出盛大筵席款待，酒池肉林，让西域使者尽情享用。最后汉武帝下令打开各地的物资储备仓库，钱粮金帛堆积如山，看得西域使者目瞪口呆，汉帝国的富庶程度令他们大为震撼。使者回西域之后，又添枝加叶，说得天花乱坠，更让西域诸国对中原心向往之，派出的使者一批又一批，如织布似的穿梭不停。

随着西域与汉帝国交往的日益密切，西域物产的不断流入，汉武帝的贪欲也愈来愈大。乌孙昆弥猎骄靡为迎娶细君公主，以一千匹骏马为聘礼，汉武帝对那些骏马惜如珍宝，美其名曰"天马"。听说大宛一带盛产葡萄，可酿制美酒，也盛产苜蓿，可饲养天马，汉武帝就让使者从西域带回种子，在皇宫旁边专门开辟了一个大农场，种植的葡萄和苜蓿一眼望不到边。

不久有汉使从西域回来，报告汉武帝说，大宛西境苏对沙那的贰师马，更是闻名遐迩。乌孙的"天马"与贰师马相比，简直就是小巫见大巫。大宛王毋寡把贰师马都藏在苏对沙那城内，不肯赐给汉使。

贰师马原产于安息帝国米底行省埃克巴塔那一带的涅塞伊平原，后来逐渐繁殖到东边的呼罗珊和费尔干纳盆地，盛产贰师马的苏对沙那因而被称为贰师城②。

汉武帝忆起张骞第一次出使西域回来时，曾提及在大宛国都贵山城见到

---

① 苏薤，即后来唐代昭武九姓之一的史国，在今乌兹别克斯坦沙赫里萨布兹（Shakhrisabz）。
② 笔者认为，贰师在西汉时念作niei-sli，是涅塞伊（Nesaea）平原的音译词。

汗血宝马，据称那才是货真价实的天马后裔，世所罕见。其后在公元前113年的秋天，有一位被流放到敦煌的南阳囚徒暴利长，在敦煌附近的渥洼池捕捉到一匹野马，把它献给嗜好宝马的汉武帝。汉武帝见其姿势壮美，骨骼非凡，欣喜若狂，当即御赐"太乙天马"的荣誉称号，并亲自谱写了一首《天马之歌》予以赞美："太一贡兮天马下，沾赤汗兮沫流赭。骋容与兮跇万里，今安匹兮龙为友。"

汉武帝对宝马的癖爱由此可见一斑。听了汉使的话，汉武帝决定不惜一切代价，引进大宛的贰师马种，结果爆发了两次进攻大宛的战争，成了汉帝国拓通丝绸之路的关键战役。

汉武帝费尽心思让人铸造了一尊与真马等身的金马，连同千金，由精心挑选的壮士、车令（马车夫）等人护送到大宛都治贵山城，向大宛王毋寡求购贰师城的汗血宝马。

根据有学者的研究，大宛王"毋寡"之名是希腊化国家铸币铭文中对国王赞词"伟大"（希腊语Megas）的音译[①]。他应该不是二十多年前张骞第一次出西域时那个友善的大宛王。毋寡妄想鱼和熊掌兼得，双眼贼溜溜地盯着那尊金马，却又舍不得拿贰师城的汗血宝马来交换。当时的大宛似乎存在希腊化王国的宫廷议事会，在议事会上毋寡对那些大宛贵人——贵族议员说：汉帝国跟大宛相距万里，途中只有一个咸水湖罗布泊，淡水补给艰难；汉军走北道，有死敌匈奴，走南道又缺乏水草；一路上城郭稀少，随时都面临着饥饿和危险。汉使数百人结伴而来，常常就因为食物短缺，饿死过半，更别说大军能开过来；汉朝奈何不得大宛，贰师马，乃大宛宝马也，不可轻予外族！

最后毋寡蛮横无理地拒绝了汉使的求购。眼见千辛万苦而来，却将空手而归，火大的汉使在宫廷上骂骂咧咧，最后当着毋寡与大宛贵人的面，恨恨

---

① 参考杨巨平的《亚历山大东征与丝绸之路开通》，《历史研究》2007年第4期。

地将金马砸了。这下子摊上事了，恼羞成怒的大宛贵人当庭咆哮，汉使简直是在侮辱大宛！于是下令将汉使驱逐出境，并让大宛东边的郁成王（当为大宛国派驻郁成城①的总督）截杀汉使，夺走黄金等全部财物。

汗血宝马万里归

耻莫过于国使被杀。汉武帝对大宛的卑劣行径怒不可遏，血债要用血来偿！曾经出使大宛的宦官姚定汉等人告诉汉武帝，大宛兵弱不禁风，只要出动三千汉军，再配些强弩弓箭，就足以将大宛夷为平地。

听了姚定汉的话后，汉武帝立即拍板，向杀人越货的大宛宣战，讨还血债！

当然，汉武帝为了汗血宝马不惜一战的最主要动机是大宛已成为经营西域的最大障碍，郁成城事件只不过是个借口而已。自赵破奴扫荡楼兰和姑师之后，汉帝国边疆的西端虽然延伸到长安城西边一千二百里处的玉门关，但大宛是西域赴中原的必经之地，以西的诸国使者经常受到大宛人刁难，对富庶的中原只能望洋兴叹。汉武帝用兵楼兰、姑师，除了踢走丝绸之路上的绊脚石之外，也有敲山震虎，威吓大宛和乌孙的深意。但是地处偏远的大宛根本就不理睬汉武帝的震慑，甚至勾结危须以西的小国，合谋杀害赴西域的汉使期门郎车令、中郎将朝，以及南亚巽加王朝（身毒国）赴中原的国使，阻隔中外交通，成了丝绸之路上一只可恶的拦路虎。不征服大宛，不夺取汗血宝马，经营西域从何谈起？

讨伐大宛，势在必行。对汉军的超强战斗力，汉武帝一向深信不疑。且不说肆虐亚洲大陆的匈奴铁骑被卫青、霍去病杀得片甲不留，不久前偏将赵破奴仅以七百骑兵，一战而擒楼兰王，更让汉武帝踌躇满志。

---

① 郁成城，一说为今乌兹别克斯坦奥什城（Osh），一说为奥什城以东五十四公里的乌兹根城（Uzgen），二说谁是至今尚未有定论。从音韵学角度来看，当为乌兹根城。

在汉武帝看来，手握无敌雄师，荡平大宛易如反掌。汉武帝为了讨好宠姬李夫人，一心要李氏家族封侯，就把这一光荣的使命交给李夫人的哥哥李广利。此人也是皇家乐师李延年的长兄，汉武帝第五子刘髆的舅舅。汉武帝的预定目标是攻下贰师城，将汗血宝马一匹不留地掳回中原，故而号李广利为贰师将军，让他统领六千骑兵及数万郡国恶少远征大宛。又任命赵始成为军正（军队法官），参加过闪击楼兰、姑师战役的浩侯王恢为导军（行军向导），李哆为校尉（部队长），一同指挥作战。

　　公元前103年，在汉武帝的目送下，李广利率领一支远征军，浩浩荡荡地从长安城出发。汉军一路上威风凛凛，但是走过罗布泊之后，麻烦来了。沿途各西域小国紧闭城门，拒绝提供淡水和粮草补给，后勤供应出现危机。李广利不得不逐城逐地开展进攻，攻下的就地取粮补给，攻不下的迟滞几天之后弃城而去。由于汉军在行军途中消耗极大，到了大宛郁成城下时，只剩下疲惫不堪的数千人马，结果被郁成王杀得落花流水，汉军死伤异常惨重。

　　一个郁成城都搞不定，更别说能够杀到大宛的国都贵山城了。是年秋天，李广利灰溜溜地撤兵而回，到了敦煌附近时，汉军只剩下十分之一二，近乎覆没。李广利心灰意冷地报告汉武帝，大宛路途遥远，缺粮少食，士兵不怕死但是怕挨饿，现在兵力很少，已经无法攻下贰师城了。请皇帝允许退兵，等补足兵员之后再做打算！

　　静候佳音的汉武帝闻讯震怒，派遣特使拿着尚方宝剑站在玉门关前，挡住了准备溃向内地的残兵败将，吼叫道："谁敢踏入玉门关，就杀谁的头！"吓得李广利躲在远离敦煌以西的地方，不敢靠近玉门关半步。

　　屋漏偏逢连夜雨。李广利的败讯传来不久，汉武帝又接到更大的败讯。曾经以七百骑兵横扫楼兰和姑师的悍将赵破奴率两万骑兵，在受降城[①]附近遭到匈奴乌师庐单于八万骑的围歼，全军覆没，赵破奴被俘。这是卫青、霍去

[①]受降城，即新忽热古城，位于内蒙古乌拉特中旗新忽热苏木北两公里处。

病漠北会战后汉军遭遇的惨败。

两大败讯犹如巨石投进池塘，掀起轩然大波。举朝上下沸沸扬扬，纷纷要求汉武帝检讨对外作战的策略，停止出兵大宛，集中力量进攻有死灰复燃之势的匈奴人。但在汉武帝看来，经营西域为其实现大一统宏伟目标的必然步骤，大宛只不过西域一小国而已，大宛不平，其他诸如大月氏、乌孙之类的强国就会对汉帝国鄙夷不屑。大宛的汗血宝马不到手，汉使就会受到乌孙、轮台等国的横加阻拦，成为西域诸国的笑柄。这是傲视天下的汉武帝绝对不容许的。

汉武帝乾纲独断，将反对远征大宛的"带头大哥"邓光下狱治罪，开始了即位以来最大规模的全国战争总动员。从内地的恶少年和守边骑兵抽调六万大军，其中还不包括后勤人员。汉武帝担忧边关空虚，外敌乘势而入，就赦免囚犯，让他们驻守边塞要地。为了防范蠢蠢欲动的匈奴人卷土重来，又增调十八万重甲兵，驻守酒泉、张掖以北，并新置居延、休屠二县以捍卫酒泉的安全，确保河西走廊畅通无阻。

兵马未动，粮草先行。万里远征大宛，是烧钱战争。汉武帝强征十万头牛、三万匹马，驴、骆驼数以万计，组成一支庞大的粮草运输队，其规模超过漠北大战。又征发七科谪①，给汉军背运干粮。一时之间，河西重镇敦煌车辚辚马萧萧，变成一个繁忙的物资中转站。

投入战争的各类武器一概俱全，五十余名校尉作战经验丰富。还配备了特殊人员，有水工专家，准备对贵山城实施水战，还有两位精通相马术的执驱马校尉，以备城陷之后挑选良马。总之，汉武帝动员一切可以动员的力量，采取一切可以采取的措施，全力以赴，不踏平大宛誓不罢休。

远征军全部集结之后，李广利怕数量众多，西域北道上的小国无法供

---

① 七科谪：秦汉时期被强行管制的七种人，包括在籍商人、父母经商的市民、祖父母经商的市民、有经商前科的市民、犯罪官吏、杀人犯、入赘的女婿。

养，就做出分道进兵的决定。李广利自统主力，走西域北道，直驱贵山城。校尉王申生、故鸿胪壶充国率部分人马，抄西域南道，出疏勒，越葱岭，进攻郁成城。

汉军声势浩大，出了敦煌之后，沿途小国吓破了胆，纷纷竖起白旗，献出粮草、淡水。只有一个轮台国螳臂当车，宁死不降。李广利猛攻数日，城陷后展开屠戮，并置使者校尉，屯田于此，将其并入汉帝国的版图。

此后李广利几乎沿着纬线向西做直线运动，穿过温宿国西北的别迭里山口（即勃达岭），翻越天山山脉，入乌孙境内。李广利遣使到赤谷城，要求军须靡履行同盟者的义务，出动大军夹击大宛。这就是《汉书》中所说的"贰师后行，天子使使告乌孙大发兵击宛"。但军须靡首鼠两端，只是象征性地派出两千人马，敷衍了事。

汉军"自此而西，平行至宛城"，可见李广利是顺着锡尔河右岸的支流纳伦河向西平行千余里，进入费尔干纳盆地。有人建议先拿下大宛东部的重镇郁成城，再取贵山城。李广利担忧顿兵坚城，不但挫伤了汉军锐气，而且让贵山城做好防御准备。得知从西域南道迂回过来的王申生离自己仅有二百余里，李广利当机立断，把郁成城留给王申生，自己西向贵山城而去。

公元前102年冬天，李广利率三万汉军兵临贵山城下。大宛的实力也不可小觑，据《汉书》的记载，"大宛户六万，口三十万，胜兵六万人"。由此可见，贵山城守军也当有数万之众。大宛王毋寡趁着汉军远道而来疲惫不堪，派兵出城迎战。李广利命令弓弩手射箭，箭矢如雨，大宛兵死伤甚众，溃守贵山城，再也不敢出战。

按照事先预定的作战计划，汉军完成对贵山城的包围之后，就实施水战。贵山城位于锡尔河畔，城中没有水井，当地居民挖掘沟渠，靠引锡尔河水入城饮用。时值冬天枯水期，沟渠中的水位很低，那些水工专家派上了用场，将沟渠移到平原上去，切断贵山城的水源。

李广利又将汉军分成数个方阵，轮番进攻贵山城。相持四十多天之后，汉军终于攻破外城，活捉大宛悍将煎靡，守军士气顿时大挫，惊慌失措地退入内城。

贵山全城笼罩在恐惧之中，再加上水源断绝，大宛人首先在精神上崩溃了，怨声载道，矛头直指国王毋寡："就是因为毋寡把汗血宝马藏匿在贰师城，又杀害汉使，才引来汉军的复仇。"最后大宛人做出秘密决定，杀掉毋寡，献出汗血宝马，以消散汉军的怒气。如果汉军还不解围而去，那时再号召全体大宛人拼死一战也不迟。

命运不济的毋寡稀里糊涂就掉了脑袋，被大宛使者送到汉军大营，成了跟李广利谈判的见面礼。谈判桌上的斗争也很激烈，大宛使者给李广利开出两条路：第一条路，汉军立即停止攻城，大宛献出所有的汗血宝马，任凭汉军恣意挑选，除了宝马，大宛也提供粮草补给，让汉军得以凯旋；第二条路，汉军不停止攻城行动，大宛就破罐子破摔，杀死所有的汗血宝马，固守待援，等康居援兵一到，与守军里应外合，跟汉军决一生死，那时也不知胜负在谁手中！

康居是大宛的盟邦，李广利围攻贵山城时，康居看到汉军兵势强盛，虽不敢出兵相援，但威胁极大。这时李广利得到情报，有几个汉人，可能是汉军俘虏，教会大宛人穿井汲水，贵山城中的水荒得到缓解。又听说贵山城中粮草积蓄甚多，足够支撑相当长的时间，再耗下去将不利于汉军。于是李广利召集众将商议，李广利认为，出兵大宛目的就是诛杀首恶毋寡，如今毋寡的人头已得，汉使之仇已报，如果再不答应大宛人的求和，就把他们逼到绝路去了。困兽犹斗，况人乎？鹬蚌相争渔翁得利，等到汉军筋疲力尽的那一刻，虎视眈眈的康居人趁势杀来，汉军就岌岌可危了。主帅这么一说，诸将都赞同跟大宛人媾和。

大宛人如约献出所有的汗血宝马，任凭汉军挑选，还有大量的补给。汉武帝钦定的两位执驱马校尉精心挑选了上等宝马数十匹，中等以下雌雄宝马三千余匹。李广利另立亲汉的大宛贵族昧蔡为国王，与之结盟后撤围，贵山内城这才免遭战火洗劫。

但在李广利班师回朝之际听到一个坏消息，进攻郁成城的王申生由于轻敌，全军覆没。郁成王看到王申生兵少，在一天清晨派出三千人袭击汉军。结果王申生以下千余人被杀，只有几个士卒脱逃，奔告李广利。李广利立即派遣搜粟都尉（负责屯田和征集军粮）上官桀前去进攻郁成城，上官桀一鼓作气，迅速破城。郁成王北逃康居，上官桀紧追不舍，杀入康居境内。康居人听说汉军已平定大宛，生怕惹火上身，赶紧献出郁成王。

上官桀令四个骑兵将郁成王捆成一个粽子，送到李广利大营。途中四个骑兵讨论说，皇帝最恨的就是郁成王，万一跑了，那就坏了大事，干脆把他杀了，提着人头去见李广利。但是四人面面相觑，谁也不敢先动手。最后上邽骑士赵弟突然间抽出腰间宝剑，咔嚓一声，郁成王人头落地。至此，历时大半年的第二次伐宛之战落下帷幕，李广利取得完全的胜利，洗刷了第一次伐宛失利之耻。

李广利攻伐大宛，在西域引发一场大地震。一夜之间，汉武帝成了神圣不可亵渎的天下共主。西域诸国才真正奉行事大政策，倾心向汉。李广利回来时走西域南道，以震慑南道诸国。沿途小国听说大宛已破，竞相竖起白旗，派遣王室子弟跟随李广利赴中原入贡，以示归顺。过扜罙国时，扜罙王对汉军心存恐惧，把王子赖丹送到西域北道的龟兹做人质，准备依附龟兹对抗汉军。龟兹人口超过八万，拥兵两万有余，为塔里木盆地的最强国。李广利大怒，派人痛责龟兹王："如今诸国都臣服于汉帝国，为何龟兹要接受扜罙王子为人质？"龟兹王奉令唯谨，将赖丹移交给李广利。

李广利押送着赖丹，以及三千匹汗血宝马，于公元前101年春天回到长安城。汉武帝见到大宛的汗血宝马比乌孙马更为矫健，马上移情别恋，更名乌孙马为"西极"，把"天马"的桂冠转赐予大宛马。这个"爱马的偏执狂"又兴致盎然地谱写了一首《西极天马之歌》，极力赞颂汗血宝马，歌曰："天马来兮从西极，经万里兮归有德。承灵威兮降外国，涉流沙兮四夷服。"

欣喜若狂的皇帝在长安城内举行盛大的封赏仪式，大行赐赏。主帅李广利封海西侯，食邑八千户。上邽骑士赵弟有斩首郁成王之功，封新畤侯。军正赵始成两次远征，劳苦功高，提拔为光禄大夫。搜粟都尉上官桀勇入虎穴，杀到康居，创下汉军征战距离的纪录，因而被破格提拔为少府（负责管理皇室财政）。校尉李哆智略过人，提携为上党太守。参战的汉军将吏为九卿者三人，诸侯相、郡守、二千石百余人，千石以下千余人。士卒赐赏逾四万钱。

但是一将功成万骨枯，第二次远征大宛，汉军减员异常严重。一年前出玉门关时，汉军有六万余人，一年后回到玉门关时，锐减到万余人，战马仅剩千余匹。这并非军中乏粮饿死，战死的也不多，主要因为汉军将吏们贪暴残忍，私吞军饷，荼毒士卒，导致非战斗减员厉害。汉武帝念及万里远征，实属不易，所以并未追究将吏们的过失。

浚稽、燕然大战

两次远征大宛，汉武帝"捐五万之师，靡亿万之费，经四年之劳"，掏空国库，天下骚然，也加剧了汉帝国的内部矛盾。但是伐宛战争的胜利，是继张骞凿空西域之后，汉武帝迈向世界的又一壮举。大宛的臣服，使汉帝国在西域的威望大增。赴中原进贡的西域使者川流不息，而出西域的汉使身份也日益尊贵，西域与中原建立官方关系，从此开启了经济、文化交流的新局面，丝绸之路也进入一个全新的时代。

汉军在河西走廊最西端的据点，从五六年前的玉门关再次向西挪移了五百多里，一直修筑到烟波浩渺的罗布泊岸边。汉帝国的势力更是深入塔里木盆地一千五百多里，在塔克拉玛干沙漠东北边缘的轮台和渠犁驻兵数百，开垦荒地，置使者校尉。使者校尉是汉帝国在西域设置最早的官，负责保护和供给在丝绸之路上来来往往的西域使臣。

公元前100年，大宛发生流血政变。宫廷议事会的那些贵族议员们不满大宛王昧蔡一味讨好汉帝国，损害了大宛的利益，煽动人们起来，杀死昧蔡，另立毋寡的弟弟蝉封为大宛王。但是蝉封不敢叛汉，继续奉行事大主义，派儿子入中原为质。汉武帝为了保持在大宛的影响力，遣使厚赂，恩威并施，镇抚蝉封。蝉封与汉武帝相约，每年入贡汗血宝马两匹。

大宛政权换汤不换药，在西域它仍是汉帝国的马前卒，这与当年李广利率领汉军浴血奋战是分不开的。李广利的地位愈发尊崇，是汉武帝开疆拓土、捍御外敌的肱股，继卫青、霍去病之后，他成为汉军新一代的核心与统帅。

李广利伐宛的胜利，也是汉帝国将匈奴势力挤出西域，并取而代之，逐步掌控西域的起点。眼见自己在西域渐渐风光不再，不甘落后的匈奴人将战略重心转向西部。匈奴与汉帝国对西域的争夺战开始于"临盐泽"的西域城郭小国——楼兰。楼兰位于罗布泊西北岸孔雀河与罗布泊的交汇处，不但是中原丝织品转运和销售的中转站，而且战略位置非常重要，丝绸之路在此分叉为西域南、北两道，扼西域门户。

楼兰最先受到月氏人的控制，匈奴冒顿大单于赶走月氏人后，将其变为自己的附属，奴役了楼兰近七十年。公元前109年，赵破奴生擒楼兰王，处于大国夹缝之中的楼兰又成了墙头草，为了生存，两面讨好，过着一奴事二主的苦日子。

公元前103年，李广利二伐大宛。蒙古高原上的匈奴人蠢蠢欲动，准备在汉军侧背翼猛捅一刀。但是看到李广利大军人强马壮，匈奴望而却步。乌师庐儿单于等李广利大军过后，就派一队骑兵躲在楼兰，准备拦住后续的汉使，切断李广利与中原的联络。当时汉武帝命令军正任文屯兵玉门关，保护李广利远征军的后路。任文捉到几个匈奴活口，经过审讯供出楼兰王与匈奴暗中勾结的详情。汉武帝怒火中烧，诏令任文将楼兰王抓到长安城，狠狠地训斥一顿。

楼兰王含泪自诉苦衷，说什么小国夹在大国之间，不当两面派就会遭两个拳头打,楼兰甘愿把国家迁居内地。汉武帝见楼兰王言之有理,就放他一马,但要他把双面间谍的角色扮演到底,随时向汉帝国提供匈奴的情报。从此,楼兰不再成为匈奴人的香饽饽。

从楼兰王的首鼠两端、摇摆不定中,汉武帝看到了西域诸国的尴尬处境,只要世上还有匈奴,汉帝国就没有彻底征服西域的那一天。于是在伐宛大胜之后,汉武帝将进攻之矛重新指向匈奴。

公元前101年,汉武帝正式下诏对匈奴宣战:"高皇帝遗朕平城之忧,高后时单于书绝悖逆。昔齐襄公复九世之仇,《春秋》大之。"

汉武帝不惜抬出汉高祖、吕后两位老祖宗的神牌,下破釜沉舟之决心。但是战事并没有如世人预料的那样,像火山那样喷发。匈奴人的反应相当平静,因为这时候呴犁湖单于已死,其弟且鞮侯单于刚即位不久,生怕遭到汉军的袭击,赶紧放低姿态,不但将扣押的路充国等汉使悉数放回,而且卑微地自称"儿子"——后辈小生,尊奉汉武帝为"丈人"——老前辈。后辈小生怎敢冒犯老前辈?

汉武帝深受感动,当即收回宣战诏书,并于公元前100年派遣中郎将苏武(苏建之子)等人出使匈奴,厚赠且鞮侯单于大量的金币。但是且鞮侯单于翻脸比翻书还快,借口苏武涉嫌参与匈奴缑王的叛乱活动,将其流放到遥远的贝加尔湖去牧羊,成就了一段万古流芳的不朽传奇。

这简直是把坐拥四海的大汉天子当猴耍!苏武牧羊的"打脸事件"传到中原,汉武帝愤怒到了极点,立即下令讨伐出尔反尔的匈奴人。

新一代战神李广利理所应当地担负起惩罚匈奴人的重责。公元前99年6月,汉军兵分三路出击匈奴:左路为独立一路,贰师将军李广利率三万骑出酒泉,打击匈奴右贤王部队;中路,李广之孙骑都尉李陵率步兵五千人与强弩都尉路博德二将出居延泽;右路,因杅将军公孙敖出西河。中路与右路打击的目标是大漠腹地的匈奴单于主力。从兵力部署来看,汉武帝对李广利寄予厚望,期待他能够复制霍去病的辉煌,在西域地区大显身手。

在李广利、李陵出击匈奴的同时，汉武帝命令投降过来的匈奴介和王成娩为开陵侯，率楼兰兵及汉军一部北击车师。车师都治交河城，扼西域北道要冲。由于毗近匈奴，长期以来受到匈奴的直接控制。赵破奴肢解车师之后，汉军旋即退出，匈奴人卷土重来，再次将车师置于其魔掌之下。鞮侯单于听到汉军进攻车师的消息，连忙派遣右贤王率数万骑兵驰援车师，拉开了汉匈二争车师的序幕。汉军不敌而去，但是此举意在围城打援，将匈奴右贤王部队引诱至天山①一带。

李广利出了酒泉之后，沿着祁连山北麓挺进西北，在天山遭遇到匈奴右贤王奋力一击，损失万余。又在归师途中受到且鞮侯单于主力部队的伏击，伤亡累累，付出损兵折将近两万人的惨重代价，才杀出匈奴人的包围圈，使得天山大捷的战果化为乌有。

且鞮侯单于西击李广利，让中路的路博德与右路的公孙敖扑了一个空。两人出塞后，会师于涿邪山，不见匈奴人，无功而回。另一路李陵传承了祖父李广的多舛命运，率五千步兵孤军北行千余里，进至浚稽山时，恰好撞上了从西线回来的且鞮侯单于主力部队。

于是悲剧发生了，李陵在错误的时间、错误的地点，打了错误的一仗。李陵的五千步兵陷入了匈奴单于八万骑兵的重围，两军兵力悬殊之大在汉匈百年战争中实属罕见。汉军都是训练有素的"荆楚勇士、奇材剑客"，五十万支弩矢全部用尽之后，手持车辐、尺刀等短兵器，跟机动性强、十数倍于自己的匈奴骑兵展开惨烈的肉搏战，前后杀敌过万。最终寡不敌众，李陵自觉有负皇恩，变节投降，五千精锐步卒，仅四百余人逃回。

浚稽山之战是继受降城之战后汉军又一惨败。汉武帝大发雷霆，将李陵族诛。大史学家司马迁也受到牵连，惨遭腐刑。

两年之后（前97年），汉武帝再次组织一次大会战，准备跟匈奴人一决

---

① 天山，即新疆准噶尔盆地和吐鲁番盆地的界山博格达山。

雌雄。汉军兵分四路出塞：贰师将军李广利仍为主帅，统领六万骑兵、七万步兵出朔方；因杅将军公孙敖率一万骑兵、三万步兵出雁门；游击将军韩说率三万步兵出五原；强弩都尉路博德率一万步兵，出居延泽，策应李广利。汉军步骑超过二十一万，声势之大，与漠北会战旗鼓相当。

这次会战目标直指涿邪山、浚稽山一带的匈奴单于，带有强烈的复仇性质。且鞮侯单于也早已预料到一场恶仗在所难免，将辎重、妇孺都转移到余吾水（今蒙古国土拉河）以北，自己亲率十万精骑在余吾水南岸摆下阵势，决心背水一战。匈奴骑兵十余万，李广利步、骑兵十三万，继卫青、霍去病漠北会战之后，汉匈再度展开一场战略大决战。双方势均力敌，在余吾水南岸辽阔的草原上杀得天昏地暗，日月无光，但是并未重现当年"帝国双璧"卫青、霍去病气吞山河的血性豪气。李广利组织了一次又一次的冲锋，均被且鞮侯单于击退。汉匈两军战亡者的尸体堆积如山，这纯粹是一场不折不扣的"绞肉机"战役。李广利见占不到便宜，主动退出战场。

公孙敖与匈奴左贤王决战不久，因战事不利，也迅速退兵。另一路韩说出塞后扑空，无功而回。这次大会战，汉军除了做出无谓的牺牲之外，并未取得任何可以振奋人心的战果。匈奴人也损失巨大，次年（前96年），且鞮侯单于死去，儿子狐鹿姑单于继位。汉匈双方都为各自的内政忙得不可开交，又维持着不战不和的沉闷格局。公元前92年，汉帝国发生惊天动地的巫蛊之祸，多次出击匈奴的公孙敖死于狱中，太子刘据受到奸人的构陷，起兵反抗，受辱自尽，朝中卫氏势力被一扫而空。巫蛊之祸死者数万，受牵连的更是超过四十万，闹得长安城内人人自危，汉帝国元气大伤。

公元前90年，狐鹿姑单于趁机挑事，入犯五原、酒泉二郡，杀二都尉，严重威胁着河西走廊。4月，汉武帝任命贰师将军李广利为统帅，率七万人出五原，寻歼狐鹿姑单于主力；御史大夫商丘成率二万人出西河，侧应李广利的行动；重合侯马通率四万骑兵出酒泉，挺进西北。闿陵侯成娩（即降汉的匈奴介和王）率楼兰等西域六小国组成的杂牌军，北击车师国，确保马通侧翼安全。

大漠上战云密布，狐鹿姑单于模仿其父且鞮侯单于，将辎重、家眷转移到赵信城以北的郅居水（今蒙古国色楞格河），自己亲率精兵在姑且水①以西，依傍燕然山（今蒙古国杭爱山脉）排兵布阵。左贤王将他的部落赶到余吾水以西六七百里处，自己集结在单于庭龙城（时王庭已西移至龙城）以南的兜衔山，与狐鹿姑单于遥遥相对。匈奴人的策略仍然是以逸待劳，迎击远道而来的汉军。

会战首先由中路的商丘成打响。商丘成北进至涿邪山与浚稽山之间的山口追邪径，看不到一个匈奴人，就掉转马头东归。狐鹿姑单于派遣一位大将与汉军叛将李陵率三万骑兵衔尾追击。商丘成兵力不及，向东退至浚稽山，摆开阵势，与李陵生死对决。汉军鏖战九个昼夜，斩获颇多，李陵率匈奴人向东溃去。商丘成追到蒲奴水，李陵不敌，向北逃窜。商丘成见部下久战力竭，就下令撤军南归。

与此同时，贰师将军李广利率七万大军出五原之后，也向北进军。令人惋惜的是，那时通讯落后，李广利未能跟商丘成取得联络，两路人马处于彼此隔绝的状态，各自为战。李广利向西北行进数百里后，在夫羊句山②峡谷遭到匈奴右大都尉、丁灵王卫律五千骑兵的阻击。

李广利派出属国胡骑两千人发起猛烈的冲锋，匈奴人阵脚大乱，死伤数百人。李广利乘胜追击，杀到夫羊句山西北的范夫人城。据说此城是一位姓范的将领修筑的，后来战死，其夫人率部英勇地击退匈奴人，故称为范夫人城。面对强大的汉军，匈奴人惊慌失措，不敢迎战。汉军的军旗就要在范夫人城头上高高飘扬了，孰料从长安城传来消息，李广利的夫人因卷入巫蛊之祸，被打入死牢。李广利心乱如麻，方寸大乱，最后丧失理智，置汉武帝"不可深入匈奴腹地"的诏令于不顾，孤军冒进，希望能立下赫赫战功，替家人赎罪。

---

①姑且水：今蒙古国鄂尔浑河上游支流图音河。

②夫羊句山：今蒙古国南部达兰扎德嘎德城（Dalanzadgad）西南尚德山。

李广利向北狂飙千里余，进抵郅居水，匈奴人早已不知去向。不甘心的李广利率领两万骑兵，发疯似的渡过郅居水，终于撞见了匈奴左贤王左大将的两万骑兵。李广利率部血战一天，阵斩匈奴左大将，杀敌无数。就在李广利节节胜利的关头，帐下两位军官对李广利置军队的安危于不顾深为痛恨，认定他怀有异心，准备发动兵变逮捕李广利，而后撤军。李广利先发制人，斩杀这两名军官。此举更令军心涣散，李广利无奈之下，只好下令撤军。撤至速邪乌燕然山，这里是狐鹿姑单于的老巢。狐鹿姑单于亲率五万骑兵切断汉军的退路，夜里又挖掘坑道困死汉军。汉军被折磨得身心俱疲，任凭匈奴骑兵肆意砍杀，全军溃败。走背运的李广利彻底到了穷途末路的地步，最后步李陵后尘，可耻地投降匈奴。

马通率四万骑兵出酒泉之后，向西北挺进千余里，在天山遭遇到匈奴大将偃渠与左右呼知王统领的两万骑兵。匈奴人见汉军众多，不敢接战，主动撤退。马通一无斩获，无功而还。只有阊陵侯成娩率领的西域杂牌部队攻陷车师国都交河城，俘其国王、民众，此为二争车师，成了这场大会战的唯一亮点。

十年之间，汉武帝三次北伐匈奴，都以失利收场。特别是燕然山之战，为汉武帝与匈奴的最后一战，也是败得最惨的一战。被视为帝国战神的李广利投降匈奴，给曾经所向披靡的汉军留下污点。本已心力交瘁的汉武帝再遭重创，悲痛不已，对自己穷兵黩武后悔莫及。公元前89年，经济学家、大农令（财政部长）桑弘羊等人向汉武帝支着，在轮台戍兵屯田，将西域纳入中央政府的直接管辖，以防备匈奴。汉武帝心灰意冷，当即驳回桑弘羊等的建议，并下了一道《轮台罪己诏》，宣布改弦更张，停止对匈奴用兵，休养生息，把重心转移到发展经济上来。

两年之后，这位雄才大略的皇帝溘然而逝，幼子刘弗陵继位，是为汉昭帝。汉武帝在位五十四年期间，不断地开疆拓土，奠定了泱泱中华辽阔版图的基础，他将击匈奴与通西域有机地融为一体，极大地促进了中外经济、文化的交流，堪称一位伟大的政治家和战略家。

第四章 西域攻略

刺杀楼兰王

公元前87年，汉武帝临终托孤，加封奉车都尉霍光为大将军、大司马，将年方八岁的小皇子刘弗陵交给他，并钦定车骑将军金日磾、左将军上官桀、御史大夫桑弘羊三人为辅政大臣，让四人同心同德，辅佐幼主。

这个人事安排大有玄机。汉武帝晚年发布了《轮台罪己诏》，誓言决不再主动用兵匈奴，但是四位托孤重臣都跟匈奴与西域扯上关系。霍光是匈奴克星、天才战将霍去病的异母弟。金日磾是原匈奴休屠王之子，公元前121年霍去病扫荡河西走廊，浑邪王与休屠王密谋投汉，后来休屠王反悔，死于浑邪王之手，金日磾时年十四岁，被浑邪王掳至长安城。上官桀在伐宛战争中勇入康居国，威逼康居人交出避难的郁成王，因而声名大振。桑弘羊则是力主轮台戍兵屯田、抗衡匈奴的强硬派人物。

可见汉武帝自始至终都不忘消灭匈奴，拓疆西域。他托孤这四位重臣，无非是想让他们辅佐后继之君，完成自己的遗志。颁布《轮台罪己诏》，汉武帝有着身不由己的苦衷。

但这个执政团队的治国理念存在严重分歧，尤其是霍光与桑弘羊在经济、匈奴、西域等各项政策上针锋相对，甚至到了水火不相容的地步。霍光坚持汉武帝在《轮台罪己诏》中的既定方针，推行休养生息、跟匈奴和解的温和政策。桑弘羊延续自己的一贯理念，主张富国强兵、轮台戍军屯田、遏制匈奴的激进政策。

为了统一思想，汉昭帝即位没几天，首席辅政大臣霍光就迫不及待地邀请御史大夫桑弘羊、丞相田千秋等，以及"贤良方正"等，对汉武帝时期推行的各项国策进行总结、评估，这就是著名的盐铁会议。盐铁会议纯粹是霍光的一次阴谋，他想借助民间力量批判盐铁专卖政策，进而搞臭、抹黑长期掌管帝国财权的桑弘羊。

盐铁会议从3月一直开到9月，历时半年之久，但是并没有消弭霍光与其他辅政大臣之间的裂痕，反而激化了他们之间的矛盾，终于酿成流血火并事件。公元前80年，上官桀密谋政变，想扳倒霍光。霍光先发制人，诛杀上官桀、上官安父子。桑弘羊也背上"涉嫌谋反"的黑锅，惨遭灭族，从此霍光成为权倾一时的独裁者。

出乎意料的是，霍光标榜自己是《轮台罪己诏》坚定的捍卫者，杀了桑弘羊之后，却自打嘴巴，在西域和匈奴的政策上，违背了汉武帝颁发的轮台诏书，实行了桑弘羊一贯主张的轮台屯田和出击匈奴措施。

公元前78年，霍光得到情报，匈奴壶衍鞮单于（狐鹿姑单于之子）发兵两万攻打乌桓，以报乌桓人挖匈奴单于祖坟之仇。霍光立刻露出强硬的面孔，准备趁机袭击匈奴。

霍光想让屡立战功的护军都尉赵充国挂帅出征，但是遭到拒绝。霍光又去找中郎将范明友。范明友是霍光的乘龙快婿，当即表示赞同。霍光大喜，任命范明友为度辽将军，率两万骑兵出辽东攻打匈奴。出发前霍光面授机宜，告诫范明友，兵不可空出，即使匈奴人追之不及，也要教训一下乌桓人。范明友趁乌桓被匈奴人打得伤痕累累，又直接给予一拳重击，大获全胜，斩获乌桓三王以下六千有余。匈奴人大为惊恐，再也不敢犯边。

第二年（前77年），霍光又彻底将轮台诏书抛诸脑后，起用桑弘羊的前议，任命在中原为人质的扜罙王子赖丹为使者校尉，实行被汉武帝斥为"扰劳天下，非所以忧民也"的轮台屯田政策。赖丹也成为第一位留下名字的使者校尉。

轮台屯田是汉帝国向西域扩张迈出的实质性的一大步，一实施就立刻引发西域诸国的忧虑与不安，尤其是拥有胜兵两万的强国龟兹。龟兹贵族姑翼告诉龟兹王绛宾："赖丹本是我国的属臣，现在却接受汉朝的官职，借着屯田的名义蚕食我国的领土，祸害匪浅啊！"龟兹王绛宾也很担忧，立即纠集军队袭击轮台，将赖丹和屯田的汉人全部杀害。

虽然此事因龟兹王的主动请罪而不了了之，但是显示了霍光对经营西域的热情，丝毫不亚于已故的那位伟大君主——汉武帝。知臣莫若君，这或许就是汉武帝对霍光委以重任的原因吧。

轮台屯田不久，霍光又采取更为激进的政策，实施"拔桩行动"，诛杀与龟兹王绛宾同流合污的楼兰王安归，扫除了经营西域的又一只拦路虎。

自张骞通西域之后，楼兰就一直在汉、匈夹缝之中走钢丝绳，整天提心吊胆，痛苦地生存着。为此楼兰王煞费苦心，把长子安归送到匈奴去做人质，次子尉屠耆送到中原去做人质。楼兰王死后，匈奴人最早得到消息。壶衍鞮单于捷足先登，抢在汉帝国之前把安归送回楼兰继承王位，以夺回在西域丧失的优势地位。

主政的霍光获知安归上台，马上遣使勒令他入朝述职，以履行附庸君主的职责，汉匈双方对楼兰的争夺至此进入白热化阶段。楼兰王安归试图摆脱"两面人"的角色，奉行一边倒政策，拒绝向汉帝国纳贡称臣。

楼兰位于西域的最东端，是丝绸之路的咽喉要地，距离河西走廊只有一步之遥，一旦被匈奴重新控制，西域通道就有掐断之危，而且对河西走廊威胁极大。正当霍光为此寝食不安的时候，有一位北地郡的军官傅介子要求以骏马监的身份出使大宛，去挑选汗血宝马。霍光让他顺路对屡次杀害汉使的龟兹王和楼兰王予以警告性谴责。

傅介子先后把龟兹王和楼兰王骂得狗血喷头，两王都谢罪，表示愿意臣服。可是傅介子出使大宛回来，途经龟兹时，跟从乌孙回来的匈奴使者不期而遇。仇人相见，分外眼红。傅介子怒火中烧，带领部下把匈奴使者杀得一个不留。回到长安城后，傅介子向霍光报告此事。霍光对傅介子的英勇行为大加赞赏，当即提拔他为中郎，调任平乐厩监，成了皇家园林——上林苑平乐馆的负责人。

傅介子是继张骞之后又一著名的外交官。他对霍光说："楼兰、龟兹二王首鼠两端、反复无常，多次勾结匈奴杀汉使、掠财物，是西域道上的两只恶虎。若不诛杀，何以威服西域？龟兹王绛宾平易近人，常不防备，可以接近并刺杀。"

傅介子毛遂自荐愿前去诛杀龟兹王，为汉帝国除一大害，以儆效尤，震慑西域诸国。霍光很赏识傅介子的胆略和果敢，但认为龟兹路途遥远，行动不便，可以先拿楼兰王安归开刀，即使失手也能够全身而退。

于是丝绸之路上一次经典的斩首行动开始了。傅介子率一队士卒，携带大量的金币，以赐赏西域诸国为名，大摇大摆地来到楼兰城。楼兰王安归却对傅介子冷眉冷眼，只派一个翻译客客气气地将他送出国境。傅介子也不介意，至西界时才对楼兰翻译说："皇帝派我带着数不清的金币、锦绣丝绸，用来赏赐西域诸国。过了这个村就没这个店，楼兰王不想要，我就一路向西，全赏给其他国家了。"说完掏出一大堆叮当响的金币和光彩夺目的丝绸，看得楼兰翻译瞠目结舌，飞也似的奔告安归。

安归一听到中原的丝绸和黄金，眼睛都亮了，屁颠屁颠地跑去见傅介子。大鱼终于上钩了，傅介子又设下鸿门宴，摆出黄金和丝绸等宝物，陪着楼兰王安归一边饮酒，一边赏玩。

等楼兰王的随从喝得四脚朝天，傅介子对安归说："皇帝有句私话让我转告给你！"安归利令智昏，不知是计，跟着傅介子走进内间。没等双脚踏入，突然从背后冲出两名大力士，手持利刃，把安归捅出两个大窟窿，直透出前胸，鲜血四溅，安归顿时一命归天。

国王死于非命，楼兰人惊慌失措。傅介子掏出诏书，宣布了楼兰王安归附和匈奴，为虎作伥，戕害汉使，背叛汉帝国等罪行，并立在中原的尉屠耆为新王。傅介子又声称汉军大部队即将开来，楼兰若敢妄动将遭灭国之灾。

傅介子恩威并施，楼兰混乱的局势迅速稳定下来。傅介子砍下安归的头颅，让人快马加鞭，送到长安城。霍光当即下令将它悬挂城头示众，以告世人，大汉天威不可冒犯！并派兵护送楼兰王子尉屠耆回国继位。

为使楼兰彻底臣服于汉帝国，汉昭帝和霍光对楼兰进行全面改造。首先是迁都。楼兰都治楼兰城本在罗布泊西北岸，但罗布泊是个巨大的咸水湖，孔雀河成了唯一的淡水源。而且楼兰城靠近匈奴，极易受到侵犯。于是汉昭帝下诏，将楼兰都城迁徙到西南三百多里处的扞泥城（今若羌县城）。扞泥城地处塔克拉玛干沙漠东南缘，扼守西域南道的入口，周边河流众多，灌溉便利。其次是更其国名为鄯善，刻印章，赐宫女为鄯善王后，将尉屠耆变成一具俯首听命的傀儡。最后直接驻军。懦弱的尉屠耆回国时，由于担心遭到前王安归儿子的报复，请求汉帝国派兵保护他的人身安全。应其所求，霍光遣司马一人、士卒四十人，借着屯田名义，驻扎在扞泥城东边一百四十里处田地肥美的伊循城（今若羌县米兰镇），为尉屠耆撑腰、助威。

汉朝打出一系列组合拳后，完全清除了匈奴人的影响，变鄯善为附庸。从鄯善沿昆仑山和喀喇昆仑山北麓出西域的交通孔道，也就是丝绸之路西域南道，自此畅通，汉帝国向拓疆西域迈出了巨大步伐。

失去了楼兰，匈奴也就终结了在西域南部地区的统治，这使这个暮气沉沉的草原帝国再遭致命一击。而匈奴人在西域北部地区的情况也不乐观，日益强盛起来的昔日盟友——乌孙已呈尾大不掉之势，渐渐跟匈奴背道而驰。匈奴控制西域的门户车师已被汉帝国肢解，双方在此展开了激烈的拉锯战。

为了挽救丧失楼兰之后的颓势，匈奴壶衍鞮单于决定出击乌孙，以扳回一局，巩固在西域北部的统治地位。对此，汉武帝生前早已布局，遣使细君公主和亲乌孙，远嫁发秃齿豁的老昆弥猎骄靡。其后细君公主遵从乌孙国俗，下嫁猎骄靡的孙子军须靡。不久，细君公主逝去，汉武帝又将楚王刘戊①的孙女赐封为解忧公主，出嫁军须靡。解忧公主的婚姻也很不幸，没几年军须靡就死了。军须靡另一个匈奴夫人的儿子泥靡年纪尚幼，军须靡临终前与叔父大禄的儿子翁归靡约定，先让翁归靡继承昆弥之位，等泥靡长大了再还给他。翁归靡上台后，又娶了解忧公主，生下三个儿子，元贵靡、万年、大乐，还有两个女儿，汉人呼之为肥王。汉武帝的高瞻远瞩与两位和亲公主的忍辱负重，奠定了汉乌政治联盟的坚实基础。

结乌孙、开都护府

匈奴壶衍鞮单于对乌孙与汉帝国的亲密关系羡慕嫉妒恨，悍然于公元前74年与车师联手，发兵数万，侵占乌孙东部的车延（今新疆沙湾县）、恶师（今新疆乌苏市）等地，掠走民众和牲畜无数，兵锋直向赤谷城，并威逼乌孙昆弥翁归靡交出解忧公主，解散汉乌联盟。

形势危急，解忧公主派人驰报汉昭帝，请出兵相救。盟邦兄弟遭外敌欺凌，汉室公主有生命之虞，汉昭帝岂能坐视不管？当即调兵遣将，准备救援乌孙。可是汉军尚未出行，汉昭帝就驾崩了。

此时匈奴大军已深入乌孙复地，战事异常吃紧，赤谷城面临沦陷之危。翁归靡一边调动五万精骑保家卫国，一边跟解忧公主再次联名上书，向汉帝国乞援。救兵如救火，汉宣帝即位后果断诏令出击匈奴。

公元前72年秋，十六万汉军兵分五路，对匈奴展开全线进攻。祁连将军田广明率四万骑，出西河；度辽将军范明友率三万骑，出张掖；前将军韩增率三万骑，出云中；蒲类将军赵充国率三万骑，出酒泉；虎牙将军田顺率三万骑，出五原。这是汉武帝燕然山之役后汉军第一次大兵团行动。汉宣帝又派遣校尉常惠出使乌孙，缔结军事同盟，与翁归靡商定夹击匈奴大计。

---

① 刘戊，汉高祖四弟楚元王刘交之孙，公元前154年因参加七国之乱兵败自杀。

匈奴人听说汉军大部队杀到了，惊恐万分，扶老携幼，驱赶牲畜，躲避到寒冷而又遥远的西北去。浩渺的蒙古高原，顿时空荡荡的。结果五路汉军只揪住了来不及逃亡的匈奴部队，战果零星，十六万大军斩获仅千余级。其中范明友斩俘七百人，韩增斩俘百余人，赵充国斩俘蒲阴王以下三百余人，田广明逗留不进仅得十九级，田顺报称斩获一千九百级但水分极大。汉宣帝大发雷霆，将田广明、田顺下狱惩办，二人在牢里自杀。

西线却战绩辉煌。乌孙人得知汉帝国出兵，士气大振。翁归靡亲自披挂上阵，跟常惠率五万精骑，收复车延、恶师等失地后转而大反攻，一路所向披靡，沿着天山北麓向东横扫一千八百余里，直捣位于蒲类海（巴里坤湖）一带的匈奴右谷蠡王庭，聚歼匈奴王族，俘获壶衍鞮单于的叔父、嫂嫂、居次（匈奴公主）等贵族成员及以下近四万人，缴获马、牛、羊、驴、骆驼七十余万头。匈奴遭此重创，民众死伤及牲畜损耗惊人，壶衍鞮单于自此对乌孙人怀着刻骨铭心的仇恨。

此番汉帝国劳师动众，出击匈奴，范明友等五大将都无功，只有常惠一人立下殊勋，给汉宣帝长脸，因而被赐封为长罗侯，荣耀一时。汉宣帝让常惠携带金币，前往赤谷城赏赐有战功的乌孙贵族。常惠趁机奏请顺途把杀害使者校尉赖丹的龟兹国灭了，汉宣帝不许。但是主政的大将军霍光私下授权，让常惠便宜从事。

常惠带着五百士卒到了乌孙都治赤谷城，大行封赏之后，回国时号令莎车、疏勒诸国出兵两万人，命副使调发鄯善、轮台诸国兵两万人，以及乌孙兵七千人，准备从东、西、北三面围攻龟兹国。战前，常惠遣使痛斥龟兹王绛宾杀害汉使等罪行。大兵压境，绛宾惊恐万状，赶紧向常惠谢罪，把责任都推到姑翼身上。常惠向绛宾下了最后通牒，要他立即交出姑翼，否则国将不存。绛宾丢车保帅，把姑翼五花大绑，交给常惠自行处置。常惠将姑翼斩首之后凯旋。赖丹事件获得了结，汉帝国威望骤增，俨然成为西域的主宰者。

西域的主导权拱手让给了汉帝国，壶衍鞮单于将叛离的乌孙视为罪魁祸首，公元前71年冬，他自提数万骑，攻打乌孙，掳走了一大批老弱病残。但是偷鸡不成蚀把米，撤军时遇到暴风雨雪，积雪深丈余，天气酷寒，匈奴大军和牲畜冻死不计其数，生还的仅剩十之一二。

墙倒众人推，破鼓万人捶。遭匈奴奴役的周边各族见状趁机倒戈，丁令人从贝加尔湖往南攻，乌桓人从辽东往西攻，乌孙人从伊塞克湖往东攻。曾经不可一世的匈奴人成了万人夹的臭豆腐，人员、马牛牲畜损失均有数万。再加上饥荒饿死，匈奴人锐减三成，牲畜也锐减五成，草原上到处尸骨累累，惨不忍睹，匈奴彻底失去了昔日的霸主地位，沦为二流的游牧政权，各附属国对匈奴的认同感越来越弱，再也无法威胁汉帝国。

而汉帝国的气场则越来越强，就像磁石吸附了越来越多的西域小国，首先受到影响的是西域北道上的车师。

汉昭帝时期，匈奴在车师驻扎有四千屯田骑兵，其后汉乌合击匈奴，屯驻车师的匈奴兵不战自溃，惊慌而逃，车师又通于汉帝国，此为三争车师。匈奴壶衍鞮单于新败，对此也无能为力。

公元前68年，壶衍鞮单于死去，弟弟虚闾权渠单于继位。虚闾权渠单于决心力保在西域的最后一块地盘——车师。他命令车师王把太子军宿送到匈奴做人质。军宿的生母是焉耆人，军宿不愿意去匈奴，就南逃焉耆。车师王无奈，只好另立乌贵为太子。不久，车师王死去，乌贵即位，跟虚闾权渠单于联姻，两人沆瀣一气，百般阻挠汉与大宛的使臣往来。

在渠犁屯田的侍郎郑吉与校尉司马熹得知车师叛汉，立即调发西域属国军队万余人，以及屯田的一千五百汉军北攻车师，一举击破交河城，车师王乌贵投降。匈奴虚闾权渠单于大怒，派兵征讨车师。郑吉、司马熹率军继续北上迎敌，汉军兵多，匈奴人不敢逼近。不久粮草耗尽，郑吉留下二十名士卒保护乌贵后南还渠犁。

乌贵害怕匈奴人卷土重来，连王位、妻儿一并抛弃，只身逃往乌孙避难。匈奴虚闾权渠单于立乌贵的弟弟兜莫为车师王。兜莫也不敢留在交河城，携部分居民东迁到靠近匈奴的边界地带。

这时郑吉收到来自长安城的最高指示，汉宣帝要他在渠犁和车师两地屯田，积聚粮草，以备日后西攻匈奴。于是郑吉把乌贵的家属送到长安城去，拨出三百士卒，乘虚而入，屯田车师，取得了四争车师的胜利。郑吉因而被提拔为司马，负责保护西域南道鄯善以西诸国使臣的人身安全，成为丝绸之路上的守护神。

郑吉击退匈奴，四争车师得手，在西域诸国引起轰动，极大增强了汉帝国的凝聚力和向心力。一度视汉为仇敌的西域大国龟兹也开始华丽转身，热衷向汉帝国靠拢。龟兹王绛宾闻知乌孙昆弥翁归靡和解忧公主有女弟史初长成，窈窕可怜，遣使求婚未果。恰好弟史到长安城学习中原的乐器鼓、琴，回国时途经龟兹。绛宾来了个霸王硬上弓，截住弟史，然后派人向解忧公主求亲。解忧公主深为感动，许了这门婚事。绛宾大喜过望，奏报汉宣帝称，有幸娶了个汉帝国的外孙女，亟盼能带夫人到长安城去朝见皇帝。

公元前65年，龟兹王绛宾和夫人弟史赴中原朝贺。汉帝国的辉煌发达让绛宾羡慕不已，回国之后仿照中原的衣冠服饰、建筑、乐舞，进行全盘汉化，使得龟兹变成西域的小号汉朝。龟兹附汉，成为汉乌联盟与匈奴争车师获胜的副产品，给汉宣帝带来了一份额外的惊喜。

汉宣帝雄心骤起，开始憧憬能像曾祖父汉武帝那样，开疆拓土，荣光照耀千古。他首先期待上天再赐予一个张骞，辅佐自己实现宏愿。于是让文武百官举荐出西域的使臣，前将军韩增推荐了冯奉世。有句俗话，冯唐易老，李广难封。这个冯奉世就是冯唐的孙子，汉宣帝令他护送大宛等西域诸国的使臣回国。

冯奉世走到鄯善的伊循城时，西域发生大暴乱。暴乱首先从塔里木盆地西缘的莎车国开始。前莎车王的弟弟呼屠征为了争夺王位，纠集周边小国，袭杀莎车国王万年、汉使奚充国，自立为王。

莎车叛乱显示了汉帝国对西域的渗透为时不久，无法像匈奴那样根深蒂固，一有风吹草动，诸国就会揭竿而起。于是匈奴人加紧了对西域的反扑，虚闾权渠单于出兵数万，再次围攻车师的屯田汉军，这就是五争车师。

车师形势危急，郑吉、司马喜率所有的屯田汉军，与匈奴人展开殊死搏斗，结果寡不敌众，被包围在交河城中。匈奴统将在城下叫嚣，单于对交河城志在必得，汉军必须滚出车师，不得屯田。

郑吉的屯田汉军陷入重围，西域南道一片空虚。莎车伪王呼屠征乘机散布流言，称北道诸国都投靠了匈奴，叫嚣着要把汉人赶出塔里木盆地。不明真相的南道诸国在呼屠征的煽动之下，歃血为盟，纷纷竖旗叛汉。鄯善以西地区陷入混乱之中，通往西域的道路断绝了，滞留在伊循城的大宛使臣叫苦连天。

在这危难之际，冯奉世和副手严昌挺身而出。二人认为，如果坐视不管，叛乱将席卷整个西域，后果不堪设想。于是冯奉世假借大汉天子的名义，檄令西域诸国发兵平叛，召集了一万五千人马，趁着伪王呼屠征不备，突然兵临莎车城下。呼屠征慌乱之中自杀而死，头颅被冯奉世砍下送到长安城。冯奉世另立莎车王，进而将其他叛乱小国一一扫灭，一时威震西域，丝绸之路复通。大宛使臣在冯奉世的护送下，安然无恙地回到贵山城。大宛王听说冯奉世力斩莎车王，对他刮目相看，馈赠名叫象龙的宝马。冯奉世回到长安城，汉宣帝大喜，赐封为光禄大夫。

围困交河城的匈奴人猛攻多时，均被郑吉英勇击退。冯奉世平定莎车叛乱的消息传来，虚闾权渠单于为之气沮，只得灰溜溜撤围而去。但是仍有数千匈奴骑兵，出没交河城下，实施袭扰战术，搞得郑吉疲惫不堪。公元前64年，郑吉上书汉宣帝，称渠犁和车师远在中原千里之外，屯田兵力不足，请求增援。

汉宣帝召集群臣商议之后，决定放弃车师屯田。令长罗侯常惠率张掖、酒泉的骑兵，前出车师千余里，威慑匈奴。在常惠的掩护下，郑吉率领汉军、车师居民，安然南撤到渠犁，在那儿建立政府，逃往焉耆的军宿被推为新车师王。五争车师，匈奴得到了一座空城。

此后，汉匈斗争的焦点从车师国转移到河西走廊。匈奴人跟湟中羌人相互勾结，煽动羌人发动叛乱，妄图夺取张掖和酒泉，将河西走廊拦腰截断。但是在名将赵充国的运筹帷幄之下，羌人投降，汉军在湟中屯田，粉碎了匈奴的阴谋。

第二年（前60年），虚闾权渠单于孤注一掷，亲率十万骑南侵中原。汉宣帝派遣赵充国率四万骑，驻守边关，积极备战。虚闾权渠单于畏之如虎，不敢南进，结果郁闷积胸，吐血而还，很快就呜呼哀哉了。虚闾权渠单于死后，匈奴内讧。负责经营西域的日逐王先贤禅与新单于握衍朐鞮不和，准备弃暗投明。

先贤禅派人到渠犁去见郑吉，商讨投汉事宜。郑吉立即率渠犁、龟兹等诸国兵五万人，北上接应先贤禅及其部众一万二千人。日逐王降汉，宣告了匈奴人退出西域，奴役西域百余年的僮仆都尉也随之一去不复返了。西域各族翻身得解放，车师又回到了汉帝国的怀抱之中。

自车师前王庭交河城沿天山南麓西行至疏勒的交通孔道，即所谓的丝绸之路西域北道，以及自车师后王庭务涂谷，向伊犁河谷的丝绸之路天山北道从此畅通。再加上十七年前鄯善附汉，丝绸之路西域南道全线畅通，横贯欧亚大陆的贸易交通线——丝绸之路三条主干线周道如砥，其直如矢。

为了有效地管辖辽阔的西域地区，保护丝绸之路，汉宣帝在轮台乌垒城设置西域都护府[①]。西域都护府是汉帝国在西域的最高军政机构，肩负着"护道""护国"的双重使命。

郑吉前破车师，后迎日逐王，威望如日中天，被封为安远侯，荣升第

[①] 西域都护府遗址为今新疆轮台县境内奎玉克协海尔古城。

一任西域都护。西域都护全称都护西域使者校尉，秩比二千石，相当于汉最高一级地方行政长官郡太守的副职郡都尉（掌管军事），督察乌孙、康居等三十六国。汉宣帝授予郑吉临机专断大权，"有变以闻，可安辑，安辑之，不可者诛伐之，汉之号令班西域矣"——一旦西域三十六国（包括乌孙、康居）发生动乱，郑吉代表中央政府行使必要的权力，可安抚则安抚，无法安抚则派兵诛杀。

公元前48年，汉元帝又在车师前部（车师前王国）的王庭交河城设置戊、己两个校尉，为西域屯田汉军的最高长官，以保护丝绸之路北道的畅通。戊、己校尉是否隶属西域都护，史书并无明载。或说戊、己校尉受西域都护节制，但是都护无权调发戊、己校尉属下的屯田汉军。

汉帝国的势力范围由此远及巴尔喀什湖和锡尔河流域，一跃为当时的世界性大帝国，屹立于东方大陆上，与西方的罗马共和国遥遥相对。从汉武帝、张骞开始，数代人梦寐以求的拓疆西域，终于在汉宣帝手中得以实现。

西域都护府成立后做的第一件事就是调解乌孙内争。

公元前60年，乌孙昆弥翁归靡通过长罗侯常惠上书汉宣帝，表示愿立解忧公主的长子元贵靡为储君，希望再娶一个汉室公主为妻，加固汉乌联盟，彻底跟匈奴断绝关系。此时匈奴已日落西山，汉乌结盟的基础更加牢固。汉宣帝念及乌孙有助汉击匈奴的大功，所以册封解忧公主的妹妹相夫为公主，在常惠的护送下远嫁乌孙。孰料天有不测风云，常惠、相夫一行尚未出敦煌，翁归靡就死了。乌孙贵族、大臣遵照之前军须靡与翁归靡的约定，立军须靡与匈奴女所生的泥靡为昆弥。泥靡残暴不仁，汉人蔑称为狂王。汉宣帝对乌孙人的出尔反尔愤怒不已，马上召回小公主相夫，汉乌联盟处于解体的边缘。

解忧公主顾全大局，又从俗嫁给泥靡，生下一子鸱靡。但是泥靡与解忧公主失和。公元前53年，汉宣帝派遣卫司马魏和意、副侯任昌出使乌孙，与解忧公主密谋，设酒宴诛杀泥靡，不料失手让泥靡逃脱。泥靡的儿子细沈瘦率部将解忧公主、魏和意、任昌三人围困在赤谷城中。西域都护郑吉闻讯，立即发兵驰援，击退细沈瘦，救下解忧公主三人。

表3　西汉至新朝十九任西域都护表

任数	西域都护	任职时间	皇帝	备注
第一任	郑　吉	前60年—前49年	汉宣帝	
第二任	韩　宣	前48年—前46年	汉元帝	
第三任	不　详	前45年—前43年	汉元帝	
第四任	不　详	前42年—前40年	汉元帝	
第五任	不　详	前39年—前38年	汉元帝	
第六任	甘延寿	前37年—前34年	汉元帝	
第七任	段会宗	前33年—前31年	汉成帝	首次出任
第八任	廉　褒	前30年—前28年	汉成帝	
第九任	段会宗	前27年—前25年	汉成帝	二次出任
第十任	韩　立	前24年—前22年	汉成帝	
第十一任	段会宗	前21年—前19年	汉成帝	三次出任
第十二任	不　详	前18年—前16年	汉成帝	
第十三任	郭　舜	前15年—前13年	汉成帝	
第十四任	孙　建	前12年—前10年	汉成帝	
第十五任	不　详	前9年—前7年	汉成帝	
第十六任	不　详	前6年—前4年	汉哀帝	
第十七任	不　详	前3年—前1年	汉哀帝	
第十八任	但　钦	公元元年—13年	王　莽	
第十九任	李　崇	13年—23年	王　莽	

泥靡事件在西域闹得沸沸扬扬，汉宣帝不得不派中郎将张遵、车骑将军长史张翁、副使季都等给泥靡送医送药，以安抚乌孙人心。张遵将魏和意、任昌械送回长安城斩首，留下张翁善后处理。张翁不懂汉宣帝的苦心，对泥靡事件深追穷究。解忧公主竭力辩护，反遭到张翁的揪打、詈骂。解忧公主上书汉宣帝告了张翁一状。汉宣帝怒不可遏，立刻将这个糊涂虫诛杀。

其后翁归靡与匈奴女之子乌就屠浑水摸鱼，杀死泥靡，自立为昆弥。乌孙风云突变，事态复杂化，有再次倒向匈奴之危。汉宣帝派遣破羌将军辛武贤率军一万五千人驻扎敦煌，磨刀霍霍，准备攻打乌孙。

眼见大战一触即发，郑吉为维护西域的安宁和平，让解忧公主的侍从、乌孙右大将军的妻子冯嫽前去游说乌就屠，劝他投降。在汉帝国软硬兼施的策略之下，乌就屠做出让步，乌孙人立元贵靡为大昆弥、乌就屠为小昆弥。乌孙事变和平解决，两人都接受中央政府的册封、印绶。乌孙由同盟国变成附属国，西域都护郑吉与解忧公主功不可没。

汉宣帝为了调解大、小昆弥之间的矛盾，将乌孙分而治之，明确划清大、小昆弥辖属的地界、户口，大昆弥六万户，小昆弥四万户。还在赤谷城驻扎一支屯田自给的维和部队，由长罗侯常惠率领，有三校士卒，按当时编制每校八百人，合计二千四百人，从而间接控制乌孙，也有力地保障了丝绸之路的畅通、安全。

公元前51年，元贵靡、鸱靡相继病死，解忧公主年老无依，上书汉宣帝，乞求叶落归根。汉宣帝心生怜悯，派人去赤谷城，接回解忧公主。解忧公主圆满地完成了使命，荣归故里，在中华民族统一史上写下浓重的一笔。

伐康居郅支毙命

乌孙归汉，再加上之前的日逐王先贤掸投汉，使匈奴重回西域的期望值降至零。握衍朐鞮单于靠阴谋篡位后，铲除异己，滥杀无辜，匈奴人心涣散。诸王竞相扯上大旗当虎皮，一夜之间冒出了九个单于，纷争不止。

虚闾权渠单于之子稽侯狦在乌禅幕部落的支持下，于公元前58年率先发难，自立为呼韩邪单于，攻灭握衍朐鞮单于，拉开了匈奴内乱的序幕。之后，握衍朐鞮单于的从兄薄胥堂被拥立为屠耆单于，击破呼韩邪单于，留居单于庭龙城。翌年，呼揭王自称呼揭单于，右奥鞬王自称车犁单于，乌籍都尉自称乌籍单于。再之后，有郅支骨都侯单于（简称郅支单于）、呼速累单于、闰振单于、伊利目单于等等。草原上战火绵绵，匈奴老百姓惨遭荼毒。

九单于之中最凶悍当数呼韩邪单于、郅支单于兄弟。呼韩邪单于先后铲除握衍朐鞮单于、屠耆单于、乌籍单于，夺取龙城，几乎一统匈奴。

郅支单于本名呼屠吾斯，是呼韩邪单于的哥哥，握衍朐鞮单于篡位后流落民间，被呼韩邪单于收容，任左贤王，公元前56年自立。三年后，郅支单于攻灭闰振、伊利目二单于。九单于纷争最后演变成郅支、呼韩邪兄弟争雄。呼韩邪单于败北，南附汉帝国，与郅支单于分庭抗礼。匈奴出现第一次大分裂，郅支单于的西匈奴与呼韩邪单于的东匈奴。

郅支单于不敢跟有汉帝国撑腰的呼韩邪单于对决，就离开漠北，向中亚和西北扩展，以求重振雄风。公元前49年，郅支单于并吞叶尼塞河上游的乌揭、坚昆、丁零三个游牧政权，在坚昆设单于庭。其后又把触须伸到西域去，介入康居与乌孙的纠纷，企图撼动汉帝国在西域的统治根基。

康居虽然部落众多，但是兵力较弱，曾经一仆事二主，是大月氏和匈奴的附庸。早在张骞出西域之前，康居就跟汉朝有往来关系。张骞出西域后，康居多次遣使赴中原。公元前103年，李广利围困大宛贵山城，康居试图救援，但惧怕汉军未果。后又收容郁成王，被上官桀杀入国境。

公元前52年，康居王派遣一个庞大的使团出使中原，包括两名使者、十名贵族、六十四名随从，还有九匹私马、三十一只驴、二十五只骆驼、一头牛，向汉宣帝进贡良马两匹、骆驼十只。西域都护、安远侯郑吉特地让轮岗回国的军官赵千秋率一队人马，将这伙远道而来的贵宾安全送往长安城，并提前通知敦煌太守、酒泉太守予以热情接待。这是西域都护府设置之后，汉帝国与西域往来的一桩盛事。公元前49年，康居王再度派人出使中原。这时候康居与汉帝国打得一片火热，似因康居正遭到乌孙的袭扰、欺凌，为讨回公道，康居王向汉宣帝告状。但是康居过于遥远，并不隶属西域都护府的管辖，西域都护无法直接插手。

不久，郅支单于来了。郅支单于心忧呼韩邪单于跟汉帝国联手对付自己，就让儿子入汉为质。但是他对汉帝国厚此薄彼，一味袒护呼韩邪单于大为不满。公元前45年，郅支单于遣使进贡，索回在长安城为质的儿子，并假惺惺表示愿意臣服。汉宣帝令卫司马谷吉护送其子到坚昆的单于庭，不料郅支单于翻脸不认人，将其杀害。杀了汉使之后，郅支单于心虚，又听说呼韩邪单于兵强马壮，就准备逃到西边的康居去，暂避锋芒。

兹事体大，康居王赶紧召集五个小王商议，众人一致认为匈奴是大国，是乌孙的天敌，如今郅支单于有难，这是天赐良机啊！可把郅支单于接过来，安置在康居东境，与他联手一起对付乌孙。

于是康居王派人到坚昆去请郅支单于。郅支单于正愁着走投无路，又怨恨乌孙，见到康居使者如同捞到救命稻草，连忙扶老携幼，一窝蜂向西而去。结果遇到严寒天气，途中大多冻死，到了康居只剩下三千余人。康居王把女儿嫁给郅支单于，投桃报李，郅支单于也把女儿嫁给康居王，结成怪异的姻亲联盟。康居王甚为倚仗郅支单于，期待能够狐假虎威，吓阻乌孙。这正中郅支单于借师助剿的下怀。他多次统领康居军队，攻袭乌孙，一直杀到赤谷城下，掠走居民、牲畜无数而返。乌孙军队畏之如虎，不敢追击，乌孙西边千里之地竟成了空荡荡的无人区。

但是康居的日子也不好过，郅支单于打败乌孙之后，视自己为康居的救世主，鸠占鹊巢，开始行凶撒泼。康居王就像一个奴仆，经常遭到无故的厉声呵斥。郅支单于与康居王起了争执，就怒杀康居王女、贵族、居民数百人，残忍地肢解之后投进都赖水（今吉尔吉斯塔拉斯河）。

为了长期霸占西域，郅支单于又强迫康居人在都赖水旁修筑了一座郅支城（今吉尔吉斯塔拉斯，即唐代怛逻斯城），每天役使五百人，日夜不停地劳作，耗费两年的时光才完工。郅支城建成之后，郅支单于更加不可一世，俨然以西域的霸主自居，不但把康居踩在脚下，而且以武力相威胁，勒令奄蔡、大宛等国每年向自己进贡。西域人民惨遭荼毒，怨声载道。狐假虎威成了引狼入室，康居王更是后悔得肠子都青了。

敦煌悬泉汉简中发现的《康居王使者册》中记录了一个涉康居的事件，公元前39年康居王的使者杨伯刀、副使扁阗，苏薤王使者姑墨、副使沙囷、贵人为匿等，向汉元帝进贡珍稀的白骆驼等牲畜，在酒泉登记、评估贡物时发生纠纷。可见康居虽然受到郅支单于的践踏蹂躏，但是这并未影响康居王及其五个附属小王与汉帝国友好往来。这或许就是西域都护府并未直接插手康居事务的缘故。

两三年后，似乎康居王已屈服于郅支单于的淫威，沦为匈奴人欺压西域的帮凶和爪牙。汉元帝曾经三次遣使到康居，当面责问郅支单于杀害卫司马谷吉的事。郅支单于自恃远在万里之外，汉军鞭长莫及，把诏令当作废纸，百般侮辱使臣，甚至通过西域都护郑吉，上书嘲弄汉元帝说："我现在的处境很艰难，愿意归附强大的汉帝国，准备让儿子入中原服侍皇帝。"

再一味地退缩、忍让下去，只会助长郅支单于的嚣张气焰，折损汉帝国在西域的威望，汉元帝决心严惩日益骄慢的郅支单于。正值第五任西域都护（名字不详）告老，车骑将军许嘉推荐前辽东太守甘延寿为第六任西域都护兼骑都尉，一心向西的郎官陈汤为西域副校尉。

公元前36年冬，汉元帝命令甘延寿、陈汤二人攻打康居，斩杀祸患西域的郅支单于。这是继李广利讨伐大宛之后，汉军又一次万里大远征。

陈汤为人沉勇，足智多谋，喜欢出奇制胜，是个天生的将才。两人到了西域之后，陈汤认为，郅支城虽说地处偏远，但只不过是一座土城，缺乏弓弩等守城利器，并非固若金汤。他给甘延寿支招，率领屯田汉军、乌孙等西域兵，出其不意攻其不备，直取郅支城，到时候郅支单于逃不得也守不得，只能将千载之功拱手相让。

甘延寿虽然赞同陈汤的战法，但坚持要先上报朝廷批准，方可调派屯田兵。将在外，君命有所不受。陈汤一不做二不休，趁着甘延寿卧病在床，假传军令，矫诏调发西域兵、戊己校尉的屯田兵。甘延寿闻讯后，吓得从病床上跳起来，拦住陈汤。陈汤拔出利剑，怒叱甘延寿说："现在刀已出鞘、箭已上弦,你小子怎敢阻挠大军行动!"

甘延寿无奈之下,只好跟陈汤上书汉元帝自弹擅发兵之罪。即日布告西域,对康居宣战。他们将征调而来的汉兵、西域兵四万人,分成六队,三队走西域南道,翻越葱岭,经费尔干纳盆地的大宛,从南部进攻康居。甘延寿和陈汤自率三队,走西域北道,从温宿出发,翻过天山南脉东段山口——勃达岭(即别迭里达坂),入赤谷城,穿越乌孙国境,从东面杀入康居,兵锋直指郅支城。

陈汤进入乌孙时,正逢康居副王抱阗率数千骑兵侵犯赤谷城东,杀死大昆弥星靡(元贵靡之子)部众千余人,掳走牲畜无数。康居人向东狂追,结果撞上了陈汤。陈汤派出西域兵大破康居兵,阵斩四百六十余级,生擒抱阗的贵人伊奴毒,夺回被掳的乌孙百姓四百七十名,还有数不清的牲畜。陈汤把百姓还给大昆弥星靡,牲畜则留下来补养军队。

击溃抱阗的康居兵之后,汉军杀入康居东境。陈汤利用康居人与郅支单于的矛盾,采取打拉结合、分化瓦解的策略,释放伊奴毒,令他不得再侵犯邻国,又招来痛恨匈奴的康居贵族屠墨,恩威并施,与其结盟。

汉军继而向西长驱数百里,在距离郅支城六十余里处安营扎寨,抓住了屠墨的舅舅贝色子及其子开牟。两人都怨恨郅支单于,向陈汤泄露了郅支城的兵力部署。陈汤对敌情了如指掌,胜券在握,次日令汉军拔营前进,逼近郅支城三十里时又扎下大营。

郅支单于本来已经逃离郅支城,但是担忧康居人为汉军内应,又听说乌孙等国都出兵助汉,四面楚歌,已是逃无可逃了,就狠下心来,跑回城去,准备打持久战。郅支单于施展缓兵伎俩,多次遣使与甘延寿、陈汤交涉,以拖延时日。甘延寿、陈汤勒令郅支单于立刻投降,遭到拒绝之后,决定发起总攻。

第三天,汉军在都赖水岸上布阵,距离郅支城不到三里。匈奴人在城头竖起五彩旌旗,有数百名身穿铠甲士兵,登临城头,严阵以待。郅支单于下令打开城门，出动百余骑兵在城下来回跑动，紧接着有百余名步兵冲出城门，排下"夹门鱼鳞阵"。

匈奴人的"夹门鱼鳞阵"类似于古罗马军团常用的密集军阵——龟甲阵，再加上郅支城建筑风格极似古罗马的城堡，土城外有多重木城拱卫，战后又有百余名俘虏被安置在骊靬，引发后人的浮想联翩，认为骊靬即黎轩——古罗马的代称，因而推断有十三年前卡莱战役中被俘的罗马人参加郅支城的战斗。

公元前53年，罗马共和国前三巨头（恺撒、庞培和克拉苏）之一克拉苏因嫉恨恺撒和庞培的战功，率领三万五千重步兵、四千轻步兵和四千骑兵，仓促东侵安息。5月6日，克拉苏与安息名将苏莱纳激战于土耳其南部的卡莱城。克拉苏摆出一个巨大的夹门鱼鳞阵，中央为轻步兵和轻骑兵，两侧为重骑兵。苏莱纳则指挥着数万安息骑兵，用惊天动地的战鼓激励士卒，用无坚不摧的利箭攻击敌人，罗马军团伤亡惨重。

眼见苏莱纳的包围圈渐渐缩小，身经百战的克拉苏开始犯错误，命令中央的轻骑兵和轻步兵突围。正中苏莱纳下怀，他将最后一支铁甲骑兵部队投入战斗。时值正午，安息人突然展现出令人炫目、色彩斑驳的军旗，历史学家认为这是罗马人第一次目睹了来自东方的丝绸。但这是致命的一刻，将罗马人推向死亡的深渊。在太阳光的照射下，安息的丝绸军旗发出耀眼的光芒，罗马人惊恐万分，安息铁甲骑兵乘机猛冲，罗马人溃不成军，遗尸累累。除了万余逃脱之外，罗马军团两万被杀，一万被俘虏，克拉苏也战死沙场，此役成了罗马史上最为耻辱的一役。

那一万名罗马战俘下落不明，有人就猜测流散到中亚各国去。康居与安息相邻，罗马战俘流落到康居完全有可能。但是考古发现证明，骊靬与罗马人毫无瓜葛。人们在甘肃金塔县出土的肩水金关汉简上找到了"骊靬"两个字，标注的年代是在神爵二年（前60年），这表明了至少在卡莱战役爆发的七年之前，就存在骊靬这个地名。实际上，骊靬是圈养牛、马、骆驼等牲畜的场所，跟罗马人八竿子打不着干系。更何况，陈汤远征康居时，黎轩国（托勒密王朝）尚未被罗马共和国灭亡。因而说罗马战俘受郅支单于雇佣守城，纯属丝绸之路上一个美丽的误会。

但是郅支单于的"夹门鱼鳞阵"确实威力非凡，一点也不逊于古罗马军团的"龟甲阵"，给陈汤的远征军造成很大的麻烦。汉军不知道如何破解这个见所未见的鱼鳞阵，迟疑不前。这可喜坏了郅支城头上的匈奴人，他们热乎乎地向汉军招手："快来进攻啊！"

没等汉军有所反应，百余名匈奴骑兵又直冲过来。汉军的弓弩手慌忙拉满弓，将他们逼退。陈汤脑洞大开，找到夹门鱼鳞阵的破解之术，用远程攻击武器——弓弩。汉军乱射一通，匈奴鱼鳞阵被射得七零八落，士兵纷纷退入城内。

甘延寿、陈汤以击鼓声为进攻信号，总攻开始，鼓声大作，汉军都冲到城下，四面围城。挖壕沟、堵城门，弓弩手在盾牌兵的掩护下，朝城楼射箭。城楼上的匈奴人，争先奔逃。

郅支城的外围有多重木城拱卫着，匈奴人躲在木城里朝外射箭，汉军死伤甚多。汉军就用火攻计，堆积柴薪焚烧木城，将匈奴人烤焦。夜间郅支单于组织数百骑突围出城，结果遭到汉军弓弩手的伏击。郅支单于身披厚重铠甲，站在城楼上指挥作战。单于的几十个妻妾也都出动，拿着弓箭跟汉军对射。

汉军装备有当时世界上威力最大的强弩，射程超过四百米。匈奴人虽然善射，但是弓箭有效射程不足百米。汉军箭如雨下，郅支单于的鼻子被射中，只得退下，几十个妻妾全都死于乱箭。

半夜汉军攻破外围木城，突进土城，欢呼声震天。万余名康居骑兵分为十多处，驻扎在城外四周，跟匈奴人内外呼应，趁夜袭击汉军大营，都被击退。战至天亮，郅支城四面火起，铜钲、鼓声惊天动地，汉军士气高涨，舍生忘死，大呼而进，康居兵一败涂地。

汉军步兵在盾牌兵的掩护下，一举突破匈奴人的防线，鱼贯而入，攻陷郅支城。郅支单于及男女百余人仓皇躲进内堡，汉军乘势放火焚烧，士卒们争先恐后冲过去，郅支单于伤重而死，军候假丞杜勋抢先一步，砍下郅支单于的人头。郅支单于成了历史上唯一在交战中被汉军毙杀的匈奴单于。

是役，汉军共斩获匈奴阏氏、太子、名王以下一千五百余级，生虏一百四十五人，降兵千余人，陈汤将他们分给出兵参战的十五个西域城邦小国。

战后，甘延寿和陈汤在给汉元帝的捷报中说："宜悬头槁街蛮夷邸间，以示万里，明犯强汉者，虽远必诛。"——应把郅支单于的头颅悬挂在外国使臣聚居的槁街头，示警万里之外，胆敢侵犯强大的汉帝国，纵然远在天涯海角，也要将之诛杀！这是历史上最牛气的豪言壮语之一。

号令西域

郅支单于覆没标志着汉匈百年战争的结束。铲除了西域的祸根，汉武帝通西域的国策至此获得实现。巴尔喀什湖以东、以南的乌孙，费尔干纳盆地的大宛、阿赖盆地的休循，以及葱岭上的无雷，都直接受到西域都护府的统辖，"汉之号令颁西域矣"。康居过于遥远，不属西域都护府管辖，但也受西域都护的督察、监视。沿着丝绸之路一直延伸到阿姆河流域的大月氏，以及西亚的安息等无不对汉帝国向风慕义。

兴都库什山脉以南的地区，则成了汉帝国光芒无法普照到的角落，那儿有喀布尔谷地、克什米尔地区的罽宾，伊朗高原东部、赫尔曼德河流域的乌弋山离，以及印度河流域的希腊-印度诸邦。

罽宾和乌弋山离都是塞种人建立的政权。塞种人遭到大月氏的驱赶，南侵安息的木鹿城、赫拉特等重镇。安息王米特里达梯二世令苏林东征，将塞种人驱逐出境，收复了失地。米特里达梯二世为了酬谢苏林的战功，将扎兰吉亚那、阿拉霍西亚两个郡赐给他。安息从此分裂为二区，西部伊朗高原仍在阿尔萨息斯家族的统治之下，西方人称之为帕提亚王国。东部置于苏林家族的管辖之下，虽然名义上依附安息，但是实际上拥有独立的主权，其都城设在赫尔曼德湖边的扎兰吉亚①城。西方人称为亚历山大-普罗夫萨西亚王国，汉文古籍称为乌弋山离。从此该地区就被称为塞斯坦，意即塞种人的聚集地。

米特里达梯二世死后不久，在汉昭帝初期（约前85年），流徙奔波的塞种人在酋长毛厄司的统率下，又开始了新的征程。塞种人南下印度河流域，侵入希腊-印度诸邦，攻占兴都库什山脉南侧的循鲜城，夺取河流密布、富饶肥沃的旁遮普。

汉宣帝初期（约前70年），统治希腊-印度王国的末任希腊君主赫墨攸斯放弃坚守了逾半个世纪的迦毕试，希腊人在印度河流域的最后几块殖民地旋即丧失殆尽。

塞种人继而进入地势险峻、山路崎岖的克什米尔地区，在罕萨河谷、吉尔吉特河谷等处留下大量岩画，从温顺的野山羊到威武的塞种骑士等等，让后人得以揭开那段尘封的历史。

毛厄司继任者，包括斯帕拉霍拉、斯帕拉加达马、阿泽斯家族，在循鲜城建立印度-塞西亚王国，汉文古籍则称为罽宾。

在罽宾东北三百三十里处的葱岭上有一个难兜，难兜以东的罕萨河谷中还有一个典型的山地小邦——乌秅，"山居，田石间。有白草。累石为室，民接手饮，出小步马，有驴无牛"。——当地土著居住在山、石之间，住在石头房子里。喝水都用手捧着，每出门一小步都要骑马。山沟沟石疙瘩，根本就无地可耕，所以有驴无牛。

乌秅以西数百里是一座令人心惊胆战的山——悬度，"悬度者，石山也，溪谷不通，以绳索相引而度云"。——行人往来都要在悬崖峭壁之间拉一条绳索，小心翼翼地攀引而过。丝绸之路西域南道通往罽宾，有三池磐、

---

① 扎兰吉亚（Zarangia），即唐朝史书中的疾陵城。

石阪道，最狭窄仅一尺六七寸，长三十余里，下临万丈深渊，一不留神就摔得粉身碎骨。途中还要经过大、小头痛之山，赤土、身热之阪，饱受高山病的折磨，发烧、虚脱、头痛、呕吐，就连驴等牲畜也难逃厄运，更别说普通人了。由于悬度险远难行，令人望而却步，汉使送罽宾人回国均至此而还。

罽宾王仗着这条天然的险僻小道，吃定汉军不敢走过，所以自汉武帝通西域后，诸国都对中原趋之若鹜，只有一个罽宾我行我素，拒绝臣服、遣使纳贡。

汉宣帝时期，罽宾王乌头劳（或即斯帕拉霍拉①）屡屡残杀汉使。乌头劳死后，儿子（或即斯帕拉加达马）遣使赴中原修好，朝廷令汉关都尉文忠护送罽宾使臣回到循鲜城。孰料这个新王也不是什么好鸟，企图杀害文忠。文忠先发制人，招来容屈王子阴末赴，合谋攻杀新王。文忠另立阴末赴为王，罽宾也因而成了汉帝国的属邦。

但是好景不长，汉元帝派军候赵德出使循鲜城，与阴末赴发生争执。赵德认为阴末赴为汉所立，应听命于上国特使。阴末赴自恃天高皇帝远，根本就不买汉帝国的账，先斩后奏，用铁链锁住赵德，处死副使以下七十余人，然后再派人到长安城请罪。汉元帝对此却很无奈，罽宾道路险远，兴师问罪无异于天方夜谭，就宣布与罽宾断绝一切来往，让人将罽宾使者送至悬度。

有西方学者认为，这个容屈王子阴末赴就是赫墨攸斯。容屈为希腊语中"Yonaki"的音译，意为希腊城，即迦毕试。但是赫墨攸斯的年代与汉元帝相差三四十年，将阴末赴比附为赫墨攸斯，恐怕是关公战秦琼，时空大错位了。那时迦毕试城堡已落入塞种人之手，阴末赴当为戍守该城堡的一个罽宾王子，或许也是乌头劳的儿子。

汉成帝即位之后，罽宾王又是进贡，又是谢罪，汉成帝心一软，跟辅政

---

①西方学者认为乌头劳是印度-塞西亚王国君主斯帕拉霍拉（Spalahora），因其在铸币上自称"国王的兄弟"，汉使将希腊语"兄弟（adelfon）"错当作罽宾王之名，音译为乌头劳。

的权臣王凤商议，准备再遣使循鲜城，与罽宾恢复外交。王凤的幕僚杜钦告诉他，前王阴末赴本来就是汉帝国扶植上台的，但最后还是背叛了。德，莫过于给你国家、给你人民；罪，莫过于诛杀使臣。阴末赴不报恩德、不怕被诛杀，因他吃准路途险远，汉军不敢进攻，故而把汉玩弄于股掌之间。有求于汉，卑躬屈膝，低声下气；无求于汉，桀骜不驯，胡作非为，根本就没有归化的诚意。阴末赴忘恩负义，犯下滔天罪行，所以跟他一刀两断。如今罽宾王后悔了，但过来的使者都不是王族贵人，尽是唯利是图之辈，借进贡为名，行通商之实。汉使过去了，恐又将惨遭荼毒。把使臣送到皮山，就已经仁至义尽了。

王凤听从杜钦的话，断了与罽宾复交的念头。果然不出杜钦所料，罽宾使臣贪图赏赐、钱财私利，隔数年才来一次。

由于地理上的隔绝，罽宾与汉朝的联系时通时断，既有韧性又十分脆弱，但是不断加强了相互了解，促进了经济文化交流，开辟了丝绸之路南道。继张骞出西域之后，希腊化文化信息再次传入中原。《汉书·西域传》提到，罽宾"以金银为钱，文为骑马，幕为人面"——使用金、银钱，铸币正面是国王头像，背面刻有希腊文和骑马的人形，这是典型的希腊化货币；而且"民巧，雕文刻镂，治宫室，织罽，刺文绣"。丝绸之路南道的开辟，使罽宾居民既传承希腊人的雕塑造型艺术，也吸收中原的丝绸织造技术。

除了兴都库什山脉以南的罽宾、乌弋山离之外，号称"绝域之邦"的还有康居、乌孙、大宛等丝绸之路沿路的国家与地区，与汉帝国也保持不同程度的政治外交、经济文化来往。

自陈汤攻伐郅支城之后，康居慑于大汉天威，通过质子这一纽带，与汉帝国形成更加密切的政治关系。公元前23年，康居使者入贡，受到汉帝国的高规格接待。汉成帝特意临时任命一位"使送康居校尉"，护送康居使者回国。这个"使送康居校尉"的官秩为比二千石，仅次于州刺史和郡守。康居使者来朝，汉廷从上到下予以热烈接待，发出的命令先由京兆尹、丞下达给统领京师卫队的左将军史丹、使送康居校尉,再由左将军史丹下达给负责接待西域使臣的大鸿胪和敦煌太守,从中央到地方,涵盖政治、安全、交通等方方面面,汉帝国重视与康居的关系可见一斑。

公元前19年,康居发生内乱,太子保苏匿率万余人投汉,先派人跟西域都护段会宗接头。段会宗不敢做主,上奏朝廷。汉成帝遣侍卫司马到西域去迎降,段会宗也调发戊己校尉属下的屯田汉军随护。侍卫司马见保苏匿有万余人马,担心人多势众无法控制,就想出一个馊主意,让康居人自绑双手,结果把事办砸了。保苏匿诚心向化而来,满腔愤恨而去。段会宗因擅自调派屯田兵也获罪。

受保苏匿事件影响,汉与康居关系迅速降到了冰点。可中原物产的丰饶又让康居人欲罢不能,尤其是以经商谋生的粟特人,不断地对康居统治者施加压力。五六年后,康居王又派遣王子入侍、进贡,意在恢复与汉的贸易往来。

汉成帝令西域都护郭舜遣使通好。使者到了康居之后,却是痴情碰上冷遇——伤透心肝。康居王自恃偏远,对汉使骄慢无礼,宴会时,汉使竟被安排在乌孙使者的下座。康居王及贵族大臣先自己吃饱喝足,才轮到汉使,又刻意当着汉使的面吹捧乌孙。

汉使遭受奇耻大辱,西域都护郭舜上书汉成帝,怒斥康居王狡诈多端,遣子入质只不过是贪恋中原财物而施展的伎俩,应将康居王子驱逐出境,果断宣布跟康居绝交,以昭示天下泱泱大汉决不与无礼之邦通好。汉成帝却认为与康居刚恢复交往,通西域的目的就是"致远人"——让万邦来朝,所以未采纳郭舜的建议,保持不冷不热的态度,康居人来则热情款待,但也不遣使康居。

康居东边的邻国乌孙自汉武帝、张骞以来,一直就是汉经营的重点对象,联合乌孙打击匈奴,一度成为汉的基本国策。随着匈奴的没落,汉乌联盟逐渐瓦解,乌孙再也无法与汉平分秋色。控制乃至于将乌孙置于中央政府管辖之下，逐渐成了历任皇帝的大政方针。其标志是公元前53年乌孙事件和平解决，大、小昆弥瓜分国土，大昆弥有汉朝血统，小昆弥有匈奴血统，但均受汉朝册封。

汉对乌孙实行分而治之的政策，造成一个可怕的后遗症，"汉用忧劳，且无宁岁"。大、小昆弥纷争不休，让汉终年疲于奔命。

公元前51年，大昆弥元贵靡死去，子星靡继位。星靡软弱无能，令汉君臣坐立不安。和平解决乌孙事变的功臣，右大将军的夫人冯嫽是个政坛女强人，她上书汉宣帝，自告奋勇前往乌孙安抚星靡。西域都护韩宣又奏请赐予乌孙的大吏、大禄、大监等高官金印、紫绶，跟冯夫人一道，组成一个强大的辅政团队。但星靡就像枯萎的稻草秆，乌孙人都跑到小昆弥那边去了。韩宣上书汉宣帝，干脆废了星靡，另立左大将军大乐（解忧公主与翁归靡所生）为大昆弥，但未被汉宣帝采纳。

公元前33年，星靡、乌就屠相继死去。星靡之子雌栗靡和乌就屠之子拊离分别继任大、小昆弥。拊离上台不到三年，被其弟日贰杀死。乌孙内乱，号称丝绸之路保护神的西域都护段会宗迅速介入，出使乌孙，立拊离之子安日为小昆弥。日贰逃亡到康居去避难。

汉成帝将设在车师的屯田官己校尉西移姑墨，准备再次讨伐康居，捉拿日贰。一年多后，小昆弥安日派遣贵族姑莫匿潜入康居，刺杀日贰，报了杀父之仇，也避免了一场血光之灾，受到西域都护廉褒的嘉奖。

公元前17年，小昆弥安日又死于降民之手。汉成帝再次派段会宗出使乌孙，立安日弟末振将为小昆弥而还。

小昆弥如走马灯似的频繁更换，大昆弥雌栗靡却坚如磐石，他的部众和领地呈现出一派欣欣向荣的景象。雌栗靡名字中虽带个"雌"字，实则为西汉末期乌孙的一位雄主。史书上称雌栗靡"勇健"，颇有其祖猎骄靡的英明，深受乌孙贵族的畏服。雌栗靡曾经颁布了一条非常重要的法令，"告民牧马畜，无使入牧"——百姓放牧牛马等牲畜时，禁止擅自闯入昆弥的牧地。这条法令大大加强了中央集权,促进了乌孙统治秩序的稳定与畜牧业的发展,重现翁归靡时代国泰民安的局面。

小昆弥末振将对雌栗靡的雄起惊恐万分,深忧被其吞并,公元前16年派贵族乌日领诈降,刺杀雌栗靡,结果成了汉与乌孙的公敌。

汉成帝震怒之下,准备进攻末振将,但最后还是派遣段会宗第三次出使乌孙,立大乐之子伊秩靡为大昆弥。公元前12年,伊秩靡跟翕侯难栖发兵攻杀末振将,安日之子安犁靡代为小昆弥。末振将虽身死,犹不能解汉成帝心头之恨。翌年,汉成帝又诏令段会宗率戊己校尉所属的屯田汉兵及西域兵,讨伐乌孙,诛杀末振将之子番丘。

段会宗怕打草惊蛇,让番丘逃了,就把军队留在西羌垫娄地,自己率领精心挑选的三十名勇士,佩戴弓弩,径直前往赤谷城,唤来番丘,当面列数末振将的罪恶。随之汉军勇士手起刀落,将番丘斩杀。

小昆弥安犁靡大怒,率数千骑兵围攻段会宗。段会宗毫无惧色,呵斥安犁靡说:"今天杀了我,好比拔了汉帝国这头猛牛身上的一根毫毛。大宛王毋寡、郅支单于的头颅至今犹在槁街头上空晃荡着,难道乌孙人不知道吗?"

短短几句话就吓瘫了安犁靡,心想惹怒了汉帝国恐将只有步毋寡、郅支单于后尘这条路了,于是安犁靡"号泣罢去"。段会宗漂漂亮亮地完成使命,回到长安城后,汉成帝赐爵关内侯,赏黄金百斤。乌孙翕侯难栖有杀末振将之功,也被封为坚守都尉。而那些大禄、大监等高官坐视雌栗靡被杀,玩忽职守,汉成帝诏令没收他们的金印、紫绶,更换为铜印、黑绶。

末振将的弟弟卑爰疐是雌栗靡案件的主谋之一,唯恐汉廷降罪,就率八万余口北投康居,企图借兵吞并大、小昆弥。伊秩靡和安犁靡遣使西域都护府,寻求庇佑。

危难之时见真情,汉成帝令段会宗与第十四任西域都护孙建严阵以待,充当大、小昆弥的保护伞,令卑爰疐不敢动弹。乌孙安宁了,和平守护者段会宗却于公元前10年在乌孙长眠不起了。段会宗为汉帝国的一统大业呕心沥血，以维护西域的和平、丝绸之路的畅通为己任，三次出任西域都护，八使西域，五至乌孙，堪称一位杰出的外交家和政治家。史书上称段会宗"好大节、矜功名"——不但顾全大局，而且注重小节，无微不至，如春风化雨，因而深受西域人民爱戴，"西域敬其威信"，"城郭甚亲附"。段会宗病逝的噩耗传到天山南北，西域诸国无不哀痛，纷纷为他发丧、立祠，缅怀他的丰功伟绩。

卑爰疐流浪康居，寄人篱下，日子也不好过，公元前5年侵入匈奴西界，盗取牲畜。匈奴乌珠留单于派兵痛击，杀数百人，掳千余人，夺走卑爰疐的所有牲畜。偷鸡不成蚀把米。卑爰疐怕了，赶紧把儿子趋逯送到匈奴去做人质。

乌珠留单于是呼韩邪单于的儿子，自呼韩邪单于降汉开始，南匈奴就视汉为最坚固的后盾。所以乌珠留单于收留趋逯后，不敢隐瞒，马上向汉平帝汇报。汉平帝仍然很生气，这是背着宗主国私下相授，遣使到单于庭去交涉，勒令匈奴把趋逯归还给卑爰疐。乌珠留单于就像一只俯首帖耳的驯兽，立刻将趋逯遣送出境。

趋逯事件表明了，曾经奴役西域一个半世纪的匈奴沦为汉帝国的附庸，就连对外媾和的自由权利也丧失了。最大的威胁消失了，丝绸之路畅通无碍，成了联结汉与西域最坚韧、最重要的纽带，互派的使者来来往往，车马骈阗，川流不息。

史书记载，"是时西域凡五十国，自译长至将、相、侯、王皆佩汉印绶，凡三百七十六人"。——西域诸国，康居、大月氏、安息、罽宾、乌弋山离五个国家因为路途遥远、交通不便，无法并入西域都护府的管辖范围，另做处理。其余的五十国使者排着队，接踵而来，涌入长安城，朝拜中原的皇帝，无比荣耀地佩用朝廷恩赐的印章、绶带，接受中央政府的册封。

敦煌悬泉汉简中记载了公元前2年冬天大宛使者侯陵来朝进贡，当时的第十七任西域都护（名字失记）派遣卒史（汉代郡府的属吏）赵平护送侯陵到长安城。翌年，西域大邦乌孙大昆弥伊秩靡、匈奴乌珠留单于欢聚长安城，向汉平帝三跪九叩，这是汉帝国历史上极为荣耀的一桩盛举，标志着此时的汉帝国已经成为周边各族的支配力量，获得了天下共主的神牌。

汉武帝孜孜以求的"万邦来朝"，终于在西方救世主耶稣诞生的那一年梦想成真了，汉帝国的精英们，张骞、卫青、霍去病、郑吉、陈汤、段会宗等等，前仆后继，已经为此奋斗了一百多年。西域都护开府一个甲子后，汉帝国在西域的经营达到了极盛时期。

这个时期的考古资料证实，中原商贩把大量的丝织品贩卖到西域去，受暴利的驱使，西域商人也开始从事丝绸贸易，转销到安息，乃至于西方的罗马帝国，深受当地居民和统治者的喜爱。西方史书记载，卡莱战役后数年（约前45年），罗马人再次目睹来自东方的丝绸。不过是在凯撒大帝的祝捷会上，一位凯旋的罗马将军带回了一大堆丝绸，与会者惊叹不已，疑为上帝恩赐的最美好礼物。中原输出的商品除了丝绸之外，还有玉器、漆器和手工装饰品，中外贸易日益热络，出现了丝绸之路第一个繁荣期。

第五章　三绝三通

王莽乱政西域反

　　正当汉帝国经营西域如日中天的时候，窃国者王莽粉墨登场，实行一系列荒谬、错误的民族政策，惹得天怒人怨，西域局势急转而下，各国离心离德，前所未有的大危机出现了，丝绸之路第一个繁荣期也被迫中断了数十年。

　　大危机首先开始于丝绸之路西域北道。张骞凿空西域之后，从敦煌到吐鲁番盆地之间的通道被称为大海道，即出玉门关，穿越罗布泊西北的白龙堆，翻过绵延数百里的库鲁克塔格山，北上车师前王庭交河城，而后西行至疏勒。大海道最艰险的路段要数恐怖的白龙堆地带，属于典型的风蚀性雅丹地貌，因是盐碱地土台群，呈灰白色，在日光照耀下泛着银光，远望过去似白龙游弋于波涛之中，故名。白龙堆山丘林立，陡壁突兀，令人震骇，沿途尸骸随处可见，沙堆山丘，分布密集，森然如地狱。商旅往来，途经此处必定心惊胆战，经常从荒漠深处传来毛骨悚然的声音，要是行人循声寻找，大多迷路走失丧生，就是现在拥有先进的导航装备也无法准确地辨识道路、方向。

　　由于白龙堆艰险难行，人们在不断地探索新的通道。公元2年，有探险家发现一条可以绕过白龙堆直接通往交河城的新道：出玉门关后，绕过白龙堆及其东北的雅丹魔鬼城三垄沙,过五船①北,便可直抵戊己校尉的驻地高昌壁②,再至交河城。这条新道后世称为五船道。五船道与原先的丝绸之路西域北道相接,西转乌垒、龟兹、姑墨、疏勒等,越葱岭出中亚。五船道不但避开了阴曹地府似的白龙堆,而且路线笔直,可谓省时、省力、省心。因而戊己校尉徐普得知之后,决定开通新道,以便利汉与西域之间的交通往来。

但是徐普的决定遭到车师后王姑句的强烈反对。车师后国位于天山以北,本跟五船新道扯不上半毛钱关系。但《汉书》载,车师前国户七百、口六千余,车师后国户不足六百,口四千七百,即使把车师前、后国加起来,也仅万余口。也许姑句心忧五船新道开辟之后,使臣将源源不断,来来往往,车师穷乡僻壤,实在供养不起。

徐普把姑句唤到高昌壁,要他证实存在一条五船道。姑句不肯,被徐普拘押在高昌壁。姑句的老婆股紫陬对姑句说:"车师前王已经被都护司马杀了,现在你又被关在这里,早晚必死,不如投靠匈奴。"于是姑句骑马冲出高昌壁,逃奔匈奴去了。姑句叛逃事件,是西域人心骤变的开始。

姑句叛汉不久,"去胡来王"唐兜又叛汉。唐兜是婼羌王,因他脱离匈奴投靠汉廷,被称为"去胡来王"。婼羌地处塔里木盆地东南缘,位于阿尔金山以南,与青海境内的赤水羌相邻。婼羌与赤水羌为了争夺牧地、水源,大打出手。唐兜屡战屡败,就向西域都护但钦紧急求援。可这个肩负维护和平安宁重责的"西域警察",如同一个旁观者,冷眼看着婼羌被赤水羌杀得落花流水,却没有派一兵一卒。

唐兜逃往东边的玉门关避难,不料又是被拒之门外。唐兜走投无路,就率领眷属、族众千余人投奔匈奴,被乌珠留单于安置在左谷蠡王的领地。乌珠留单于收容下唐兜后,上报汉廷。

---

①五船,为西域地名的译音,即莫贺延碛,今新疆哈密东南与甘肃交界的噶顺沙漠。
②约公元前21年,戊、己校尉合二为一,驻所从姑墨和交河城迁至高昌壁。

当时主政的是野心勃勃的太傅、安汉公王莽。王莽派遣中郎将韩隆到龙城去，谴责乌珠留单于。此时乌珠留单于仍然敬重汉廷，叩头谢罪，把姑句、唐兜引渡给汉使。在西域恶都奴（今地名不详）界上举行的交接仪式上，乌珠留单于通过王莽的特使中郎将王萌，请求汉廷饶恕姑句、唐兜二人的罪过。

但是王莽令匈奴大失所望，他一改往昔宽大的怀柔政策，把西域各国王召到长安城，陈兵布阵，而后将姑句、唐兜斩首示众，想用威德来镇服西域诸王。并遣使向乌珠留单于颁布禁令，禁止匈奴擅自收容四种人——汉人、乌孙人、佩带汉廷印绶的西域人、乌桓人，实际上是干预匈奴的内部事务。

公元8年，王莽篡汉，建立怪胎王朝——"新朝"，实行更让周边各族心寒的歧视政策。王莽收回汉宣帝赐呼韩邪单于的"匈奴单于玺"，另发"新匈奴单于章"；把"匈奴单于"称号改为侮辱、蔑视性的"降奴服于"。又将西域诸国的"王"贬为"侯"，将西域各族推向匈奴人的怀抱之中。

王莽内向、偏执、扭曲的个性，使他在错误、混乱的民族政策上越走越远，极大地伤害了西域各族的自尊心，匈奴贵族趁机挑拨离间，充当离心加速器。潘多拉盒子接二连三被打开。在各种内外力的破坏下，中原王朝在西域的统治土崩瓦解。倒行逆施的篡国贼王莽沦为破坏丝绸之路安宁的罪人，最终也被历史抛弃。

公元10年，王莽封心腹广新公甄丰为右伯，派他出使西域。车师后王须置离无法忍受汉使的勒索，就跟右将股鞮、左将尸泥支密谋，准备逃亡匈奴。不料东窗事发，戊己校尉刀护把须置离抓来审讯，须置离供认不讳，戊己校尉将其送交西域都护但钦处置，结果被但钦斩首。

连续杀死两位车师后王，车师民众怨气冲天，须置离的哥哥辅国侯狐兰支就率领部属两千余人，赶着牛羊，投奔匈奴。乌珠留单于也对王莽的恫吓、弹压强烈不满，不但收容下狐兰支，而且还派兵跟他一道反攻车师，杀死后城长，打伤都护司马。

西域形势急剧恶化，在这节骨眼上，负责抵御匈奴侵扰，安辑西域诸国的戊己校尉刀护卧病不起。刀护的四位部属，戊己校尉史陈良和终带、司马丞韩玄、右曲候任商，担忧匈奴大军入侵，玉石俱焚，就于9月15日冲进高昌壁，戕杀刀护及其眷属，挟持吏兵、男女两千余人投降匈奴。乌珠留单于封陈良和终带为乌贲都尉。这是戊己校尉设立半个世纪以来最为骇人听闻的反叛事件。

公元13年，乌孙大、小昆弥都遣使进贡。由于乌孙人多数亲附小昆弥，王莽为了讨好乌孙人，让小昆弥使者坐在大昆弥使者的上座。这种尊卑颠倒、贵贱失序的荒唐做法，再加上之前的姑句和唐兜事件、须置离事件，西域诸国开始抛弃胡作非为的新朝。

靠近匈奴的焉耆率先发难，袭杀西域都护但钦。西域都护被杀意味着新朝政权在西域已经丧失权威，民族矛盾空前激化。

手忙脚乱的王莽又试图武力征伐，诛杀叛乱的焉耆。公元16年，王莽派遣五威左率都尉王骏、西域都护李崇、佐帅何封、戊己校尉郭钦西征焉耆。12月，王骏途经玉门千秋燧，次年1月在玉门关大煎都候亭建立统帅部，集结军队，筹措粮草。王骏的军队都是从河西各郡征调而来，共七千余人，分三批到达大煎都候亭。

西征军兵分两路，南北夹击。王骏、李崇率二千人为南路，经鄯善至尉犁，会莎车、龟兹、鄯善等西域兵，合计七千人，向北进攻焉耆；何封、郭钦率五千人为北路，经五船新道至高昌、交河城，向西南进攻焉耆。

4月，南路轻而易举地攻入焉耆境内，小有斩获，王骏迫不及待地向王莽告捷，邀功请赏。不料这是焉耆的诱敌之计，王骏旋即中了埋伏，西征军大败，成了过街老鼠。姑墨、尉犁、危须等国纷纷举起叛旗，联合焉耆，将汉军围得水泄不通。王骏赶紧向王莽请罪，并请求增援。但是远水解不了近渴，南路军几乎被包了饺子，王骏葬身沙场，李崇收集残卒退守龟兹。

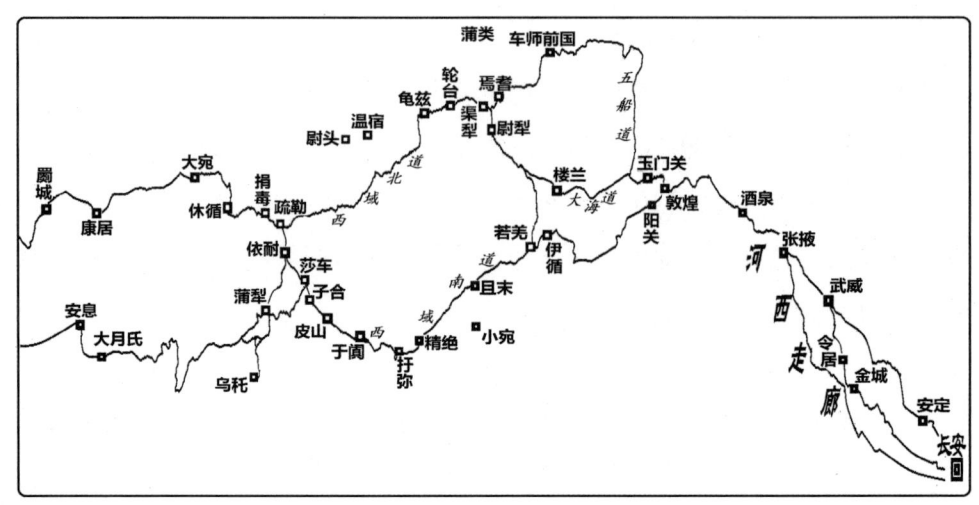

图6　汉代丝绸之路示意图

北路的何封、郭钦进入焉耆后,焉耆军主力尚未返回,何封、郭钦袭杀了一些老弱病残,后退守车师。焉耆勾结匈奴,围攻车师,何封、郭钦孤军奋战,最后"粮食乎尽,吏使饥馁",只得退入玉门关。至此,西征焉耆的行动以失败告终。

塔里木盆地北缘除了龟兹外,姑墨、尉犁、危须、焉耆等国都宣布脱离新朝,投靠匈奴。西域乱成一团麻,丝绸之路西域北道被隔断。

丝绸之路西域南道上的莎车奉行坚定的亲汉政策,成为抵抗匈奴最坚固的堡垒。莎车王延曾经入侍过汉元帝,仰慕发达的中原文化,他经常教育儿子,"当世奉汉家,不可负也"——世世代代要忠诚于汉,不可悖逆。

公元18年,莎车王延死去,儿子康继位。莎车王康谨遵父亲遗志,联合北道的龟兹,跟西域都护李崇精诚团结,勇挑维护丝绸之路安宁的重任。

其后中原大乱,四海鼎沸,反莽浪潮此起彼伏。公元23年,义军攻陷长安城,王莽被杀,短命的新王朝覆没。匈奴浑水摸鱼,杀入西域,战火燃遍了塔里木盆地南北缘的每一个角落。西域都护李崇在混乱之中失踪,莎车王康联络南道上的一些小国,英勇抵抗匈奴人,李崇的家眷及千余汉人赖其保护,才躲过劫难。

公元25年，刘秀在河北称帝，建立东汉帝国，刘秀即光武帝。位于塔里木盆地西南缘的莎车则紧紧抱住光武帝的大腿，悄然崛起。莎车王康思念中原，多次遣使到河西郡县，询问东汉的情况。公元29年，割据河西走廊的义军统将河西大将军窦融，以光武帝的名义，册封诚心向汉的莎车王康为"莎车建功怀德王、西域大都尉"，委托他节制西域五十五国。莎车开始在西域一呼百应。

公元33年，莎车王康死去，弟弟贤继位。贤上台后积极扩张掠夺，进攻南道上的小城邦拘弥国（今新疆于田县克里雅河以东）、西夜国（又名漂沙，今新疆叶城县境内），杀其国王，立莎车王康的两个儿子为拘弥王、西夜王。

光武帝经过十二年的兼并战争，芟刈诸雄，一统山河，东汉帝国焕发出耀眼夺目的光芒。西域备受匈奴的压榨和剥削，人心思汉。公元38年，莎车王贤与鄯善王安遣使赴长安城，向光武帝进贡，乞求汉廷重开西域都护府，早日结束西域分裂、动荡的局面。但是光武帝认为中原初定，百废待兴，无暇西顾，拒绝了二王的建议。

公元41年，莎车王贤又遣使觐见光武帝，再次提出恢复设置都护的要求。光武帝大受感动，询问熟悉西域的大司空窦融。窦融认为，"贤父子兄弟相约事汉，款诚又至，宜加号位以镇安之"，主张把西域都护的头衔赐给莎车王贤。

光武帝就下诏任命莎车王贤为西域都护，颁发西域都护的印玺、绶带、车旗、黄金、锦绣，让莎车使者带回国。敦煌太守裴遵看透贤的狼子野心，上书反对，认为让外族人担任西域都护，届时恐将尾大不掉，又要失去西域人心。光武帝幡然大悟，诏令收回西域都护的印、绶，重新颁给大将军的印、绶。

莎车使者过敦煌时，企图带着西域都护的印、绶强行闯关，被裴遵派人夺回。莎车王贤从此对东汉恨之入骨。他厚颜无耻地宣称自己被汉廷册封为大都护，西域各国信以为真，尊贤为"单于"。莎车处于丝绸之路西域南北道的交汇处，从商贸中获取巨额关税，经济实力大为增强，又积极吸收中原文化，解忧公主次子万年还担任过莎车国王，软、硬实力不断超过龟兹、于阗等西域强国。莎车王贤日益骄慢，开始做起一统西域的千秋美梦。

莎车王贤学起匈奴人，向西域诸国征收各类苛捐杂税，一遇到反抗，就以武力诛伐。西域诸国不堪其扰，开始怀念起主持公道的西域都护。公元45年，车师前王、鄯善、焉耆等十八国联合起来，都向东汉派去王子，向光武帝进献无数奇珍异宝，如同离散多年的儿女见到亲爹娘，痛哭流涕，乞求以王子为质，让西域都护重回西域。光武帝仍以国内初定，匈奴未服为由，重赏那些西域王子之后，把他们遣送回国。

西域诸王听说王子要回来了，西域都护府重开无望，一想起满脸横肉的莎车王贤，心中一阵恐惧袭来，就联名给敦煌太守裴遵写了一封书信，把王子们留在敦煌，警示莎车，汉廷已经留下王子为质，西域都护不久复出，以震慑莎车王贤，暂缓兵祸。

虽然得到光武帝许可，但是谎言终究是谎言，纸毕竟包不住火的。莎车王贤知道西域都护无法复出，又生贼心。公元46年，莎车王贤给鄯善王安写信，勒令他断绝跟东汉的往来。鄯善王安不但拒绝贤的无理要求，而且将莎车使者斩首明志。贤大怒，发兵进攻鄯善，安迎战失利，逃亡深山躲避。贤攻陷扜泥城，杀掠千余人，夺取宝物而返。

那些西域王子待在敦煌近一年，思念故土，整日愁眉不展。西域诸国西迫于莎车王贤，北迫于匈奴人，受到双重压榨，苦不堪言。鄯善王安上书光武帝，愿意再派王子入侍，恳求汉廷重设西域都护。如都护不出，迫于形势，只好投奔匈奴了。

匈奴如同一只血盆大口的饿虎，随时就会向疲惫不堪的东汉帝国扑过去。光武帝深为忧虑，不得不仿照汉高祖，戒急用忍，不挑起战端，对西域诸国采取放弃政策。面对鄯善王安的最后摊牌，光武帝依旧无动于衷，做出明确的回复，汉使臣和军队不会出西域，要是诸邦力不从心，东西南北何去何从，好自为之！

鄯善、车师受不了莎车王贤的欺压，就投靠了匈奴。但这时候匈奴的情况很不妙，遭遇史上最严重的旱灾，漫天而来的蝗虫又把剩余的枯草和食物吞噬干净，蒙古高原上哀鸿遍野，赤地千里，人畜饿死、病死大半，只见尸骨不见绿草，惨不忍睹。

天灾引发人祸，匈奴蒲奴单于与右薁鞬日逐王比（乌珠留单于之子）为了争位自相残杀。公元48年，日逐王比被八部大人拥立为单于，袭用其祖呼韩邪单于称号，上书光武帝，称"愿永为蕃蔽、扞御北虏"。光武帝求之不得，立刻诏令把日逐王安置在河套地区。自西匈奴郅支单于覆没百余年后，匈奴再次分裂为南、北二部，日逐王所部称为南匈奴。蒲奴单于留在蒙古高原，称为北匈奴。

班超奇兵通丝路

山中无老虎，猴子称大王。匈奴内耗，东汉帝国旁观者清，在西域无人敢与莎车王贤争锋，这造就了莎车国的霸主地位。贤愈加骄横跋扈，发兵侵入龟兹，杀死龟兹王，封自己的儿子则罗为龟兹王，将大半个塔里木盆地纳入莎车的版图。

紧接着，莎车王贤又把触须伸到中亚的妫塞国去。这个妫塞国位于阿姆河（妫水）上游支流阿克苏河流域①，南临阿克苏河，北通克孜勒苏河，西南通瓦罕走廊，东与莎车相距五六百里，地形开阔，处葱岭的腹心要地。妫塞王仗着跟莎车相隔遥远，杀了前来勒索钱财的莎车使者。贤大怒，立即派遣一支大军，浩浩荡荡地跨越葱岭，攻入妫塞，杀死国王，立妫塞贵族驷鞬为王。不久，莎车王贤因儿子则罗年幼，将龟兹分出一个乌垒国，把驷鞬调过

---

①妫塞国都城大致位置在今塔吉克斯坦戈尔诺-巴达赫尚自治州的克孜勒拉巴特。

去做乌垒王，另立其他妫塞贵族为妫塞王。几年后，龟兹国人杀死则罗、驷鞬，投靠北匈奴。北匈奴另立龟兹贵族身毒为王，从此龟兹脱离莎车，成了北匈奴的附庸。

大宛国不堪忍受贤的苛刻盘剥，上交的税赋逐年减少。贤亲率数万西域兵，大举入侵费尔干那盆地，兵临贵山城下。大宛王延留出城投降，贤把他抓回莎车，将拘弥王桥塞提立为大宛王。

桥塞提在大宛待了一年，受到北方康居人的多次进攻，桥塞提扛不住整天的担惊受怕，偷偷地溜回拘弥。莎车王贤重新立桥塞提为拘弥王，又让延留回去当大宛王，负责筹粮纳税。此后莎车王贤又将于阗王俞林变为骊归王，立俞林的弟弟位侍为于阗王。

就这样，莎车王贤像一个霸道的混世魔王，看哪个国王不爽，就让哪个国王下台。西域诸王如同贤手中的提线木偶，走马灯似地换来换去，王位能坐多久，到哪儿去当国王，全凭莎车王贤兴趣。可是一年之后，贤很不高兴，怀疑西域诸王密谋造反，就把于阗王、拘弥王、姑墨王、子合王等都唤到莎车国，聚而杀之，再也不立国王，直接派将领镇守，实行赤裸裸的殖民统治。

莎车镇将对各国民众采取高压政策。哪里有压迫，哪里就有反抗。公元60年，忍无可忍的西域各族民众联起手来，掀起了一场声势浩大的反莎车王贤斗争，古老的丝绸之路上燃起熊熊战火。

暴动首先从丝绸之路西域南道的于阗开始。于阗的莎车镇将君得凶虐残暴，滥杀无辜，民众备受荼毒。于阗贵族都末跟他的兄弟向莎车王贤射出第一支仇恨之箭，杀死君得。于阗大乱，另一贵族休莫霸联合汉人韩融谋杀都末，夺取王位，又跟拘弥国人攻杀镇守皮山的莎车将领，斗争矛头直指莎车王贤。

莎车王贤觉察到危机降临，命令太子、国相率两万西域兵东下围剿休莫霸，反被打得落荒而逃，损失万余人。贤大为震惊，亲自率领数万西域兵进攻休莫霸。不料休莫霸很会用兵，在滚烫的沙漠上将莎车军杀得溃不成军，斩杀过半，贤只身逃回莎车。休莫霸的哥哥被拘押在莎车城，休莫霸为了拯救兄长，率军长驱直入，进围莎车城，不幸死于乱箭之下。贤侥幸逃过一劫。

公元61年，休莫霸兄长之子广德被于阗国相苏榆勒立为王。这时候，北匈奴也掺和到西域的混战之中，联合北道上的龟兹，进攻死敌莎车，开启重返西域的征程。

贤坚守莎车城，虽然击退了匈奴-龟兹联军，但也损失惨重。于阗王广德乘机派弟弟辅国侯仁讨伐莎车，莎车屡遭进攻，残破不堪，贤只好释放广德之父，还把女儿嫁给广德，约以和亲。

莎车国相且运痛恨贤的残暴不仁，密谋把莎车城献给于阗王广德。广德又率三万西域联军攻打莎车，贤大骂广德："我把老爹还给你，还给你一个老婆，为什么前来打我？"广德跟且运设计了一个圈套，诱骗贤出城。广德说："你是我岳父，久不相见，希望在城外相会结盟。"且运说："广德是你女婿，应该出城见上一面。"贤不知是计，稀里糊涂地出城，结果被广德用铁链捆锁，抓回于阗，一年后被杀。且运借于阗兵血洗莎车，夺取王位，依附于阗。

风水轮流转，于阗取代莎车，成了西域的霸主。枪打出头鸟，于阗遭到北匈奴及其西域仆从军的围攻，广德战败投降。北匈奴立贤的儿子不居征为莎车王，企图并吞莎车。于阗王广德又攻杀不居征，把他的弟弟齐黎扶上莎车王位。北匈奴实力不济，无法全面控制西域南道，只能干瞪眼。

莎车王贤死后，于阗担当不起维护西域秩序的重任，塔里木盆地陷入弱肉强食的乱战之中，兵连祸结、暗无天日。西域诸强为了控制东西方的贸易，你一段，我一段，将丝绸之路豆剖瓜分。鄯善吞并且末、精绝、小宛、戎卢，控制丝路西域南道的东段。于阗吞并皮山、扜罙、渠勒，控制丝路西域南道的西段。焉耆吞并危须、尉犁、山国，扼占丝路西域北道的要害。车师灭郁立师、单桓、孤胡、乌贪訾离，控制丝路天山北道。龟兹吞并姑墨、温宿、尉头，称雄西域中部。疏勒吞并休循、捐毒、蒲犁、依耐，将势力延伸到葱岭腹地，控扼中亚出口。

北匈奴的介入，加剧了西域的混乱和动荡。龟兹等城邦的归附，让北匈奴复燃挑战中原王朝的欲望。公元62年，北匈奴五六千骑大举进犯五原郡。公元65年起，北匈奴胁迫西域仆从军，屡犯河西诸郡，烧杀劫掠，百姓大受其害，以至于白昼紧闭城门。

此时的东汉统治者汉明帝堪称一位近乎完美的皇帝，即位初期，继承光武帝既定的各种方针政策，致力于巩固统治基础，消弭国内种种矛盾。东汉国泰民安，户口猛增，经济高度繁荣，军事实力也获得极大增强，于是通西域这个老大难问题又摆在汉明帝面前。

将打击匈奴与通西域融为一体，让丝绸之路免遭匈奴铁骑的践踏，这是汉武大帝通西域和开展对外贸易的总方针。汉明帝决心沿着汉武帝已经开拓的大道继续前进，把强盛的东汉王朝重新引向灿烂的未来。

公元72年，汉明帝亲自主持召开打击北匈奴、经略西域的军事会议，与会的有显亲侯窦固、谒者仆射耿秉、太仆祭肜、虎贲中郎将马廖、好畤侯耿忠等威名赫赫的高级将领。会议上，富有远见的耿秉提出一个作战方案，先击白山（今天山东段），攻取伊吾（今新疆哈密）、车师，打通西域北道，联结乌孙诸国，断北匈奴右臂，而后北伐。汉明帝当即赞同，会后派遣窦固、耿秉，率军进驻屡陷兵灾的河西凉州、酒泉等地，准备重拳反击北匈奴。

公元73年3月，汉明帝的反击战开始。投入的军队包括边关各地驻兵及南匈奴、乌桓、鲜卑、羌等共四万四千骑兵，分四路行动。第一路，骑都尉来苗、护乌桓校尉文穆率一万一千骑兵，出平城，进攻涿邪山东北的匈奴河[①]。

---

① 匈奴河，今蒙古国巴彦洪戈尔省拜达里格河。

第二路，祭肜、度辽将军吴棠、南匈奴左贤王信率一万一千骑，出高阙塞，与第一路相呼应，围歼涿邪山附近的北匈奴皋林温禺犊王部队。第三路，耿秉、副将秦彭，率一万骑，出居延塞，围歼三木楼山的北匈奴句林王部。第四路，窦固、副将耿忠率一万二千骑，出酒泉，在第三路的配合下，进击白山，夺伊吾、破车师。

面对强大的汉军，北匈奴自知不敌，采取避让战术，结果几路汉军除了第四路外，其余都扑了个空营，无功而还。来苗第一路至匈奴河、耿秉第三路至三木楼山，均不见一个匈奴人的踪影。祭肜第二路更是冤屈，跑了八九百里的路，看到一座小山，左贤王信与他尿不到一个壶里，谎称那座小山就是涿邪山。祭肜绕了小山几圈，连个鬼影子都没有，只好回去。汉明帝大怒，以"逗留畏懦"的罪名将祭肜免官、下狱。祭肜生性刚毅凝重，得知被左贤王信耍了，落了个抑郁症，出狱没几天就呕血而终。

第四路的窦固、耿忠率部进至天山，击溃北匈奴呼衍王部，阵斩千余级。呼衍王败逃，窦固派遣假司马班超追击呼衍王，沿途攻破伊吾城，追到蒲类海，斩获累累。窦固在伊吾城设置宜禾都尉，留下部分士卒屯田戍守之后，班师回朝，基本实现了军事会议上打通西域北道的预定目标。

几路大军唯窦固有功，汉明帝加封他为特进，位列三公之下。窦固慨然有大志，令同乡假司马班超、从事郭恂率三十六名勇士出使西域。班超是徐县县令、史学家班彪之子，志向高远，博览群书，以西汉著名的外交家傅介子和张骞为榜样，誓言要扬名西域。有个投笔从戎的典故说的就是班超。

班超西行的第一站是鄯善国，受到鄯善王广的热情款待，有宾至如归之感。可没几天鄯善王就冷淡了许多，这令班超纳闷不已，部下却认为外邦人都是虎头蛇尾，不足为奇。班超不敢掉以轻心，马上想到是北匈奴使臣来了，鄯善王广被拉了过去。于是班超叫来鄯善侍者，实施心理战，诱逼鄯善侍者如实交代北匈奴使臣的住所。

班超决定敲掉匈奴使臣，以此警告鄯善王广。班超设下酒宴，邀请三十六名勇士一同饮酒。酒酣之时，班超使出激将法，问他们说："你们随我到了绝域，都是想立下奇功捞取富贵。可现在匈奴使臣没来几天，鄯善王广就变了脸。他是想把我们都送到北匈奴去，让草原上的豺狼吃了我们的骨头。我们该怎么办？"

那些勇士也很担忧，齐声回答说："如今我们身陷绝地，愿跟你出生入死。"班超说了一句名垂千古的话——"不入虎穴，不得虎子"，唯今之计只有施展火攻计，趁着黑夜将匈奴使臣一网打尽。如此鄯善王广必定丧胆，大事可成也！

部下意欲跟从事郭恂商议，班超大怒说："郭恂是个庸俗的文官，畏首畏尾，知道此计一定会去告密，我等死了无法扬名，就不是壮士了。"于是班超跟部下甩开郭恂秘密行动。

入夜之后，班超率众直奔匈奴人的营房而去。恰逢大风刮起，班超令十位勇士拿着战鼓躲在营房后边，相约一见到火光就擂鼓大呼，其余的拿着弓箭、武器埋伏在营房门口。班超"顺风纵火，前后鼓噪"，在呼喊声和锣鼓声中匈奴人慌作一团，如无头苍蝇到处瞎撞。班超亲手格毙三名，部下斩杀三十余名，其余百余名匈奴人全都被烧成灰。

夜袭匈奴使臣，以少胜多，出其不意，干脆利落地全歼敌人，犹如投下一颗重型炸弹，鄯善举国震怖。处于悬崖边缘的鄯善王广战战兢兢地恢复臣服东汉，遣送儿子入中原为质。

班超归报窦固，窦固大喜，上奏汉明帝，请另派他人出使西域。汉明帝十分欣赏班超，下诏说："有班超如此的豪杰，还有必要选派他人？"宣布提拔班超为军司马[①]，令他完成出西域的使命。

目光卓绝的窦固又把视线投向西域南道上的大国——于阗。窦固派班

[①] 军司马为大将军属下的中级军官，品秩比一千石，率部卒三千。

超出使于阗，临行前准备给他添加人马，被班超一口拒绝，说只要原来那三十六名勇士就足够了。于阗是大国，地处遥远，再多几百人是多余，万一出了意外，反而成了累赘。于是班超率部雄赳赳地踏上西征之程。

此时于阗王广德已击破莎车，擒斩欺世盗名的莎车王贤，辖地东起鄯善，西至疏勒，有八万余口，胜兵三万，称雄西域南道。于阗依附北匈奴，受到匈奴使臣的监护。班超到了于阗都治西城，于阗王广德自命不凡，又仗着背后有个北匈奴，对班超的到来冷眼相待。

于阗人信奉巫术，以马为牺牲，有人认为于阗人信奉祆教或拜火教。当时于阗应该盛行来自南亚次大陆的婆罗门教，祭马是婆罗门教最重要的祭礼。有一天，祭司突然对广德说："天神动怒了，为什么要亲近汉呢？汉使有匹𬴊马（黑嘴的黄马），赶紧取来杀了祭祀！"

广德就派国相私来比去找班超要马。班超决定将计就计，让祭司自己来取。祭司屁颠屁颠过去了，结果马没有得到，头颅却被班超砍下来。班超提着祭司的脑袋去见广德，痛斥广德背汉的行为。广德对班超在鄯善夜袭匈奴使臣的事迹早有耳闻，"大惶恐"，赶紧下令杀了监护的匈奴使臣，投降班超。班超诛灭匈奴使臣、逼降鄯善和于阗的霸气行动威震西域，尤其是西域南道最强国于阗的臣服，使得诸国纷纷派遣王子赴东汉入侍，与中原隔断了六十五年的西域至此重新相通，沙漠古道上再次响起了欢乐的驼铃声。班超这一铁血男儿用大无畏的英勇行动，在丝绸之路上书写了辉煌的篇章。

当班超雷厉风行，致力于廓清西域南道上的障碍时，北匈奴的傀儡——龟兹王建也狐假虎威，进攻疏勒，杀死疏勒王成，立龟兹左侯兜题为疏勒王。疏勒处在丝绸之路西域南、北道的交会点，龟兹吞并了疏勒，就等于掐住了塔里木盆地出入中亚的咽喉，整个西域地区将被活生生地闷死。

把疏勒从北匈奴及其帮凶龟兹的魔爪中解放出来，成了东汉帝国经营西域的当务之急。公元73年冬，汉明帝诏令班超西击疏勒，捉拿伪王兜题。

班超用兵最擅长奇袭，鄯善火攻北匈奴使臣是班超出奇制胜的范例。疏勒距离莎车三百余里，如果沿着丝绸之路西域南道而行，极易暴露行踪。班超跟部下抄小路秘密行动，穿越沙砾、山丘，于公元74年初，抵临距伪王兜题所居的盘橐城①九十里处（大致在今英吉沙县境内）。班超先派遣田虑等人前去劝降兜题，出发时班超下达指示，兜题不是疏勒人，不会得到国人的拥护，如果兜题不投降，就把他拿下。

田虑到了盘橐城，兜题见田虑势单力薄，不屑一顾，根本就无意投降。田虑趁着兜题不提防，突然间扑过去将他按倒在地，三五下就将他捆成一个粽子，吓得那些侍从惊惧奔散。班超听到捷报，立即赶往盘橐城，招来疏勒官民，列数龟兹种种可恶之处，宣布立疏勒王成之兄子忠为王。疏勒人拍手称快，纷纷要求将兜题处死。班超为了显示东汉帝国的恩德，就释放了兜题。自此之后，班超就一直待在疏勒国，盘橐城成为经营西域的大本营。

班超经过艰苦卓绝的努力，基本上将北匈奴的势力赶出西域南道，东汉在西域的影响力也获得了极大的恢复。当年12月，汉明帝派遣奉车都尉窦固、驸马都尉耿秉、骑都尉刘张，率一万四千骑兵，出敦煌昆仑塞（今甘肃安西县西北），远征西域。

窦固、耿秉等向西北狂飙七百余里，在蒲类海附近与北匈奴呼衍王部展开激战，汉军大胜，进而向西，兵临车师。窦固认为务涂谷道路遥远、山谷深邃、至寒若冰，不利于行军，因而主张先袭取车师前王庭交河城。耿秉却认为后王是前王之父，擒贼先擒王，打蛇打七寸，把后王抓了，前王就乖乖听命。窦固仍犹豫不决，耿秉一不做二不休，"奋身而起"，只说了一句"恕我冒昧先行"，就把队伍拉走了。窦固迫不得已，只好紧随其后。汉军迅速杀入车师后王国，如虎入羊群，杀了个车师人措手不及，阵斩数千人，缴获马、牛十余万头。车师后王安得震恐，率数百骑出城投降耿秉。车师前王听到安得降，也竖起白旗。

---

① 盘橐城，今新疆喀什市东南郊多来巴提格路以南、吐曼河岸边。

汉军平定车师前、后王国之后，丝绸之路天山北道重开，东汉与乌孙等复通。为了有效管辖西域地区，汉明帝再次设置西域都护和戊、己校尉。都护陈睦、副校尉郭恂驻守埒娄城（即乌垒城，王莽改名为埒娄城），戊校尉耿恭率数百屯田兵驻守车师后王国的金蒲城①，己校尉关宠率数百屯田兵驻守车师前王国的柳中城②。金蒲城与柳中城相距三百余里，互为犄角，隔着天山山脉遥相呼应，就像两个楔子，牢牢地钉在北匈奴与西域之间，有力地捍卫了西域地区的安宁与和平。东汉朝廷还在河西走廊的膏腴肥沃之地驻军屯田，在各个要害设立堡垒、关卡。东西方之间的交通大道丝绸之路再次畅行，此即为东汉时期的"西域一通"。

血战疏勒城

与中原有不共戴天之仇的北匈奴对东汉重返西域，充满了恐惧和仇恨，暗中厉兵秣马。水草丰盈的阴山山脉和河套地区成了南匈奴的天堂，北匈奴无法染指，他们沦为一群可怜的流浪者，从北冰洋南下的寒流冻死了他们赖以生存的牲畜，寻找新的家园攸关整个族群的命运。塔克拉玛干沙漠边缘的绿洲城邦，无疑是北匈奴在亚洲存续下去的最后选择，争夺西域成了北匈奴与东汉帝国之间的生死劫。

公元75年3月，汉明帝诏令西征军统帅窦固班师回朝，这是一个巨大的决策错误。窦固撤出西域之后，东汉的驻军仅数千人，而且分散屯守埒娄城、金蒲城、柳中城、盘橐城等四个据点，无异于把一大块鲜嫩的肥肉抛到饿得两眼发绿的恶狼面前。因为远徙脱离了中原人的视线，所以史籍中对北匈奴的记载出现混乱和断档，蒲奴单于或优留单于或佚名单于，立即遣左鹿蠡王率两万骑兵反噬西域，以数倍的优势兵力悍然进犯车师。

---

①金蒲城遗址在新疆乌鲁木齐市西南郊约十公里处的乌拉泊湖畔。
②柳中城遗址在新疆鄯善县鲁克沁镇。

北匈奴入侵者径取车师后王庭务涂谷，车师后王安得向北面金蒲城的戊校尉耿恭紧急求援。耿恭派一个司马率三百人南下救援，结果遭到北匈奴骑兵大部队的伏击，无一生还。援军覆没之后，务涂谷孤立无援，旋即陷落。车师后王安得坚守忠汉气节，以身殉职。左鹿蠡王继而北围金蒲城，在那儿尝到了耿恭独门杀器的厉害。耿恭在箭头涂上一种未知名的毒药，攻城的匈奴人被射中之后皮肤立即肿起腐烂。耿恭的毒箭扰乱了敌军的进攻步骤，加上突如其来的暴风骤雨，浇灭了匈奴人的斗志。耿恭乘机出城反攻，杀伤甚众。匈奴人惊呼"汉兵神，真可畏也！"——汉军都是天兵天将，太可怕了！左鹿蠡王只好撤围而去，南攻柳中城。

6月，耿恭见金蒲城东面的疏勒城[①]旁边有一条深水沟，地势险要，易守难攻，就果断放弃水源不足的金蒲城，移驻疏勒城，准备坚守待援。事后证明，耿恭的这一决定无比正确。

得知车师遭到北匈奴的袭击，汉明帝诏令军司马郑众、虎贲中郎将马廖率军西救车师。郑众行至敦煌时，汉明帝又任命他为中郎将，肩负着保卫西域的重任。7月，北匈奴左鹿蠡王胁迫车师太子比持訾，分路进攻柳中城和疏勒城。郑众闻讯之后，紧急出兵救援。

8月，疏勒城保卫战开始了。耿恭趁着匈奴人阵脚未稳，募集数千人组成敢死队，先发制人，杀敌军一个措手不及。此时耿恭手头有多少人？据《后汉书·西域传》记载，汉和帝重置戊、己校尉时领兵五百人，耿恭原来的兵力也是五百人，除去救援车师后王庭的三百人全部阵亡外，还剩下两百人。耿恭撤出金蒲城，移防疏勒城时招募部分车师人入伍，使得总数为一两千，但训练有素的两百屯田汉兵是骨干力量。

匈奴人围城之后，抢占疏勒城下的深涧水沟，切断水源。耿恭在城中挖

[①] 疏勒城，并非位于疏勒国内，遗址为今新疆吉木萨尔县的泉子街大龙沟古城遗址，一说是奇台县石城子古城遗址。

井，挖了十五丈，一滴水也没有。城中缺水，守军苦不堪言，甚至到了用苇席过滤马粪汁的地步。耿恭亲自挖井运土，不一会儿，从地底下喷出泉水，守军高呼万岁。耿恭让士卒在城头上使劲地泼水给匈奴人看，匈奴人以为有神明襄助汉军，像个泄气的皮球，败兴而去。

西域战事最吃紧的时候，汉明帝却于9月5日驾崩，驻守敦煌的中郎将郑众为防备北匈奴在国丧期间添乱，只好忍痛召回救援部队。

东汉援兵不来，车师太子比特訾迫于无奈，只好投降北匈奴，跟左鹿蠡王一道围攻疏勒城。疏勒城保卫战进入最艰苦的阶段，数万敌军昼夜不停轮番进攻，耿恭激励士卒奋力抵御。

车师后王夫人本是汉人后裔，偷偷地向耿恭提供情报和粮食。但是杯水车薪，鏖战数月后，城中粮绝，守军饿得面黄肌瘦。耿恭下令"煮铠弩，食其筋革"——烧烤铠甲、弓弩，煮软牛筋、皮革，勉强充饥。耿恭与部下同生共死，守军上下一心，顽强地击退了匈奴人的一次次猛攻。北匈奴单于得知耿恭已陷入绝境，疏勒城早晚必破，敬慕耿恭之才，派人在城下喊话招降，承诺如果耿恭投降，就封其为白屋王，把女儿许配给他。耿恭不为所动，诱骗匈奴使者上城，亲手将他杀了，在城头上焚烧尸体。北匈奴单于震怒，增兵围攻疏勒城，但是耿恭守城有方，凭高据险，除了扔下越来越多的尸体外，匈奴人一无所得，疏勒城巍然屹立。

12月，焉耆、龟兹又发动叛乱，袭击圩娄城，城陷，西域都护陈睦以身殉国。柳中城也是危若累卵，已校尉关宠千里加急，向汉廷求救。汉章帝召集群臣商议，司空第五伦以为不可救，司徒鲍昱坚决主张救援，认为西域前线将士正处于最危急的关头，"急而弃之，外则纵蛮夷之暴，内则伤死难之臣"，以后就无人为国效命了。一旦外敌入侵，谁来保卫边疆？汉章帝采纳鲍昱之言，派遣征西将军耿秉屯兵酒泉，暂代酒泉太守职务，防止北匈奴趁火打劫。诏令酒泉太守段彭与王蒙、皇甫援，调派张掖、酒泉、敦煌三郡精锐的骑兵，以及鄯善屯田汉兵，组成一支七千人的救援部队，昼夜兼程，直驱车师。

公元76年3月，段彭率军抵达柳中城，虽然与守军汇合，但还是来晚了，己校尉关宠早已壮烈牺牲。段彭继续北攻车师，在交河城与匈奴-车师联军展开激战，汉军大胜，阵斩三千八百级，活捉三千余人，收复交河城，匈奴人败逃，车师王子比持訾投降。

柳中城残破不堪，王蒙等诸将准备撤军。耿恭的部下范羌在援军中，强烈要求拯救疏勒城，把耿恭接出来。王蒙等不敢再贸然北进，就拨给范羌两千士兵，让他自个儿去接耿恭。范羌率部北行到天山的一个缺口——疏勒山口（今名卡子湾），时值深夜，刮起暴风雪，雪深丈余，兵马难行。疏勒城守军听到战马嘶鸣声，以为匈奴人来袭，无不震惊，准备慨然赴死。范羌从远方大喊："我是范羌，前来接你们回家！"疏勒城中万岁声震天，守军大开城门，冲出去与援军紧紧拥抱，泪流满面。次日，耿恭与范羌撤出疏勒城，甩开匈奴追兵，且战且退，持续了大半年的疏勒城保卫战终于落下帷幕。在耿恭的指挥下，汉军如同钢浇铁铸一般，身处绝境，孤军裹血力战，挫败十数倍于己的强大敌军，"心力困尽，凿山为井，煮弩为粮"，历尽千辛万苦，前后杀敌数千，终于迎来了援军，取得了一场悲壮的胜利！可歌可泣的疏勒城保卫战，浩气长存，犹如一首悲壮的赞歌，历经两千年之久而不绝，响荡在丝绸之路的上空。

守军也付出惨重的代价，军官出疏勒城时尚有二十六人，由于长久的饥饿体虚，途中病死一半，至玉门关时仅剩下十三人。军官尚且如此，至于士卒损失，更是难以言尽，"衣屦穿决，形容枯槁"——全都衣衫褴褛，骨瘦如柴。中郎将郑众见状感慨不已，亲自为耿恭以下的疏勒守军沐浴、更衣，并上书汉章帝，盛赞守军"卒全忠勇，不为大汉耻，宜蒙显爵，以厉将帅"。耿恭到了洛阳之后，汉章帝立即提拔他为骑都尉。

经过北匈奴的大反攻，东汉在西域的四大据点失去三个，只剩下班超的盘橐城孤悬万里之外。祸不单行，汉章帝即位之后，黄河中下游出现了严重的旱灾，禾苗枯焦，耕牛病亡，粮价暴涨，老百姓哀号连连，牢狱不断，判处流刑万余人，再加上抓壮丁戍守西域，怨言四起。朝廷上掀起了一场西域弃守大争论，兰台校书（负责校对各种档案文书的官员）杨终率先上疏，主张抛弃西域，得到保守派领袖司空第五伦的支持。太尉牟融、司徒鲍昱、校书郎班固（班超的哥哥）等一批拓疆派大臣则坚决反对，他们认为经营西域，自汉武帝以来"施行既久，孝子无改父之道"。但在最后，汉章帝做出了错误的决定，以"不欲疲敝中原，以事狄夷"为由，宣布废除西域都护及戊、己校尉，放弃西域，并命令班超撤回中原。

　　班超在盘橐城，屡屡遭到龟兹的进攻，犹如狂风巨浪中的一片孤舟，随时就有沉没之危。尽管手下兵力单薄，但班超与疏勒王忠相互呼应，与疏勒民众唇齿相依、鱼水情深，坚守盘橐城一年有余，早已结下深厚的战斗友谊。弃守诏书传到疏勒国后，立即引发举国大恐慌。疏勒民众如盲者失杖，不知所措。都尉黎弇痛哭说，汉使抛弃了疏勒，疏勒又将被龟兹吞并，实不忍视汉使离去！说完竟然拔刀要自裁。班超东归所经之处，无不掀起"挽留班超潮"，行至于阗，上自国王广德下自百姓，行号卧泣，"依汉使如父母，诚不可去！"——汉使就是吾邦父母，不能走啊！如此感人肺腑真是史上少见，已成为丝绸之路上的一段佳话。

　　班超被于阗贵族拦住，无法继续东去，心中又涌起经营大西域的豪情壮志，决定留下。于是掉转马头，回到疏勒国。班超走后不久，疏勒国就有两座城池叛投龟兹，勾结尉头。班超返至盘橐城，立刻捉拿叛乱者，率军击破尉头，斩杀六百余人。疏勒国形势转危为安，人心逐渐稳定下来。

　　公元77年，汉章帝又宣布撤回伊吾的屯田汉兵，彻底抛弃西域。北匈奴重新占领伊吾，切断西域北道。至此西域又跟中原隔绝，丝绸之路再次被战乱割断，史称"西域二绝"。

　　班超成了西域地区的定海神针，在之后二十多年中，班超将用行动证实自己无愧于一位大英雄的称号。他独力撑起西域的一片蓝天，以盘橐城为基地,东征西讨,在世界上海拔最高的高原荒漠地带纵横驰骋,创造了丝绸之路上的一个个奇迹。班超也因此与张骞、卫青、霍去病等先驱者们一道,青史留名!

班超平定西域的战争主要是消灭塔里木盆地北缘的两个叛汉集团,龟兹及追随者姑墨、温宿、尉头等,焉耆及追随者尉犁、危须等。拥汉势力包括南道上的疏勒、于阗、拘弥等国,以及葱岭以西的大宛、康居。

公元78年10月,班超率疏勒、康居、于阗、拘弥组成的西域联军一万人,讨伐龟兹的马前卒姑墨,攻克石城①,斩首七百级,开启了平定西域的征程。

石城大捷之后,班超上书汉章帝,提出经营西域"以夷狄攻夷狄"的构想:立足盘橐城,屯田土地肥沃的莎车、疏勒,先剪除龟兹的爪牙姑墨、温宿,再扶植龟兹侍子白霸为王,与龟兹王尤利多分庭抗礼,瓦解龟兹人心;而后联结西域亲汉国家,集中力量诛伐龟兹,廓清西域北道,"则葱岭可通",丝绸之路也可畅通无阻。

汉章帝认为班超的作战计划切实可行,决定招募兵马,增援班超。平陵人徐幹与班超志同道合,自告奋勇,前往西域协助班超。公元80年,汉章帝任命徐幹为假司马,率刑囚和志愿者一千人,出征西域。

此时班超困守盘橐城,形势愈加危急。疏勒的邻邦大国莎车以为汉兵不会出西域,投降龟兹。疏勒都尉番辰也发动叛乱,气焰嚣张,搞得班超焦头烂额。徐幹的到来,无疑是雪中送炭。班超率这支彪悍的生力军,大破番辰叛军,斩首千余级。

剿平番辰叛乱之后,班超欲乘胜进攻龟兹,但此时的龟兹是西域的"超级大国",辖境东至尉犁,西接大宛,南至莎车,北邻乌孙。班超对战胜龟兹没有绝对的把握,上书汉章帝,与控弦十万的乌孙结盟,合击龟兹。

---

① 石城,今新疆拜城县西南哈喇裕勒衮地带。

第五章 三绝三通

班超捷报频传，让汉章帝看到了重返西域的曙光。公元83年，汉章帝任命班超为将兵长史，相当于西域战区总司令。徐幹为军司马，协助班超完成经营西域的使命。另外派遣卫侯李邑护送使者出使乌孙，寻求结盟。由于西域北道被龟兹霸占了，李邑只好取道西域南道。但这个李邑是个贪生怕死的胆小鬼，他走到于阗时，正逢龟兹王尤利多派兵进攻疏勒。李邑心生恐惧，就留在于阗裹足不前，又怕朝廷怪罪，就上书汉章帝说平定西域根本做不到，并诬告班超"拥爱妻，抱爱子，安乐外国，无内顾心"——只顾家庭，在外国享清福，乐不思中原。

班超听了之后很是无奈，感叹说自己又不是大圣人曾参，流言蜚语不断，朝廷恐将起了疑心，就把妻子休掉。汉章帝深知班超是个大忠臣，痛斥李邑说："如果班超'拥爱妻，抱爱子'，徐幹带去的那一千勇士怎么会跟班超齐心协力？"立刻命令李邑无条件服从班超的指挥，并授予班超先斩后奏之权，要是李邑在外头胡来，班超可便宜从事。

公元84年，汉章帝又派遣假司马和恭率八百人出西域，以增强班超的力量。班超由此拥有了一支超过两千人的精锐部队，开始大显身手。他首先调派疏勒、于阗兵，对西域南道上首鼠两端的莎车进行东西夹击。莎车王齐黎贿赂疏勒王忠，诱骗他造反。疏勒王忠经不住银弹的轰炸，从班超的眼皮底下溜到西边的乌即城①，煽动叛乱。班超另立府丞成大为疏勒王，遣忠诚于汉的疏勒王族进攻叛王忠。战事持续了大半年，由于康居派出精兵支援叛军，班超屡攻不克，但获知中亚的贵霜王刚刚与康居王结成姻亲，因而用大量的黄金、丝绸贿赂贵霜王，让他劝说康居王退兵。班超的银弹外交奏效，康居王下令退兵，叛王忠孤立无援，被班超生擒，送回中原惩办。乌即城的叛军投降。

但是好景不长，公元86年，疏勒王忠又向康居王借兵，占据桢中城（今新疆阿克陶境内），并暗中与龟兹王尤利多密谋，派人向班超诈降。班超将

---

①乌即城，今新疆喀什市西南五十多公里的乌帕尔。

计就计，佯装许降。疏勒王忠大喜，带领一队轻骑兵去见班超。班超摆下鸿门宴，款待疏勒王忠。酒席上，班超一声令下，四周伏兵突然杀出，将疏勒王忠斩杀。班超趁势进攻桢中城，城中群龙无首，被杀七百余人。疏勒王忠叛乱自此平定。

公元87年，班超又率两万五千西域联军，挥师南下，进攻跟北匈奴、龟兹同流合污的莎车。龟兹王尤利多纠集仆从国温宿、姑墨、尉头，发兵五万救援莎车。班超的西域联军只有龟兹援军的一半，只可智取，不可力敌。兵不厌诈，班超召集部将，佯装跟于阗王商议，如今寡不敌众，干脆退兵散伙算了。于阗王往东，班超自己往西，半夜鼓声一响就撤军。

龟兹王尤利多听到间谍回报，大喜，自率一万骑兵在西界截杀班超，命温宿王率八千骑兵在东界截杀于阗王。班超的调虎离山之计获得成功，龟兹王和温宿王离开之后，莎车王孤立无援。班超秘密调派大部队，在鸡鸣时分突然袭击莎车军大营。莎车军措手不及，四处逃散，班超乘胜追杀，斩获五千余级，莎车王齐黎投降。是役，班超出奇制胜，又创下了一个以少胜多的奇迹，在西域更是声名大振。

公元88年4月，汉章帝病逝，年方十岁的汉和帝继位，皇太后窦氏主政。窦氏是一位贤明干练的女人，决定借"明章盛世"之余威，恢复汉武大帝时期的强盛局面。班超在西域所向披靡，北匈奴"右臂"早已残缺不全。再加上北匈奴内部为了争夺单于宝座，互相吞噬，实力遭严重削弱。南匈奴屯屠何单于准备借机并吞北匈奴，上书汉廷，要求联合北伐。

为了支援班超经营西域，公元89年7月，窦太后令哥哥窦宪为车骑将军，率领汉匈联军出塞北伐。联军兵分三路：左路，窦宪与耿秉各率四千精骑，配属南匈奴左谷蠡王师子的一万骑兵，出朔方郡鸡鹿塞（今内蒙古自治区磴口县西北）；中路，邓鸿率羌胡八千骑，配属南匈奴左贤王安国的一万骑，出稠阳塞（今内蒙古自治区固阳县境内）；右路，南匈奴屯屠何单于率一万骑，出满夷塞（今内蒙古自治区固阳县境内）。三路大军目标直指涿邪山，在稽落山（今蒙古国额布根山）与北匈奴单于展开激战，大破北匈奴军。北匈奴单于遁逃，窦宪穷追不舍，一直追到私渠比鞮海（今蒙古国乌布苏诺尔湖），阵斩名王以下一万三千人，缴获牛羊、骆驼等牲畜百万头。北匈奴八十一部率众归降者超过二十万人，窦宪与耿秉出塞三千余里，登燕然山，令班超的哥哥中护军班固刻石纪功而还。

稽落山大捷是东汉立国以来对北匈奴取得的最大胜利，此役之后，北匈奴已是日薄西山了。翌年（90年），窦宪又派遣副校尉阎盘率两千骑兵，赶走占据伊吾的北匈奴人，收复了伊吾城。车师前、后王震骇，都派遣王子入侍中原，丝绸之路西域北道和天山北道又可通行了。

贵霜崛起与西域二通

就在西域形势一片大好的时候，有一支人数多达七万的大月氏军队突然间从中亚阿姆河流域越过葱岭，窜入塔里木盆地，杀气腾腾地直向班超据守的盘橐城涌来。背井离乡、漂泊在外的大月氏在两百年之后，再次大规模地走进中原人的视线。

自张骞离开西域之后，这个发轫于河西走廊的流浪民族，到底发生了哪些事？为什么两百年后会派出一支庞大的兵团，入侵塔里木盆地，去叫板"西域战神"班超？

学者们只能依靠考古发掘出来的残篇断简、铸币，以及文献上的零星记录，对大月氏早期的历史做出最大限度的拼凑与还原[①]。大月氏约在汉武帝后期、汉昭帝时期（前115年至前70年）分为五部翕侯（yabghu），虽然都效忠于阿姆河北岸的王庭，但是大月氏呈现出逐步离心、分裂的趋势。

[①] 此处参考何存金：《大月氏-贵霜早期历史及其与两汉关系考索》，北京大学，2011年硕士论文。

表4 大月氏五部翕侯简表

汉代名称	南北朝名称	都治	今天位置
贵霜翕侯	钳敦国	护澡城	乌兹别克斯坦苏尔汗河谷的卡尔查延
休密翕侯	伽倍国	和墨城	阿富汗东北瓦罕走廊
双靡翕侯	折薛莫孙国	双靡城	巴基斯坦北部的马斯图季
肸顿翕侯	弗敌沙国	薄茅城	阿富汗喀布尔以北的帕尔万
高附翕侯	阎浮谒国	高附城	阿富汗首都喀布尔

张骞出使西域之后，大月氏与汉帝国开始官方接触。汉宣帝时期，大月氏王庭从阿姆河北岸南迁至蓝市城，这里原是大夏王国的都城。从此大月氏迈入一个新时代，告辞了逐水草而居的游牧生活，过上农耕定居的日子，跟中原王朝的联系更加密切，尤其是在汉元帝时期。后人挖掘出这一时期记载着汉与五部翕侯官方往来的大量简牍，如公元前43年，汉元帝派遣副右将军史柏圣忠出使大月氏，回国时双靡翕侯遣使臣万若山随同柏圣忠赴中原。公元前37年，休密翕侯也遣使朝贡。

公元前2年，大月氏王派遣伊存赴中原，向西汉的博士弟子秦景宪口授《浮屠经》，或许这是大月氏王最后一次在史书上露面。此后，王莽篡国，中原乱糟糟，西域一绝，丝绸之路隔断，大月氏这个远处的民族逐渐从中原人的视野中消失。

此时，大月氏也陷入混乱中，五部翕侯相互纷争，蓝市城内的大月氏王失去了发号施令的共主地位，阿姆河两岸烽火连天。

五部翕侯中最强大的是贵霜翕侯，一枝独秀，势压其他四部翕侯，迈上了一统大月氏的大道。贵霜人早期的活动中心一度被认为是在瓦罕河谷地区，后来在阿姆河北岸支流苏尔汗河谷地发掘了一座小型的早期贵霜王宫，出土的一尊王公塑像与铸币上的人物肖像惊人相似，学者们断定，贵霜翕侯早期的都治护澡城就在该地，这也表明贵霜人崛起于河中地区，与康居、大宛相邻。

大月氏从曾经殖民统治过大夏地区的希腊人那儿学会铸造钱币，在铸币上留下了一连串国王的名号。学者们从这些名号中识别出已知最早的贵霜翕侯名叫赫拉欧斯①，与篡汉的王莽生活在同一个时代。赫拉欧斯的王位承袭自大夏西部的大月氏酋长萨帕比泽斯②。萨帕比泽斯是第一位留下名字的大月氏王子，出现在从乌兹别克斯坦南部和阿富汗北部挖掘出来的大把银币上，也有学者认为他是安息王朝的封臣。

约公元15年，丘就却取代赫拉欧斯成为贵霜翕侯，在他手里，贵霜继续得到发扬光大。约在刘秀建立东汉的同时（25年），大月氏也得到了一统。丘就却消灭了其他四部翕侯，继而推翻昔日的宗主——蓝市城内的大月氏王，取而代之，"自立为王，国号贵霜"——自封为"大王、诸王之王、贵霜天子"（希腊语Basileus Basileon），一个崭新的贵霜王朝在中亚横空出世。

邻邦大国安息内乱频仍，给贵霜王朝一个千载难逢的崛起契机。公元38年，安息王阿尔达班三世被弟弟谋杀，后者篡夺王位，自称戈塔泽司二世③。阿尔达班二世的另一个弟弟也自立为瓦尔达尼斯一世④，天无二日，国无二主，安息陷入分裂状态。两个国王为了争夺正统地位，兵戈四起，但是势均力敌，难分胜负，贵霜王丘就却成了他们竞相拉拢的对象。丘就却借机挥师西进，"侵安息"——西方史书记载，瓦尔达尼斯一世曾经逃到大夏去避难，这表明或许在漫长的安息内战中，丘就却站在瓦尔达尼斯一世那边。

丘就却介入安息内争，渔翁得利，开始入侵依附安息的高附。高附也是中亚的大国，由于地处丝绸之路中段，商贸发达，但军事落后，受制于周边强邻，成为天竺（古印度安达罗王朝）、罽宾、安息三国竞争的焦点。"强则得之，弱则失之"，高附就像一个皮球被踢来踢去，最后落在

---

① 赫拉欧斯（Heraios），在位时间约公元1年至公元15年。
② 萨帕比泽斯（Sapadbizes），在位时间约公元前20年至公元1年。
③ 戈塔泽司二世（Gotarzes II），公元38年至公元40年在位，公元45年至公元51年复位。
④ 瓦尔达尼斯一世（Vardanes I），公元42年至公元47年在位。

（上图）中间坐者：贵霜贵族夫妇

（中图）坐着的贵霜贵族及战车上的女神

（下图）大月氏弓箭手

乌兹别克斯坦卡尔查延的早期贵霜文化遗存

安息脚下。安息衰微了，又成了贵霜的猎物，为丘就却进军南亚次大陆的重要战略支点。

紧接着，丘就却马不停蹄，从高附挥师南下，越过兴都库什山脉，"又灭濮达[①]、罽宾，悉有其国"。公元52年，丘就却攻陷罽宾都城循鲜城，又侵占布色羯逻伐底，并吞犍陀罗，取得了直抵信德地区的整个印度河谷，势力深入恒河流域，与摩揭陀国安达罗王朝接壤，一跃成为名副其实的中亚大帝国。

贵霜帝国位于丝绸之路的中段，它的崛起，极大地改变了丝绸之路沿线的政治生态，形成东汉、贵霜、安息、罗马四强并立之势，这个格局一直持

---

① 濮达（Puskalavati），兴都库什山以南的帕罗帕尼萨德（Paropanisades）。

续了近四百年。

史籍上记载，丘就却八十多岁时病死，其子阎膏珍为王。但是近代考古学家发现，在丘就却和阎膏珍之间还有过一个号称"伟大的救世主"（Soter Megas）的国王。这位只在铸币上留下称号的无名王，究竟是何方神圣，众说纷纭。有人将他比定为阎膏珍，有人说他跟王莽一样是位非法的僭主。也有人根据《后汉书》中"复灭天竺，置将一人监领之"的记载，认为他是贵霜帝国在天竺的镇将。

阎膏珍统治下的贵霜帝国已成为盘踞在丝绸之路上的一头雄狮，觊觎着塔里木盆地边缘的那些绿洲城邦，随时就会越过葱岭，与试图重掌西域的东汉帝国一决高低。

为了争夺在葱岭内外的话语权，阎膏珍长袖善舞，积极拓展大国外交，先与康居缔结政治婚姻，又寻机靠拢威震西域的班超，通过他接近东汉帝国。

公元84年，疏勒王忠受到莎车王齐黎的挑拨，背叛盟友"西域战神"班超。康居也派出精兵支援叛军，共同对付班超。贵霜王阎膏珍为了博得东汉的信任，接受班超馈赠的金帛、丝绸，出面说服康居王撤回援军，有力地支持了班超的平叛斗争。史书上还记载贵霜人曾经参与班超实施对车师的军事行动。

频频示好之后，阎膏珍遣使进贡珍宝、符拔（可能是野羚羊）、狮子，向汉和帝求亲，迎娶皇室公主，表明他依附东汉的强烈愿望。但这只是阎膏珍的一厢情愿，班超不但拒绝和亲，而且连使臣也扣押在盘橐城，不放回贵霜。班超此举意在拒贵霜于葱岭之外，免得开门揖盗，日后成为西域之患。

我本将心照明月，奈何明月照沟渠。阎膏珍手握精兵二十万，以之为跟东汉帝国分庭抗礼的雄厚资本，并于公元90年任命副王谢为统帅，率七万贵霜大军，翻越葱岭，对班超实施报复。东亚、中亚的两大帝国终于爆发了直接的碰撞。

班超的兵力远不及来犯之敌，军中弥漫着浓重的恐惧、悲观情绪。目光明锐的班超看出了贵霜人的致命弱点，虽然数量庞大，但是从数千里之外远道而来，后勤补给脆弱。于是决定"不战而屈人之兵"，具体说来就是以逸待劳，坚壁清野，固守不出，在持久对峙中将贵霜人拖垮。

贵霜副王谢——有学者认为此人即阎膏珍的继任者贵霜王迦菲色斯——决心速战速决，集中兵力向盘橐城发起疯狂进攻。盘橐城经过班超十数年的苦心经营，构筑了坚固的防御工事，在贵霜大军的猛轰之下纹丝不动。激战数十天，贵霜军粮草耗尽，不得不四出劫掠。可班超早已下令"收谷坚守"，使得贵霜人野无所掠，饥不得食，渴不得饮，兵员疲惫，士气低落。

班超料想副王谢窘迫之下，必定向反汉的龟兹王尤利多借粮，就在东界埋下数百伏兵。果然不出班超所料，副王谢派遣一队骑兵携带金银珠宝，前往龟兹国。行至东界路口，遭到班超伏兵的截杀，全部被歼。班超让人割下首级之后送到贵霜军营。此时贵霜人已被班超拖入弹尽粮绝的困境，再耗下去将不攻自灭。副王谢大惊，"遣使请罪，愿得生归"，彻底臣服了。

贵霜与东汉的第一次较量以失败告终，贵霜举国震惊。阎膏珍惮于班超的虎威，自知无力挑战强大的中原王朝，从此奉行和平政策，每年都向汉廷进贡。班超以弱胜强，再次创造战争奇迹，在西域威望极高，成为东汉帝国的形象代言人。

受到班超大胜贵霜大军的激励，东汉军事统帅窦宪决定发动对北匈奴的最后一战。公元90年11月，窦宪命南匈奴左谷蠡王师子率八千骑出鸡鹿塞，中郎将耿谭派遣一位从事协同作战。汉匈联军进抵涿邪山后，留下辎重部队，轻装北进，兵分两路，抄袭河云（今蒙古国吉尔吉斯湖西南）附近的北匈奴单于庭。左路北过西海迂回至河云北，右路从匈奴河（今蒙古国拜达里格河）西绕天山（今蒙古国杭爱山脉东），南渡甘微河（今蒙古国扎布汗河）。两路大军会师于河云北，趁夜袭击北匈奴单于庭。北匈奴单于大惊，组织千余精骑负隅顽抗，汉匈联军反复冲杀，一度将北匈奴单于击伤落马。

北匈奴单于又跳上战马,带上几十名心腹仓皇逃走。汉匈联军"得其玉玺,获阏氏及男女五人,斩首八千级,生虏数千口而还"。

次年(91年)3月,窦宪不给处于覆没边缘的北匈奴残部喘息的机会,派遣左校尉耿夔、司马任尚出居延塞,在金微山(今阿尔泰山)围歼北匈奴单于。汉军大胜,生擒北匈奴单于之母、阏氏、名王以下五千余人。是役,汉军出塞五千里,扫荡亚洲北部,创下了两汉三百年间征战匈奴距离最远的纪录。北匈奴单于率领残部,逃亡至乌孙西北或进入康居东境,踏上了遥远的西迁路程。

那些依附北匈奴的龟兹、姑墨、温宿等西域绿洲城邦,也纷纷归降东汉帝国。公元92年1月(汉和帝永元三年十二月),汉廷宣布重新设置西域都护、骑都尉、戊己校尉官。正式诏令班超为西域都护,其得力助手徐幹为西域长史。

汉廷依照班超之策,对穷凶极恶的龟兹王尤利多进行秋后算账,任命龟兹侍子白霸为王,派遣司马姚光护送他回国继位。在班超与姚光的合力胁迫下,尤利多下台,白霸登上龟兹王的宝座。班超令姚光押送尤利多回洛阳,古老的龟兹王国经过四十五年的战争,终于回到中原的怀抱,重现和平的曙光。

班超把西域都护的治所设置在龟兹它乾城(今新疆库车附近),亲自坐镇西域北道。徐幹留守疏勒国,屯田于此,与班超遥相呼应,控制整个塔里木盆地。戊己校尉领兵五百,居车师前部高昌壁。又在车师后部候城(在金蒲城附近)设置戊部候,隶属戊己校尉,护卫西域北道。自此,西域诸邦除了焉耆、危须、尉犁、山国因为之前攻杀西域都护陈睦,怀有惧心外,其余的都归汉。

金微山之役后,北匈奴单于的弟弟右谷蠡王於除鞬在蒲类海自立为单于,遣使入塞请降。是年2月,汉廷又接受窦宪的建议,派耿夔前往蒲类海正式册封於除鞬为北匈奴单于,同时提拔任尚为中郎将,让他屯守伊吾城,持节监护於除鞬，准备让他回到蒙古高原的龙城，牵制南匈奴单于。但是不久就发生变故，窦宪居功自傲，被汉和帝赐死。耿秉也病死。於除鞬见返回大漠的计划落空，便于公元93年10月宣布叛汉，擅自率部东还漠北。汉和帝派遣将兵长史王辅率千余骑与中郎将任尚东西夹击，诱杀於除鞬，"破灭其众"，北匈奴几乎覆没。另一个游牧民族鲜卑从大兴安岭逐渐西移，占据了北匈奴居住过的空旷漠北。

公元94年7月，班超率龟兹、鄯善等西域国联军七万余人，讨伐西域北道上的最后反汉集团——焉耆及其追随国危须、尉犁、山国。联军至尉犁边界，焉耆王广派左将北犍支献上牛肉、酒食为班超接风洗尘。足智多谋的班超重施傅介子诱杀楼兰王之计，责骂北犍支说："西域都护至此，国王不来迎接，都是尔等之罪。要是国王亲自来迎，'当重加赏赐'"。焉耆王广、尉犁王汎等三十多人不知是计，屁颠屁颠而来，结果被班超一锅端，斩首于十九年前陈睦殉职的乌垒城，又仿效西汉名将陈汤，将头颅送到洛阳，"悬蛮夷邸"，警告外邦使臣，汉不可犯，犯则必诛！

诱杀焉耆、尉犁二王后，班超率联军一路横扫，斩首五千余级，虏获一万五千余人，彻底清除了西域北道的叛汉贵族。立亲汉的焉耆左候元孟为焉耆王，危须、尉犁、山国三国也出现了亲汉的面孔。为了安抚新附的西域民众，班超留镇焉耆半年有余，直到局势稳定才返回龟兹它乾城。公元95年，汉和帝诏封班超为定远侯，食邑千户，世人称之为班定远。

班超武功威震天下，西域五十余国全部遣送王子入中原为质，宣布服从东汉中央政府的管辖。"至于海滨四万里外，皆重译贡献"。横贯欧亚大陆的丝绸之路从地中海沿岸到中原内陆，通行无阻，使臣、商旅往来似织布穿梭，此即为东汉时期的"西域二通"。

甘英西使大秦国

"西域二通"后与"西域一通"时相比，丝绸之路沿线的国际格局发生了重大的变动。战神班超在西域叱咤风云，所向披靡，东汉帝国在军事上达到巅峰，恢复到汉武帝时期的辽阔版图；中原大敌匈奴一分为二，南匈奴沦为附庸，北匈奴濒临灭亡；贵霜帝国在中亚异军突起，意欲与东汉争夺丝绸之路的话语权；西亚的大帝国安息却衰弱了，这是上帝赐予野心勃勃的罗马人东进的契机。

罗马的东进运动开始于征服希腊半岛。罗马通过三次马其顿战争，在公元前146年征服爱琴海沿岸的安提柯王国，进而控制整个希腊地区。公元前128年，又入侵小亚细亚，灭帕伽马王国。公元前64年，罗马军团从小亚细亚挥师南进叙利亚，并吞条支王国。

公元前53年，罗马共和国的执政官兼叙利亚总督克拉苏刚愎自用，贸然东征安息帝国，结果在千年古城卡莱遭到惨败，克拉苏身亡，"前三头同盟"宣告瓦解。公元前44年，罗马共和国独裁官恺撒被暗杀，次年，恺撒的侄儿屋大维与安东尼、雷比达结成"后三头同盟"。屋大维负责西方，安东尼负责东方。两人为了争夺罗马统治权在地中海展开大战，北非埃及托勒密王国的女王、"尼罗河畔的妖妇"克娄巴特拉站错队，支持安东尼。但在安东尼危难之际，克娄巴特拉无情地弃他而去。屋大维旋即于公元前30年攻陷亚历山大港，安东尼兵败自刎。克娄巴特拉也被屋大维囚禁，自杀而死。托勒密王国沦为罗马共和国的一个行省，亚历山大大帝建立的希腊世界持续了三百年后至此落下帷幕。

公元前27年，元老院授予屋大维"奥古斯都"称号，意即"神圣的"，类似古代中国的"天子"称号。奥古斯都成为西方的秦始皇，罗马共和国寿终正寝，进入帝国时代。

奥古斯都时代，罗马帝国的疆域横跨欧亚非三大洲，称霸地中海。西起大西洋，北至莱茵河与多瑙河，南抵北非沙漠，东边的领地与西亚的安息帝国接壤，幼发拉底河成为两大帝国天然的分界线，也是东西方的分水岭。

随着罗马日益强盛，同海外各国的商品贸易也逐渐热络起来，尤其是东方的丝绸、象牙、纺织品和甘松不断流入罗马。刚开始时，安息帝国的商贩和阿拉伯商人扮演着中介者的角色，垄断东西方之间的贸易。公元前116年，一位效忠于托勒密王国的船长发现了从红海通往印度半岛的新航路，商船在夏季搭着季风直达印度半岛，冬季又搭着东北向的顺风安全返回托勒密王国。罗马并吞托勒密王国之后，这条新航路使得与东方贸易更加频繁。

傲视地中海的罗马贵族们在炫耀武功和财富的同时，也过上骄纵淫逸、声色犬马的糜烂生活，尽情追求衣食住行和摆设上的豪华奢侈。从东方输入的精美丝绸绚丽缤纷、高贵典雅，极大地满足了他们的虚荣心。在罗马城内以及其他城市，上至王公贵族、下至富商大贾无不热烈地追捧。而"无夫权婚姻"制度下的罗马妇女获得了一定的财产支配权，她们追求经济独立、人身自由，在政治生活和社会生活中扮演着越来越重要的角色。她们尤其钟爱合乎身份的装饰品——丝绸长袍，争先恐后加入消费大军。罗马帝国疆域辽阔，人口众多，据西方学者研究，奥古斯都时代的罗马帝国人口估算为五千四百万，皇帝克劳狄在位期间，帝国总人口超过一亿两千万，"是有史以来，在一个政府组织下，结合人数最多的社会"，几乎是同时期东汉人口总数的两倍。罗马帝国由此成为丝织品的消费市场，使得丝绸之路上的贸易往来热闹非凡。

罗马人热爱丝绸如痴如狂，除了柔顺丝滑、高贵娇美的质地感之外，对丝绸的朦胧认识使他们对东方不由地产生出一种特殊的神秘感，丝绸在罗马人心中近乎圣物。

与"西域战神"班超同年代的古罗马大学者老普林尼，殉身于公元79年8月的维苏威火山大爆发，在其鸿篇巨制《自然史》的第六卷第二十章中最早提及一个丝绸的国度——赛里斯。在普林尼笔下，赛里斯人居住的地理位置不清楚，大致生活在遥远的海岸线上，完全是一个怪异的人种，"身高超过普通人，红头发、蓝眼睛，声音粗犷。虽然性情温和，却像野生动物，躲避外来人"。赛里斯国栽种着茂密而矮小的丝绸树，树叶呈银白色，上面凝结着层层包裹叶子的白色绒毛。赛里斯人采集树叶，浸泡在水中，由他们的妻妾抽取出丝线，纺织成锦绮，贩运至罗马。毫无疑问，老普林尼笔端下的赛里斯就是盛产丝绸的中国。

从罗马共和国时代开始，全社会就劲吹一股丝绸的奢靡之风。独裁官恺撒曾经披挂光芒四射的丝绸长袍出现在戏院，一时举国轰动。上行下效，丝绸受到全民的热捧，进口数量逐年激增，市场上的丝绸价格一路飙升，成为官僚贵族、豪门闺秀竞相追逐的珍奇商品。贩商们忙忙碌碌，为谋取暴利奔波劳顿。热钱不断涌入丝绸贸易，据老普林尼统计，罗马妇女每年从印度购进的丝织品超过五千五百万塞斯特帖[1]，价值二千八百三十五千克（十万盎司）黄金，这表明在罗马的对外贸易中，丝绸占据极大的比重。

巨量黄金的外流，引起了一些罗马人的警惕、抨击。著名斯多亚学派哲学家塞内加[2]，曾经担任暴君尼禄皇帝的老师，他痛斥丝绸过于薄透，身体毕露，有伤道德风化，"既不蔽体，也不遮羞。人们耗费巨资，从不知名的国家进口丝绸，损害了贸易，却只是为了让罗马的贵妇人们能够穿上透明的衣衫，出现于大庭广众之中，就像在闺房里一样，裸体接待情人"。

罗马统治者也对此忧心忡忡，提比略[3]皇帝曾经诏令，禁止男性臣民穿戴丝绸衣料，同时对罗马妇人穿戴丝绸也做了一定的限制。

罗马人对丝绸的癖好与爱慕之心却无法禁锢。丝绸的神秘与华丽已经深入罗马人心，并且渗透到社会各阶层老百姓的生活当中。罗马的妙龄少女可以离开情人，却离不开能够展示其朦胧身材的丝绸衣裙。不但土豪富家推崇耀眼夺目的绫罗绸缎，而且连世俗的修道院和教堂也大肆铺张，披挂绸幕丝帘。

老普林尼《自然史》中提到，在巨大市场需求的推动下，罗马商人为

---

[1] 塞斯特帖（Sestertius），古代罗马的货币单位。
[2] 塞内加（Lucius Annaeus Seneca），约公元前4年至公元65年。
[3] 提比略（Tiberius），公元14年至公元37年在位。

满足上流贵族阶层对丝绸强烈的占有欲望，不惜远道，赴赛里斯国求取衣料。但是西亚的安息帝国占据优势地理位置，坐享天成，扮演着中介的角色，在丝绸贸易中大获其利，政府部门征收重额关税，安息贩卖商赚取暴利。居延汉简提到那时边区物价——"绡丝二斤直四百三十四""肉百斤直七百""粟二石直三百九十"。以此换算，一斤绡丝值一百一十七钱，恰好等于三十一斤肉或一石一斗粟的价格，但是经安息商人贩运到罗马帝国境内，售价与黄金齐平。汉代黄金虽廉价，也值一万钱，暴涨百倍。这与《晋书·四夷传》所载"安息、天竺人（贵霜人）与之（大秦）于海中其利百倍"相吻合。安息从丝绸贸易中获取的利润是惊人的。同样也养肥了占据丝绸之路要害位置的贵霜人，他们虽然也转卖南亚的棉、麻织品，但是大部分为来自中原地区的丝绸原料或丝织加工品。

罗马皇帝韦斯巴芗及其继任者图密善多次遣使东汉，试图绕过安息与贵霜，寻求直接接触，开展贸易。然而，安息人为了确保在丝绸贸易中的垄断地位，不择手段设置关卡、障碍，甚至不惜贸易战，阻断罗马帝国与东汉帝国的互动交通。

中国史籍上的记载也如实反映了当时丝绸之路上紧张的贸易形势。《后汉书·西域传》中说："大秦王常欲通使于汉，而安息欲以汉缯彩与之交市，故遮阂不得自达。"《魏略》也提及："（大秦）常欲通使于中国，而安息图其利，不能得过。"

罗马人对遥远的赛里斯国朝夕梦想的同时，东汉伟大的战略家、西域都护班超也开始实施一个宏伟的计划。班超从那些极西而至的商贩口中得知，在遥远的大海西边有一个"地方数千里、有四百余城、小国役属者数十"的泱泱大邦——大秦国，世人又称海西国。这个大秦国即是罗马帝国。罗马眼中的东汉是赛里斯，东汉眼中的罗马是大秦，都是那么遥不可及和陌生。随着丝绸之路的逐渐延伸，互相结识的时刻到了。

张骞出西域的丰功伟绩深深地触动了班超，倘若能像先行者张骞那样，

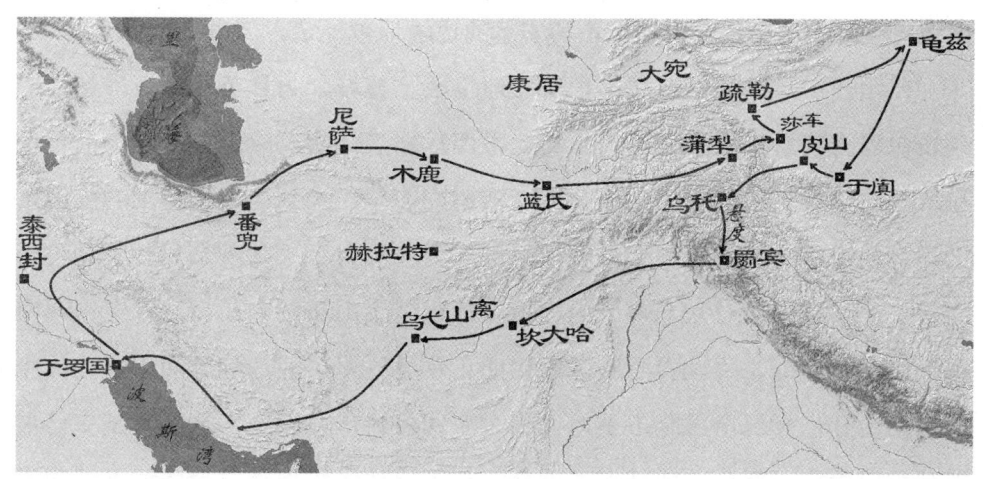

图7 甘英出使大秦路线图

亲自到大秦国去走一走、看一看,那将是何等的卓越功勋!但此时班超已年过花甲,心有余而力不足。于是班超从西域都护府中挑选出一个精干的掾(部属佐官)甘英,派遣他出使大秦。

甘英此次西行,肩负何种使命,学者们众口不一。大致有三说:打破安息丝绸之路上的贸易垄断;怀致远之略,扬威万里之外,招徕使臣;学习张骞远交近攻之策,联合大秦夹攻西窜的北匈奴余孽[1]。联罗马击匈奴之说似乎有些勉强。自公元91年北匈奴被耿夔击破后逃至乌孙,七十年后鲜卑人西击乌孙,北匈奴才西迁至康居。班超时代,北匈奴的活动区域仍限于中亚的巴尔喀什湖以东、以北,无须舍近求远,跟万里之外的罗马帝国结盟。

班超派遣甘英出使大秦,怀致远之略、打破安息和贵霜的垄断皆有可能。东晋时期史学家袁宏的《后汉纪·殇帝纪》中说:"汉使皆自乌弋还,莫能通条支者。甘英逾悬度、乌弋山离,抵条支,临大海。"正是这条不为人注意的记载言明了甘英出使大秦所行的路线,为了避免引起贵霜和安息的警惕甚至阻挠,班超给甘英设计了一条特别的西行之路——艰险的丝绸之路

---

[1] 参考湖南师范学院历史系副教授莫任南的《甘英出使大秦的路线及其贡献》、北京外国语大学国际商学院姚胜的《甘英出使大秦原因考》。

南道支线乌弋山离道,沿着贵霜和安息的边缘地带行走。

公元97年,班超在西域都护府驻地龟兹它乾城,为甘英饯行。班超并未预设明确的政治或军事目标,甘英此番西行属于一次探险之旅。甘英沿着塔里木盆地西缘绕了一大围,经姑墨、疏勒、莎车,来到西域南道上的皮山,又"自皮山西南经乌秅,涉悬度",进入罽宾境内。"六十余日行至乌弋山离国"——甘英经过六十多天的行程,抵达乌弋山离国。其后,甘英向西南直行,穿越被称为"世界心脏"的伊朗克尔曼高原,翻过绵延两千余里的库赫鲁德山脉,行百余日至条支,"临大海(波斯湾)欲度"。此时条支已被罗马帝国所灭,部分领地被安息瓜分,甘英抵达之地为幼发拉底河下游的于罗国①,原属条支国。

甘英的终极目标是大秦国。但那时在世人眼中,大秦国只是一个模糊的地理概念,大致指罗马帝国的亚洲、北非诸行省,包括原塞琉西王国、托勒密王国的领地。从于罗国出发,至大秦国,北有陆路,南有海道。陆路,据《后汉书·西域传》,"从斯宾南行度河,又西南至于罗国九百六十里"——甘英可从于罗国沿着底格里斯河北上,抵左岸的斯宾国(又称宿利城、泰西封),而后西行,途中横渡罗马帝国与安息帝国的界河——幼发拉底河,可达叙利亚沙漠中部的绿洲城邦帕尔米拉、黎巴嫩的推罗城和西顿城、北非埃及的亚历山大港,它们都是丝绸之路上举足轻重的运输中转站或者丝织品加工站。来自东汉帝国的缯帛在这些城市被拆成原丝,重新织成绫罗衣裳,染紫缕金,再贩卖给罗马帝国的上层贵族。海道,公元前116年一位希腊船长发现了红海海道。甘英可从于罗国起航,横穿波斯湾,经霍尔木兹海峡出印度洋,而后绕阿拉伯半岛南航至亚丁湾,穿越曼德海峡,经红海海道至亚历山大港。

---

① 于罗国,今伊拉克东南部幼发拉底河下游。具体位置或说Hirah(今纳贾夫Najaf东南),或说Ubullah(今巴士拉),或说Ura(今迪瓦尼亚Diwaniyah)附近。

但唯利是图的安息人得知甘英的身份后，拒绝提供向导甚至食物、饮用水、交通工具，还横加阻梗。甘英只好选择海道。在即将上船时，船夫对甘英说了几句话，让甘英止步于波斯湾岸边。船夫是有意吓阻还是友情提示，动机不明。但是历经千辛万苦的出使大秦之旅只差最后一程却止步不前，不可不谓前功尽弃。

船夫到底说了哪些话？史书都有详载。

"汉（海水）广大，水咸苦不可食。往来者逢善风时，三月而渡；如风迟则三岁。故入海皆赍三岁粮。海中善使人思土恋慕，数有死亡者。"（《后汉纪·殇帝纪》）

"海中有思慕之物，往者莫不悲怀。若汉使不恋父母妻子者，可入。"（《晋书·四夷传》）

船夫的话中最能吓阻甘英的是海中的"思慕之物"。学者们认为"思慕之物"当指在希腊化世界流传甚广的海妖塞壬（Siren）。海妖塞壬最早见于荷马史诗《奥德赛》，她是人首鸟身的绝色佳人，拥有美妙的歌喉，其府邸位于地中海喀耳刻海岛和斯库拉巨岩之间的海岛上。塞壬是个邪恶的女妖，经常用歌声如磁石般吸住过往的航海者，使他们沉迷于幻象，结果船只触角沉没，船员则成了塞壬的腹中物。海妖塞壬神话与《后汉纪》或《晋书》中的记载在故事框架上类似，再加上甘英生长于内陆，不习海性，不知"水咸苦不可食"，最终被陌生的大海和恐怖的神话吓到了，在历史上留下巨大的遗憾。

但是甘英出使大秦并非一无所得，沿途搜集的地理知识和人文风情，再次打开了中国人的视野，尤其是对罗马帝国的认识更加客观、清晰。他回国时踏上坦阔的丝绸之路，经斯宾国、阿蛮国，抵达安息国都"百门城"番兜城，在番兜城或许还觐见了安息王满屈，增进了东汉与安息之间的友谊。此后甘英继续东行，经安息重镇木鹿城、贵霜国都蓝氏城、葱岭上的无雷，过蒲犁、莎车，返回龟兹它乾城。

四年后，即公元101年，"安息王满屈复献师子及条支大鸟，时谓之安息雀"。几乎与此同时，有一个罗马帝国的商团也跋山涉水，抵达东汉帝都洛阳城。甘英未完成的历史使命终于由罗马人完成。

一位来自黎巴嫩推罗城的地理学家马林努斯①在《地理学导论》一书中介绍，公元1世纪末，马其顿巨富梅斯·提提亚诺斯委托代理人组织了一个商团，其成员包括马其顿、推罗城两地的贩卖商。这个商团从马其顿出发，通过达达尼尔海峡，横渡幼发拉底河，入安息西境的阿蛮城，沿着里海南岸西行至番兜城，途经赫拉特、木鹿城，抵达贵霜境内的蓝氏城。而后沿喷赤河东行，翻越葱岭，再南下到达西域一个著名的市场——石堡。在此休憩之后继续东行，经疏勒或姑墨、龟兹、焉耆、蒲昌海、玉门关等地，抵达赛里斯国。

令后世学者倍感兴趣的是，在《后汉书·和殇帝纪》中也找到一条东西方往来的记载："永元十二年（100年）冬十一月，西域蒙奇、兜勒二国遣使内附。（汉和帝）赐其王金印紫绶。"从音韵学角度来看，蒙奇、兜勒可以跟马其顿（Makedones）、推罗（Turos）对号入座。因而，东西方史料记载的极有可能是同一件事。西方商团来华，紧随甘英的脚步，是在班超平定西域叛乱后数年丝绸之路再次畅行无阻的情况下完成的。

梅斯·提提亚诺斯的代理商团是有史以来第一个走完丝绸之路全程的欧洲商团。他们进入塔里木盆地后，走西域北道，途经龟兹它乾城时，必定不会错过与威名赫赫的西域都护班超相见的机会。商团返回罗马帝国时，贩运了大量的中原丝织品和手工业品，让那些酷好丝绸衣料的罗马达官贵人们惊呼不已。

如此说来，班超"怀致远之略""招徕使臣"的愿望还是实现了，甘英并没有白走一趟。近代学者王国维是如此赞扬甘英的："西域纵横尽万城，张陈远略逊甘英。"

---

① "推罗的马林努斯"（Marinus of Turos），生活年代约公元70年至公元130年。

虎子班勇继父业

甘英虽然未能如愿抵达罗马帝国，但是他创造了古代中国外交使臣西行最远的历史纪录，也是第一个抵达波斯湾的中国人。可以说，甘英西行是班超经营大西域的最后辉煌。

此时，班超也迈入了古稀之年，体弱多病，叶落归根成了他最后的愿望。公元101年，安息王满屈的使团赴中原进贡，途经龟兹它乾城时，特意向西域的最高长官班超致敬。班超决定上书朝廷乞归："臣不敢望到酒泉郡，但愿生入玉门关。谨遣子勇随安息献物入塞，及臣生在，令勇目见中土。"——我不敢指望可以走到酒泉郡，只求能够生还玉门关。我先派儿子班勇随同安息贡使入塞，趁着我还健在，让班勇回中原看一看。

班超的《乞归疏》送去一年多，汉和帝久久不批准。班超的妹妹班昭不忍心见到哥哥终老塞外，也泣奏朝廷，替班超求情："故妾敢触死为超求哀，丐超余年，一得生还，复见阙庭，使国家无劳远之虑，西域无仓卒之忧，超得长蒙文王葬骨之恩，子方哀老之惠。"终于感动了汉和帝，诏令班超归还中原，让戊己校尉任尚代为西域都护。

在交棒之时，任尚向他的前任请益，"君侯在外国三十余年，而小人猥承君后，任重虑浅，宜有以诲之！"——定远侯在西域三十多年，我有幸接替你的职务，责任重大，才智不足，望赐教诲！

班超给任尚提两条忠告，其一，西域都护府的那些官吏都是亡命之徒，戍守边疆只是为了将功赎罪。"蛮夷怀鸟兽之心，难养易败。"——西域各国贵族都是鸟兽之辈，难以教化、容易叛乱。其二，任尚性子暴躁、为人严苛，此是察政失和、取败之道。应当抓大放小，采取宽容政策。

任尚仗着自己屡立战功，不满班超的批评，在他离开后不久就私下抱怨说："我以为班定远有什么奇谋妙策，也不过平平而已。"

公元102年9月，班超抵达洛阳城，被授予射声校尉之职，掌管京师卫队。一个月后，班超病逝。自公元73年以假司马之职跟随窦固出征北匈奴以来，班超在西域待了三十年，将他的青春和热血都留在西域。从公元91年开始，班超任西域都护，代表汉廷行使主权，独当一面，呵护西域的安宁与和平，是西域各国的最大依靠。班超已经成为西域民众心中的一个偶像符号，其威信与分量在当时无人可以取代。班超谋略高深，目光长远，善于以弱胜强，是一位伟大的战略家、军事家、外交家。班超的英雄风范，永远长存于他毕生为之奋斗的丝绸之路上。

班超死后的第五年，其生前的担忧变成事实。自公元106年开始，西域各国相继反汉，矛头直指性情暴躁的西域都护任尚，并把他围困在疏勒国。任尚向汉廷紧急求援，当时汉安帝尚年幼，太后邓绥临朝听政，她任命梁懂为西域副校尉，率领河西五千羌胡骑兵驰救任尚。

梁懂援军未至，任尚就自己解围了。但是他的鲁莽与暴躁已经造成不可收拾的恶果，彻底埋葬了班超苦心经营三十多年的和平局面。邓太后下令重组西域都护府，把西域都护任尚召回中原，任命骑都尉段禧为西域都护、西域长史赵博为骑都尉。

段禧和赵博沿用班超时期西域都护府的旧址——龟兹它乾城，西域副校尉梁懂来了之后，看到它乾城有点小，不利于长期固守，就向龟兹王白霸提出将都护府迁入龟兹王都延城。白霸曾经入侍中原，是亲汉派人物，当即允诺梁懂的要求。

但是白霸的决定遭到了龟兹贵族和民众的强烈反对，梁懂当机立断，率部强行进入延城，并派人到它乾城去，把段禧和赵博接过来。汉军全部进入延城内，有八九千人。梁懂的行动非常及时，汉军刚刚集结完毕，反汉的龟兹贵族就裹挟部分民众逃出延城，并纠集北道上的姑墨、温宿等数万人围攻延城。西域的形势又有崩溃之危。

在紧急关头，梁懂与龟兹王白霸齐心协力，击退了叛军的轮番进攻，并转入反攻。战事持续了数个月，叛军大败。汉军乘胜追杀，前后斩首万余级，生擒数千人，缴获骆驼等牲畜数万头，龟兹局势转危为安。

龟兹虽然保住了，但是西域的叛乱愈演愈烈，"道路隔塞，檄书不通"——叛军切断西域与中原的通道，音讯不通。邓太后不得不召开廷议，商谈对策。廷议时，部分保守派官员认为，西域遥远，屡屡叛乱，屯田驻军纯属劳民伤财。于是在公元107年7月29日，汉廷做出放弃西域的错误决定，下诏撤销西域都护府，废除屯田。派遣骑都尉王弘、班超之子军司马班勇及其兄班雄，率关中驻军出塞，将段禧、梁懂、赵博及伊吾和柳中等地的屯田汉兵，接回敦煌。

汉军的全面大撤退，给西域民众带来了灾难性后果。公元94年，新附南匈奴的北匈奴部众发生叛变，拥立日逐王逢侯（南匈奴单于屯屠何之子）为单于，出走塞外。他们取代乌孙、康居境内的西迁匈奴，成了东汉帝国的最大威胁。逢侯单于虽然曾于公元104年、105年两次遣使入贡，但他就像饥饿的恶狼，时刻惦记着身边的猎物。被汉廷抛弃的西域各国，如同一群无人看管的牧羊，暴露在穷凶极恶的北匈奴眼皮下。

公元110年，凉州、并州又爆发了羌人暴动，汉廷焦头烂额，甚至出现了"放弃凉州、退守三辅"的极端错误言论。东汉节节退缩，无暇西顾。北匈奴逢侯单于乘虚而入，夺取了天山北道上的车师、伊吾等要地，再次奴役西域，遣使诸国，征收赋税。逢侯单于还胁迫西域各国，频频内犯。河西走廊战火绵绵，长达数十年，丝绸之路第三次隔断，史称"西域三绝"。

西域各族民众备受荼毒，怨声载道，车师、鄯善等国开始怀念西域都护时代的幸福时光！北匈奴的铁蹄屡屡踩躏河西走廊，无数边民惨遭杀害、劫掠。公元120年1月，敦煌太守曹宗不堪其扰，上书汉廷，派遣部将长史索班率千余人，重新进驻伊吾，赶走匈奴人，招抚西域民众。车师前王及鄯善王都来归附。

西域北道上的车师、伊吾，战略位置重要，攸关东汉与北匈奴之间的力量消长。几个月后，北匈奴胁迫车师后王，共同出兵袭击伊吾，杀死索班，千余屯田汉兵全军覆没。北匈奴人又赶走亲汉的车师前王，霸占西域北道，并把魔爪伸向南道去。首当其冲的是鄯善国，鄯善王立即向敦煌太守曹宗紧急求救。曹宗驰奏汉廷："请出兵五千人击匈奴，以报索班之耻，因复取西域。"

邓太后再次主持朝会，召集群臣商讨西域大计。绝大多数人的建议是关闭玉门关，彻底与西域断绝往来。邓太后是东汉时期一位难得的贤德女人，听说军司马班勇有其父班超之雄风，就征求他的意见。

班勇是班超与疏勒国公主所生，自幼在西域长大。班勇回顾了汉武帝开通西域、汉明帝出征西域的光辉历程，痛陈汉和帝之后由于羌人暴动，西域三绝，北匈奴卷土重来，奴役西域各族，鄯善、车师思念中原，却因道路隔绝，无法归附。最后，班勇提出了经营西域的方略：建立敦煌支援基地，重置西域副校尉，恢复营兵三百人；在楼兰建立前进基地，派遣西域长史，屯兵五百人，西扼焉耆、龟兹径路，南控鄯善、于阗，北遏匈奴，东接敦煌，形成互为掎角之势，控守西域门户。

在廷议时，长乐卫尉镡显、廷尉綦毋参、司隶校尉崔据、太尉属毛轸等人相继发难，质疑班勇的西域经营策略。班勇侃侃而谈，一一有力反驳。邓太后虽然采纳了班勇建立敦煌支援基地的建议，但是并未实施。结果北匈奴势力又侵入西域，纠集车师人，不断袭扰汉帝国的边关。

公元123年5月，北匈奴与车师大规模进犯河西地区，杀掠无数。此时邓太后已死，汉安帝亲政，下令廷议。朝廷上再次涌现关闭阳关、玉门关，隔绝西域的消极言论，然而，有两位有识之士挺身而出，即敦煌太守张珰、尚书陈忠。张珰首先提出经营西域的上中下三策：上策出动酒泉郡驻军两千人，袭击北匈奴呼衍王，断绝西域祸根，而后再发鄯善兵五千人，进攻车师后部；中策，屯田柳中城，置军司马，将士五百人，控扼丝绸之路西域北道；下策，放弃交河城，把鄯善等国的居民都迁入内地。陈忠上书建议，在敦煌置校尉，增加河西四郡的驻军。陈忠的建议与班勇建立敦煌支援基地的构思有异曲同工之妙。汉安帝采纳张珰的中策，任命班勇为西域长史，率五百汉兵屯田柳中。

班勇终于找到了用武之地，得以继承父业，开启了自己光辉灿烂的人生。

公元124年2月，班勇来到了西域的第一站鄯善，鄯善王泪流满面，立刻归附。他盼星星盼月亮盼了十七年！龟兹王白英徘徊在北匈奴与班勇之间，犹疑不决。班勇晓之以理，动之以情，开之以恩信。白英迷途知返，率姑墨王、温宿王，向班勇负荆请罪，宣布归附东汉。班勇命令白英发步骑兵万余人，北攻交河城，在伊和谷（今新疆腾格里山谷）大败北匈奴伊蠡王，解救被掳的车师前部民众五千余人。于是班勇回到柳中城，屯田于此，使之成为经营西域的大本营。

公元125年八九月间，班勇进军天山北道。他组织了一支强大的西域联军，包括敦煌、张掖、酒泉的六千骑兵，还有鄯善、疏勒、车师前部兵，突然间杀进务涂谷，大破车师后部，斩首八千有余，生擒匈奴人的帮凶——车师后王军就，以及匈奴持节使臣，将他们拉到索班死难之处——伊吾斩首，以报索班血仇。

公元126年冬，班勇又率前车师后王农奇之子加特奴、八滑等，发精兵进攻蒲类海，大破北匈奴呼衍王部。呼衍王只身逃走，部属两万人投降。班勇又俘获了北匈奴单于的从兄，让加特奴亲手将他斩杀，使车师与北匈奴结下梁子。

车师为汉、匈必争之地，北匈奴单于亲率一万骑兵攻入车师后部，杀至金且谷，企图包抄班勇的后路。班勇派遣假司马曹俊驰救车师后部，北匈奴单于退却。曹俊乘胜追击，阵斩贵人骨都侯。自此之后，呼衍王被迫离开数百年的祖居地——蒲类海，迁徙到枯梧河，远离车师。车师一片安宁，班勇立加特奴为车师后部王、八滑为车师后部亲汉侯，又派遣其他将领诛杀东且弥王。至此车师六国①出现崭新的面貌，全部归附东汉。

---

①车师六国，即车师前部、车师后部、东且弥、卑陆、蒲类、移支。

公元127年，班勇又奏告朝廷，讨伐拒绝归附东汉的焉耆及其追随国尉犁、危须。朝廷下令敦煌太守张朗率三千河西兵出塞协助班勇，班勇又号召西域兵四万，分南北两道夹击焉耆集团。张朗走北道，班勇走南道，约定同时到达焉耆。班勇绝对料不到，此战成了自己的最后一战。张朗因为负罪当诛，想抢功赎罪，结果赶在班勇之前杀到焉耆的门户爵离关（今新疆铁门关）。张朗派一个军官前去挑战，大破焉耆军，斩获两千余人。焉耆王元孟大恐，竖起白旗向张朗投降。张朗因而免去一死，却害惨了班勇。班勇因为后至，被窝囊的汉顺帝召回洛阳，免官下狱，一年后逝于家中。一代英豪就这么含冤而去。

此后，汉军挟班勇之余威，在西域势如破竹，所向披靡。焉耆王元孟降附之后，疏勒王臣磐也遣使进贡，汉顺帝册封臣磐为汉大都尉，其侄儿也被封为守国司马。

公元129年，于阗王放前派兵杀死拘弥王兴，把自己的儿子拱上拘弥王位，为了免遭东汉的讨伐，放前主动遣使朝贡。敦煌太守徐由上书发兵惩罚于阗，但是汉顺帝饶恕了放前的罪行，令他归还拘弥国。吞下去的岂能再吐出来？于阗王放前坚决不肯。

公元130年，疏勒、大宛、莎车同时遣使进贡，丝绸之路再次畅通，此即东汉时期的"西域三通"。

王莽乱政之后一个世纪中，西域三通三绝，丝绸之路就像沙漠里的一条季节性小河，时流时断。而班超、班勇父子为维护中外交通大动脉，不惜抛头颅洒热血，抒写了丝绸之路上最为荡气回肠的大篇章。

乱世之中的西域

班勇三通西域之后，东汉与北匈奴的争夺焦点集中在车师后部至伊吾之间的路段。伊吾一带河流众多，水资源极为丰富，自公元73年大将窦固置宜禾都尉在此屯田以来，它一直是东汉经营西域的重要支点。六十多年间，汉匈在此展开数轮激烈的拉锯战。公元130年，汉顺帝诏令，重新屯田伊吾，置伊吾司马加以管辖。

公元134年5月，为了解除北匈奴的威胁，伊吾司马率车师后王加特奴等一千五百人，突然袭击北匈奴侵犯西域的最重要军事基地和补给基地，位于车师后王庭务涂谷西北的阊吾陆谷（在今新疆博格达山）。汉军毁坏匈奴人的庐帐，斩首数百级，活捉北匈奴单于的生母、叔母及其他妇女数百人，虏获牛羊十余万头，车千余辆，兵器杂物不可胜数。经过这一次痛击，北匈奴损失惨重，实力大降。

次年春，北匈奴呼衍王起兵报复，入侵车师后部。车师六国接近北匈奴，为西域屏障，车师六国如果沦陷，西域岌岌可危。当时敦煌太守兼理西域事务。于是汉顺帝下令敦煌太守征发西域兵，以及玉门关候、伊吾司马的属下部队，组成一支六千三百人的骑兵部队，在勒山展开阻击战。呼衍王来势凶猛，屡屡突破汉军防线。当年秋天，呼衍王又率两千骑兵侵入车师后部，攻占务涂谷。这是史书记载匈奴人最后一次占领车师。

公元137年9月，敦煌太守裴岑率郡兵三千人出塞反击，取得辉煌战绩。裴岑在激战之中将呼衍王斩落马下。北匈奴大败，遗尸累累。车师沦亡两年之后再次归属东汉，此后，西域安宁了数十年。

公元151年5月，战火重新在伊吾地区燃起。新立的呼衍王率三千余骑气势汹汹地杀奔伊吾，伊吾司马毛恺派遣五百屯田汉兵迎战，结果在蒲类海东被呼衍王包饺子，全军覆没，呼衍王趁势占领伊吾屯城。夏，汉廷派遣敦煌太守司马达率敦煌、酒泉、张掖的驻军四千余人出塞救援，汉军杀到蒲类海，呼衍王早已扬长而去，汉军无功而还。这是史书上留下的汉匈最后一次争夺伊吾、蒲类海的记载。

班勇死后不久，汉顺帝即位期间，外戚、太监相互勾结，弄权专横，朝政日益腐败。东汉帝国在西域的经营更是江河日下，史书上称，"自阳嘉（132年）以后，朝威稍损，诸国骄放，转相陵伐"，公元152年于阗杀西域长史王敬、公元153年的阿罗多事件标志着东汉经营西域的事业开始滑坡。

王敬之死是因中了拘弥王成国的借刀杀人之计。拘弥经常受到于阗的欺凌，拘弥王成国对于阗王建恨之入骨，正巧西域长史赵评在于阗发病死去，赵评之子赴于阗奔丧时途经拘弥，成国伺机进谗言挑拨说："于阗王建让医生下毒害死赵评。"赵评之子立即回去报告敦煌太守马达。汉廷令王敬接替赵评为西域长史，马达就让王敬前往于阗暗中调查毒杀赵评的案件。王敬过拘弥时，成国又谎称说："于阗人都想拥戴我为国王，可趁此杀掉建，于阗从此就诚心附汉了。"王敬贪恋功名，信了成国的话，在于阗都治西城设计杀掉建。

3月，于阗侯将输棳举兵叛乱，包围西城。王敬提着建的头颅在城楼上喊话："是皇帝诏令诛杀建的！"输棳不听，率兵冲上城楼杀了王敬，也砍下他的头颅悬挂在闹市旗杆上示众。输棳自立为于阗王，国人不服，杀掉输棳，另立建的儿子安国为王。

敦煌太守马达听说王敬被杀，准备率兵出塞讨伐于阗。但是汉桓帝不听，把马达召回京城，另外任命宋亮为敦煌太守。宋亮赴任之后，下令于阗招募兵力，让他们自己清理门户，杀掉输棳。当时输棳已死月余，于阗人随便用一颗死人头冒充输棳，送到敦煌去。宋亮心虽知其假，但也装糊涂不过问。代表朝廷管辖西域的高级官员——西域长史王敬死于非命，是东汉在西域失去人心的开端。

阿罗多是车师后部王。由于车师地理位置重要，两汉以来一直于此屯田。而车师就像一株摇摆不定的墙头草，游离于汉与匈奴之间，曾经多次攻击屯田汉兵，但是汉廷为了拉拢车师、对抗匈奴，采取宽容政策，车师因而日益骄慢。阿罗多跟戊部候严皓矛盾不断，最后反目成仇，派军围攻汉兵屯田的且固城，汉兵死伤惨重。后部候炭遮不愿意背叛东汉，率部起义。阿罗多见形势不妙，带上老母、妻儿在百余骑兵的护卫下逃亡北匈奴。

敦煌太守宋亮奏报汉廷，更立后部故王军就在中原的质子卑君为后部王。但是没过多久，阿罗多从匈奴跑回来，跟卑君争抢王位，车师民众纷纷依附。戊校尉阎详担忧阿罗多招来北匈奴，引狼入室，祸患西域，就写信明示要重新立他为王。阿罗多大喜，归降阎详。阎详收回汉廷颁发给卑君的印章、绶带，让他回到敦煌，又立阿罗多为车师后部王。

随着东汉政局的动荡不安，其在西域的统治也变得日益艰难。公元168年，疏勒王的叔父和得在狩猎中射杀疏勒王，夺取王位。公元170年，凉州刺史孟佗派遣部将任涉率五百敦煌兵，与戊己司马曹宽、西域长史张晏征召焉耆、龟兹、车师前后部等兵，合计三万余人，西讨疏勒，攻桢中城。联军猛攻四十多天，桢中城坚守不下，只好退兵。其后疏勒国内形势不断恶化，为争夺王位连连自相残杀。汉灵帝荒淫无道，国势衰微，对万里之外的疏勒国无能为力，只好听之任之。

公元175年，于阗王进攻拘弥国。时任戊己校尉的董卓跟西域长史派兵援救，将拘弥质子定兴扶上王位。但这是东汉帝国在西域大地上散发出的余热，其后太监、外戚轮番粉墨登场，搞得整个帝国乌烟瘴气。公元184年爆发了黄巾起义，东汉陷入了大混乱，完全失去对西域的控制，丝绸之路也再度与中原隔绝。

从公元184年黄巾起义到公元220年曹魏代汉之间的三四十年，西域呈现出混乱无序的状态。由于失去了主宰者，大国兼并小国、奴役周边邻国，以及划分势力范围的争斗等等不断上演，塔里木盆地的政治生态更加破碎，丝绸之路上风云变幻。焉耆、车师、鄯善、龟兹、于阗等绿洲城邦竞相称霸，葱岭以西的贵霜、乌孙、康居也蠢蠢欲动。

曹魏建立之后，公元222年3月，鄯善、龟兹、于阗三国的使臣相继朝贡，西域又跟中原通行。曹魏遵循东汉旧例，在车师高昌置戊己校尉。第一任戊己校尉是敦煌人张恭，几年后张恭被魏文帝召回洛阳，其子张就继任戊己校尉，一直到公元236年。又在鄯善置西域长史，与戊己校尉一道共同管辖西域，二者均听命于凉州刺史。当时魏蜀吴三足鼎立，中原纷争不断，因而曹魏对西域的经营远远不如东汉，已经无力深入塔里木盆地。

公元227年4月，蜀汉丞相诸葛亮出师北伐中原，施展合纵连横之策，试图策反西域诸国，以斩断曹魏一臂。在诸葛亮的运作之下，"凉州诸国王各遣月支、康居胡侯支富、康植等二十余人诣受节度"——居住于甘肃、凉州地区的月氏人、康居人有二十余名向蜀汉政权表忠诚。但是西域绿洲城邦大都仍然忠心于曹魏政权，如当年10月，焉耆王派遣王子入侍。

公元230年1月，"大月氏王波调遣使奉献"，被魏明帝赐封为"亲魏大月氏王"。有学者认为，大月氏王波调指的就是贵霜帝国迦腻色迦王系中的国王婆苏提婆一世。时值诸葛亮六出祁山、北伐中原期间，魏、蜀双方在汉中紧张对峙，丝绸之路似乎并未受到影响，所以贵霜帝国的使臣可以安全抵达洛阳城。

公元240年2月，焉耆、危须等又相继入贡曹魏。公元263年，曹魏灭蜀汉之后，河西走廊基本上安宁无事，西域诸国与中原政权的往来更加密切。公元265年12月，在司马氏代魏的前夜，葱岭以西的大国康居、大宛进贡汗血宝马。司马炎建立西晋之后，丝绸之路畅通无阻，西域诸国与中原地区的使臣往来，没有因政权更迭而中断。西域诸国与西晋建立了册封关系，晋武帝多次遣使赴西域册封鄯善、焉耆、龟兹、疏勒、于阗的国王为守侍中、大都尉、奉晋大侯等等。此后由于河西的鲜卑人不断起兵反晋，西部重镇凉州一度沦陷，西晋王朝经营西域的事业被迫中断，河西战乱十多年，直至公元279年鲜卑之叛平息，西域才恢复交通。

从公元280年至公元290年，西域与西晋的往来进入了十年蜜月期。公元280年9月，车师前部派遣王子入侍。公元283年9月，鄯善国摩希利王派遣王子元英入侍，晋武帝授予骑都尉的职务，赐赏假归义侯印，青、紫绶带各一条。公元285年1月，大秦国遣使进贡。11月，龟兹、焉耆国各派王子入侍。

西晋的影响不仅仅局限于塔里木盆地，而且远及葱岭以西。公元270年10月，大宛又向晋武帝进贡汗血宝马。公元285年，晋武帝派遣特使杨颢出西域，远赴贵山城，册封蓝庚为大宛王。蓝庚死后，其子摩之继位后，奉行亲晋政策，献上汗血宝马。康居效仿大宛，于公元288年2月遣使进贡。

晋武帝死后，西晋迎来了长达十六年的八王之乱，司马家族的统治从此走向崩溃，中原与西域的交通又陷入了中断状态。

丝绸之路，按地理、人文特征，可分为东、中、西三段。东段从中原地区的政经中心长安、洛阳，翻越陇西高原渡过黄河，然后穿过河西走廊，抵达玉门关或阳关。东段又以黄河为界，黄河以东称为陇右段，黄河以西的河西走廊一带称为河西段。出玉门关或阳关，就进入塔里木盆地，沿着塔克拉玛干沙漠南北缘、天山南北麓，西行跨越葱岭，此即为丝绸之路中段。西段是指葱岭以西，远及地中海沿岸的陆上交通线。

班勇三通西域后两百年间，中原四分五裂，战乱频仍，丝绸之路东段与中段陷入了长时期不稳定状态之中。而此时的丝绸之路西段，也像悬挂在旗杆上的一条狭长绸带，在风中飘摇不定：安息被异军突起的萨珊波斯取而代之；贵霜也在萨珊波斯的侵蚀之下，日薄西山；位于叙利亚沙漠中部的绿洲城邦帕尔米拉，则出现了一位叱咤风云的女王——齐诺碧娅，结果招来罗马大军的进攻，上演了丝绸之路西段一段忧伤的历史。

萨珊波斯帝国

萨珊波斯的崛起与安息的灭亡，为这一时期丝绸之路上政治生态的最大变化。

前文提到，安息靠着过境贸易发家致富，一跃成为丝绸之路上的四大帝国之一，与东方的汉帝国、中亚的贵霜王朝、西方的罗马帝国并驾齐驱，雄霸一时。可惜到了沃格吉斯四世四十余年的统治期间（147年至191年），安息遭到罗马人的沉重打击，逐渐日薄西山，失去了昔日的风光。

沃格吉斯四世最初与罗马皇帝安东尼-皮乌斯和睦相处，但是有"贤君"美誉的马可-奥勒留上台之后，双方冲突不断，开始了新的一轮战争，丝绸之路西段烽烟再起。战争之初，安息人接连奏捷，但罗马军团经过短暂的受挫之后，重新掌握战争主动权，杀入亚美尼亚和美索不达米亚，夺取安息西部重镇塞琉西亚，控制丝绸之路西段的咽喉要道。紧接着，罗马大军挥师南进，经过惨烈的攻防战之后，安息国都泰西封沦陷，沃格吉斯四世的豪华王宫被夷为平地。

现代学者将安息大军的节节溃退归咎于当时肆虐的流行病天花。这场横行欧亚大陆的疾疫首先开始于南亚，而后在东汉与贵霜境内传播，又沿着丝绸之路中段，向西传到波斯湾与红海沿岸。公元165年，罗马人攻陷泰西封，也将天花带回欧洲，导致一些城镇人口一夜之间减少了四分之一，引发西方世界极大的恐慌。但是罗马军团并未被流行病吓倒，他们继续向东方狂飙，凯歌高奏。沃格吉斯四世不得不接受屈辱的城下之盟，将美索不达米亚以北大片领地割让给罗马帝国。

战争给安息带来巨大的创伤，贵族们也日益离心，沃格吉斯四世晚年在日夜操劳与惴惴不安当中度过。沃格吉斯四世死后，儿子沃格吉斯五世继位。沃格吉斯五世收复了失地，但罗马皇帝塞维鲁再次组织军队东征，重新将美索不达米亚并入帝国的版图。

祸不单行，东部呼罗珊又发动叛乱。沃格吉斯五世不得不拆东墙补西墙，调派大军，镇压叛乱。结果连年的战争拖垮了安息帝国，沃格吉斯五世在内忧外患之中弃世，两个儿子为了争夺王位骨肉相残。长子沃格吉斯六世坐了五年的王位，被弟弟赶下台，后者就是安息的末代君主——阿尔达班五世。此时的东汉帝国处在汉献帝统治末期，也走到了万丈悬崖的边缘。

公元220年，魏文帝曹丕逼迫汉献帝禅让退位。三四年后，阿尔达班五世的部将阿尔达希尔也起兵造反，颠覆安息帝国，开启了丝绸之路的新篇章。阿尔达希尔的出身扑朔迷离，他的敌人诬蔑说阿尔达希尔出身低贱，是皮匠巴贝克的妻子与一个萨珊士兵的私生子。而他的拥趸——波斯人则声称阿尔达希尔是古老波斯王室的旁系后裔，上苍派遣阿尔达希尔降临世间，就是要带领波斯人摆脱安息王朝的桎梏，重新获得自由。

阿尔达希尔是安息南部、波斯湾边的帕尔西①部落酋长，他指挥三次重大的战役，击溃腐败的安息军队。最后一次大战在霍尔米兹达干②平原展开，此地是国都泰西封的门户，亦为丝绸之路西段的必经之地。据波斯人流传下来的史诗，阿尔达希尔亲自与阿尔达班五世对决，结果倒霉的安息国王被挑落下马。波斯的贵族聚集在呼罗珊，正式拥戴阿尔达希尔为王，建立了萨珊波斯王朝。

沃格吉斯六世躲在西边的塞琉西亚，试图延续阿尔萨息斯家族的香火，但是安息的贵族们纷纷弃暗投明，效忠于新兴的萨珊王朝，安息帝国的烈焰熊熊燃烧了近五个世纪，终于熄灭了。萨珊波斯取代安息，成了罗马帝国新的对手。阿尔达希尔重新控制美索不达米亚地区，将罗马人的势力逼退到小亚细亚与叙利亚沙漠一带。

稳定西边的疆域之后，阿尔达希尔开始东征。他沿着古老的丝绸之路一路东进，首先征服塞斯坦地区的乌弋山离国，而后挥师北上，直取木鹿城、蓝氏城，最远杀至阿姆河下游的粟特和花剌子模，并沉重打击了亚速海和高加索地区的游牧国家——奄蔡。最后阿尔达希尔回到木鹿城，在此残忍地杀害了数不清的战俘，将他们的头颅悬挂在神庙的旗杆上。

强盛一时的贵霜占据着伊朗高原的东部，控制着丝绸之路的主干线。贵霜大军肆无忌惮地出没于伊朗高原，极大地威胁着安息的边境。但是萨珊波斯崛起之后，贵霜的地位一落千丈。阿尔达希尔统军东征，轻而易举地征服了马尔吉安纳、阿利安和塞斯坦，从贵霜人手中夺取丝绸之路的控制权。贵霜王迦腻色迦二世几乎不做抵抗就竖起白旗，遣使前往帕尔西，臣服在阿尔达希尔的脚下，成了萨珊波斯的附庸。

---

① 帕尔西（Pars），今伊朗南部的法尔斯（Fars）。
② 霍尔米兹达干（Hormizdagan），今伊朗西南的胡齐斯坦省府阿瓦士（Ahvaz）东。

公元240年，萨珊波斯的开国君主阿尔达希尔驾崩，其子沙普尔上台之后，继承父亲未竟的东征大业，将日益衰微的贵霜王朝挤出丝绸之路。沙普尔登上王位的第一年，挥师远征伊朗高原上的米底、阿姆河下游的花剌子模等地区。为了纪念自己的丰功伟绩，沙普尔建立了冠以自己名字的尼沙普尔城。该城以盛产绿松石而闻名，也是丝绸之路上的一个要镇。一千年后，成吉思汗西征时，尼沙普尔城成了蒙古铁骑狂飙之路上的一块绊脚石，最终难逃屠城的厄运，在丝绸之路上留下无比惨痛的回忆。

沙普尔入侵贵霜帝国大致在公元245年至248年之间。当时中原地区处于三国争霸的混战时期，疆域辽阔的贵霜帝国也陷入南北分裂、一国二君的状态。北部的统治者是迦腻色迦三世，领地包括花剌子模、粟特地区，萨珊波斯的史料称之为贵霜沙（Kushansha）。南部的统治者是婆苏提婆二世，领地包括兴都库什山脉以南的犍陀罗与旁遮普。

沙普尔率领波斯大军沿着丝绸之路横扫中亚，一度进抵婆苏提婆二世的统治中心富楼沙，继而挥师北上，与迦腻色迦三世狭路相逢，在阿姆河流域展开激战。贵霜人不堪一击，迦腻色迦三世被迫俯首称臣，尊奉沙普尔为宗主，贵霜沙从此沦为萨珊波斯的附庸。

经过阿尔达希尔、沙普尔父子的长期征战，萨珊波斯帝国重新夺回了东西方交通的必经之地——木鹿城。清脆响亮的驼铃声在丝绸之路上回荡，但萨珊波斯的西征也增加了东西方贸易的风险。波斯人在中亚地区打下了一个特大号的木桩，阻碍了粟特地区与贵霜沙、犍陀罗之间的交通往来。丝绸之路上的商贸陷入危机，富有商业头脑的粟特人和印度人，不得不绕过受波斯人严密监控的贵霜沙，穿越地势险峻的克什米尔地区与喀喇昆仑山脉，寻找一条通往西域的贸易新路线。

在跟贵霜人的争霸战争之中，波斯人大获全胜，基本上控制了丝绸之路西段，称霸中亚。但是沙普尔的人生目标绝非仅此而已，不久波斯人的兵锋朝西，与威震一时的罗马军团展开对决。

沙普尔率领的波斯斗士势不可挡，在西亚纵横驰骋，轻取罗马帝国的属邦亚美尼亚，完全控制了美索不达米亚平原，甚至占领了古代王国条支的故都安条克，饮马地中海边。沙普尔还纵兵杀入叙利亚，窥视拥有"沙漠新娘"盛誉的绿洲城邦——帕尔米拉。

沙普尔陈兵罗马帝国东境，激怒了罗马皇帝瓦勒良。此君在罗马内战中芟除诸雄，登基称帝。公元260年初，瓦勒良率领七万罗马大军，亲征波斯。罗马军团气势汹汹，迅速收复了叙利亚和安条克，把边境线东移到幼发拉底河西岸。这里曾经是罗马与安息的传统分界线。

瓦勒良重新设置叙利亚行省，任命帕尔米拉王子奥戴纳图斯为最高长官。但是瓦勒良高兴得太早了，沙普尔很快就卷土重来。在先知亚伯拉罕的家乡埃德萨（今土耳其南部），双方打了一仗，沙普尔施展计谋，生擒瓦勒良，这是历史上第一个被敌军俘虏的罗马皇帝。

皇帝战败被俘，令罗马人举国惊慌。趾高气扬的沙普尔正准备打点行李凯旋，结果遭到奥戴纳图斯的伏击，损失惨重。奥戴纳图斯招募了一支游击队，神出鬼没，没日没夜地袭扰波斯人。他们抢走了沙普尔的战利品，无数的奇珍异宝以及貌若天仙的女人，甚至两次袭占两河流域的大都会泰西封。沙普尔显然对奥戴纳图斯的游击战术束手无策，不得不撤回波斯。

奥戴纳图斯从此声威大震，再也不把罗马人放在眼中，自立为帕尔米拉王。几年之后（约265年），奥戴纳图斯遇刺身亡。他的遗孀齐诺碧娅接过统治权，继续高举对抗罗马帝国的旗帜，成为当时丝绸之路西端的传奇人物。

齐诺碧娅被认为具有阿拉伯血统，她拥有惊人的美貌，自诩是埃及艳后克娄巴特拉与迦太基女王蒂铎的嫡系后裔。史学家描述说，齐诺碧娅身材高挑，眼睛乌黑亮丽，肤色黝黑泛出光泽，牙齿皎洁如明月，其颜值丝毫不逊于令恺撒、安东尼等豪杰竞折腰的克娄巴特拉。但是这么一个大美女竟然被罗马人蔑称为"令人抓狂的恶妇""地狱冒出来的凶狠女斗士"等等。实际上，齐诺碧娅不但美丽，而且勇敢，是罗马帝国顽强的挑战者。

齐诺碧娅受过良好的教育，博学多才，能够娴熟流利地讲拉丁语、叙利亚语、埃及语和希腊语，谙习古希腊经典作家荷马和柏拉图的作品。齐诺碧娅上台之后，公然叫板罗马的权威，她不但自封为罗马帝国的奥古斯塔（女皇），而且连幼弱的儿子也被封为罗马帝国的奥古斯都（元首）。

此时罗马帝国陷入所谓的"三世纪危机"，四分五裂，乱成一锅粥，无暇东顾。齐诺碧娅浑水摸鱼，开始了她的宏图霸业。经过疯狂的攻城略地之后，罗马帝国东部的行省纷纷沦陷。齐诺碧娅的领地包括叙利亚、埃及、小亚细亚，她建立了一个从萨珊波斯到罗马的帕尔米拉帝国。周边的邻国，亚美尼亚、萨珊波斯、阿拉伯，无不战战兢兢地与这位高傲的女王结盟，唯其马首是瞻。在齐诺碧娅的统治之下，一度衰落下去的帕尔米拉城重新恢复贸易中心的地位。齐诺碧娅的商队在丝绸之路上日夜不停地穿梭，足迹踏遍罗马、波斯，乃至于遥远的印度。

但是好景不长，军阀出身的奥勒良当上罗马皇帝后，大刀阔斧，迅速恢复了罗马帝国在西方世界的霸主地位。公元271年，奥勒良挥戈东征帕尔米拉，旨在收复帝国的粮仓——北非的埃及，以及夺回丝绸贸易的主导权。经过两次激战，罗马人把齐诺碧娅紧紧围困在帕尔米拉城内。在弹尽援绝的情况下，齐诺碧娅决定逃出城，投靠东方的萨珊波斯。齐诺碧娅骑上一匹最快的骆驼，结果在幼发拉底河西岸被罗马的轻骑兵截住了。帕尔米拉城的守军听说女王被抓，群龙无首，不战而降。

奥勒良回到罗马城，举行了一个盛大的凯旋仪式。在众目睽睽之下，齐诺碧娅身披黄金锁链，无比屈辱地出现在俘虏的队伍当中。次年，帕尔米拉城的居民再度叛乱。奥勒良怒不可遏，发动第二次东征。帕尔米拉城陷之后，奥勒良纵兵掳掠，并放一把大火将这个繁华都市烧成一堆瓦砾。帕尔米拉城这个丝绸之路西端的贸易中心，持续了三百年之后，终于渐渐沉沦下去。而齐诺碧娅的美貌与勇敢，成为丝绸之路上一个无比忧伤的回忆。

第六章 古道佛光

僧侣的足迹

萨珊波斯犹如一轮红日，在西亚冉冉升起，阿尔达希尔及其后续者相继征服了贵霜人、粟特人，击败罗马人，把触须延伸到地中海东岸的叙利亚沙漠深处。但是狂妄的萨珊统治者很快会发现，杀戮虽然消灭了肉体，却未能彻底降伏人心。阿尔达希尔、沙普尔父子忙于东征西讨、攻城略地的时候，佛陀释迦牟尼的佛教学说，经过信徒们六百年的辛勤耕耘，就像漫天飞舞的蒲公英，撒满了丝绸之路中段每一个角落，成为抵御波斯入侵者最坚强的精神武器。

亚历山大大帝东征期间，来自古希腊的神祇占领了印度河流域，一度遏制了佛教的进一步发展。佛陀涅槃后百余载，公元前271年，孔雀王朝的第三任君主阿育王闪亮登台，为佛教史书写了崭新的篇章。阿育王堪称印度史上伟大的君主，即位之初便致力于印度半岛的统一。公元前262年，阿育王发动了一次血腥的战争，讨伐迦陵迦国（今印度东部奥里萨邦）。在这次战争中，"由其地捕虏而移送之生类，有十五万之数，于其处被杀有十万数，或伤、病而死者有几倍于此"。迦陵迦国生灵涂炭，尸首盈城，几乎遭受灭顶之灾。

大杀戮之后，阿育王开始对自己深重的罪孽感到恐惧，幡然悔悟，皈

公元2世纪犍陀罗佛陀诞生雕像　　公元2世纪犍陀罗佛陀涅槃雕像

依佛教。阿育王倾其国力，不遗余力地推崇佛教。他亲自巡行各地，宣传佛陀的学说，并颁布石刻敕令，以立法的形式将佛教定为国教。为了终结佛教的乱象，阿育王指定佛陀十大弟子之一目犍连的儿子帝须为上首（首席学者），召集一千名博学的僧侣，在华氏城主持第三次佛典结集。

公元前260年，阿育王派遣传教师二百五十六人，远赴他国宣扬佛陀的真理，把佛教传播到全世界。阿育王派遣的传教师名字可考的有：入罽宾、犍陀罗弘法的末阐提，至阿波兰多迦国弘法的昙无德，至雪山边国弘法的末示摩，等等。

中国古代史籍记载说，公元前242年，"西域沙门室利防等十八人，赍梵本经至咸阳"。但是当时秦始皇却视其为异端邪说，将室利防等人投进大牢。这批来自西域的沙门，极有可能就是阿育王派遣的传教师。

张骞通西域，丝绸之路正式开通，佛教搭上丝路贸易的顺风车，获得了大范围的扩散。佛教首先传入丝绸之路南道于阗国。史书称，约公元前80年，来自罽宾国的僧侣毗卢旃，在一位丝绸贩卖商的带领下，翻越崇山峻岭，将佛陀的真理传播到塔里木盆地的于阗。毗卢旃设坛讲法，于阗王开始尊奉佛法，上行下效，于阗从此成为名闻遐迩的"东方佛国"。20世纪初，英国的探险家、文物大盗斯坦因，曾在于阗国辖境内的尼雅遗址，发现了用印度梵文书写的佛经木牍，其年代约为公元前1世纪，在佛教传入于阗国后不久，证实了史书的记载。

约公元25年，中亚崛起了贵霜王朝。第三任贵霜王迦腻色迦一世是继阿育王之后，又一位尊崇佛教的君主。迦腻色迦一世竭力宣扬佛教，在都城富楼沙大兴土木，修建堂皇富丽的寺院和佛塔。他还与佛陀的第十代传人胁尊者一道，商谈佛典的第四次结集。胁尊者担任总召集人集合五百位高僧，推举资深学者世友为首席学者。通过第四次结集，佛教的三藏教义周备无缺，部派纷争的乱局结束了，大乘佛教得以产生。迦腻色迦一世以赤铜为牒，镂刻梵文笔录，以石函封缄，建宝塔珍藏。另外还抄录许多写本，沿着丝绸之路远送各地。

贵霜王朝清除了南亚与中亚之间的屏障，寺院如雨后春笋般冒出，高级僧侣们成了联系各王室的纽带，一定程度上弥补了政治统一的不足，为贵霜王朝政权的稳定发挥了不小的作用，也极大地维护了丝绸之路的畅通与安宁。当时中原纷争不已、战乱频仍，佛教信徒们带着传播佛陀真理的坚定信念，在丝绸之路上不辞辛劳，来回奔波。

最早赴中原的僧侣，应该是汉明帝时期来自中天竺的摄摩腾和竺法兰。汉明帝曾经梦到一个闪亮的金人腾空而起，翌日召集群臣，占卜这个怪异之梦的吉凶。博识洽闻的官员傅毅告诉皇帝，西域有神，叫作佛，皇帝所梦的一定就是佛了。汉明帝大喜，遂派遣郎中蔡愔、博士弟子秦景等十八人，出使天竺，寻访佛法。秦景在天竺遇到了摄摩腾和竺法兰，二人将弘扬佛法作为自己永恒的使命，遂不惜牺牲一切，随秦景赴东汉。公元68年，二人抵达洛阳，受到汉明帝的隆重接待，"于城西门外立精舍以处之，汉地有沙门之始也"。汉明帝诏令在洛阳城西雍门外修建白马寺，这是中原寺院之滥觞，从此佛教流传到中国。

而于汉桓帝初年（约150年）抵达洛阳的安息学者安世高，更是因其传奇的身世流传千古。安世高，本名清，原是安息国的太子。佛教史籍《出三藏记集》称："后王薨，将嗣国位，乃深惟苦空，厌离名器。行服既毕，遂让国与叔，出家修道。"——其父王死后，安世高本应继承王位，但他看破红尘，厌倦世俗，即位后毅然将王位让给叔父，自己出家修道，精研佛学。

安世高是否真是安息太子？根据安息王年表，公元140年米特里达梯四世逝去之后，继位的是一位名字失传的国王，此人极有可能就是安世高。安世高坐了七年王位后弃家修行，可能跟安息国内的政治斗争有关。沃格吉斯四世夺走王位，安世高在安息无立锥之地，被迫背井离乡，踏上迢迢的丝绸之路，东赴中原避难。这在时间上正好符合史籍的记载。这位流落他乡的安息故王在中国佛教史上的地位极高，为汉译佛经的创始人之一、小乘禅法的奠基人。但他在中原的境遇令人嗟叹不已。黄巾起义之后，安世高避乱南走，曾经到过广州，差点儿被一位少年刺杀，不久北上浙江，最后在会稽的闹市上被斗殴者误伤身亡。

安世高抵达洛阳后的十数年，贵霜王朝的佛教学者支娄迦谶也来到中原，此人开了大乘佛教典籍在汉土翻译的先河，被誉为翻译大乘经典第一人。汉灵帝末年（约181年），又有安息佛教学者安玄来华，还在朝廷中当官，因功被授予骑都尉之职务，世人称之为"都尉玄"。

自安玄之后，取道丝绸之路来华的佛教学者稀少，从天竺通过海路赴华的佛教学者渐多。三国时期，有天竺僧人维只难、寓居交趾的康居学者康僧会、中天竺高僧昙柯迦罗等相继赴中原。维只难、康僧会取道海路，至东吴，都受到孙权的厚遇。昙柯迦罗应走丝绸之路南道，至洛阳，在白马寺翻译出中国第一部佛律——《僧祇戒心》。昙柯迦罗首次在中国为僧侣传戒、立规矩，成为律宗的始祖。

昙柯迦罗传戒的第一位中原沙门是颍川籍僧侣朱士行。朱士行受戒之后，取法号八戒，在昙柯迦罗门下精研《小品般若》。《小品般若》又名《道行般若》，是大乘佛教经典《般若经》的略本之一。但是朱士行所看到的《小品般若》在翻译上瑕疵不少，由于删节颇多，无法一窥《般若经》的精要。朱士行听说西域于阗国的僧侣手头有一部完备的《大品般若》，决定西行，求取真经。这个朱士行据称就是明代神话小说《西游记》中猪八戒的人物原型。

公元260年，朱士行携几个弟子，从雍州（今陕西西安西北）出发。这一年魏、蜀、吴三国战事较少，朱士行安然无恙地通过河西走廊，出玉门关后，走丝绸之路西域南道，抵临于阗。朱士行很快就如愿以偿，从于阗的僧侣手中拿到了朝思暮想的《大品般若》梵文原本，凡九十章、六十余万字。

朱士行跟他的弟子携带着《大品般若》梵文原本，心满意足地踏上东归之途，孰料还没走出于阗国境，就被于阗王派来的士兵截下，抓了回去。

原来当时于阗国盛行小乘佛教，信奉大乘佛教的僧侣只是小众。小乘佛教的基本教义是佛陀及其弟子所传的原始佛教教义，包含四谛、十二因缘、八正通和三法印等等。大乘佛教是在贵霜王迦腻色迦一世倡导佛典第四次结集之后产生的，是佛教文化的一次改革运动。其主导力量是以大佛塔崇拜为中心的在家信徒，以及部分改革呼声强烈的僧侣。大乘佛教信徒自诩为"大根器人"，只有有大根器才能普度众生，如同大车大船，乘载着更多的人，到达大彻大悟的彼岸。而信奉原始佛教的僧侣如同小车小船，坐不下几个人，只能自己超度自己。

小乘佛教信徒对此嗤之以鼻，认为大乘佛教是外道，视大乘经书为外道经典，并采取敌对态度，极力排斥大乘佛教信徒。《大品般若》属于大乘佛教的经典，朱士行将其携带走之后，小乘佛教信徒就向于阗王进谗言，说什么"汉地沙门欲以婆罗门书惑乱正典。王为地主，若不禁止，将断大法。聋盲汉地，王之咎也"——中原来的朱士行想用婆罗门的外道邪说来迷惑众生，于阗王可是一国之主，如果听任朱士行肆意妄为，使佛陀的真理从此断绝，那就铸成大错了。

于阗王遂派人抓回朱士行，加以审问，勒令他迷途知返，改邪归正，回归小乘圣教。朱士行对于阗王晓以大乘圣义，试图趁机广弘大乘佛教。但是小乘佛教信徒在于阗占统治地位，一手遮天，结果朱士行被拘押在于阗长达二十多年。朱士行秘密抄写《大品般若》，派弟子弗如檀等送回中原。公元282年，《大品般若》历经磨难，终于送抵洛阳。当时中原已改朝换代，西晋吞灭三国。《大品般若》又经过了十年，才被翻译成汉文，流传中土。可惜朱士行再也无法看到这令他欣喜的一幕，他最终滞留在于阗国，直到八十岁病逝。朱士行开了东土僧侣西去取经的先河，影响了后世一大批诚心求法者，诸如西晋的法显、唐代的玄奘等等，在丝绸之路上留下了一页极为光辉灿烂的篇章。

佛教传播的路线与丝绸之路上商贩的足迹高度吻合，这是因为佛教传播要靠僧侣来推动，而僧侣为了人身安全，弘法路线大多为商贩的贸易途径。除了佛教之外，在中亚流行的摩尼教、基督教，也都是丝路贸易的副产品。摩尼教的创教人是摩尼，公元216年出生于底格里斯河畔的玛第奴，二十四岁时，摩尼脱离基督教团，开始宣讲自己的理论——光明与黑暗斗争。但是受到波斯王阿尔达希尔的冷眼相待，摩尼不得不东走印度，寻求支持者。云游了一年多，听到阿尔达希尔死去的消息，摩尼回到波斯，受到新王沙普尔一世的宠信。沙普尔授权摩尼可以自由宣讲，摩尼教时来运转，赢得了众多的追随者，摩尼教一度被立为波斯国教。

但是西亚古老的宗教琐罗亚斯德教（又称祆教、拜火教）信徒忌恨摩尼。公元274年，波斯王巴赫拉姆一世即位后，在琐罗亚斯德教祭司卡尔提尔的唆使下，摩尼被送上断头台。摩尼教信徒群龙无首，纷纷出走：有的西窜罗马帝国，但惨遭罗马统治者的迫害；有的东逃中亚阿姆河与锡尔河之间的河中地区，与当地的佛教徒融洽相处，渐渐站稳脚跟，并通过丝绸之路将琐罗亚斯德教传入中原。

丝绸贸易战争

丝绸之路沿线上各种宗教，诸如佛教、基督教、摩尼教、琐罗亚斯德教等等之间错综复杂的关系，反映出东西方各国人民在意识形态上的合作与对抗。但是最为惊心动魄的是，为了争夺丝绸贸易主导权和小亚细亚霸权，罗马帝国与萨珊波斯进行了长达四个世纪的战争。

崇尚奢侈的罗马人一直对来自东方的丝绸如痴如醉，但安息、波斯等国肆无忌惮地抬高出口到罗马帝国的丝织品价格，几乎将罗马人的钱袋子掏空。罗马统治者决定打破西亚地区对丝绸贸易的垄断，掌控丝织品定价话语权。公元216年，罗马皇帝卡勒卡拉趁着安息衰落之际，出兵占领幼发拉底河上游的犹太教圣城埃德萨。

萨珊波斯取代安息之后，雄心勃勃的阿尔达希尔试图夺回丝绸贸易的主导权，对埃德萨和小亚细亚志在必得。卧榻之侧，岂容他人鼾睡？此时罗马帝国掌权者是嘴上没毛的亚历山大·塞维鲁，阿尔达希尔写信给他，要罗马人退出亚洲。双方僵持不下，终于兵戎相见，一打就是四百年。公元232年，波斯人击败罗马军团，亚历山大·塞维鲁被迫签订屈辱的和平条约，将亚美尼亚割让给萨珊波斯。波斯人取得了丝绸贸易战争的第一次胜利。公元238年前后，阿尔达希尔趁热打铁，接连发动几次猛烈的进攻，相继夺取了两河流域的尼西比纳、哈兰等要塞。

公元234年，波斯王沙普尔一世又杀入叙利亚，罗马人被打得都无法喘气，靠贿赂让沙普尔一世退兵。公元260年，罗马皇帝瓦勒良亲征波斯，结果惨败于埃德萨。瓦勒良被俘，成了沙普尔一世上马的脚踏板，在罗马帝国史上书写了极为羞辱的一页。此战之后，波斯人趁火打劫，一度深入小亚细亚中部的卡帕多西亚。但是波斯未能将军事上的胜利继续保持下去，罗马皇帝戴克里先、君士坦丁等相继率军东征，在小亚细亚跟波斯人形成拉锯态势。

公元286年，罗马皇帝戴克里先煽动亚美尼亚发动叛乱，赶走波斯人。此后，波斯人节节败退，丧失了底格里斯河以西的大片领地。波斯王纳塞即位之后，为了夺回亚美尼亚，出兵西讨。结果被罗马统帅伽列里乌打得落花流水，包括王后在内的大批王室成员被虏，金银珠宝丧失无数。波斯国王纳塞被迫向戴克里先求和，公元297年经过双方的协商，同意指定美索不达米亚平原上的尼西比纳作为两国唯一的丝绸贸易城市。波斯失去了亚美尼亚、格鲁吉亚，罗马帝国扳回一局，在丝绸贸易中占据有利的地位。

为了压制日益高涨、几乎掏空国库的丝绸消费，公元301年，罗马皇帝戴克里先颁布了一条强制性的丝绸定价敕令，规定中国的生丝原料价格为每磅二百四十七个金法郎。但是罗马人追求丝绸的狂热，并未因官方高悬的定价而有所消退。

公元330年，罗马皇帝君士坦丁一世迁都拜占庭，七年之后，君士坦丁一世驾崩，罗马帝国一分为三，君士坦丁二世、君士坦提乌斯二世、君士坦斯二世各得其一。波斯王沙普尔二世乘人之危，试图夺回亚美尼亚，发兵围攻丝绸贸易重镇尼西比纳。

双方展开激烈的攻防战，战事呈胶着状态。正在此时，沙普尔二世接到了国内送来的紧急报告，从粟特地区南下的匈尼特人（Chionites）进犯萨珊波斯的东境，重镇木鹿城岌岌可危。

匈尼特人就是被东汉帝国追杀得无路可逃的北匈奴余种——嚈哒人。公元91年，东汉名将窦宪耿夔在金微山围歼北匈奴单于庭，生擒单于母、阏氏、名王以下五千余人，北匈奴单于率残部遁逃乌孙。约公元160年，北匈奴又受到鲜卑人的袭击，被迫西迁康居，残留阿尔泰山的北匈奴与当地土著混居，形成一个混血人种——嚈哒人，西方人称之为白匈奴。

后院起火，沙普尔二世不得不撤了尼西比纳之围，挥师向东。沙普尔二世把大本营设在木鹿城，指挥与嚈哒人交战，双方互有胜负。沙普尔二世为了对付罗马人，不惜代价与嚈哒王戈朗巴蒂结盟。

公元359年，在底格里斯河右岸的重镇阿米德（今土耳其东南的迪亚巴克尔）发生了一场"三王会战"，波斯王沙普尔二世、嚈哒王戈朗巴蒂肩并肩，跟罗马皇帝君士坦提乌斯二世再决雌雄。在嚈哒悍骑的襄助之下，沙普尔二世夺得了阿米德城。两年之后，波斯-嚈哒联军又进攻兵家必争之地——阿米德西南的埃德萨城。

有了嚈哒铁骑的加盟，波斯人在小亚细亚的战事一帆风顺。公元363年罗马皇帝"背教者"尤利安率领六万精锐东讨波斯，在安条克聚集重兵，决定攻占萨珊波斯的心脏泰西封，将波斯人从地球上抹去。经过一场恶战之后，尤利安渡过底格里斯河，兵临泰西封城下，这是罗马-波斯战争爆发以来罗马军队取得的最大成就。

但是狡猾的沙普尔二世躲在泰西封城内坚守不战，尤利安在参战部队尚未全部到达之际贸然决定，绕过泰西封，继续向东，杀入波斯腹地。波斯人采取了坚壁清野的策略，罗马军团野无所掠，饥饿不堪，士气直线下降。尤利安又从冒险主义者演变成逃跑主义者，仓皇决定撤退。此时，沙普尔二世派遣精锐的波斯骑兵紧随其后，在混战之中，尤利安成为上帝的弃儿，被一支来历不明的标枪射死。乱糟糟之中，卫士长约维安被拥立为皇帝。约维安带领罗马军队继续东逃，沿途不断遭到波斯骑兵的袭扰，损失惨重，在底格里斯河畔陷入重围。约维安被迫与沙普尔二世签订屈辱的和约，将丝绸贸易中心尼西比纳及大片领地割让给萨珊波斯。

沙普尔二世取得了这次战争的伟大胜利，将叙利亚并入萨珊波斯的版图，把罗马人在叙利亚苦心经营的丝绸生产工业破坏殆尽，丝织染工和机器设备尽数被带回波斯，牢牢掌控丝绸贸易垄断权，确立了波斯在西亚的霸主地位。

战争连连失利，波斯人又垄断了丝绸贸易，为了严控庞大的丝绸消耗，罗马皇帝瓦伦斯于公元369年宣布，除了皇家的作坊之外，其他地方禁止生产金丝和丝绸的刺绣品。

此后，亚洲过来的凶猛好斗的匈奴人让萨珊波斯与罗马帝国两大帝国疲惫不堪。为了逃避匈奴的进攻，罗马帝国北方的哥特人等蜂拥南进，罗马统治者穷于应付。而萨珊波斯也被嚈哒人搞得焦头烂额，双方都无力再战，进入了相对平静的时期。公元395年，罗马皇帝狄奥多西死去，临终前将帝国一分为二，罗马帝国分裂为东、西罗马。东罗马帝国因定都君士坦丁堡（拜占庭），又称拜占庭帝国。拜占庭帝国延续了与萨珊波斯进行的丝绸贸易战争，在丝绸之路上演绎了精彩的一幕幕。

出兵十万只为一僧

在罗马帝国与萨珊波斯为丝绸贸易和小亚细亚打得不可开交的同时，中国也陷入了魏晋南北朝的大分裂、大动乱时期，日益失去了对西域的控制。

公元270年，原居辽东的鲜卑族占据匈奴空地之后，野心暴涨，大举南下，进攻河西走廊。西晋的军队经过八年惨烈的保卫战后，河西重镇金城、凉州沦陷，河西走廊落入鲜卑人之手。

鲜卑人挟河西大胜之余威，企图一举吞并西域。公元275年6月，鲜卑阿罗多调集重兵，入犯塔里木盆地。驻守高昌的戊己校尉马循先发制人，发动突然袭击，斩首四千余级，生擒九千余人，威震西域。

继西晋之后，与塔里木盆地诸绿洲王国关系较为密切的，主要是割据河西的前凉张氏政权。前凉政权的奠基者是公元301年出任护羌校尉、凉州刺史的张轨。公元316年，前赵皇帝匈奴人刘曜灭西晋，司马睿在建康建立东晋。世守凉州的张氏表面上尊奉东晋为正朔，暗中却向汉赵、后赵称臣，实际上是一个半独立的政治实体。公元320年，张轨之子张茂改元永元，宣布脱离东晋闹独立。公元345年，张茂之侄张骏称凉王，都姑臧，正式定国号为凉，史称前凉。

由于中原战乱频繁，河西走廊连年用兵，前凉经营西域沿袭汉代的做法，在鄯善设置西域长史，在高昌设置戊己校尉。

前凉真正插手西域是从控制高昌开始的。公元324年，前凉成王张茂病死，其侄张骏在武威继位。西域诸国纷纷进献汗血宝马、孔雀、巨象及奇异珍宝两百余种。驻守高昌的戊己校尉赵贞自恃天高皇帝远，不买张骏的账，企图另立中央，称霸西域。

公元328年6月，驻守鄯善的西域长史李柏率兵北击赵贞。在出师之前，李柏做了周密的部署。焉耆是当时西域北道强大的绿洲城邦，要击破赵贞叛军，必须取得焉耆国的支持。于是李柏在海头即罗布泊湖畔给焉耆王龙熙写信，向他问安致意，以稳住焉耆。李柏的文书后来成为外国贪婪的文物盗窃犯的囊中之物，1909年2月，日本人橘瑞超窜入罗布泊地区，在一座古城堡遗址中找到了当年李柏的信件，欣喜万分地劫掠而走，成为中华民族心头上永远的伤痛，这是后话。

尽管李柏做了充分的准备，但是讨伐赵贞的军事行动还是失败了。一时前凉举朝哗然，众臣纷纷要求将轻启战端的李柏处死。张骏志在经营西域，而经营西域首先必须控制高昌，于是断然拒绝众人的建议，赦免了李柏的死罪。

公元328年，张骏亲自讨伐赵贞，一战而擒。张骏置高昌郡，直接将其并入前凉的版图，通往西域的门户洞开。此后，张骏又派遣部将杨宣率军出塞，远征西域。杨宣一路所向披靡，连陷鄯善、龟兹等国，西域大震，纷纷降服。公元331年，鄯善王元孟进献美女，焉耆、车师前部、于阗等国也相继入贡。

张骏称凉王之后，再次派遣杨宣进攻西域北道上的焉耆。杨宣以部将张植为先锋，一路所向披靡，焉耆人大败。吓得焉耆王龙熙率四万余众求降。为了加强控制西域，张骏开了一个历史先河，将中原的郡县制推广到西域去，任命杨宣为敦煌刺史，下辖三郡三营。三郡为敦煌、晋昌、高昌，三营为西域都护营、戊己校尉营、玉门大护军营。其中属于西域的有高昌郡、西域都护营、戊己校尉营。高昌郡下设高昌县、田地县（今新疆鄯善鲁克沁）。西域都护营的办公点设在鄯善，戊己校尉营的办公点在敦煌北界。

前凉时期，丝绸之路文化史上最重大的事莫过于敦煌莫高窟的开凿。莫高窟第332窟曾经发现了一个唐代的《李克让修莫高窟佛龛碑》，碑文记载：

> 建元二年，有沙门乐僔，戒行清虚，执心恬静。尝杖锡林野，行止此山，忽见金光，状有千佛，遂架空凿险，造窟一龛。次有法良禅师，从东届此，又于僔师窟侧，更即营建。伽蓝之起，滥觞于二僧。

这个建元二年的纪年到底是哪一年，众说纷纭。虽然在公元320年张茂改元永元，有自己的纪年，但是考古资料显示，敦煌本地在公元327年至353年之间曾经奉用东晋王朝的年号。所以建元二年当为东晋王朝的年号，即公元344年，也就是张骏称凉王的前一年。

前凉对西域的有效管辖一直持续到冲王张玄靓时代（约360年）。公元376年，前秦天王苻坚灭前凉，也继承了前凉经营西域的事业。苻坚置凉州，任命梁熙为刺史。公元378年，梁熙遣使赴西域宣扬苻坚的威德，并馈赠中原的丝织品，其实是通过贿赂手段拉拢西域各国。

丝绸贸易是中原与西域之间割不断的纽带，在苻坚的努力之下，丝绸之路保持畅通。葱岭内外有十余国遣使朝贡前秦，费尔干纳盆地的大宛国率先献上汗血宝马。公元381年，康居、于阗等国又进贡。

当时龟兹国称霸西域，欺凌塔里木盆地各绿洲王国，成为前凉经营西域的绊脚石。鄯善王休密驮和车师前部王弥寘亲赴洛阳，劝说苻坚派军讨伐西域那些不归顺的国家，恢复设置西域都护。为了扫清丝绸之路上的障碍，公元382年2月，苻坚命骁骑将军吕光为西征统帅，率陵江将军姜飞、轻骑将军彭晃等七万余人，浩浩荡荡，西讨龟兹。

苻坚出兵十万，除了为西域诸国主持公道之外，还有一个重要目的，就是俘获被誉为"大德智人"的高僧鸠摩罗什。这个和尚究竟是何方神圣，让苻坚冲冠一怒，兴师动众？

鸠摩罗什含着金汤匙出生，从他落地的那一刻起就注定他的一生充满传奇。鸠摩罗什的家族原是天竺婆罗门种族，累世为国相。为了躲避政治纷争，鸠摩罗什的父亲鸠摩炎弃国相位，东越葱岭，逃到龟兹国。龟兹王非常敬佩鸠摩炎的人品和学识，聘请他为国师，还把王妹耆婆许配他，生下鸠摩罗什和弗沙提婆两个儿子。鸠摩罗什又名鸠摩罗耆婆，是其父母名字的合体，意为童寿。

鸠摩罗什自幼跟随其母到处修行。七岁时，耆婆出家，携鸠摩罗什向龟兹高僧佛图舌弥学习阿毗昙（小乘佛教的一门学问）。九岁时，鸠摩罗什又随其母渡过狮泉河到罽宾，寻求学问，遇到罽宾王的从弟盘头达多。此君精通小乘佛教的基本经典《杂藏》《中阿含经》及《长阿含经》，声名遍播西域诸国，他成了鸠摩罗什的第二位老师。

鸠摩罗什在罽宾学习了三年，十二岁时其母又带他回娘家——龟兹国。途经莎车国时，遇到精通大乘佛教的莎车王子须利耶苏摩，鸠摩罗什向他学习大乘佛教创始人之一龙树的中观思想。此后，鸠摩罗什母子二人走丝绸之路北道，回龟兹国。

路过龟兹之北界温宿国时，有一外道仗着自己"神辩英秀，振名诸国"，嚣张地宣称："论胜我者，斩首谢之！"——谁能把我辩倒，我就砍下脑袋认输！年幼的鸠摩罗什搬出从须利耶苏摩那里学来的大乘经理论，将自诩为"独孤不败"的外道狂人驳得体无完肤，自此"声满葱左，誉宣河外"——鸠摩罗什声名鹊起，在葱岭和塔里木盆地家喻户晓。龟兹王听说有这么一个誉满西域的小外甥，大喜过望，亲自来温宿国，将鸠摩罗什母子恭迎回家。

鸠摩罗什此时俨然是一位百年罕见的大学问家，"博览四韦陀、五明诸论①，外道经书，阴阳星算，莫不究晓。妙达吉凶，言若符契"。佛经、阴阳、占卜、外道等等，无不精通。龟兹王让他在王宫弘宣佛法，听者云集，"莫不悲感追悼，恨悟之晚矣"——鸠摩罗什精妙的演说，众人听了无不感

---

① 四韦陀，古印度婆罗门教的四部基本经典，即《梨俱吠陀》《娑摩吠陀》《夜珠吠陀》《阿闼婆吠陀》。五明，古代印度对学问的分类，即声明、因明、医方明、工巧明、内明。

动得声泪俱下，恨悟道晚矣。

二十岁时，鸠摩罗什在龟兹王宫受戒，跟随罽宾律师卑摩罗叉学佛教戒律书《十诵律》。不久其母又要去天竺，想让鸠摩罗什一起去犍陀罗弘扬大乘佛法。但是鸠摩罗什以将大乘佛法传入中原为己任，婉拒了母亲的要求，留在龟兹国继续讲经。龟兹王特意为他打磨了一台金狮子座，上面铺着从欧洲进口的奢华锦褥，供鸠摩罗什弘法之用。西域诸国对鸠摩罗什弘敬若神明，每年讲法时，各国国王都长跪在金狮子座侧旁，无比荣幸地让鸠摩罗什踩背登上金狮子座。

鸠摩罗什的声名很快就随着丝绸之路，远播到中原。车师前部王和龟兹王的弟弟去长安朝见前秦天王苻坚时，同赴中原的车师前部国师——一位天竺学问僧鸠摩罗跋提告诉苻坚，龟兹国有三宝：觉卧释迦佛像、佛骨舍利和鸠摩罗什。觉卧释迦佛像是天竺著名工匠毗首羯摩锻造的佛陀十二岁等身量鎏金铜像，佛骨舍利是佛陀涅槃之后的遗物，鸠摩罗什是举世无双的高僧。此三宝留在龟兹狭隘之地，简直就是暴殄天物。天王派兵取来，对芸芸众生将是大吉大利。

公元377年，即苻坚灭前凉后的第二年，宫中的天文学家奏报："有星见于外国分野，当有大德智人，入辅中国。"——天象预兆，将有一位大德智人，入中原辅佐国家。苻坚大为惊奇，这大德智人岂非鸠摩罗跋提说的龟兹三宝之一鸠摩罗什？

苻坚怦然心动，遂派遣吕光率七万大军征讨龟兹国。吕光临行前，苻坚特意交代："朕闻西国有鸠摩罗什，深解法相，善闲阴阳，为后学之宗。朕甚思之。贤哲者，国之大宝。若克龟兹，即驰驿送什。"——我听说西域有个鸠摩罗什，无所不知，是个千年一遇的大贤哲。贤哲，国家的大宝。攻下龟兹之后，立刻将鸠摩罗什送到我这里来。

于是，丝绸之路上一场奇特的战争——为抢夺人才的战争爆发了，苻坚不惜劳师动众，远涉数千里，去抢夺一个名震中外的高僧。而这场战争影响了之后前秦与东晋的淝水之战，成为改变中国历史进程的重大事件之一。

吕光率大军出玉门关，走大海道，过白龙堆，直奔龟兹国而去。焉耆等诸国纷纷竖起白旗投降，鸠摩罗什劝龟兹王白纯说："如今国运已衰，强敌从东方而来，当开门恭迎，不可与之争锋。"

龟兹王白纯仗着自己是西域的霸主，可以调动数十万西域仆从军，足以跟远道而来的吕光决一死战，遂将鸠摩罗什的劝告当作耳边风。

吕光把龟兹国都延城围得水泄不通，白纯做困兽之斗，将国库中的财物都拿出来作为酬金，向西北伊塞克湖的狯胡请救兵。狯胡就是后来令欧洲人闻风丧胆的嚈哒人，他们娴熟弓马骑射，装备先进的作战利器长矛和锁子甲。锁子甲是黑海北岸斯基泰人创造的铠甲，由无数金属小环连缀合成衣状，"铠如环锁，射不可入"，防护性极强。冲杀时，狯胡人用牛筋绳结成套圈，在马背上抛出，套猎敌方的人头，命中率极高。

狯胡王派遣其弟呐龙、侯将馗率数万精骑（史书云二十余万，有所夸张）驰援龟兹。西域北道上的温宿、尉头、姑墨等龟兹仆从国也派出大量援兵，总数一二十万（史书云七十万）。

狯胡援兵的到来，引发吕光远征军一阵恐慌。有人主张按驻营各自为战，排列成方阵去对付狯胡。吕光认为，敌众我寡，营垒之间相距甚远，力量分散，易被敌军各个击破。于是下令重新布阵，将各营垒结成几个大方阵，相互呼应，操练钩锁子甲的战术，并组织精锐骑兵为游击机动部队，穿梭于各大方阵之间，弥补缝缺，使得远征军阵势坚固、密不透风。

狯胡铁骑激起漫天尘土，会战终于在延城西边展开了。吕光远征军就像一团硬铁块，狯胡屡攻不破。远征军钩住锁子甲，杀得狯胡人仰马翻。吕光趁势出动游击骑兵大肆砍杀，狯胡溃不成军，丢弃万余具尸体，狼狈而走。

龟兹王白纯见势不妙，收拾珍宝逃之夭夭。西域的王侯降者三十余国，吕光另立白纯之弟白震为龟兹王。吕光冲进王宫，抓到淡定的鸠摩罗什后，不由地哭笑不得。出兵七万，千里迢迢而来，竟然只为这么一个其貌不扬的和尚。吕光生性孤傲，见鸠摩罗什完全没有大贤哲的模样，对他很是不敬。

有一天吕光准备在山下扎营宿夜，鸠摩罗什劝阻说："不可在此夜宿。恐山洪暴发，人马会被洪水冲走，赶紧移到山上去。"吕光不信，夜里果然大雨，洪水暴起深数丈，人马死者数千。吕光从此对鸠摩罗什另眼相看。

苻坚得知吕光平定西域，任命他为都督玉门以西诸军事、安西将军、西域校尉。由于当时中原战乱，任命书未能送达西域。吕光攻下龟兹后，没有苻坚的指示，不知所从，决定留在西域。鸠摩罗什劝说："此凶亡之地，不宜淹留。推运揆数，应速言归。中路必有福地可居。"于是吕光决意东归，用两万头骆驼运走数不清的西域奇珍异宝，还有万余匹骏马，浩浩荡荡地踏上东归之途。

大军走到了凉州，传来苻坚因淝水之战惨败，众叛亲离，被部将姚苌杀害的消息。吕光召集自己的队伍，占据河西四郡（武威、酒泉、张掖、敦煌）及二十四座州城，建立后凉政权。鸠摩罗什随吕光滞留凉州长达十六年，屡屡为吕光出谋献策。

公元401年，后秦皇帝姚兴出兵灭后凉，将鸠摩罗什迎至长安城。姚兴待之以国师，奉之如神明，礼遇有加。在长安城形成一个以鸠摩罗什为核心的僧侣集团，他们致力于弘扬佛法，以译经、布道为使命，成员最多时有八百余名，慕名而来的超过三千人，前后十余年，共翻译出佛教经典九十四部，四百二十五卷。公元413年5月，鸠摩罗什逝于长安城，次年，鸠摩罗什最得意的弟子僧肇也追随其师而去。鸠摩罗什师徒之死颇为蹊跷，或以为因僧侣集团势力强大遭到朝官和后妃的忌恨，死于非命。

鸠摩罗什虽死，但他的佛学成就和翻译成果，前无古人后无来者，被近代思想家梁启超誉为"译界第一流宗匠"。

法显西行

鸠摩罗什被后秦皇帝姚兴接到长安城的前两年，即公元399年，山西省襄垣宝峰寺的法显、慧景、道整、慧应、慧嵬等五位高僧，齐聚长安城，开启了西行之旅，前往天竺寻求佛法戒律。他们是中国历史上第一个迈出国门向国外求新知的留学僧团。在此后的西行途中，僧团的成员越来越多。但是经过漫长的旅途之后，死去、留居异乡，最后漂洋过海回到中原的只有一个法显。

法显，本姓龚，山西平阳人，有三个哥哥，幼年皆夭亡。父亲惧怕法显遭祸，在他三岁时将他送入宝峰寺当个小沙弥，以求长寿。十岁时，法显父亲过世，其叔担忧法显之母寡居难活，逼迫法显还俗。法显已许身佛陀，坚决不肯还俗。不久，母亲过世，法显治丧之后又回到宝峰寺。二十岁时，法显受大戒，"志行明敏，仪轨整肃"，远近闻名。

法显率领留学僧团出长安城之后，越陇山，踏上河西走廊，进入西秦。时值炎夏，雨季来临，法显等不得不留在苑川（今甘肃榆中东北）夏坐三个月。夏坐之后，法显又西行，过南凉都治乐都（今青海乐都），北越养楼山（祁连山扁都口，即大斗拔谷），至张掖。

此时河西走廊大乱，后凉皇帝吕光的部下——建康太守段业举旗造反，在张掖建立北凉。到处兵荒马乱，法显无法继续西行，只好暂留张掖，接受段业的款待。在张掖，法显留学僧团的成员扩大了一倍，有智严、慧简、僧绍、宝云、僧景、慧达等僧侣愿追随法显，一同西行求知。公元400年，法显在张掖第二次夏坐。夏坐之后，僧侣团继续西行，至丝绸之路的重镇敦煌。僧侣团分两队，法显五人为一队，跟随敦煌太守李暠出使西域的使者先行，宝云等五僧为二队后行。为了帮助法显顺利穿越白龙堆大沙漠，李暠提供了充足的饮水和食物。几个月后，李暠被部下拥立为王，脱离北凉，建立西凉政权，成为西域的实际控制者。

法显出了玉门关，穿越令人毛骨悚然的白龙堆，西行一千五百里，到达鄯善国。法显留在鄯善国一个月，接受鄯善王和当地僧众的供养，而后沿着塔克拉玛干沙漠边缘，向西北行十五天，抵达焉耆国。十七年前，吕光率大军西征龟兹，苻坚的族人苻公孙留在焉耆修行。法显的到来，令苻公孙惊喜万分，他热情款待了法显两个月，在此法显与二队的宝云五僧胜利会师。

但是焉耆盛行小乘佛教，对这个中原来的僧团很不友好，拒绝提供饮水和食物，慧嵬、慧简、智严三僧，不得不掉头向东，去高昌寻求资助。法显等则得到苻公孙的供给后，从焉耆出发，取西南向斜穿塔克拉玛干沙漠，直奔西域南道上的"东方佛国"——于阗国而去。

在沙漠中艰难行走了三十五天，法显等终于抵达于阗国。此时于阗国与朱士行时代不同，僧侣有数万之众，大乘佛教占绝大多数，家家户户门前都有佛塔，最小的也有两丈高。于阗国王把法显安顿在瞿摩帝寺①。该寺院在于阗国内地位崇高，"三千僧共犍槌食"——拥有僧侣三千名，是西域的佛教圣地。法显让慧景、道整、慧达等先行，自己留下来观看于阗王在四月份举行的行像（佛像巡游供信徒膜拜）仪式。

行像之后，僧绍跟随一个西域的和尚往罽宾而去，离开了僧侣团。法显、慧应、宝云、僧景四人，沿西域南道走了二十五天到达子合国（今新疆叶尔羌城莎车东南），又南行四天，登上巍巍葱岭，在于麾国（今新疆叶尔羌河中上游）进行第三次夏坐，此时已是公元401年了。

夏坐之后，法显又走了二十五天，抵达疏勒国，在此与先行的慧景、道整、慧达三人会合。在此法显等观看了当地举行的五年一次无遮大会，瞻拜佛迹与石造之佛唾壶等。细心的法显还观察到，葱岭上有三种植物与中原相同，竹、甘蔗、安息石榴。西汉张骞出西域时，将安息石榴传入中原。

离开了疏勒国，法显等西向北天竺而去，在海拔五六千米的葱岭上行走了一个月，抵达陀历国②，此处为西域进入天竺的必经之地。由陀历国顺岭西南行十五天，沿途悬崖峭壁如屏，高山深涧，望之令人目眩，印度河在峡谷

---

① 瞿摩帝（Gomati）寺，即牛富寺，遗址在今新疆和田西南约二十三公里处喀拉喀什河畔库玛尔山崖。

② 陀历国，今巴基斯坦印度河上游达迪斯坦（Dardistan）附近。

间咆哮而过，自汉代张骞、甘英以来中原人从未涉足。

公元402年，法显等渡过印度河，抵临乌苌国（今巴基斯坦西北斯瓦特），先让慧景、道整、慧达去那揭国（今阿富汗东部贾拉拉巴德附近）。佛家信徒们在那儿开凿了一个瞿波罗窟，传言石窟中曾出现过佛陀的身影。法显等留在乌苌国进行第四次夏坐。

夏坐之后，法显继续南下，经印度河畔的宿呵多国（在今巴基斯坦斯瓦特山谷）东下行走五天，抵达犍陀罗。又东下行走七天，抵达竺刹尸罗，也就是犍陀罗国的古都循鲜城。从犍陀罗南行四天，抵富楼沙。

富楼沙城内有贵霜王迦腻色迦一世建造的许多佛塔，最高者四十余丈，壮丽威严无比。法显称，唯阎浮提塔为上。此塔是阎浮提洲（佛教中的南部瞻洲）最上之塔，供奉佛陀吃饭用的石钵。佛钵本来留在摩揭陀国的华氏城，后来迦腻色迦一世攻破华氏城，将佛钵转移到富楼沙，建造佛塔与佛寺供奉。

在富楼沙，法显的僧侣团散开了，宝云和僧景二人供养佛钵之后，就回中原了，慧景、道整、慧达三人在那揭国瞿波罗窟供养佛影、佛齿及佛顶骨。不料慧景生了一场大病，道整留下护理，慧达回到富楼沙与法显汇合后，也紧随宝云、僧景，北还中原。慧应不幸在佛钵寺升天，只剩下法显，孤身一人前往醯罗城（今阿富汗贾拉拉巴德南五里处），去供奉一块安放于此的至高无上的佛顶骨。

此后，法显往瞿波罗窟与慧景、道整汇合，在此过冬。南越小雪山①时，忽起暴风雪，天气酷寒，慧景大病之后身体虚弱，气力衰竭，口吐白沫而死。法显、道整二人抚尸痛哭，强忍住悲痛，继续南行，终于将小雪山抛在身后，抵天竺诸国，又渡印度河，穿越旁遮普，游遍中天竺、东天竺。

公元404年，法显、道整二人游历了笈多帝国超日王的国都华氏城（法

---

① 小雪山，今阿富汗贾拉拉巴德以南的塞弗德科山（SafedKoh）。

显称之为巴连弗邑)。道整在华氏城目睹了当地僧侣的佛学造诣,深恨中原戒律残缺,发誓说:"自今已去至得佛,愿不生边地。"——在求得真知之前,决不生还中原。道整从此寓居华氏城,直到终老。法显的心愿是取得天竺的戒律,传播到中原,于是独自一人回国。

法显顺恒河东行,最后抵达位于恒河入海口的多摩梨①帝国。国中有二十四座寺院,法显在多摩梨住了两年,抄写佛经,摹画佛像。公元409年,法显顺着印度洋冬季信风和海流,搭乘商船,经孟加拉湾,沿着印度半岛东岸南下,到斯里兰卡。法显在斯里兰卡又停留了两年,公元411年9月又趁印度洋北上的信风和海流,携带在印度和斯里兰卡抄写的十一部佛经,搭乘两艘由拜占庭帝国回国的中国大商船,启程归国。海上一路历经磨难,在东南亚的耶提婆国(爪哇岛或苏门答腊岛),遭遇黑风暴雨,差点儿被火爆的船主推下海,幸亏多名乘客出手相援,法显才躲过一劫。公元413年5月,法显在青州长广郡牢山(今山东即墨)登陆。

法显本欲回到长安城,但是中原战乱频仍,交通阻塞,为了翻译带回国的佛经,法显毅然奔赴东晋都城建康,在那儿与曾经的游伴宝云,还有来自北天竺加毗罗卫国(今尼泊尔)的释迦族高僧佛驮跋陀罗,共同译经。

佛驮跋陀罗,是释迦牟尼叔父甘露饭王的后裔,随祖父经商,迁居北天竺。后去罽宾,遇到随法显西行半途而归的智严,智严邀请他同去中原弘法,佛驮跋陀罗欣然答允。

公元408年,佛驮跋陀罗、智严听说名噪一时的鸠摩罗什就在长安,于是前往拜访。由于三人在学术上分歧颇大,不欢而散,佛驮跋陀罗辞别鸠摩罗什,来到建康。不久,东归的法显南下建康,二人志同道合,凑到一块。从公元416年至公元418年,译出法显携归的梵本经律《大般泥洹经》共四十九卷。

---

① 多摩梨,在今印度西孟加拉邦米德纳普尔(Midnapore)的塔姆卢(Tamluk)附近。

公元420年，法显圆寂于荆州的辛寺，享年八十六岁。法显以六十五岁的高龄，踏上陆路丝绸之路，穿行亚洲大陆，又经海上丝绸之路，到达印度，完成了一次远程陆海旅行的惊人壮举。他回国后撰写的西行回忆录《佛国记》，成为世界地理史上一部伟大的著作，也成为研究印度笈多王朝的重要文献。

丝路贸易反垄断

在法显西行天竺期间，丝绸之路上的各个战略要地城头变幻大王旗，西域及河西走廊走马灯似的几度易主。公元400年12月，资助过法显穿越数百里流沙的北凉敦煌太守李暠率先发难，在敦煌举旗叛离北凉，改元庚子，建立西凉政权。

李暠崛起之后，派遣心腹宋繇袭破玉门关以西的伊吾、高昌郡所辖诸城，在玉门、阳光建立补给基地，为日后东伐北凉做准备，这是西凉经营西域的开端。西凉在高昌郡设置县、乡、里，实行与内地一致的行政系统。五六年后，鄯善王、车师前部王遣使进贡李暠，标志着西凉已取代北凉，成为西域的新主子。

三十年河东，三十年河西。公元422年，谋杀北凉缔造者段业、夺取政权的匈奴人沮渠蒙逊，水淹敦煌，灭掉西凉，重新控制了西域。鄯善王比龙及其他西域城邦君主纷纷入贡，向沮渠蒙逊表忠诚。而西凉李氏的余党则流亡伊吾，投靠西伯利亚地区的游牧部落柔然，被安顿在伊吾。柔然族源不明，或为匈奴的别种，有西方学者认为是阿瓦尔人。北魏太武帝拓跋焘对柔然屡屡南犯劫掠恨之入骨，赐予其一个侮辱性的名字"蠕蠕"，嘲讽柔然人智商低下，像蠢蠢蠕动的小虫子。

此时，蒙古高原上鲜卑人创建的北魏帝国日益强盛，大有一统天下之势。太武帝拓跋焘是位杰出的战略家，他目光远大，深知丝绸贸易利润丰厚，就把触须伸到西域去。拓跋焘于公元431年派遣使者前往姑臧，册封沮渠蒙逊为行征西大将军、凉州牧、凉王等等。公元433年，拓跋焘又授沮渠蒙逊的儿子沮渠牧犍为车骑将军，改封河西王，试图变北凉为北魏的卫星国，以控制河西走廊，向西域渗透。

经过数年的经营之后，北魏逐渐超越北凉，成为西域的共主。公元435年，龟兹、疏勒、乌孙、悦般（北匈奴残余建立的政权）、渴槃陁（于阗西部的小国）、鄯善、焉耆、车师、粟特（康居）等西域九国入贡北魏。拓跋焘慨然有大志，欲效仿汉武帝通西域，当即派遣使者王恩生等二十余人出使九国。

但是王恩生使团走到白龙堆附近时，被窥视西域的柔然人抓住了。面对柔然敕连可汗的恐吓，王恩生坚贞不屈。拓跋焘闻讯，怒责敕连可汗，敕连可汗自知力量薄弱，不敌北魏，赶紧释放了王恩生等人。王恩生使团空手而归，拓跋焘第一次通西域的计划受挫。

公元437年，拓跋焘派遣散骑侍郎董琬、高明等，再次出使西域，招抚龟兹、疏勒、乌孙等九国。董琬、高明到了乌孙，乌孙王大喜，告诉使臣，葱岭以西的破洛那（即汉代的大宛）、石国（又译为者舌）二国都想向北魏进贡称臣，就是不知路途，可以过去招抚。

这可是意外的收获。董琬立刻派翻译分别出使破洛那、石国，而且立即引发轰动，有十六国主动遣使随董琬入贡北魏。拓跋焘通西域终于大功告成，从此西域诸国年年朝贡。

北魏与西域诸国保持密切的政治、文化交流，在巴基斯坦北境的罕萨河谷畔"灵岩二号"岩刻群中，发现的"大魏使谷巍龙今向迷密（米国）使去"的汉文石刻题记，就是北魏与西域友好往来的历史见证。

但是统治北凉的沮渠氏阳奉阴违，在河西走廊上设置关卡，强征赋税，并切断与北魏的商贸往来，又与柔然暗中勾结，准备联手在西域对付北魏。为了清扫经营西域的障碍，公元439年，拓跋焘亲征北凉，姑臧城不战而溃，沮渠牧犍"帅其文武五千人面缚请降"，北凉灭亡，河西走廊落入拓跋焘手中。北魏帝国夺取了东西方贸易的控制权，并垄断丝绸、铁器等各种贸易。

拓跋焘征讨北凉、经营西域的同时，在中亚阿姆河以南冒出了一个寄多罗王国。寄多罗人的早期历史不明，印度笈多帝国时代的铭文把寄多罗人当作匈奴人，西方学者则称为红匈奴。红匈奴曾经征服过粟特地区，约公元370年，从阿尔泰山南下的嚈哒人（白匈奴）占领粟特，红匈奴被迫南移至阿姆河流域的吐火罗，侵占了贵霜王国的地盘。他们的首领寄多罗约在公元385年（前秦天王苻坚在位时期）定都蓝氏城，建立寄多罗王朝，中国史籍称之为大月氏国。寄多罗继续越过兴都库什山脉，南侵北天竺，奴役犍陀罗等五国。寄多罗把兴都库什山脉以南的犍陀罗、旁遮普交给他的儿子统治，都治在富楼沙，中国史籍称之为小月氏国。

法显在《佛国记》中提及，有一位大月氏王试图将佛钵从富楼沙夺走，因城里的佛教徒拼死保护而未果，这个大月氏王就是寄多罗。大月氏国、小月氏国夹在嚈哒人与笈多帝国之间，昙花一现，存在半个世纪后被嚈哒人吞灭。一个鼎盛的嚈哒人帝国在寄多罗王朝的废墟上崛起，持续了一个半世纪。

北魏太武帝拓跋焘通西域之后，丝绸之路又畅通起来。寄多罗王朝与中原的贸易往来日益密切，有大量的商贩留居在北魏，结果出现了一次反垄断事件。

中原的琉璃（类似于现在的特种玻璃）由于产量稀少，价格高昂，等同名贵的玉器。西汉时，希腊世界的工艺大师掌握精湛的琉璃制造技术，色泽鲜艳，花样繁多。尤其是托勒密王国的亚历山大港，是当时世界琉璃制造中心。张骞出西域之后，随着丝绸之路的开辟，希腊世界的琉璃制品输入中原，也成为丝绸之路上重要的贸易商品之一。佛教传入之后，琉璃被列为"七宝之首"，一直被中原的佛教信徒捧为奇珍异宝。但中原琉璃制造工艺落后，不得不依赖进口，贩卖商因此垄断琉璃贸易，赚取丰厚利润。

一位大月氏国的商贩终结了琉璃贩卖商的暴利，他宣称能用矿石制造出五色琉璃。拓跋焘半信半疑，让他率一队矿工进山采矿，然后输送到京师平城进行加工，结果制造出来的琉璃更胜于西域的琉璃。拓跋焘大喜，把那位商贩召进皇宫，让他建造一座可容纳百余人的行宫。行宫内嵌满琉璃，光芒四射，令人炫目，参观者都以为是神灵之作。自此，西域琉璃的价格一落千丈。琉璃在中国开始普及化、大众化，佛寺的殿顶屋脊大多用琉璃建造。

琉璃的垄断被打破后不久，约公元440年（一说在公元419年或稍晚），中原地区保密了上千年的丝绸制造技术也被泄露出去了，先传入西域的于阗，后逐渐西传到欧洲。丝绸机密传入于阗的经过在唐代玄奘《大唐西域记》中有详细的记载。

于阗居民本来不知道植桑养蚕、抽丝织布这几道丝绸工艺，于阗王尉迟迟耶听说东边的鄯善王尤还是东汉的外甥，鄯善国与中原王朝关系密切，他将中原的丝绸织造技术传入鄯善，就派遣使者前去求教。

但是鄯善王为了垄断丝绸贸易，下了一道严令，禁止将蚕种传到外国去，并在边境设置哨卡，搜查过往的行客，防止蚕种走私。尉迟迟耶碰了一鼻子灰，又想出一个主意，卑辞厚礼，向鄯善王求婚。当时鄯善是西域七强之一，鄯善王有怀远之志，为了扩充势力，决定将王室公主槃耶婆刺西嫁尉迟迟耶。

尉迟迟耶见计谋得逞，在迎亲时特别交代使者，要他转告鄯善公主槃耶婆刺，于阗本国没有丝帛蚕桑，请公主把蚕种带过来，日后就可以自己抽丝织衣。槃耶婆刺不知是计，就把几个蚕卵藏在帽子的丝絮之中，准备带到于阗去。

迎亲队伍过鄯善的边防哨卡时，守卒将队伍的每一个成员都做了全身搜查，就连公主也不例外。但守卒没有发现槃耶婆刺帽子中的秘密，就放行过关。

槃耶婆刺瞒天过海，安然将蚕种携带到于阗国。从此于阗国有了蚕种，春天时种植桑树，三月是蚕月，于阗人又开始养蚕。刚开始很艰辛，蚕繁殖过快，桑叶不够，只好杂以其他树叶。到了后来，桑树成荫，郁郁葱葱，养蚕业也逐步发展起来。

为了保护蚕桑，已是王妃的桊耶婆剌刻石下令，"蚕蛾飞尽，乃得治茧。敢有犯违，明神不佑"——等到蚕蛾飞走了，才能蚕茧抽丝。违抗命令，将受神明惩罚。桊耶婆剌又在离王城东南五六里处，为最初带入于阗的蚕种建立了一座寺院——麻射寺。

玄奘的记载得到了考古文物的印证。一千四百年后，英国的文物大盗斯坦因在古于阗王城丹丹乌里克佛寺遗址窃取了八块木版画，其中有一幅画的是"传丝公主"，画中一位女侍从左手高举，指着另一位头戴缀满珠宝帽子的贵夫人，像是在告诉世人帽子中藏着隐秘。还有一位头上顶光环，身长四臂，跏趺而坐的男子，一只手平放，另外三只手各持着剪刀、纺锤和锥子，他就是于阗的蚕神。而这座佛寺遗址就是鄯善公主修建的麻射寺。

蚕种传到于阗之后，打破了鄯善国的垄断。过了几年，在公元445年，北魏皇帝拓跋焘派大将万度征讨西域，鄯善国灭亡，但是丝织业却在西域日益兴盛起来，塔里木盆地的绿洲到处可见于绿叶葱葱的桑树林。而这一切应该归功于那位鄯善国的传丝公主，她的善良、美丽与聪明，永远属于丝绸古道。

北魏经营西域

灭鄯善是北魏帝国经营西域迈出的一大步。

公元439年，北凉王沮渠牧犍投降北魏，其弟沮渠无讳在酒泉、敦煌等地继续对抗北魏军队。公元441年，北魏将领奚眷攻下酒泉。沮渠无讳派弟弟沮渠安舟率五千人马，西击鄯善，准备在西域开拓新的生存空间。鄯善王比龙在北魏使者的劝阻之下奋起抵抗，击退沮渠安舟。翌年，沮渠无讳亲率万余大军进攻鄯善，鄯善王比龙闻风先奔且末，王子真达献出城池。于是沮渠无讳主动放弃敦煌，逃至鄯善，继续负隅顽抗。

不久，西凉李氏的残余势力唐契进攻高昌，太守阚爽遣使到鄯善，向沮渠无讳诈降以求救兵。沮渠无讳不知是计，只留下侄儿沮渠丰周守鄯善，自率人马穿越塔克拉玛干沙漠，经焉耆直奔高昌。等沮渠无讳到达高昌城下时，唐契已经被柔然的援军打死。阚爽紧闭城门，拒纳沮渠无讳。沮渠无讳大怒，于公元442年11月趁夜袭占高昌城，阚爽走投柔然。

唐契的弟弟唐和收集余部，逃奔车师前部。不久，唐和卷土重来，南攻高昌附近各据点，大破沮渠安舟的人马，而后投效北魏。北魏太武帝拓跋焘令唐和偕同车师前部王伊洛聚攻沮渠无讳，将他困在高昌城内。

沮渠无讳的另一个地盘鄯善地处丝绸之路要冲，鄯善王子真达在沮渠丰周的指使之下，封锁丝绸之路西域南道，拦截北魏出西域的使者，致使西域数年不通。北魏如鲠在喉，经营西域举步维艰。公元445年，太武帝拓跋焘派遣散骑常侍万度归讨伐鄯善。万度归把辎重留在敦煌，率五千轻骑，以迅雷不及掩耳之势，突至鄯善。鄯善王子真达不战而降，被万度归送到平城去见拓跋焘。

为了牢牢控制鄯善这一战略重镇，公元448年，拓跋焘任命交趾公韩拔为鄯善王，镇守鄯善，置郡县，征收赋税，直接将其并入北魏帝国的版图。鄯善国至此宣告灭亡。

清扫了鄯善的沮渠氏势力，万度归乘胜北破焉耆，焉耆王鸠尸卑那单骑西投龟兹。拓跋焘又命万度归率一千骑兵西攻龟兹，龟兹大将乌羯目提领兵三千迎战，结果被万度归杀得落花流水。龟兹王胆寒，自此臣服，年年进贡。

经过七八年的苦心经营，拓跋焘采取强有力的措施，扫平鄯善、焉耆、龟兹三国，在鄯善置郡县，驻军焉耆，控制丝绸之路西域南、北道，取得了经营西域的先决条件。

北魏最大威胁是蒙古高原的游牧民族柔然。拓跋焘采取的策略跟当年汉武帝如出一辙，即控制西域，断柔然一臂，从侧翼包抄柔然，配合日后的北伐战争。

拓跋焘还试图跟柔然的敌对势力悦般国联手，东西夹击柔然。这又跟当年汉武帝联合乌孙夹击匈奴的设想有异曲同工之妙。

悦般的起源说法不一，有学者认为是北匈奴根正苗红的后裔，也有人认为是西徙后的大月氏后裔。悦般最初游牧于龟兹以北的天山南麓，毗邻西边的乌孙。约公元420年，柔然大举入犯，乌孙被迫西迁葱岭的山中。悦般趁机西上，迁入乌孙故地——伊犁河、楚河流域。悦般拥众二十余万，是柔然的劲敌。公元448年，悦般王两次遣使入贡北魏，与拓跋焘商讨东西夹击柔然大计。但是北魏联手悦般夹击柔然的军事行动收效微乎其微，这也是悦般最后一次出现在汉文史籍上。此后悦般行踪不明，或说西迁欧洲，或说被柔然吞灭，总之，这个丝绸之路上最短命的游牧政权，在西域仅存在二十年。

而沮渠氏占据的高昌因接近柔然，北魏一直不敢染指。公元460年，柔然攻灭高昌的沮渠政权，另立前高昌城主阚爽的族人阚伯周为王，建立高昌国。这个占据丝绸之路西域北道要冲的弹丸小国，前后有阚、张、马、麴四姓当家做主，经历了一百八十年，直到公元640年才被唐帝国消灭。

北魏经营西域的事业开始于太武帝拓跋焘时代，董琬、高明出使西域九国，招抚中亚的破洛那、石国，其后万度归征鄯善、焉耆、龟兹，打通了丝绸之路西域南、北二道。但是到了献文帝拓跋弘时代，对西域的经营日趋消极。北魏的劲敌柔然在高昌扶植阚氏傀儡政权之后，重新奴役鄯善、龟兹和焉耆，势力不断渗透到西域去。

柔然军队还穿越塔克拉玛干沙漠，进攻西域南道上的大国于阗。于阗王派遣使者素目伽驰赴北魏求援，但是献文帝拓跋弘以"于阗去京师几万里"为由拒绝伸出援手。敦煌镇将尉多侯有志于立功西域，上表请求自率五千轻骑西援于阗，也被拓跋弘拒绝。

孝文帝拓跋宏即位之后，致力于迁都改革，整顿内政，对西域的经营更加松懈，不但拒绝了尉多侯北取伊吾的要求，甚至朝中出现放弃敦煌、退缩内地的消极论调。

由于北魏势力逐步从西域撤退，给柔然卷土重来的可乘之机，但是柔然心有余而力不足，对西域的控制很松弛。葱岭以东的塔里木绿洲城邦在柔然人的眼皮下，明目张胆地跟北魏"打情骂俏"，葱岭以西的中亚国家更是频繁与北魏互动。丝绸之路仍然畅通无阻，东西方贸易无比热络。

从史书中的记载来看，自公元435年拓跋焘通西域之后，遣使赴北魏的外国使臣有塔里木盆地的焉耆、车师、龟兹、疏勒、鄯善、悦般、乌孙等，中亚锡尔河流域的粟特（康居）、石国（者舌）、米国（迷密）、破洛那，阿姆河流域及以南的嚈哒、小月氏国（寄多罗之子所建，北魏称居常国）、罽宾等。

公元455年，西亚的萨珊波斯王伊嗣俟二世第一次遣使赴北魏通好，翌年欧洲拜占庭帝国（普岚国）的使臣名单也首次出现在北魏的史书上。根据《魏书》的记载，葱岭以西诸国中萨珊波斯有十次遣使朝贡，拜占庭帝国有三次遣使朝贡。丝绸之路获得第二次大畅通，沿线重要的国家都跟北魏友好往来。

但从公元476年至公元507年的三十年间，萨珊波斯与拜占庭两大帝国中断了与北魏的通好。这跟当时紧绷的形势有关。公元476年，欧洲发生了一件惊天动地的大事，西罗马帝国皇帝罗慕洛被北方的蛮族——日耳曼人俘虏，西罗马帝国灭亡。定都君士坦丁堡的拜占庭帝国延续了罗马帝国的血脉，挺立在欧亚非三大洲之间长达千余年。欧洲的动荡使得拜占庭日趋谨慎，加紧防备外族的入侵，分散了对东方的注意力，影响了遣使通好北魏的热情。

中亚则崛起了一个嚈哒帝国，在丝绸之路上当道横行，阻断了拜占庭帝国、萨珊波斯等使臣东向的道路。凶悍的嚈哒人与曾经的盟邦萨珊波斯反目为仇，约在公元425年入侵萨珊波斯，长驱直入数百里，远至波斯腹地，今天的德黑兰地区。公元456年，嚈哒王馨孽遣使朝贡北魏，此人被认为是嚈哒帝国的创建者。次年，被赶下台的萨珊波斯王卑路斯一世向嚈哒求援，在嚈哒人支援之下，卑路斯一世于公元459年重登宝座，活在嚈哒的庇护之下。

嚈哒在中亚横冲直撞，无人敢与之抗衡。约公元467年，嚈哒王馨孽派遣大将头罗曼征服犍陀罗。头罗曼成了新领地的特勤（相当于总督），在其后几年中，他一直与南亚的笈多帝国处于交战状态中。

征服犍陀罗之后，嚈哒兵锋转北，将商业异常发达的粟特地区收归囊中。嚈哒变得富得流油，与北魏、萨珊波斯、拜占庭帝国并列为丝绸之路上的"后四强"（前四强是罗马、东汉、安息、贵霜）。

财大气粗、兵强将猛的嚈哒开始踏上急剧扩张的道路，消灭早已衰落的寄多罗王朝后，又向东越过葱岭，杀入塔里木盆地，征服于阗和疏勒，控制丝绸之路西域南道。葱岭以西诸国的使臣要想赴北魏，必须通过嚈哒人设置的一道道关卡。

公元484年，嚈哒王库什内瓦兹入侵萨珊波斯，在赫拉特之战中打死卑路斯一世。卑路斯一世的儿子库巴德在库什内瓦兹的扶植之下，建立亲嚈哒的傀儡政权。两国重新结盟，库巴德成为嚈哒的保护对象。

好大喜功的库巴德试图恢复远祖阿尔达希尔和沙普尔时代的霸业，率领波斯-嚈哒联军，西攻拜占庭帝国。公元502年，双方再次在阿米德城展开决战，波斯-嚈哒联军经过八十天的长期围困，终于攻陷该城，重创了拜占庭帝国。三年后，双方媾和，拜占庭帝国以一千磅黄金的代价赎回阿米德城。此役之后两国保持了二十多年的和平，萨珊波斯得以重启与北魏的通好。公元507年，萨珊波斯与嚈哒同时遣使朝贡北魏，其后数十年，嚈哒几乎是年年入贡，萨珊波斯的使臣也频繁出现在北魏的史书上。

自公元439年北魏太武帝拓跋焘统一黄河流域，到公元534年北魏分裂灭亡，近百年间尽管遭到柔然帝国的破坏、嚈哒帝国的阻断，但是丝绸之路上的贸易仍旧持续增长，商旅往来依然热络，这是继汉代之后丝绸之路的第二次大畅通，极大促进了东西方的经济文化交流。

北魏前期的都城平城、后期的都城洛阳，都是当时丝绸之路的东端起点,也是当时国际性的大都会。人们从北魏贵族的墓葬中发现了数不清的来自西亚、中亚的遗物,如萨珊波斯的鎏金波银盘和刻花银碗银器、银币和玻璃碗等玻璃器皿,表明北魏与萨珊波斯、嚈哒的交流互动非常频繁。

公元493年,北魏孝文帝拓跋宏迁都洛阳,洛阳当即取代平城成为丝绸之路东端的中心城市,东西方商旅辐辏,商客云集,成为世界上最重要的贸易中心之一。《洛阳伽蓝记》中说,为了接待蜂拥而至的外国商客,北魏宣武帝元恪于公元502年在洛阳永桥以南、圆丘以北、御道两旁,建立了四夷馆。

四夷馆为金陵馆、燕然馆、扶桑馆、崦嵫馆,其中崦嵫馆专门负责接待通过丝绸之路东来的西域商贾,并将附近的慕义里划定为西域商贾的居住区。"自葱岭已西,至于大秦,百国千城,莫不款附。商胡贩客,日奔塞下,所谓尽天地之区已。乐中国土风因而宅者,不可胜数。"——葱岭以西的康居、破洛那、嚈哒、萨珊波斯,乃至于欧洲的拜占庭帝国的商客,对洛阳城趋之若鹜,纷沓而来。腰缠万贯的西域富商大贾,倾慕中原的繁华富庶,纷纷在洛阳城内购房置业,定居于此。在永桥南道东有白象、狮子二坊(居民区),其得名于公元509年嚈哒进贡白象、波斯王库巴德进贡狮子。

史书上称,"魏累世强盛,东夷、西域贡献不绝,又立互市以致南货,至是府库盈溢"。由于丝绸之路畅通,强盛的北魏帝国就像一块磁石,各色各样的西域人潮涌而至,除了逐利的商贾,还有献身沙门、赴中原弘法的僧侣。北魏统治者为了"巡民教化""敷导民俗",极力推崇佛教,不惜工本,耗资巨大,开凿石窟,致使中原僧侣泛滥。佛教跃升为北魏的国教,佛教徒地位空前提高,甚至渗透到政治领域。洛阳城内大街小巷诵佛声不绝于耳,直冲云霄。除了当地的信徒之外,从西域来的僧侣超过三千人。洛阳城一时僧满为患,为了安顿那些诚心向化的西域僧侣,北魏皇帝大伤脑筋,不得不另建一座规模庞大的永明寺,寺内有僧舍千余间。上行下效,各地州郡纷纷敬奉佛教,到了公元510年左右,北魏境内的大小寺院竟有一万三千余座。

宋云、惠生西行

在西域僧侣纷纷走进来的同时，中原的僧侣也纷纷走出去。继西晋法显之后，西行的僧侣不计其数，并且留下许多珍贵的游记，如宝云的《游履外国传》、昙景的《外国传》、慧叡和智猛的《游行外国传》、法勇的《历国传记》，还有道乐、法盛的游记，等等。

南朝的僧侣对西行求法也乐此不疲，高昌的僧侣道普博学多才，通晓多国文字，苦于法显带回和翻译的《大般泥洹经》不全，受到宋武帝刘裕的资助，率书吏百人，从山东崂山西北的不其城乘船，取海路往天竺取经。这是中国历史上第一个官方性质的取经团。不料船只行至青州长广郡（法显回国的登岸之处）时，因为船舱漏水，道普脚部受到重伤，流血过多而卒，临终前哀叹道："《大般泥洹经》下部与南朝无缘矣！"

公元518年，垂帘听政的北魏胡太后（孝明帝元诩的生母）又派遣一个僧侣团西去求经。领头的并不是和尚，而是负责皇帝衣裳及玩物的一位宫中小吏——敦煌人宋云。宋云僧侣团比法显僧侣团更为庞大，其成员包括洛阳崇立寺的高僧惠生、白马寺的高僧法力等数十人。这是继道普之后，中国历史上第二个官方性质的取经团。

由于宋云僧侣团具备浓厚的官方背景，与自发组织起来的法显民间僧侣团不可同日而语。胡太后特赐了五色百尺幡千口、锦香袋五百枚、王公卿士幡二千口，用于沿途供奉佛事。西行队伍巍然壮观。

公元518年12月，宋云僧侣团冒着凛冽的寒风，带上幡帜杂物以及充足的饮水、食物，浩浩荡荡地出了洛阳城，径直向西而去。为了避开北方柔然人的袭扰，宋云僧侣团穿越陇西，不走河西走廊，而是过赤岭（青海省湟源县西部日月山），取道青海境内的不毛之地，绕过敦煌附近的沙漠，进入与北魏友好的吐谷浑部落。在吐谷浑人的护送下，宋云僧侣团西行三千五百里，抵达鄯善。此时鄯善已是吐谷浑的领地，驻兵三千，成为抵御柔然人的重要据点。

宋云僧侣团从鄯善西行一千六百四十里，又到且末城。该城人烟稀少，居民仅百余户，"土地无雨，决水种麦"，从事典型的绿洲灌溉农业。且末居民信奉佛教，有佛陀和菩萨的挂像，完全是中原的模式，据称是前秦吕光征伐西域时带去的。

宋云僧侣团沿着西域南道一路西行，途经两座绿洲小城，行程两千余里，抵临"东方佛国"于阗。自于阗一直西行，公元519年9月，宋云僧侣团抵达子合国（北魏称朱驹波国）。子合国是入北天竺的必经之地，当年法显也是经子合国赴天竺取经的。数日后，入揭盘陀国（今新疆塔什库尔干）。此地位于葱岭山上，海拔五六千米之上，虽然是个鸟不拉屎的地方，地理位置却相当险要，北通莎车、疏勒，东达于阗，南抵天竺。10月，宋云僧侣团进抵钵和国（今阿富汗瓦罕走廊）。此地北有帕米尔河谷，南有兴都库什山脉，中有冰川与狭窄的瓦罕河谷，地势异常险峻，高山深谷，常年风雪飘落。

11月初，宋云僧侣团抵达嚈哒国都蓝氏城。宋云称嚈哒幅员辽阔，国力昌盛，是名副其实的中亚霸主，"受诸国贡献，南至牒罗，北尽敕勒，东被于阗，西极波斯，四十余国皆来朝贺"。嚈哒信奉拜火教，此教也是萨珊波斯的国教。虽然宗教信仰不同，但是嚈哒王对北魏的僧侣团异常尊敬，跪拜恭听宋云宣读的胡太后诏书。

12月初，宋云僧侣团离开嚈哒，西入萨珊波斯境内。走了七天，宋云僧侣团走出萨珊波斯，向南拐弯，经赊弥国、钵卢勒国（两国均在今巴基斯坦境内），抵临乌苌国。西晋高僧法显也曾云游此地。乌苌国又译作乌场国、乌仗那，国人自称为"郁地引那"，崇信佛法。

乌苌王听说宋云是北魏帝国的特使，肃然起敬，跪受诏书。又得知胡太后信佛，虔诚的乌苌王产生共鸣，遂"面东合掌，遥心顶礼"。乌苌王由此对东方兴致盎然，让通晓汉语的翻译向宋云咨询中原的情况。

乌苌王问宋云："卿是日出人也？"——你是从太阳升起的地方过来的

吗？宋云答说："我国东边是大海，太阳在那儿升起，这都是如来的佛旨！"乌苌王又问："贵邦有圣人吗？"宋云侃侃而谈，详细介绍了"周、孔、庄、老之德，次序蓬莱山上银阙金堂，神仙圣人并在其上；说管辂善卜，华佗治病，左慈方术"。将中原数千年以来的灿烂文化精粹一一举要，从儒家、道家一直说到神仙方术，让乌苌王钦佩不已，心慕而欲往之，感慨："我当命终，愿生彼国！"这是丝绸之路上一次史无前例的文化大交流。

宋云僧侣团在乌苌国寻踪觅迹，相继瞻仰了佛晒衣处、如来履石之迹、如来苦行投身饿虎之处，以及佛陀剥皮为纸、拆骨为笔处等等著名佛迹。

公元520年5月中旬，宋云僧侣团，抵达西行的最后一站，当时的佛教中心犍陀罗。半个世纪之前，嚈哒军统帅头罗曼长驱直入，狠狠地将犍陀罗踩在脚下，被嚈哒王馨孽任命为特勤，位高权重，拥有生杀予夺大权，宋云干脆称之为犍陀罗王。公元517年，头罗曼南征印度笈多王朝归来，途中病死，其子摩醯逻矩罗继位。他是一位生性残暴、杀人不眨眼的魔头，极端仇视佛教。摩醯逻矩罗为完成头罗曼的遗志，首先征服罽宾，然后南征笈多王朝，但是遭到惨败，灰头土脸而归。恼羞成怒的摩醯逻矩罗回到犍陀罗后，移怒于那些手无寸铁的无辜百姓，进行了疯狂的屠戮。犍陀罗有六成以上的居民成了摩醯逻矩罗的刀下冤魂，几乎所有的佛寺被夷为平地，糅合希腊文明和佛教文明的犍陀罗文化受到严重摧残。犍陀罗文化是东西方文化在丝绸之路上交汇产生的一种典型混血文化，其主要是希腊式佛教艺术，具备了古希腊人独特的审美观和艺术风格。但是在嚈哒人的摧残之下，亚历山大大帝带来的地中海清新气息正逐渐消散，从南亚北上的佛陀真理也逐渐淡去，历史在这里留下莫大的遗憾与愤怒！

宋云、惠生等抵达犍陀罗时，摩醯逻矩罗正策划下一次入侵罽宾的军事行动。他拥有一支骇人的特种部队——象军，七百只身躯庞大的南亚象，象鼻缚绑着明晃晃的利刃，背上有十名手持长矛的士卒。

摩醯逻矩罗穷兵黩武，常年在边境驻军，无恶不作，当地百姓叫苦连天。宋云到军营去见摩醯逻矩罗，先让一个使者宣读北魏皇帝的诏书。摩醯逻矩罗满脸横肉，骄慢无礼，使者读得口沫横飞，他就是无动于衷地坐着。宋云也不敢责怪，毕竟相隔千山万水，北魏帝国鞭长不及，只好亲自去见摩醯逻矩罗，他才有点待客之道。宋云痛斥摩醯逻矩罗说："山有高低，水有大小，人也有贵贱尊卑。连嚈哒王、乌苌王都跪拜听宣诏书，你不过一个特勤而已，怎敢如此无礼？"

摩醯逻矩罗狡辩说："我见到北魏皇帝，自然会行跪拜大礼。坐读他的书信，有何不可？世人拿到父母的书信，都是坐着看阅。北魏皇帝如同我的父母，坐着听宣诏书，并未失礼啊！"宋云无言以对，就提出要去参观一座寺院。摩醯逻矩罗一听寺院两个字，马上拉长了脸，"供给甚薄"，什么东西也没给宋云。

宋云等离开了军营，继续西行，瞻仰了如来舍头施人处，渡过印度河，又游览了如来以肉济人处、如来挑眼施人处等佛迹，并在犍陀罗的富楼沙瞻仰了贵霜王迦腻色迦一世所造的佛塔——雀离浮图，塔高七十丈，周长三百步，为当时西域第一高塔。宋云留下带来的两位奴婢，负责洒扫雀离浮图。之后又西北行七天，瞻仰如来为尸毗王救鸽之处。尸毗王救鸽的故事在敦煌莫高窟被形象地描绘出来，是莫高窟完美的组合式本生故事之一。

此后宋云、惠生等留在乌苌国两年，继续瞻仰佛迹，抄写经书。公元522年，宋云携带一百七十部大乘佛经回到洛阳。宋云、惠生等的西行，虽然鲜为人知，但是作为历史上第一个成功抵达异域的官方取经团，为中外文化交流做出了巨大的贡献。

第七章　丝路战争

拜占庭-波斯争霸

东方的北魏帝国在经济、文化上欣欣向荣的时候，葱岭以西的丝绸之路沿线地带却是战火绵绵，生灵涂炭。西亚的萨珊波斯与欧洲的拜占庭帝国先后进行了五次战争，烽火燃烧了整整一百年，结果两败俱伤，也为各自的衰亡埋下祸根。

公元527年，拜占庭帝国的"大老粗"皇帝查士丁死去，他的义子也就是外甥查士丁尼继位。查士丁尼受过良好的教育，胸怀壮志，他上台之后面临的首要任务就是夺取丝绸之路贸易主导权、称霸小亚细亚半岛。为此查士丁尼在亚美尼亚组建新的军区，指定年富力强的贝利撒留为东征军统帅，厉兵秣马，准备东征萨珊波斯，一雪二十多年前的阿米德城战败之耻。

波斯王库巴德先发制人，派遣三万大军直取位于两国边境的丝路贸易重镇——德拉城，拉开了第一次拜占庭-波斯战争的序幕。年仅二十五岁的贝利撒留埋下伏兵，大破波斯军，一战成名。公元531年，双方再次激战德拉城，波斯军击退了贝利撒留的进攻，两军陷入胶着战。

西亚战事正酣，拜占庭帝国的非洲领地又发生暴动，搞得查士丁尼焦头烂额，不得不从东线战争中抽身，集中兵力镇压非洲的叛乱。为此，查士丁尼与新波斯王库思老一世进行永久性和平的谈判。公元532年，双方达成和议，库思老一世同意结束战争，查士丁尼则支付一千磅黄金的战争赔偿。

公元540年，波斯王库思老一世突然翻脸，撕毁了与查士丁尼签订的永久和平条约，亲率大军攻破幼发拉底河西侧的拜占庭防线，派兵进攻叙利亚，直捣安条克城，挺进地中海沿岸地带，第二次拜占庭-波斯战争爆发。

拜占庭帝国祸不单行，东线的军队一败涂地，丧师失地，一场空前规模的鼠疫又不期而至，就像泛滥的洪水到处横行。这场大瘟疫首先从埃及尼罗河三角洲最东部的城市培琉喜阿姆开始，逐步蔓延到亚历山大港和整个尼罗河三角洲。紧接着，由埃及北上进入巴勒斯坦和叙利亚地区。

公元542年春天，拜占庭-波斯战争如火如荼，鼠疫也席卷拜占庭帝国的都城君士坦丁堡和其他大城市，随后跨越亚得里亚海进入意大利和西里西亚，直至西欧的高卢地区。鼠疫肆虐了四个月，死亡率极高，君士坦丁堡城内每天超过五千人被瘟疫夺取性命，最高峰时竟达万余人，给拜占庭帝国带来灾难性的后果。当时的记载令世人毛骨悚然，人们在大街上谈笑，突然间身体不由自主地摇晃，然后倒地死亡；在市场上购物时，正数着钞票，也会莫名其妙地倒地而亡。死于公共场所的人数超过二十三万，相当于君士坦丁堡的一半人口。查士丁尼差点儿染上瘟疫。街上堆满了腐臭的尸体，由于无处可葬，不断地往上堆积。查士丁尼采取紧急措施，下令修建能够埋葬上万具尸体的特大型坟墓。结果不论男女、老幼、贵贱，统统被重金募来的埋尸者扔进大坑里，竟然覆压了上百层。

卫生部门统计的数字令查士丁尼震惊，帝国丧失了超过四分之一的人口，青壮年兵源锐减。前线战事频频告急，波斯王库思老一世乘人之危，洗劫了亚美尼亚。公元544年，鼠疫渐渐消失，波斯人的攻势却有增无减。库思老一世再度亲征，进攻美索不达米亚，但是受到拜占庭军队的顽强抵抗。

战争与瘟疫令拜占庭帝国困苦不堪，查士丁尼雄心受挫，不得不再次妥协。公元545年，查士丁尼与库思老一世签订了为期五年的停战协定，条件是增加年贡金额，并支付两千磅黄金的赎金，赎回被波斯人夺去的领土。该协定又经过两次续签，双方保持了十数年的和平。公元562年，两国签署了为期五十年的和约，查士丁尼的条件更加屈辱，再次增加贡金。经过第二次拜占庭-波斯战争，拜占庭帝国在亚洲的影响逐渐削弱，萨珊波斯则占据上风，牢牢掌握丝绸贸易的垄断权。

受到第二次拜占庭-波斯战争的影响，通往欧洲的丝绸之路暂时中断，君士坦丁堡、推罗、贝鲁特丝织工厂的生丝原料供应链经常断裂。拜占庭国内由于基督教被确立为国教，信徒的地位得到抬升，他们开始追求奢华体面的生活，而耀眼夺目的丝绸成为展示尊贵身份的最好证明。于是越来越多的基督教信徒披穿丝绸，教堂也用华丽的丝绸做帷幔。基督信徒对丝织品的钟爱到了痴狂的地步，甚至裹尸布也要用。这些新情况的出现导致丝绸的消费量剧增，价格剧烈波动。

叙利亚的丝绸贩卖商们趁火打劫，在拜占庭国都君士坦丁堡和其他大城市极力哄抬丝绸的价格。叙利亚从萨珊波斯转运中国优质的生丝原料时，都要缴纳12.5%的关税，而后贩运到君士坦丁堡，拜占庭帝国也要抽取高额的关税，征税机构多如牛毛。中国的生丝在君士坦丁堡的皇家手工场进行再加工，生丝被拆解成一根根细线，混入麻线，织成绫纱，再染色绣花，最后在市场上高价出售。拜占庭帝国政府也设置种种关卡，巧立名目，从中渔获暴利，丝绸贸易因而成了拜占庭帝国的取款机。

为了解决丝绸严重的供求失衡，查士丁尼决心绕过敌国萨珊波斯，求助于非洲东北角的阿克苏姆王国（今厄立特里亚和埃塞俄比亚北部），试图取道红海到印度去购买中国的丝绸。波斯王库思老一世闻讯之后，大发雷霆，甚至以武力相威胁，百般阻挠阿克苏姆王国与拜占庭帝国的合作，让查士丁尼的"暗度陈仓"计划化为泡影。波斯人堵住了其他的丝绸贩运通道，对过境的丝绸贸易课以重税，致使拜占庭帝国市场上的丝织品价格每天都在刷新纪录，每磅紫色丝绸售价竟然高达一磅黄金，普通生丝的售价也涨到八个金宝石（折合各含4.5克黄金的八个苏勒德斯）。

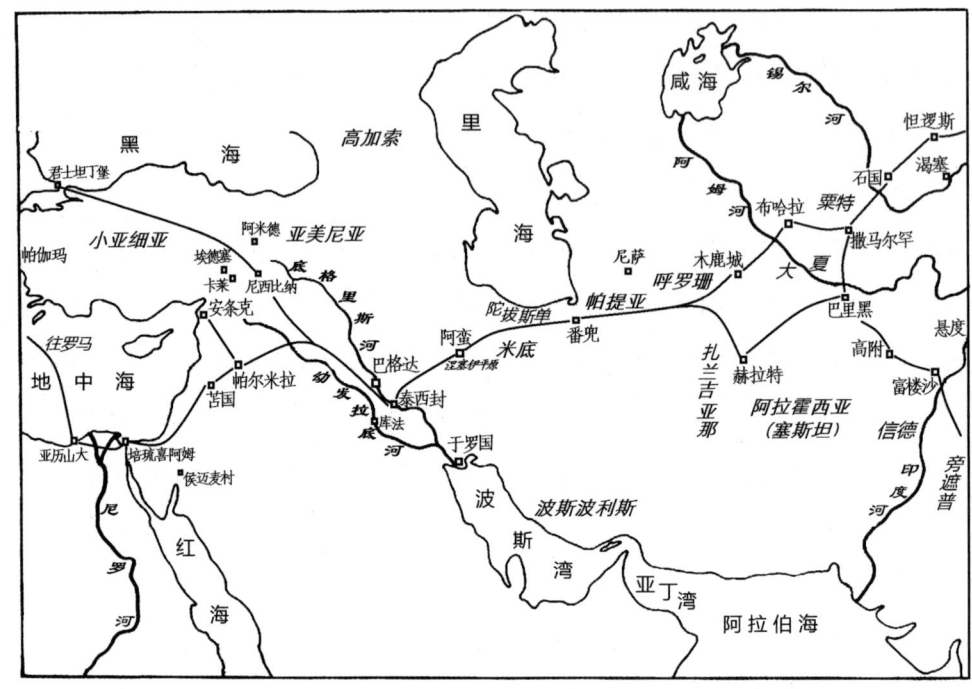

图8 丝绸之路中西段示意图

由于波斯人垄断了丝绸贸易，拜占庭帝国不得不付出了高昂的代价，每年必须给波斯人一万一千磅拜占庭金币，充当贩卖丝绸的中介费。丝绸是当时东西方贸易中的大宗货物，拜占庭金币和波斯银币成为西域的流通货币。中国古代史籍中，拜占庭金币称作金钱，波斯银币称作银钱。按照《后汉书》的记载，二者比率是"银钱十当金钱一"，也就是说，十个波斯银币当一个拜占庭金币。

这个特殊的货币体系有利于丝绸贸易的稳定发展。但是中国的丝绸在贩运过程中，由于拜占庭帝国前往印度洋的商船过少，根本无力挑战波斯人的海上丝绸垄断地位。拜占庭帝国的丝绸生产基地——叙利亚又在战争中受到波斯人摧残。查士丁尼寝食难安，不得不在公元542年颁布了一条限价敕令，国家对丝绸实施全面垄断，以保护本国的丝绸工业。限价敕令禁止每磅丝绸的价格超过八个金宝石，并严惩那些违犯者，将他们的财产全部没收充公。

但是查士丁尼的限价敕令并不能扭转丝绸价格暴涨的趋势,拜占庭帝国的达官贵人们对丝绸的爱好成痴,将市场上的丝织品抢购一空,供不应求的状况日益突出。无奈之下,查士丁尼决定在陆上开辟新的丝绸贸易通道。这条新通道绕过萨珊波斯,穿越拜占庭帝国的克里米亚领地和博斯普鲁斯属邦,通过黑海西北部和高加索地区,一路往东,绕里海和咸海以北,直达西域。为此拜占庭帝国加强了与草原各游牧部落的贸易关系,他们用欧洲的纺织品、珠宝首饰和地中海醇香的葡萄酒,换取皮革和奴隶。

在高加索草原上,拜占庭帝国邂逅了突厥人,一个奇迹般崛起的游牧民族。当时突厥人的势力范围东起兴安岭西,囊括整个蒙古高原,一直延伸到阿尔泰山以西,并扩大到里海和黑海之间的高加索地区。突厥人与拜占庭帝国同病相怜,都是因为丝绸贸易与萨珊波斯交恶。丝绸之路,像过去那样,再一次将东、西方两个陌生国度连接在一起。一个是历史悠久的欧洲封建王朝,一个是新兴的草原游牧政权。

突厥的奇迹

突厥人崛起的过程如同童话中的"灰姑娘变公主",充满神奇色彩。

中国古代史籍上"突厥"的出现时间很迟,只是在《周书·宇文测传》中被不经意地提及,大统八年,"每岁河冰合后,突厥即来寇掠,先是常预遣居民入城堡以避之"。大统八年是公元542年,这一年拜占庭-萨珊波斯战争惨烈地进行着,一场灾难性的瘟疫又席卷欧洲大陆。

但是突厥的历史很悠久,有学者认为,《吕氏春秋·恃君览》中有一句话,"舟人、送龙、突人之乡,多无君"中的"突人"就是指后世的突厥。

春秋战国时期,突厥的父系远祖阿史那氏原为塞种人的一支,在咸海以西的草原过着逐水草而居的游牧生活。亚历山大大帝东征时,曾经强渡锡尔河,准备征服塞种人,可见突厥的先祖跟欧洲人的关系源远流长。数年后,阿史那氏先祖东迁至阿尔泰山南麓一带,建立被汉代、曹魏称作呼揭国的游牧政权。呼揭国与游牧于西伯利亚贝加尔湖流域的狄或丁零（即铁勒）部落初步融合，诞生了一个新的族群，这个族群就是突厥的另一系始祖阿史德氏。

呼揭国的命运很悲惨，几度被匈奴人吞并。公元前49年，北匈奴郅支单于灭亡呼揭国，呼揭举族沦为匈奴人的奴隶——赀奴。三百年后，奴隶翻了身，赀奴南下河西走廊，依附强大的西晋王朝，奔匿平凉，被赋予一个极为不雅的族名——汉地杂胡。此后历经了南北朝十六国的大混乱，汉地杂胡频繁更换主子，先后依附前秦、后秦、赫连夏、北凉，成为这些政权的"雇佣兵"，充当战争炮灰。公元439年，北魏灭北凉，汉地杂胡的阿史那氏追随沮渠无讳西迁西域，后定居于高昌地区。公元460年，柔然灭高昌的沮渠氏政权，阿史那氏不甘心世代为奴，遂走避高昌北山，自成一族。但躲避了四百多年之后，还是难逃被奴役的命运，投效强大的柔然人，于公元520年再次北迁到阿尔泰山。

阿史那氏族人由于善于冶铁，成了柔然的锻奴。那时阿史那氏部落的力量非常薄弱，仅五百余家，数千口而已。但是逐渐收容了铁勒、高车等游牧部落，最终形成了以阿史那氏部落为核心，糅合铁勒、高车等族群的一个暂时游牧民族——突厥。突厥的本意就是战盔"兜鍪"，得名于所居的阿尔泰山形似顶端突出的战盔。

公元534年，鼎盛一时的北魏帝国分裂为东、西魏。中国北方再次陷入大混乱，一盘散沙。柔然人几无对手，肆意横行，凌虐东、西魏。西魏政权为了抵御柔然，与毗邻的突厥部落联手，遣使去见突厥酋长阿史那土门，约以通好、许婚。不久，铁勒反抗柔然政权的暴政，阿史那土门率突厥骑兵大破铁勒，收编其部五万余落二十五万之众，突厥势力迅速壮大起来。

羽翼渐丰的阿史那土门竟然破天荒地向主子——柔然王阿那瓌求婚。一个奴才要求跟主人结为姻亲，平起平坐，主子是何心情？气急败坏的阿那瓌派人把阿史那土门骂得狗头喷血："尔，我之锻奴也！"

阿史那土门震怒，此一时彼一时，如今的突厥兵强马壮，已非池中之物，他立刻砍断柔然使臣的头颅，宣布跟柔然断绝关系，并与西魏联姻结盟。公元552年，阿史那土门倾城而出，与柔然人决战于怀荒城（今河北境内）。阿那瓌溃不成军，兵败自杀。阿史那土门剿灭柔然之后，自称伊利可汗，建立突厥汗国，开创了突厥历史的新纪元。

翌年，伊利可汗死去，儿子乙息记可汗即位不到一年也死去，乙息记可汗的弟弟木杆可汗继位。木杆可汗是突厥历史上伟大的君主之一，他在位期间，突厥汗国走向全盛，成为驰骋欧亚大陆的游牧大帝国。木杆可汗上台之后，首先清剿柔然的残余力量。在突厥、西魏、北齐三国围追堵截之下，被誉为"闪烁于北方的一颗巨星"——柔然帝国灰飞烟灭，余众向西逃匿到欧洲去，被西方人称作阿瓦尔人。木杆可汗在阿尔泰山的汗帐中骄傲地宣称，从此突厥大帝国将取代柔然，成为新生代的草原霸主。

但是木杆可汗的雄心决不仅仅局限于漠北。公元555年，木杆可汗把目光转向西域北道的咽喉——高昌王国。高昌曾经是柔然的保护国，因柔然人的销声匿迹，高昌主麴宝茂孤立无援。木杆可汗亲率大军直取高昌的屏障贪汗山（今新疆吉木萨尔县南山），高昌主麴宝茂派将领麴斌迎战，"兵锋暂交，应机退散"。高昌军一触即溃，麴宝茂跪倒在突厥铁骑的脚下，令麴斌出使突厥。两国王室结成姻亲，突厥西面可汗室点密之女嫁给麴宝茂。麴宝茂及世子麴乾固接受突厥的册封，高昌王国成为第一个向木杆可汗俯首称臣的塔里木绿洲政权。收服高昌之后，进入西域的门户洞开，西域北道上的焉耆、龟兹等国，西域南道上的于阗等国，相继投靠突厥。

紧接着，剽悍的突厥铁骑从蒙古高原潮涌而下，兵锋直指控制河西走廊的吐谷浑帝国。在突厥大军的步步紧逼之下，吐谷浑可汗夸吕被迫放弃敦煌以西的领地，退缩到青海河源。木杆可汗借道西魏的凉州，准备以迅雷不及掩耳之势，奇袭吐谷浑的老巢。

孰料木杆可汗杀到番禾时，夸吕可汗早已向南逃去。木杆可汗听取西魏凉州刺史史宁的建议，兵分两路，包抄夸吕可汗。在两路大军的合击之下，吐谷浑兵败，木杆可汗俘虏了夸吕可汗的家属，缴获珍宝无数。史宁也斩获万余，掳掠牲畜数万头。这次大战之后，吐谷浑国力日趋衰微，无力再向西拓展。突厥汗国则确立了西域南道的霸主地位，为日后称雄开拓了一条大道。

踌躇满志的木杆可汗决意向中亚强国嚈哒发起挑战，借口是嚈哒收容了突厥的仇敌高车。他采取远交近攻的策略，结好萨珊波斯。萨珊波斯是嚈哒强大的受害者之一，屡屡遭到嚈哒的欺凌。波斯王卑路斯一世死于嚈哒人之手，其子库巴德继位后不得不臣服于嚈哒，向其纳贡。传至其孙库思老一世，这位号称"不朽的灵魂"的波斯王，对祖、父辈之辱铭刻在心，卧薪尝胆，厉兵秣马，以雪家仇国恨。木杆可汗提出结盟夹攻嚈哒的要求后，库思老一世马上答应。消灭柔然帝国后的第二年（554年），木杆可汗将公主嫁给萨珊波斯王库思老一世，两国正式结盟。

公元555年，木杆可汗亲自担任统帅，西面可汗室点密为副统帅，率领十万雄师，西征嚈哒。突厥大军于年底攻克拓析城（今乌兹别克斯坦塔什干），杀入费尔干纳盆地，饮马锡尔河。嚈哒国王瓦兹尔大惊，连忙四处召集大军。根据波斯人的记载，从呾蜜城、拔底延城（巴里黑城）等地来的嚈哒军队铺天盖地，如同蚁阵蝗群那样稠密。

次年春天，室点密可汗强渡泽拉夫善河，与嚈哒主力决战于粟特地区。布哈拉城人马云集，黑压压一大片，两军的各色旌旗迎风招展，遮天蔽日。双方在布哈拉城鏖战八个昼夜，战火纷飞，血肉四溅。嚈哒大败，国王瓦兹尔退往南边的都城——拔底延城。库思老一世煽动嚈哒人，废掉瓦兹尔，另立石汗那人法迦尼什为新国王。

木杆可汗趁热打铁，痛打落水狗，与波斯组成盟军，合击嚈哒。突厥军自锡尔河向南进攻，萨珊波斯军自阿姆河向北进攻。嚈哒两面受敌，苦苦支撑，殊死搏斗，终因双拳难抵四手，公元556年秋天，拔底延城沦陷，法迦尼什向库思老一世投降，瓦兹尔被杀，嚈哒帝国灭亡。

突厥和萨珊波斯以阿姆河和铁门关为界（今乌兹别克斯坦沙赫里萨布兹以南），瓜分嚈哒人的领地。突厥帝国取得了阿姆河以北的石国、康、安、史等地区，萨珊波斯取得谢飓、迦布罗（今阿富汗喀布尔）、石汗那、吐火罗等地区。

嚈哒灭亡之后，中亚各国纷纷归降木杆可汗。突厥的势力拓展到中亚之后，实现了在西域政治上的统一。西域诸邦逐步突厥化，突厥语成为西域通用语言。诸邦君主保留原有政权的同时，大都接受突厥可汗的册封。

突厥本土则实行四面可汗制：中间可汗即大可汗，为第一可汗，坐镇设在于都斤山（今蒙古国杭爱山北）的汗庭，统理全局，兼负责对付南面的中原王朝；东面可汗为第二可汗，总部设在幽州之北，负责管理兴安岭地区的奚、契丹等部落；北面可汗为第三可汗，总部设在独洛水，负责管理贝加尔湖以北的铁勒、薛延陀等部落；西面可汗为第四可汗，总部设在鹰娑川（大裕勒斯河谷），负责经营西域，包括掌理与萨珊波斯、拜占庭帝国的外交事务。

突厥西面可汗与拜占庭帝国的往来始于追击高车残余。突厥消灭高车部落之后，高车余部向嚈哒请求庇护。嚈哒灭亡后，无依无靠的高车残余流亡欧洲，散布于拜占庭帝国的边境地区，大致在北高加索一带。公元562年，突厥西面可汗室点密遣使拜占庭帝国，对拜占庭帝国收容高车残众进行交涉，开启了突厥与拜占庭正式的官方交往。

其后，突厥与萨珊波斯因为拔底延城归属问题争吵不休，再加上丝绸贸易纠纷，关系终致破裂。在瓜分嚈哒领地时，拔底延城的归属成为双方的死结，始终未能解开。拔底延城是吐火罗的首府，也是阿姆河以南的最大城市，更是丝绸贸易的主要中转站，其得失攸关突厥力量的消长。库思老一世认为波斯人担负攻城主力，又接受法迦尼什的投降，拔底延城应当属于他的。于是室点密可汗毫不客气地撕毁与波斯签订的条约，强渡阿姆河，抢占拔底延城。室点密可汗还继续扫荡兴都库什山脉地区的嚈哒残余势力，将势力扩张到罽宾地区。

旧仇未报，再添新恨。波斯王库思老一世为了保护本国的丝绸工业，下令禁止从国外进口丝织品。而河中地区的粟特人靠贩卖中国丝绸谋生，也是突厥帝国重要的赋税来源之一。库思老一世的禁丝令无异于断绝粟特贩卖商的生路，砸烂了突厥帝国的提款机。

在粟特商贩的怂恿之下，室点密可汗派遣摩尼亚赫率一个商团出使波斯，要求库思老一世解禁。库思老一世为垄断丝绸贸易，不容许有半个突厥商贩进出萨珊波斯，断然拒绝摩尼亚赫的请求。摩尼亚赫商团为了生存，赖在波斯不走，竭力向库思老一世请愿。

头大的库思老一世只好召集波斯重臣商议。有一位叫卡兜弗斯的嚈哒大臣，因妻子被嚈哒王奸淫，就私下勾结突厥人，准备引狼入室。但是不久，卡兜弗斯跟突厥人失和，又投奔萨珊波斯，被库思老一世重用。

卡兜弗斯对突厥人恨之入骨，就给库思老一世出了一个馊主意。收购一批突厥的丝绸，然后当着各国使臣的面焚烧成灰烬，以示波斯对各国一视同仁，而且昭示在丝绸织造上波斯可以自给自足，无须从突厥进口。库思老一世听从卡兜弗斯之计，将一批粟特人转贩的中国丝绸聚集成堆，然后放火焚烧。

摩尼亚赫的商团空手而归，回去加油添醋，奏报室点密可汗。室点密可汗正准备缓和拔底延争端给两国带来紧张的关系，又派了一批使臣到波斯去跟库思老一世交涉。库思老一世与卡兜弗斯等群臣商议，突厥人狡诈不可信，跟突厥结好，实非良策。于是库思老一世暗中派人将突厥使者全部鸩杀，以示跟突厥断绝关系。毒杀了突厥使臣之后，库思老一世对外宣称，突厥使者生长于冰雪酷寒之地，来到波斯之后，因气候过于干燥炎热，水土不服而死。

这个谎言彻底激怒了室点密可汗，从此突厥、波斯两国正式交恶。摩尼亚赫遂建议，与拜占庭帝国交往。理由是拜占庭帝国是丝绸的最大销售市场，可以通过草原丝绸之路，让粟特商人把中原的丝绸贩卖到拜占庭帝国去。于是相隔万里之遥的拜占庭与突厥，为了丝绸贸易，终于相会了。

丝绸之吻

拜占庭帝国自查士丁尼时代开始，就一直试图绕开萨珊波斯，寻找新的生丝货源。此外，查士丁尼还在公元542年颁布了一条限价敕令，规定每磅丝绸售价不得高于八个金宝石，以抑制帝国境内丝织品高昂的价格，保护叙利亚地区脆弱的丝绸工业。

查士丁尼的指导价低于丝绸的成本价，拜占庭贩卖商们无利可图，不再公开在市场兜售丝绸，而是暗度陈仓，将囤积的丝织品高价卖给那些不择手段追求奢华的贵族们。有人无意之中将这个公开的秘密说漏嘴，查士丁尼的贤内助——狄奥多拉皇后得知后，立即将违令贩卖商的丝绸全部没收充公，并处以一百金（合一万个金法郎）的罚金。

限价敕令无助于解决国内丝织品供求严重失衡的矛盾，陆上丝绸之路和海上丝绸之路都被波斯商贩牢牢控制，在突围无望的情况下，查士丁尼突发奇想，派人去西域盗取养蚕抽丝的秘密，然后在本国建立丝绸工业，从根本上摆脱对波斯人的依赖。

查士丁尼的运气很不错，约公元550年，有两位来自西域的僧侣拜访君士坦丁堡。学者们认为，这两位僧侣是景教——基督教聂斯脱利派的信徒。聂斯脱利派的创始人聂斯脱利是叙利亚籍修道士，从公元428年开始担任了三年的君士坦丁堡东正教的牧首。聂斯脱利提出了自己的基督教理论——基督二性二位说。但是聂斯脱利遭到绝大多数基督信徒的反对，公元431年，聂斯脱利被革除牧首职务，后来客死埃及。聂斯脱利派主要在中亚和西域流传，唐代时传入中原，被称为景教。

这两位景教徒自称长期在西域生活，周游于阗、鄯善等绿洲城邦，他们猛拍胸脯向查士丁尼保证，不但谙熟养蚕抽丝的每一道工序，而且可以将蚕种带回君士坦丁堡。

查士丁尼问他们如何保证获得成功，两位景教徒说：要从西域带回活的蚕虫几乎是不可能的，但是可以设法孵化出活蚕虫。一只蚕虫一次可以产出无数蚕卵，将蚕卵用马粪覆盖，马粪可以产生足够的热量，让蚕卵孵化，这样可以将活蚕虫从万里之遥的西域带回君士坦丁堡。

查士丁尼大喜，许诺一旦事成，必定重重有赏。于是两位景教徒带着皇帝的期待，又踏上西域之旅。当时西域蚕桑丝织业很发达，像于阗、龟兹、鄯善等绿洲城邦桑树成荫。他们成功地窃取了蚕种和桑叶，匿藏在空心禅杖中，另有说法是放在空纸盒中。为了避开波斯人的检查，他们取道草原丝绸之路，经高加索地区，约公元554年回到君士坦丁堡。这是继鄯善的"传丝公主"将蚕种走私到于阗国之后，蚕种的第二次西传。此次西传给欧洲的养蚕丝织业带来了巨大的变化，拜占庭帝国的丝绸生产从此获得稳定发展，查士丁尼在君士坦丁堡、安条克、贝鲁特、底比斯等城市建立了丝绸工业中心。拜占庭的丝织业不断兴旺发达，甚至出口到欧洲的希腊半岛，成为帝国极其重要的税赋来源。由于拜占庭帝国丝织业规模的扩大，生产成本降低，丝绸走下神坛，日趋大众化、平民化。

但是拜占庭的养蚕缫丝技术存在着严重的缺陷。拜占庭缺乏中国那样经验丰富的养蚕缫丝能手，而且两位景教徒所窃取的或许只是劣质的黄蚕种，因而所抽出的生丝在长度和亮泽度上均无法与中国本土的生丝相媲美。再者，拜占庭帝国的丝织手工业者无法制造出优质丝绸所必需的花丝。因而拜占庭的丝织工业主仍然孜孜以求，从国外寻找优质的生丝原料。

就在这时候，摩尼亚赫奉突厥室点密可汗之命，率领一个粟特商贸代表团，携带价值数万的丝绸，通过南俄罗斯草原走廊，经高加索，于公元568年末抵达君士坦丁堡，觐见查士丁尼的继承者——查士丁二世。摩尼亚赫递上室点密可汗的文书，献上精致的丝绸，令查士丁二世惊喜万分，不断地询问突厥帝国的情况。

摩尼亚赫详细介绍了突厥帝国的政治运作及风土人情，并转达室点密可汗的问候，寻求与拜占庭帝国结盟，共同对付萨珊波斯。摩尼亚赫甚至举起手指，对天发誓，说所言的一切都是发自肺腑内心，若有欺瞒，神明降祸其身、室点密可汗和突厥帝国。

查士丁二世却不慌不忙地展示已获知养蚕技术和新生产的丝织品，让摩尼亚赫大吃一惊。但是查士丁二世只不过是耍弄欲擒故纵的谈判伎俩，目的是向摩尼亚赫宣示拜占庭帝国并不依赖从突厥进口丝织品，以获取外交上的主动权。

双方迅速达成协议，缔结反萨珊波斯联盟。为答谢室点密可汗的诚挚，查士丁二世钦定东方市邑宰官奇里乞亚（在今土耳其小亚细亚东南）人泽马库斯为特使，于公元568年8月跟随摩尼亚赫的商贸代表团，回访突厥帝国，展开了拜占庭与突厥两大帝国之间浪漫的"丝绸之旅"。

泽马库斯、摩尼亚赫一行取道高加索、南俄草原走廊，又经粟特，前往阿尔泰山室点密可汗的牙帐所在地鹰娑川（大裕勒斯河谷）畔的白山。

室点密可汗的牙帐用精致的丝绸装饰，气派豪华。泽马库斯受到最高礼节的接待，室点密可汗宴以珍馐美馔，赏赐黠戛斯部落的美女，并邀请泽马库斯随军讨伐波斯人。

突厥大军至怛逻斯城时，波斯使者前来，室点密可汗让他跟泽马库斯同座而食。筵席上室点密可汗厉声怒斥波斯人无礼，波斯使者极力抗辩，几乎闹翻，于是不欢而散。泽马库斯回国复命时，室点密可汗派一个突厥使团跟随其后，赴君士坦丁堡媾和。

公元571年，室点密可汗再次遣使到君士坦丁堡，要求查士丁二世履行盟邦的义务，解除与萨珊波斯缔结的和约。查士丁二世当即废除查士丁尼与库思老一世签订的五十年和约，勇敢地拒绝了继续向波斯缴纳贡金。浪漫的"丝绸之吻"终于演变成拜占庭与突厥联手进攻萨珊波斯的二十年血腥战争。

室点密可汗在东线发起进攻，边境线由铁门关向东、向南推进至阿姆河南岸，完全控制阿姆河与兴都库什山脉之间的嚈哒旧地，即吐火罗地区，进一步廓清了丝绸之路南道。拜占庭军队从西面发起进攻，交战区主要在战略重地亚美尼亚。在漫长的二十年战争中，拜占庭帝国历经了三位皇帝，查士丁二世、提比略、莫利斯。

双方互有胜负，库思老一世一度占领拜占庭帝国的门户德拉城，索取黄金四万磅之后又退出去。公元579年，库思老一世死去，其子霍尔木兹四世上台后继续与拜占庭帝国交战。公元589年，萨珊波斯发生内讧，霍尔木兹四世被叛军杀死，其子库思老二世逃到君士坦丁堡搬救兵。拜占庭皇帝莫利斯趁机介入，派遣七万大军协助库思老二世争夺王位。

公元591年，拜占庭军在幼发拉底河畔摧毁了波斯叛军，攻陷泰西封，把库思老二世扶上王位。库思老二世为了答谢莫利斯的恩情，与他签订永久性的和约。拜占庭帝国占了大便宜，取得了亚美尼亚的大部分领地。

拜占庭帝国与突厥结盟期间，双方官方往来非常频繁，不断地传递着和睦的信息。见于史书的拜占庭使臣有恩提开俄斯、瓦伦丁、赫罗第恩等人，突厥派往君士坦丁堡的使臣更是多达百余人。君士坦丁堡的街头上不断地涌现突厥商贩的身影，两国的经贸异常热络。"醋意大发"的波斯人试图拆散突厥-拜占庭联盟，在南俄草原走廊埋下伏兵，企图暗杀两国的使臣，甚至勾结高加索地区的阿兰人，但均未得逞。

公元576年，独当一面的突厥室点密可汗死去。查士丁二世特意派遣瓦伦丁东赴，以悼念这位反波斯联盟的缔造者，续签盟约，并请突厥人出兵助击波斯。公元579年，拜占庭皇帝提比略即位后不久，又派遣以瓦伦丁为首的使团，出使突厥。但是因为拜占庭帝国收容突厥的叛逃部落，使得这次访问中间出现了不愉快，给两大帝国之间的和谐关系蒙上一层难以驱散的阴影。

瓦伦丁使团长途跋涉，历经千辛万苦，抵达突厥头领阿史那咄六设（其子李思摩一度被拥立为突厥可汗，后来投奔唐帝国）的营帐。瓦伦丁通告突厥人，提比略已登基为帝，要求突厥首领重申拜占庭与突厥之间的友好合作关系，续签查士丁尼皇帝与已故的室点密可汗达成的盟约。因为室点密可汗曾经当着众人的面，对拜占庭特使泽马库斯宣称：罗马人的朋友就是突厥人的朋友，罗马人的敌人就是突厥人的敌人，千秋万代永不背弃。但是咄六设态度冷漠，痛斥罗马人用花言巧语和阴谋诡计欺骗突厥人，而后从中捞取便宜。

不待瓦伦丁辩护，咄六设就把他送到位于阿尔泰山鹰娑川的西面可汗牙帐，去见室点密可汗的儿子达头可汗。达头可汗对拜占庭收容突厥的叛民异常愤怒，把怒火都泼在瓦伦丁身上。达头可汗誓言要踏平拜占庭帝国在克里米亚东部的重要据点——博斯普鲁斯城（今乌克兰刻赤），并将瓦伦丁使团囚禁在鹰娑川，极尽侮辱、嘲弄之后，才释放出来。瓦伦丁使团的出访彻底失败，当他们回到君士坦丁堡时，达头可汗派遣两支人马攻取博斯普鲁斯城，挑起了突厥-拜占庭战争。两大帝国关系恶化，结束了十几年的蜜月期，让拜占庭帝国伤感不已。

而突厥帝国经过室点密可汗的开疆拓土之后，西面达头可汗所管辖的领地十分辽阔，东起阿尔泰山，西至里海，高高凌驾于其他突厥三位可汗之上，已跟坐镇于都斤山汗庭的突厥大可汗形成分庭抗礼之势，埋下了突厥大帝国分裂的祸根。

突厥大分裂

公元572年，将突厥帝国推向全盛时期的木杆可汗死去。木杆可汗堪称一代雄主，他剿灭柔然，开拓西域，制定远交近攻的策略，联合萨珊波斯消灭嚈哒，放手将经营西域的专权交给西面可汗室点密，从而建立了一个从兴安岭直到中亚阿姆河的空前庞大的草原帝国。其舆图之辽阔，兵锋之强盛，让被西方人捧为"上帝之鞭"的匈奴也黯然失色。

木杆可汗死后，弟佗钵可汗继位。佗钵可汗仰仗兄之余威，突厥帝国继续保持强盛的态势，控弦数十万，中原王朝及西域诸国都要仰其鼻息，唯他马首是瞻。但是月有盈亏，花有开谢。公元579年，佗钵可汗死去，突厥帝国的盛世也告一段落。随着突厥国内大小可汗潜在的矛盾浮出水面,以及隋王朝的兴起,亚洲大陆形势发生根本性变动。

公元581年,隋文帝杨坚取代北周,建立隋王朝,结束了近三百年的大分裂,重新建立大一统的封建王朝。

隋朝之前,中原北方的北齐主、北周主都是突厥帝国的"儿皇帝",每年要向突厥缴纳数十万计的丝绸、赋税。中原人民辛勤劳作了一整年,最终养肥了一批批突厥骑士。隋王朝的建立从根本上扭转了这一状况。隋文帝杨坚上台之后,立即宣布终止贡赋突厥,将这些物资投放到经济建设、国防建设上,增强了国家的凝聚力,壮大了自身的实力,"北夷大怨"——突厥统治阶层因而对隋王朝恨气填胸。

于是在公元582年,突厥大小五个可汗齐出动,其中包括佗钵可汗的继任者沙钵略可汗、东面可汗菴罗、北面可汗阿波、西面可汗达头、贪汗可汗,率控弦之士四十万,越过长城,分三路滚滚南下。就在突厥大军步步紧逼,隋军节节败退,长安城危若累卵之际,达头可汗突然莫名其妙地撤军西返,不久沙钵略可汗也下令退兵。

原来就在突厥大举南犯的时候,"于阗、波斯、悒怛(即嚈哒)三国一时俱叛","沙钵略近趣周槃,其内部薄孤、东纥罗寻亦翻动"。达头可汗离开巢穴,波斯王霍尔木兹四世闻讯乘虚而入,把战争矛头由西线的拜占庭帝国转向东线达头可汗的中亚领地。被突厥征服的嚈哒旧地也纷纷举旗叛乱,响应波斯人。达头可汗后院起火,不得不回兵救援。不久,漠北九姓铁勒的仆固、同罗等部落也蠢蠢欲动,沙钵略的统治摇摇欲坠,襁褓之中的隋王朝才得以保全。

翌年(583年),沙钵略大可汗再次召集突厥各小王,企图卷土重来。但是西面达头可汗率先发难,拒绝服从沙钵略大可汗的征召令。隋军趁机大反攻,阿波可汗在隋王朝的策反下,又是违令退兵。隋军全线出击,沙钵略大可汗一败涂地。

沙钵略大可汗把打败仗的责任推到阿波可汗身上，恼怒之下，率兵袭击阿波可汗的部众，杀死其母，阿波可汗西投达头可汗。

自此突厥统治阶层隐藏的内部矛盾公开化，形成东西两大对峙的军事集团，达头、阿波的西突厥集团，沙钵略、菴罗的东突厥集团。突厥爆发了全面内战。"阿波（可汗）浸强，东距都斤，西越金山，龟兹、铁勒、伊吾及西域诸胡悉附之，号西突厥。"沙钵略可汗众叛亲离，受到阿波可汗的猛击，走投无路之下只好南奔隋王朝。隋文帝出兵帮助沙钵略可汗击败阿波可汗，从此沙钵略可汗向隋朝俯首称臣，双方结盟，以沙漠为两国的分界线。

隋文帝实施以夷制夷的策略，宣布承认阿波可汗政权的合法性。突厥三足鼎立，西部达头可汗、北部阿波可汗、南部沙钵略可汗，相互牵制，无暇南侵，中原大安。

此后突厥愈加混乱，阿波可汗过河拆桥，企图对达头可汗图谋不轨，导致双方兵戎相见。公元587年，沙钵略可汗死去，弟弟莫何可汗继位。莫何可汗"长颐偻背，眉目疏朗，勇而有谋"——虽然莫何可汗驴脸驼背，但是智勇双全，趁着阿波可汗被达头可汗杀得奄奄一息，给他一个猝不及防的袭击。阿波可汗被俘，死在洛阳城。莫何可汗北返于都斤山汗庭，统一大漠。从此突厥帝国分裂成莫何、达头的东、西突厥。

莫何可汗成为大漠的主人后，"西击邻国，中流矢而卒"。突厥人立沙钵略可汗的儿子都蓝为可汗。莫何可汗是怎么死的？波斯人流传一个说法，是被波斯名将巴赫朗姆·楚宾射死的。

在佗钵可汗死去的同一年，波斯王库思老一世也死去。其子霍尔木兹四世即位，此人是突厥公主所生，身上流淌着突厥人的血液。但是霍尔木兹四世残暴不仁，穷兵黩武，屡屡挑衅突厥人。突厥趁着霍尔木兹四世西攻拜占庭帝国失利，出兵攻打波斯，势如破竹，很快就杀到巴德吉斯、赫拉特地区，深入波斯境内数百里。

霍尔木兹四世慌了手脚，国难思良将。这时有人推荐一位高贵的骑士——北方行省总督巴赫朗姆·楚宾。此君在拜占庭-波斯战争中战绩不俗，曾经指挥骑兵部队，攻陷拜占庭军队坚守的要塞。波斯人写了一首打油诗把他吹得天花乱坠，说什么巴赫朗姆·楚宾器宇轩昂，身材瘦长，鬈发披肩，骨相奇伟，面庞黧黑，鼻梁高耸云云。巴赫朗姆·楚宾奉命之后，率领一万两千名重骑兵——他们是波斯军队中的精兵强将，日夜不停地直奔中亚而去，很快就粉碎了一支突厥分队，攻陷巴里黑城。紧接着又马不停蹄地强渡阿姆河，在布哈拉大破突厥人，用一支箭射穿了突厥首领沙巴，又进军沛肯城，生擒可汗之子巴罗牟陀，掠夺大量珠宝财富，以骆驼数千峰送至泰西封，其中有二百五十六峰骆驼专门载驮缴获的珠宝和黄金，献给霍尔木兹四世。一时在波斯国内引起轰动，巴赫朗姆·楚宾由此名声大噪，风光无限，被捧为萨珊波斯的英雄。

西方人根据中国史书中的记载，断定死于巴赫朗姆·楚宾箭下的沙巴就是东突厥可汗莫何。但是有中国学者认为，战殁的突厥首领沙巴只不过是西突厥的一位设（将领），被俘的巴罗牟陀也只是一个特勤（突厥贵族子弟的称呼）。至于真相如何，不得而知，这已成为丝绸之路上一个难解之谜。

凯旋后巴赫朗姆·楚宾被霍尔木兹四世任命为西征军统帅，但遭到拜占庭军队的痛击，损失惨重。霍尔木兹四世大怒，遣使赏赐一套女人的服装，以羞辱巴赫朗姆·楚宾。巴赫朗姆·楚宾默默地穿上之后，神情黯然，部下不堪受辱，拥立巴赫朗姆·楚宾为主。公元590年，巴赫朗姆·楚宾竖起叛旗，攻陷泰西封，弑杀霍尔木兹四世，自立为王。

霍尔木兹四世的儿子逃奔拜占庭帝国，寻求政治庇护。拜占庭皇帝莫利斯倍感惊讶，权衡利弊之后，决定出手襄助。但是他也提出一个苛刻的条件，波斯王子上台之后要把亚美尼亚和德拉城割让给拜占庭。

为了确保波斯王子日后忠诚于拜占庭帝国，莫利斯还把自己的公主许配给他，如此两国就和同如一家。公元591年，莫利斯派遣一支数量庞大的拜占庭军队（其中包括七万名拜占庭志愿者和波斯王子的拥趸）护送波斯王子回国夺位。

　　面对数量远胜于己的敌人，巴赫朗姆·楚宾在泰西封城中惶恐不安，但是除了出城迎战别无他路。这位曾经以一敌五，打死突厥可汗的波斯名将终于走到了穷途末路。经过两次交锋之后，巴赫朗姆·楚宾的部下几乎丧失殆尽，他自己逃往东边的突厥。流浪的波斯王子在拜占庭军队的护驾下，终于夺回了本属于自己的王位，称库思老二世。库思老二世上台之后，立即雇募杀手，铲除了巴赫朗姆·楚宾。萨珊波斯与拜占庭帝国迅速靠拢，长达二十年的"丝绸战争"也宣告结束。

　　公元603年，厌恶打仗的军队发生暴动，刺杀拜占庭皇帝莫利斯，一个有半蛮族血缘的低级军官福卡斯被拥立为帝。库思老二世闻讯之后，打着为岳父报仇的旗号，公开干涉拜占庭帝国的内政。他派兵大举西犯，夺回德拉城及美索不达米亚平原的各个要塞，旋即挺进小亚细亚，饮马博斯普鲁斯海峡，眺望西边的欧洲大陆，耀武扬威之后凯旋。这是萨珊波斯与拜占庭帝国交战以来最大的辉煌，波斯人欢呼雀跃，赞颂库思老二世为得胜王，于是波斯国势复振。

　　库思老二世派遣大将巴格拉托尼出击中亚，试图夺回阿姆河以南被突厥人占领的嚈哒旧领地——吐火罗。西突厥的达头可汗闻讯，率军南渡阿姆河，赶走波斯人，重新夺取失地。

　　但是东突厥可汗都蓝在隋王朝的支持下，兴兵西征达头可汗。后院起火，达头可汗不得不收兵北返，集中兵力迎战都蓝可汗。巴格拉托尼乘虚而入，攻陷吐火罗全境，占领巴里黑城、帆延（今阿富汗巴米安）、多勒建等重镇，大肆劫掠之后，还军木鹿城。

　　达头可汗从中亚回到漠北，在开阔的大平原与都蓝可汗展开决战。都蓝可汗众叛亲离，丢盔弃甲，一溃千里。隋文帝又施展离间之计，抛弃都蓝可汗，支持另一小可汗——突利可汗（沙钵略可汗曾孙）。公元598年，隋军出击都蓝可汗，兵未至而都蓝可汗被部下谋杀。达头可汗乘虚东进，势如破竹,很快出现在漠南。达头自立为步迦可汗,称雄漠北,成为隋王朝主要敌人。隋文帝则采纳战略家长孙晟"离强合弱"的政策,重点扶植力量较弱的突利可汗,册封他为启民可汗,与达头可汗形成南北武装对峙。公元601年,隋文帝派遣杨素率隋军联合启民可汗,进攻达头可汗。

被达头可汗收编的原东突厥旧部纷纷在阵前倒戈起义,投奔启民可汗。达头可汗成了孤家寡人,逃往吐谷浑。退回西域的道路也被阿波可汗的孙子泥利可汗封锁,几年后达头可汗死在吐谷浑,泥利可汗继任西突厥可汗。

隋炀帝西巡

隋王朝建立,结束了中原大地漫长混乱和衰弱的岁月。公元588年,隋灭南方的陈国,实现南北大一统。突厥分裂为东、西突厥之后,其在西域的统治也摇摇欲坠。塔里木绿洲城邦在饱受突厥的奴役之后,开始觉醒,盼望着重新恢复与中原王朝的宗藩关系。

此时隋朝的统治者也把目光从兵荒马乱的漠北,转向充满商机的西域,重开丝绸之路成为当务之急。公元604年,隋文帝死去,集魔鬼与天使于一身的隋炀帝继位。当时张掖是西域与中原的贸易中心,贩卖商云集,隋炀帝派遣吏部侍郎裴矩到张掖去管理来自西域的商贾,在河西进行招商活动。这个裴矩也是个很有争议的历史人物,佞于隋而诤于唐,但他擅长处理民族纠纷,却是不争的事实。

裴矩,山西闻喜人,刚落地不久就成了孤儿,由伯父裴让之抚养成人。长大后,裴矩勤奋好学,富有才华,又工于心计。北齐的北平王高贞做京畿首长,聘请裴矩担任兵曹从事,后高平王高仁英聘其为文学从事(私人秘书)。北周灭北齐后,裴矩深受定州总管杨坚的器重,从此平步青云。杨坚代周,建立隋朝,裴矩升任给事郎,参与朝政。不久跟随杨广讨伐南朝的最后一个政权陈朝。公元590年,裴矩奉诏巡抚岭南,负责处理外交和民族纠纷。公元593年,裴矩出使漠北,施展借刀杀人之计,让东突厥可汗都蓝杀掉敌视隋朝的大义公主，成功地为隋朝剪除一大害。公元600年，裴矩担任行军长史，协助太平公史万岁出塞，大破西突厥可汗达头。由于裴矩有丰富的外交和民族事务经验，所以隋炀帝让他去张掖管理西域商贾，充当日后拓通西域的开路先锋。

裴矩积极响应隋炀帝的号召，到了张掖之后利用各种手段，从西域商贾的口中了解西域各国的地理风情，汇总成一本书——《西域图记》，亲自呈献给隋炀帝。隋炀帝大喜，召裴矩入宫，向他请教西域的事。裴矩提出了开发西域、拓通丝绸之路的总纲要，认为伊吾、高昌、鄯善是西域的门户，而敦煌是丝绸之路的要地。西域诸国朝贡不通，丝绸之路断绝，罪魁祸首是突厥和吐谷浑使道路梗塞，所以击灭突厥、吐谷浑，是开发西域、拓通丝绸之路的先决条件。

裴矩还在《西域图记》中提出了丝绸之路的三条主干道。

北道从伊吾，经蒲类海（巴里坤湖）、铁勒部（今新疆吐鲁番北博格达山）、突厥汗庭（今大裕勒斯河谷），渡过北流河水（锡尔河或楚河），至拂菻国（拜占庭帝国），达于西海（应是地中海）。此道接近于拜占庭使臣泽马库斯从突厥汗庭西归的道路。

中道从高昌、焉耆、龟兹、疏勒、越葱岭，又经费尔干纳盆地的钹汗（拔汗那）、苏对沙那国（西汉的贰师城）、康国、曹国、何国、大小安国、穆国，至萨珊波斯，达于西海（阿拉伯海）。此道即丝绸之路西域北道。

南道从鄯善、于阗、朱俱波（汉代子合国）、揭盘陀度葱岭，又经护密（阿富汗瓦罕走廊）、吐火罗、悒怛、帆延、漕国（迦毕试），至北婆罗门，达于西海。此道即丝绸之路南道，也是法显、宋云等西行赴天竺取经的必走之道。

隋炀帝大悦，赏赐布帛五百段，此后几乎天天把裴矩召进宫，君臣共商开拓西域大计。裴矩"盛言胡中多诸宝物，吐谷浑易可并吞"。吐谷浑占据且末、鄯善，是丝绸之路上较大的障碍。裴矩主张先扫荡吐谷浑，再通西域。隋炀帝欣然采纳，立刻将他提拔为民部侍郎，专门负责通西域、经略四夷的事务。裴矩尚未上任，又升迁为黄门侍郎，成了隋炀帝身边的大红人，享受宰相级待遇，成为隋王朝经营西域的总设计师。

隋炀帝再次让裴矩赴张掖，招引西域各国入中原进贡。裴矩成绩斐然，没多久就有十来个国家入贡。公元607年10月5日，隋炀帝祭祀恒山，这十几个国家都来助祭，经营西域大业前景一片光明。隋炀帝决意按照既定方针西巡，打击吐谷浑，拓通丝绸之路。为此先派裴矩到敦煌，大造声势。裴矩厚赂高昌王麴伯雅（麴乾固之子）、伊吾吐屯设（突厥驻屯伊吾的武官），让他们入朝。

公元608年8月，隋炀帝派遣裴矩出使铁勒，南攻吐谷浑，从侧翼配合隋王朝的军事行动。12月，任命薛世雄为玉门道行军大将，与东突厥启民可汗南北夹击伊吾。薛世雄出了玉门关之后，却不见启民可汗。薛世雄孤军越过沙漠，突然兵临伊吾城下。伊吾人措手不及，只得投降。薛世雄在汉代旧伊吾城的东边新筑了一座城堡，留下银青光禄大夫王威率千余士卒驻守，自己引军东归。

公元609年4月11日，隋炀帝率数十万人，其中包括士兵、侍臣、宫女、勤杂人员等等，浩浩荡荡地出了长安城，渡过渭水，溯渭水北岸朝西而去。这是周穆王西巡一千五百年后第一位西巡的中原皇帝。五六天后，隋炀帝抵临扶风郡，那儿有隋文帝营建的岐阳宫。此后溯汧水向西北而行，越陇山东麓的大震关，至渭水之滨的天水郡，又溯渭河而上抵达水草丰茂的陇西郡。在那儿，隋炀帝进行了一次围猎活动，并接见前来朝拜的高昌、吐谷浑使者。

6月4日，隋炀帝又出临津关，渡黄河，至西平（今青海乐都），进入青海境内吐谷浑的地盘。隋炀帝进行战前总动员，做好进攻吐谷浑的军事准备工作。隋军自拔延山（今青海化隆县境内）入长宁谷（今青海北川河），度星岭（今青海大通北的达坂山），于27日抵达浩亹川（今青海门源大通河），逼近吐谷浑的老巢。

吐谷浑可汗慕容伏允把主力部队部署在青海湖东北的覆袁山，准备与隋军决战。隋炀帝摆出长蛇阵，将吐谷浑团团围住。兵部尚书段文振屯北雪山（今青海冷龙岭），东西联营三百里；太仆卿杨义臣屯琵琶峡（今青海门源县浩门河北岸），东西联营八十里；内史元寿南屯金山（今青海西宁西北），东西联营三百里；将军张寿西屯泥岭（今青海刚察西北）。隋军十面埋伏，欲将吐谷浑一网打尽。战斗开始，隋军从四面八方，发动猛烈的进攻。隋军以压倒性的优势，横扫过去。吐谷浑大败，四面溃散，慕容伏允仅率数十骑冲出隋军的包围圈，让一个部下冒充自己，金蝉脱壳，在祁连山复杂地形的掩护下，一路向西逃窜到车我真山（今青海祁连东南）。

覆袁山一战，隋军击溃吐谷浑的主力。隋炀帝又令右屯卫大将军张定和西击车我真山，生擒慕容伏允。但是张定和轻敌，不穿厚甲上山，吃了大亏，被吐谷浑人射成一个刺猬球。副将柳武建一鼓作气，继续上攻，终于拿下车我真山，但慕容伏允又逃之夭夭。

7月8日，隋炀帝又派遣左光禄大夫梁默等追袭慕容伏允，结果被慕容伏允包了饺子，兵败被杀。卫尉卿刘权出伊吾道，从北面迂回绕到吐谷浑背后，虏获千余口，乘胜追击，一直杀到吐谷浑的国都伏俟城下。

7月14日，隋炀帝凯旋，路经狭长的大斗拔谷（今祁连县境内扁都口）。此地海拔三千五百米，昼夜温差极大，山路隘险，只能单行而过。又突遇暴风雨雪，文武百官以下饥寒交加。且由于高山反应，军中大面积感冒发烧，士兵普遍得了高原肺水肿。再加上荒山野岭无处扎营，士卒冻死大半，马、驴等牲畜也冻死八九成，仪仗物资丢弃殆尽。最可怜的是那些盛装华服的后宫嫔妃，因道路狭窄，相互踩踏，行军秩序大乱，她们失去了跟隋炀帝的联系，夜里不得不在山谷中与普通士卒抱团取暖，杂宿山间。

7月17日，狼狈不堪的西巡队伍回到张掖城。由于队伍在大斗拔谷损失惨重，为了防备吐谷浑的突然袭击，从武威到张掖，再到敦煌，整条河西走廊都处于高度警备状态。7月23日，隋炀帝行至焉支山。武威太守樊子盖早已率领一支大军在此恭候皇帝的回归。高昌王麴伯雅、伊吾吐屯设等西域三十多国的国王和使者在裴矩的诱说之下，跪在大道旁，臣服于隋炀帝。隋炀帝心花怒放，大行赐赏，"皆令佩金玉，被锦罽，焚香奏乐，歌舞喧噪"。隋炀帝又让地方郡县官员督促张掖、武威的男女老少，穿戴华丽，尽情围观，以炫耀中原王朝的繁华富强。车水马龙，绵延数十里。

征讨了吐谷浑之后，隋王朝的疆土扩大到西域，"自西平临羌城以西、且末以东、祁连以南、雪山以北，东西四千里、南北二千里，皆为隋有"。隋炀帝随即在焉支山宣布，将新拓展的领地并入大隋帝国的版图。在吐谷浑的故都伏俟城设置西海郡，辖宣德、威定两县。另设河源（治所今青海兴海县东南）、鄯善、且末等郡，青海全境首次被纳入中原王朝的版图。隋炀帝又令刘权在河源郡积石镇（今甘肃积石山县）屯田驻兵，以抵御吐谷浑，保护丝绸之路的畅通。

焉支山成为隋王朝经营西域的临时大本营，隋炀帝在那儿搭起一座规模宏大的宫殿，由六合城、六合殿、千人帐三部分组成。六合殿即观风殿，可容纳数百人。

好大喜功的隋炀帝又一次令世人震撼，他要在观风殿举办一次丝绸之路上破天荒的盛大博览会。

7月27日，隋炀帝驾临观风殿，殿中早已摆满了从中原送来的丝织品、瓷器、铁器等各种手工业品，琳琅满目。西域三十多个国家的国王和使臣鱼贯而入，他们将参加一次足以令他们终生难忘的宴会。

宴会上，宫廷乐队奏响九部乐，还有杂技表演——鱼龙曼延。各种珍异动物的模型在观风殿来回穿梭，如梦如幻，令客人们大开眼界。

隋炀帝特意安排高昌王麴伯雅、伊吾吐屯设两人上殿，享受跟皇帝和近臣共饮的厚遇，其他的二十多个西域国家的国王和使者则在殿下陪宴喝酒。隋炀帝这么安排是有深意的，因为高昌与伊吾是西域的门户，丝绸之路北道的起点。

隋炀帝选在当年霍去病大破匈奴的焉支山举行千古少有的盛会,无疑是向世人昭示自己经营西域的雄心,展现中原王朝强大的实力。此举,标志着隋王朝达到鼎盛时期。

10月22日,隋炀帝的车驾回到长安城,为时四个多月的西巡宣告落幕。这次西巡,打通了丝绸之路,极大地促进了各民族的融合以及经济文化的交流。

翌年,西域诸国主动朝贡,大献方物。东突厥启民可汗及西域各国君主亲自赴洛阳朝拜隋炀帝。隋炀帝再次摆阔,在洛阳城内的南北主干道——天津街举办一场盛况空前的元宵佳会。各种杂技表演,各类娱乐活动,都汇聚洛阳桥。"戏场周围五千步,执丝竹者万八千人,声闻数十里,自昏达旦,灯火光烛天地;终月而罢。"洛阳城内张灯结彩,鼓乐喧天,肩摩毂击,热闹非凡。隋炀帝为了向西域诸国炫耀中原的富庶,不惜血本,让表演者和歌舞者穿戴"珠翠金银,锦罽缔绣",身上玉佩、玉环清脆的撞击声不绝于耳。如此闹了整整一个月才结束,耗费巨以亿计。

公元612年,隋炀帝册封宗室女宇文玉波为华容公主,远嫁高昌王麴伯雅,通过和亲,让高昌国臣服隋王朝。隋炀帝亲手开启了丝绸之路西域南、北二道的门户——鄯善及伊吾、高昌,设鄯善郡、筑新伊吾城,扼住塔里木盆地的入口,彻底清除丝绸之路上的障碍,东西方的经贸易往来逐渐恢复了正常。公元615年,突厥、龟兹、于阗、安国、曹国、何国、疏勒等葱岭东西两侧的国家竞相遣使朝贡,隋王朝的威势也达到了顶峰。

粟特与昭武九姓

隋炀帝的穷奢极欲给国家带来沉重的负担,加上连年战争、横征暴敛,老百姓困苦不堪,暴动此起彼伏,终于将隋王朝埋葬在战火纷飞之中。公元617年,西凉开国之君李暠的后代、镇守太原的权贵李渊趁机起兵造反,之后李渊家族剿平各路义兵、军阀，再次一统天下，建立极盛一时的唐帝国。

由于隋朝末年中原大乱，隋炀帝苦心经营的西域事业毁于一旦，丝绸之路的沿线态势发生逆转。唐帝国建立之初，隋炀帝焉支朝会后四方来朝的盛况不复存在，周边各国包括西域各绿洲城邦转而藐视中原。"四夷侵，中国微，而突厥最强，控弦者号百万。"唐帝国成了一块人人都想染指的香饽饽。

由于失去了中原王朝的强有力制衡，西突厥势力迅速壮大起来，在射匮可汗、统叶护可汗兄弟执政期间，走向鼎盛。射匮可汗是达头可汗之孙，于公元610年受隋朝册封即汗位，汗庭设在龟兹以北的三弥山。射匮可汗打着隋王朝的旗号，四处扩张，西域诸国纷纷臣服。他用武力逼迫中亚的石国称臣，又用和亲手段拉拢河中粟特地区昭武九姓的领头羊——康国，其余的安国等也先后臣服。

射匮可汗在位时，西突厥领地东起阿尔泰山，西至里海。公元618年，射匮可汗死去，其弟统叶护可汗继位。统叶护可汗堪称西突厥史上最著名的君主，在位初期将汗庭西移至方圆三四百里水草丰茂的千泉[①]，把战略重心放在中亚和西域地区，先后北并铁勒，西拒波斯，南接罽宾，再次称雄。

公元616年、617年，萨珊波斯两次入侵吐火罗，波斯人取得胜利并缴获大量战利品。统叶护可汗即位之后，马上调集军队反攻，把波斯的势力赶出吐火罗，将边界线推移到阿姆河以南。

西突厥走向鼎盛，膏腴之地——粟特地区的昭武九姓贡献巨大。在不久的将来，昭武九姓将是大唐帝国称霸中亚、保护丝绸之路的最前沿，因而不得不提到昭武九姓。

要说昭武九姓，首先得从粟特人说起。传统的史学家都在昭武九姓与粟特人之间画等号，认为昭武九姓就是指粟特人。

---

① 千泉，位于今吉尔吉斯北部中亚塔拉斯河以东、吉尔吉斯山脉北麓。

从种族来看，粟特人属于东伊朗部落。约在中国的春秋时期，粟特人生活在中亚阿姆河与锡尔河之间的泽拉夫善河流域，开始修建一些有坚固防御工事的城市。此后不久，绿洲上的人工灌溉农业也系统地发展起来。

约公元前570年，袄教的创始人琐罗亚斯德从西北方向的花剌子模地区而来，向粟特人推销他的火神崇拜。那些朴实的粟特农民很快就着了迷，成了袄教的忠实信徒，他们的执着一直保持了一千三百年。

不久，剽悍的波斯人来了。约公元前549年间，居鲁士大帝率领的波斯铁骑踏碎了粟特的安宁，粟特人沦为波斯帝国的臣民。居鲁士继续渡过锡尔河准备进攻北部的塞种人，不幸在战斗中殒命，但粟特自此变成波斯最偏远的行省。

两百多年后，欧洲人又窜进了粟特人的家园。公元前328年，灭了波斯帝国之后，亚历山大大帝率马其顿军队又征服粟特等中亚地区。为了躲避外族人的血腥屠杀，部分粟特人背井离乡，越过葱岭，逃入东边的塔里木盆地。在那儿，粟特人开始接触中原人，甚至知道当时中原有个秦帝国，并把秦帝国的都城咸阳称作胡姆丹（Khumdan）。

亚历山大帝国昙花一现，很快就陷入分裂。粟特人更换了新主人——条支（塞琉西王国）。约公元前255年，大夏王国（希腊-巴克特里亚王国）又成了粟特人的新主子。一百多年后，大月氏从河西走廊辗转万里而来，征服了大夏王国。与此同时，锡尔河北岸的游牧民族康居人也南下，占据了粟特。粟特出现了附庸于康居的五小王：奥鞬、罽城、附墨、苏薤、寙匿。

再接下去，张骞来了，丝绸之路也开通了。一条东西方贸易主干道，穿越粟特南部，向北翻过葱岭，入塔里木盆地，与中国相接；向南途经大夏，翻越兴都库什山，与印度相接。

从公元30年直到公元300年，这条贸易主干道的南、北两端出口都被贵霜帝国掌控。而粟特地处这条贸易主干道必经之地，是东西方交通的枢纽，丝绸和黄金贸易的运转中心，无数条商道在境内交叉纵横。得益于地理位置优

凉州萨保史君墓的粟特商队石刻

越,交通便捷,粟特物流商贸高度发达,所以粟特人多都是经商行家。粟特人善于经商的习性与他们家庭教育有关。粟特人从娃娃起,父母就一直对他们灌输商业意识,培养和传承经商经验。

唐代史籍记载,粟特"生儿以石蜜啖之,置胶于掌,欲长而甘言,持宝若黏云。习旁行书。善商贾,好利,丈夫年二十,去傍国,利所在无不至","男年五岁则令学书,少解,则遣学贾,以得利多为善"。

后人可以从中了解粟特家庭进行商业教育的大致情况。婴儿刚生下来就让他口含冰糖(石蜜),手握胶泥。就是要婴儿长大以后会说甜言蜜语,招揽生意,把钱财紧紧抓在手中。五岁时,粟特人接受教育,读书写字。稍稍长大了,就让他学习经商,获利越多越好。二十岁成年了,粟特男人就要离家出走,独立行动,到邻近各国去寻找商机,哪里有赚头就往哪里奔。

粟特人不辞辛劳,在丝绸之路上成群结队,长途跋涉,来回穿梭。为了避免在茫茫沙漠中迷路或者受到游牧民族的袭击,每个商团都有领队人员——萨宝（Sabo）。萨宝或称首席商人，但并非商团的首领，对其他成员不具备约束力。萨宝的主要职责是租用骆驼和马匹，准备必需的食物和饮水，带领商团安然无恙地穿越危机四伏的沙漠。同时肩负着更为重要的责任，即防止不期而遇的强盗给商团带来伤害，负责与当地政府沟通，进行各种贸易谈判。商团在旅途结束之后解散了，萨宝也被解雇。

西安出土的北周凉州萨宝史君墓发现了许多粟特商队的雕像。考古发掘报告说，其中有一幅画面是由骆驼、马、驴组成的粟特商队，走在商队最前头的是两个骑马的男人，其中一位腰间悬着箭袋；两匹马后面是两头驮载货物的骆驼，骆驼后面有一头戴船形帽、骑在马上的男子，他右臂弯曲上举，右手握千里眼正在眺望。这个画面形象地再现了一千多年前粟特商队穿越沙漠时，那种如迎大敌、小心翼翼的神态。腰悬箭袋的男子应该就是这个商队的萨保，时刻保持警惕，随时准备发现危险，以保护整个商队的安全。

粟特商队的规模通常都很大，一般以三十多岁的青壮年居多。史书记载，公元553年，西魏凉州刺史史宁（曾经与突厥木杆可汗夹击吐谷浑）截获了一个由二百四十名粟特商贩、六百头骆驼，还有数以万计杂彩丝绢组成的商队。粟特商队的规模由此可见一斑。

在贵霜帝国统治时期，粟特商队开始成为丝绸之路上的主要商贩。他们从事双向贸易，将体积小、价值昂贵的西域珠宝，诸如玛瑙、珍珠、美玉等等，万里迢迢贩运到中原，售给那些追求体面豪华的官员和富户人家，而后在中原大量购进丝绸。有时候，粟特商队也干些不光彩的非法之事，比如劫掠、拐卖中原的妇女。

约公元350年，寄多罗人（红匈奴）从贵霜人手中夺走了粟特，二三十年后，从阿尔泰山南下的嚈哒人（白匈奴）又赶走寄多罗人，占领粟特。这一时期，有大量的粟特人通过丝绸之路，迁入中原，在河西走廊等地形成许多个大规模的粟特人聚落。

其后萨珊波斯的力量向东扩张，嚈哒人也南下向吐火罗扩张。泽拉夫善河流域的粟特人似因遭受压力的减轻,经历了一次前所未有的农业扩张。粟特人繁衍迅速,城镇或商业中心如雨后春笋般兴起,绿洲灌溉网络越来越大,不断地向沙漠地带延伸。与此同时,诞生了许多新的绿洲政权,西方人喜欢称之为公国。其中最著名的是米国,大约出现在公元457年。这个时期相当于中国的南北朝时期,粟特地区公国众多,形成了昭武九姓,并以康国为诸国的宗主。

"昭武九姓"这个名词出自何方,尚未有定论。有学者认为,"昭武"是官职名称,即"叶护(Jabghu)"。在唐代史书中,昭武九姓包括康、安、曹、石、米、何、火寻、戊地、史九国,而曹国又分为东曹、西曹、中曹三国。粟特地区除了这九国还有东安国、毕国、捍、那色波。

表5 粟特地区(昭武九姓)政权简表

政权	都治	另名
康国	阿禄迪城:今撒马尔罕东北	萨末鞬
安国	阿滥谧:今布哈拉	(𪥌城)
东曹国	今乌勒提尤别西南之沙赫里斯坦	苏对沙那
中曹国	迦底真城:今撒马尔罕西北之凯布德	
西曹国	瑟底痕城:今撒马尔罕西北伊什特汗	
石国	柘析城:今塔什干地区	者舌、赭时、柘析(瓭匿城)
米国	钵息德城:今塔吉克斯坦片治肯特	弭秣贺
何国	今撒马尔罕西面	屈霜你迦、贵霜匿(附墨城)
火寻	急多飓遮城:今乌尔根奇附近	花剌子模(奥鞬城)
史国	乞史城:今沙赫里萨布兹附近	竭石国、坚沙、奇沙、羯霜那国(苏薤城)
东安国	今布哈拉东北	喝捍
西安国	今布哈拉西方	戊地、伐地国
拔汗那	今费尔干纳盆地	钹汗、富那国
那色波	今乌兹别克斯坦卡尔希	小史

康国是昭武九姓的领头羊,被诸国奉为宗主,安国是西粟特的中心。而位于康国与安国之间的何国被誉为"粟特的心脏",是连接东、西粟特的枢纽。《新唐书》记载说,何国"即康居小王附墨城故地。城左有重楼,北绘中华古帝,东突厥、婆罗门、西波斯、拂菻等诸王,其君旦诣拜则退"——何国都城南边的重楼东、西、北三墙上有壁画,北面画着中原王朝的古代皇帝,东面画着突厥、天竺的君主,西面画着萨珊波斯、拜占庭帝国的君主。何国王每天清晨都要上重楼叩拜诸国君主之后才下去。如此的叩拜仪式是粟特昭武九姓身处复杂国际关系的一个小缩影,也表明了粟特正处在东西方交通上的枢纽位置。

公元555年,突厥人与嚈哒人在安国血战八天,嚈哒人大败,粟特地区旋即易主,成了突厥帝国的领地。粟特人的历史翻开了新的一页,实现突厥-粟特的真正融合。粟特商人摩尼亚赫为了继续开拓丝绸贸易,在突厥西面可汗室点密可汗的授权之下,率一个粟特丝绸贩商代表团出使萨珊波斯。受到波斯王库思老一世的蛮横拒绝之后,摩尼亚赫遂建议室点密可汗与拜占庭帝国通好。公元568年,摩尼亚赫又率突厥商贸代表团出使君士坦丁堡,觐见拜占庭皇帝查士丁二世。在摩尼亚赫的牵线、撮合之下,突厥与拜占庭结盟,建立反萨珊波斯联合战线。

突厥帝国分裂为东、西突厥之后,昭武九姓依附于西突厥。康国王屈术支娶统叶护可汗之女为后,结成政治联姻,关系更为密切。以康国为首的昭武九姓受到西突厥的支配,公元615年,"射匮可汗遣其犹子,使率西蕃诸胡朝贡"。这表明,西突厥完全控制了丝绸之路,西突厥贵族成为粟特商队的组织者和领导者,粟特商队则在西突厥政治势力的庇护下,得心应手地展开各种商业活动。

第八章 拓疆西域

暴风雨前夕

唐朝建政初期，西突厥的势力范围包括昭武九姓所在地、伊犁河流域和塔里木盆地。东突厥的疆域东起大兴安岭，西至阿尔泰山，囊括整片漠北。东突厥颉利可汗（启民可汗之子）在隋朝余孽杨政道（隋炀帝之孙）的怂恿下，屡屡南犯中原，是新生政权唐王朝的最大外敌。而日后的大唐雄主要想经营西域、夺取丝绸之路，必须先扫荡北面的威胁——东突厥，再击破西突厥，方能向西域延伸。

最早遣使通好唐王朝的西域国家是高昌和龟兹。公元623年，高昌王麴伯雅死去，其子麴文泰继位，遣使赴长安城告哀。公元626年，龟兹王白苏伐勃䭾也遣使赴长安。这两个都是西域北道上的重要城邦，他们相继与唐帝国通好，拉开了西域诸国与唐王朝官方交往的序幕。

高昌王国是丝绸之路西域北道的门户，横八百里、纵五百里，共有二十一城，都治交河城，自古以来就是中原王朝与周边游牧政权争夺西域的焦点之一。自公元555年木杆可汗亲征之后，麴氏高昌就尊奉突厥为宗主。公元605年，铁勒反抗西突厥的暴政，联合附近的仆固、同罗、拔野古等部落，凝结成一个铁勒共同体，脱离西突厥，闹起独立。铁勒不断地壮大发展，将塔里木盆地东部纳入自己的势力范围。麴氏高昌不甘心臣服于铁勒的同时，也积极与中原王朝通好。

四年之后，高昌王麴伯雅在隋王朝大外交家裴矩的游说之下，偕同世子麴文泰亲赴张掖，朝觐西巡的隋炀帝。隋炀帝授予麴伯雅"左光禄大夫、车师太守、弁国公"的官爵，并保留高昌王的封号，这是自南北朝时期高昌立国一个半世纪以来首位向中原称臣的高昌王，正式确立了隋王朝与高昌的宗藩关系。此次出行，隋炀帝的雍容大度、中原王朝的繁荣发达，给麴伯雅父子留下极为深刻的印象。

高昌受到铁勒人的压制与剥削，从往来于丝绸之路的粟特商队征收的关税，绝大部分都拱手进献给了铁勒人。为了摆脱这一沉重的枷锁，麴伯雅发愤图强，决心依靠隋王朝，进行改革。

公元612年，麴伯雅再次赴中原，隋炀帝将宗女华容公主嫁给麴伯雅。感恩戴德的麴伯雅回去之后，立即颁发一条法令，"先者，以国处边荒境，被发左衽。今大隋统御，宇宙平一。孤既沐浴和风，庶均大化。其庶人以上，皆宜解辫削衽"。宣布高昌国改变游牧民族式样的衣着装饰，内附隋王朝，与中原融为一体。

但是麴伯雅的"解辫削衽"令在高昌国内引起轩然大波，遭到保守派贵族的强烈抵制。这些贵族包括高昌国内的铁勒支持者，还有不满麴氏统治的其他大姓如张氏。"解辫削衽"法令出台后不久，高昌发生政变，麴伯雅的反对者蜂拥而起，把麴伯雅赶出高昌国，采用新的年号"义和"，建立义和伪政权。麴伯雅被迫流亡国外，或说流亡到西突厥，寻求援助。

政变后不久，也许是西突厥统叶护可汗助了一臂之力，流亡在外的麴伯雅积蓄力量，派遣心腹张雄杀回交河城，推翻伪义和政权，麴伯雅复辟。不久麴伯雅死去，世子麴文泰上台。公元619年、620年，为了拉拢唐帝国，对抗东突厥颉利可汗，西突厥统叶护可汗对唐朝奉行友好政策，遣使赴唐朝贡。麴文泰的使臣也跟随西突厥使者出现在长安城内，说明此时麴氏政权已脱离铁勒人的控制，重新投入西突厥的怀抱。

公元624年，高昌王麴文泰再次入贡，献上拂菻狗。此时的拂菻应指拜占庭帝国的亚洲领地叙利亚行省，包括今叙利亚和巴勒斯坦地区。敦煌莫高窟曾经发现唐代手抄本《移鼠迷诗诃经》，后来被日本文物大盗高楠顺次郎窃取。《移鼠迷诗诃经》即基督教的经书《耶稣弥赛亚经》，上面提到"移鼠迷诗诃……生于拂菻园（国）乌梨师敛城中"。拂菻国乌梨师敛城就是巴勒斯坦的耶路撒冷城。可见高昌地处丝绸之路要冲、中外商贩往来的必经之处，是当时东西方贸易通道中重要的一站。

高昌频繁入贡，"西域诸国咸欲（麴）文泰遣使贡献"——塔里木盆地的绿洲城邦和葱岭以西的国家，都通过麴文泰向唐帝国表达了互通往来的强烈愿望。公元626年，大唐英主唐太宗即位后，中亚、西亚发生了巨变，一场前所未有的风暴即将席卷丝绸之路沿线地带。

首先是自公元576年拜占庭帝国的瓦伦丁使团出使突厥失败，宣告拜占庭-突厥联盟破裂。但是半个世纪后，为了对付共敌，两国重新结盟。公元627年，拜占庭与波斯爆发最后一次战争，西突厥应邀参战，西亚、中亚又陷入世界大战，丝绸之路烽烟四起。拜占庭皇帝希拉克略率兵东征，大破波斯军，波斯王库思老二世仓皇退保泰西封。

西突厥统叶护可汗趁机在东线开辟战场，派遣大军进攻号称"里海之门"的要塞——杰尔宾特关隘。此关隘始建于公元438年，为黑海、里海北边草原进入萨珊波斯北部富饶的阿塞拜疆唯一的门户。突厥骑兵攻势如潮，杰尔宾特关隘很快就沦陷了。阿塞拜疆人退到高加索山脉，构筑防线，结果也被突厥人一举击破。突厥人趁热打铁，继续向南推进，攻入格鲁吉亚，将"人生乐土、商贾辐辏之大城"第比利斯包围得水泄不通。

第比利斯地势险要，易守难攻，为高加索地区的商贸中心。拜占庭帝国对此垂涎欲滴，之前曾经派遣一支大军，试图夺取第比利斯，结果屡攻不破。

拜占庭皇帝希拉克略听到突厥人正在攻打第比利斯的消息，大喜过望，也调集重兵，昼夜兼程，赶赴第比利斯。当拜占庭军抵达第比利斯城下时，城头上早已插满了绘有金色狼头图案的突厥军旗。根据西方人的记载，丝绸之路上出现了令人振奋的一幕，东方草原霸主统叶护可汗与西方地中海霸主希拉克略，在第比利斯纳里卡拉要塞的城墙下胜利会师。统叶护可汗亲吻拜占庭皇帝的肩膀，而后恭恭敬敬地鞠了一个躬。希拉克略则紧紧地搂抱这位首领，还把统叶护可汗的儿子阿史那咥力叫到身边，摘下皇冠，戴在阿史那咥力的头上。

其后，拜占庭军士气高涨，在尼尼微大破波斯军，兵临泰西封城下。遭到拜占庭、突厥两个铁拳的痛击，号称"得胜王"的库思老二世四面楚歌，走到了穷途末路，遭到贵族的抛弃，其子库巴德二世被拥立为王。在库巴德二世的授意下，库思老二世于公元628年2月被处死。库巴德二世单独与希拉克略媾和，宣布归还所有侵占的领地。此次战争之后，萨珊波斯走向衰落，离败亡之日不远了。

西突厥统叶护可汗的日子也不好过。对波斯的战争虽然取得了胜利，但是连年征战国力消耗严重，统叶护可汗不得不征收苛捐杂税，大肆搜刮被奴役的各个游牧部落。葛逻禄部落率先叛变，引发了西突厥的大内讧。

公元628年，统叶护可汗从中亚回千泉汗庭不久，被伯父莫贺咄杀死。莫贺咄自立为可汗，弩失毕部率先反对，拥立统叶护可汗之子阿史那咥力为汗，称肆叶护可汗，西突厥大乱。

隶属于西突厥的昭武九姓和其他诸国纷纷寻求独立。康国王屈术支于公元627年遣使赴长安，献名马给唐太宗。作为昭武九姓的宗主，康国王屈术支成了河中地区依附唐帝国的带头大哥。

公元630年，大唐名将李靖率十万大军出击东突厥。李靖组织了一支快速反应部队，趁夜袭击东突厥，颉利可汗措手不及，逃跑没多远就被活捉。东突厥灭亡，唐帝国版图自阴山拓展至漠北。西域诸国惊恐不安，似多米诺骨牌效应一般，竞相朝贡，倒向唐帝国。龟兹王白苏伐叠第一个遣使献马，唐太宗赐赏印玺、文书，大加褒奖。白苏伐叠感激不已，自此年年进贡。伊吾城主也不甘落后，公开宣布与突厥决裂，率七座城池投效唐帝国，献地数千里。唐太宗设置西伊州，加以管辖。

两年后（632年），于阗王尉迟屈密遣使献玉带。公元635年，塔里木盆地西端的疏勒遣使献名马，康国王屈术支又遣使贡狮子。公元637年，罽宾国遣使献名马。康国王屈术支再次派遣使臣，进贡金桃、银桃。唐太宗即位仅十年，就引领大唐帝国大阔步地迈向世界。西突厥分裂了，东突厥灭亡了，塔里木盆地绿洲城邦相继归附唐帝国，丝绸之路这条古老的东西方贸易大通道即将迎来最灿烂的时代！

就在唐太宗重新找回了当年汉武大帝的霸气，雄心勃勃四处开疆拓土，准备重启丝绸之路时，西亚突然响起一阵轰雷，阿拉伯人在萨珊波斯被拜占庭和突厥揍得遍体鳞伤、国势衰微之际趁势崛起，迅速攻城略地，吞噬萨珊波斯，建立阿拉伯帝国。中国古籍称之为大食，音译自波斯人对邻近阿拉伯部落达伊部（Tayyi'）的称呼Tachik。

拜罗马人和波斯人所赐，阿拉伯帝国横空降临，这是丝绸之路史上具有划时代意义的大事件。"红海多阻，西亚不通，两帝相争，麦加独得其利。"从公元527年直到公元630年，拜占庭帝国和萨珊波斯为了丝绸贸易，争霸小亚细亚，进行了长达一百多年的战争。由于受到拜占庭-波斯百年混战的影响，原先从尼罗河出发，经红海到波斯湾的海上贸易通道受阻。丝绸贩卖商不得不另辟蹊径，即阿拉伯半岛西南的汉志商道——东方的丝绸和其他商品经海路运抵也门，再经过阿拉伯商贩用骆驼转运到地中海沿岸的叙利亚或埃及，最后输入罗马帝国。

但拜占庭-萨珊波斯的百年战争也让汉志商道时通时断，而拜占庭、萨珊波斯又像两只恶虎，蛮横无理地拒绝了阿拉伯人向外求生存的诉求，无情地把阿拉伯人钉牢在漫漫黄沙之中，让他们饱受饥荒、缺水之苦。

为了整个阿拉伯民族的命运，必须有一个坚定的领导者，振臂一呼，将阿拉伯人团结起来，冲破牢笼，向外拓展生存空间。而这个神圣的使命就由先知穆罕默德来完成。

四十岁时，穆罕默德创立伊斯兰教，经过十多年的艰辛传播，穆罕默德的信徒队伍不断扩大，但是受到麦加贵族的痛恨与排斥，穆罕默德不得不于公元622年7月16日深夜出走麦地那。这一年，东方新兴的唐王朝正为剿灭河北的割据军阀刘黑闼而苦战不休。

七年之后，穆罕默德的势力急剧扩增。公元629年，穆罕默德率领一千信徒浩浩荡荡地进入麦加城。

但是由于麦加贵族违反与穆罕默德的约定，次年穆罕默德又率十万大军攻陷麦加城。此举震动整个阿拉伯半岛，大部分部落纷纷向穆罕默德俯首称臣，阿拉伯半岛出现统一趋势。公元632年，穆罕默德逝世，阿拉伯进入了哈里发时代，并以迅雷不及掩耳之势，摧毁了萨珊波斯的统治根基，称霸西亚。

穆罕默德死后，他的岳父阿布·伯克尔成为阿拉伯帝国第一位正统的哈里发。此时萨珊波斯国内乱成了一锅粥，库巴德二世即位没多久就死了，朝中派系倾轧，废立无常。公元633年秋，阿布·伯克尔当机立断，调集三万大军，兵分两路：东路由"安拉的宝剑"——大将哈立德率领，直捣萨珊波斯的美索不达米亚地区；西路的指挥官是"圣门弟子"艾卜·欧拜德，北征拜占庭帝国的叙利亚行省。初生牛犊不怕虎，立国不久的阿拉伯人就左右开弓，同时挑战拜占庭、萨珊波斯两大帝国。

哈立德一路势如破竹，如同一把锐利的尖刀，直插向萨珊波斯的心脏——泰西封。波斯王伊嗣俟三世（库思老二世之孙）慌忙派军迎战，愚蠢的波斯将军为了防止部下临阵脱逃，用铁锁链将军队铐在一起，结果阿拉伯骑兵如砍瓜切菜，大获全胜。此战之后，波斯人胆寒心惊，哈立德长驱直入，席卷萨珊波斯南部地区。

远征叙利亚的西路军一度在加沙附近击溃拜占庭军。拜占庭皇帝希拉克略闻讯震惊，调集数十万大军南下阻击。阿布·伯克尔接受助手欧麦尔的建议，把东线统帅哈立德调到西线去，侧击拜占庭军。哈立德仅用十八天的时间，就穿越荒无人烟的大沙漠，跑完一千六百千米的路程，绕到拜占庭军背后，突然兵临大马士革近郊。紧接着，哈立德又从大马士革南下，与西路军胜利会师。

公元634年7月，哈立德率领远征军在雅尔穆克河谷与拜占庭援军主力展开大会战。哈立德再次展现出高超的军事才华，以一敌五，大破拜占庭军，歼灭十万余敌。惊慌失措的拜占庭残军向北狂奔，试图与皇帝希拉克略汇合，但是希拉克略早已撤退到远离战场的安条克去了，拜占庭军士气大泄。哈立德所向披靡，丝路重镇大马士革城遥遥在望。

哈立德磨刀霍霍，准备猛攻大马士革时，后方传来噩耗，8月22日，阿布·伯克尔死去，欧麦尔继任第二位哈里发。欧麦尔执行既定的远征计划，下令哈立德进攻大马士革城。经过九个月的鏖战之后，公元635年9月，大马士革守军宣布投降。翌年，欧麦尔又令大军东征波斯，波斯宰相鲁斯坦倾国中精锐而出，这将是决定波斯帝国命运的最后一战。公元637年6月1日，波斯大军与阿拉伯大军在泰西封附近的幼发拉底河地区展开一场血腥的会战。阿拉伯骑兵英勇地冲向波斯宰相鲁斯坦摆下的象阵，双方战亡者的尸体堆积如山，悲伤弥漫着整个战场。次日突然狂风大作，飞沙走石，混乱之中鲁斯坦被吹落坠地，一位阿拉伯士兵把他拉出来，当场宰杀。波斯军群龙无首，立即溃败。

此役动摇了萨珊波斯的统治根基，波斯王伊嗣俟三世在大厦倾覆之际弃都而逃，阿拉伯大军士气高涨，轻松攻拔美索不达米亚的波斯诸城。萨珊波斯的首都泰西封城在伊嗣俟三世跑走之后也被轻易攻破。阿拉伯人进城之后，大肆劫掠，波斯贵族有四万子弟被卖为奴隶。萨珊波斯持续了四个世纪后，终于油尽灯枯，黯然退出历史舞台。

唐太宗西征高昌

被大食军追杀得无路可逃的萨珊波斯末代君主伊嗣俟三世，一面向东狂奔，一面求助于周边各国。在《新唐书》有这样一条记载："贞观十二年（638年），（波斯）遣使者没似半朝贡。又献活褥蛇，状类鼠，色正青，长九寸，能捕穴鼠。"这是伊嗣俟三世第一次向唐帝国求援，从泰西封到长安城，相隔万里，非得一年半载不可。伊嗣俟三世的特使没似半启程时，正是大食军围攻泰西封、波斯危在旦夕之时。次年（639年），波斯又遣使进贡，这是伊嗣俟三世第二次向唐帝国求援。此时他应该流亡到扎格罗斯山脉以东的地区，背后的大食骑兵正没命地狂追着。

唐太宗对波斯求援使态度不明，即使有意出兵，恐怕也爱莫能助。此时丝绸之路尚未全部恢复，唐帝国进军西域的阻力不小，其中最大的两股反唐势力是西突厥和西域北道上的高昌国。这两股敌对势力不除，打通丝绸之路谈何容易，更遑论出兵万里，援救波斯？

西突厥在统叶护可汗时代，采取亲唐政策，多次遣使通好，意在联手对付共同的敌人——东突厥。统叶护可汗死后，西突厥大乱，东突厥也消失了。公元638年，乙毗咄陆可汗自立为西突厥可汗，向东扩展，与唐帝国争夺塔里木盆地。

在乙毗咄陆可汗的拉拢与威吓之下，高昌王麴文泰彻底扭转了即位初期的睦唐政策，不但屡屡阻拦西域诸国赴中原的使臣，而且依附西突厥，欺凌西域城邦。伊吾先臣服于西突厥，后又投靠唐帝国，麴文泰就勾结西突厥，攻打伊吾。唐太宗大怒，要让阿史那矩亲自到长安，把话说清楚。阿史那矩为西突厥派驻高昌的监国使臣。麴文泰宁死也不敢得罪西突厥，只派一个长史麴雍去向唐太宗谢罪。

东突厥灭亡后，不少中原人逃到高昌去。唐太宗诏令麴文泰遣返那些中原人，麴文泰硬气拒绝。不久，乙毗咄陆可汗纠集巴里坤湖的处月部落、巴尔喀什湖的处密部落，联合高昌，进攻焉耆。焉耆饱受其害，有五座城池被攻下，男女一千五百余口被掳走，当地的屋舍也被焚烧一空。

唐太宗决定诉诸武力，采取铁血政策，廓清丝绸之路。对此麴文泰早有防范，"筑城掘沟，预备攻讨"，疯狂地扩军备战。而且麴文泰竟然在官制、宫制、赋役、刑罚等政治、经济上，全部搬用唐帝国的行政套路和模式，经营他的小王国，妄图跟唐帝国平起平坐。而且麴文泰规定，官方文书上下属官员的姓名前面要加个"臣"字，仿照中原模式在奏文中加盖"奏闻信奉"的印章，置东宫舍人，完全把自己当作与唐太宗并驾齐驱的西域皇帝。

更令唐太宗怒不可遏的是，麴文泰公然藐视唐帝国。唐帝国的使臣到交河城，麴文泰出言不逊，叫嚣"鹰飞于天，雉伏于蒿，猫游于堂，鼠噍于穴，各得其所，岂不能自生邪！"——雄鹰天上飞，野鸡在草丛中照跑不误，小猫厅堂上走动，老鼠还不是照样打洞？甚至对漠北的薛延陀（铁勒一部）的夷男可汗说："既然李世民册封你为可汗了，就应当与他平起平坐，怎么可以向他的使者跪下？"

夷男可汗却担忧冒犯唐帝国，惹火上身，于公元639年4月上书唐太宗，撇清自己与麴文泰的关系，表示愿为唐军向导，征讨高昌国。

唐太宗给麴文泰下了最后通牒，要他悬崖勒马，亲自赴长安忏悔认错。麴文泰竟然借口脚病不肯来。唐太宗忍无可忍之下，遂于公元640年1月2日宣布对高昌开战。

唐太宗选择的作战时机非常好，彼时高昌国的靠山西突厥爆发内战，分裂为南、北二部。沙钵罗叶护可汗的汗庭设在碎叶水（楚河），称作南庭；乙毗咄陆可汗的汗庭设在镞曷山西，称作北庭。南、北二部以伊犁河为界，划分势力范围。沙钵罗叶护可汗的属国包括龟兹、鄯善、且末、吐火罗、焉耆，以及昭武九姓的石、史、何、穆、康等国。乙毗咄陆可汗的属国包括厥越失、拔悉蜜、驳马、黠戛斯、火寻、触水昆等国。西突厥南、北二部紧张对峙，无暇顾及高昌的事。

第八章 拓疆西域

　　唐太宗任命吏部尚书侯君集为交河行军大总管、左屯卫大将军薛万均为副总管，其他统将包括左武卫将军薛孤吴仁、左武卫将军牛进达、左屯营将军姜行本，以及敦煌刺史刘德敏、前开州刺史刘德衡等，率唐军十五万西征高昌国。唐军走五船道，主攻高昌；降唐的铁勒可汗契苾何力率数万铁勒步骑兵，走葱山道，牵制西突厥。

　　唐军过莫贺延碛（噶顺沙漠）时，旌旗蔽空，铁骑铮铮，卷起漫天黄沙。史书形容说："自秦汉出师以来，未有如斯之盛也。"

　　麹文泰初闻唐军出动，不以为然，得意扬扬地说："唐离我有七千里之遥，中途又隔着两千里的荒凉沙漠，没有水草，寒冷时风如刀刃，炎热时风如烈焰，唐军怎么过来？而且我去过中原，河西走廊一片萧条，隋时盛世不复存在。"麹文泰是个经验主义者，认为唐军远道而来，粮草补给是短板。于是他一厢情愿地制定下以逸待劳的作战方针，幻想只要坚守城池二十多天，唐军就会粮尽而去。然后高昌趁机发动反攻，即可全歼唐军。

　　孰料麹文泰高兴得太早了。唐军兵锋甚锐，快速穿越莫贺延碛，到达伊州，朝着交河城方向滚滚而来。麹文泰闻讯吓瘫了，竟然卧病不起。

　　唐军自伊州先攻高昌的屏障——时罗曼山（今巴里坤湖、天山一带），过了时罗曼山就进入西突厥的领地。麹文泰与乙毗咄陆可汗结成军事同盟，双方约定共同对抗唐军的进犯。乙毗咄陆可汗派阿史那步真率一支军队，驻扎在高昌以北三百里处的可汗浮图城（今新疆吉木萨尔北），随时支援高昌。

　　唐将牛进达、姜行本率大军出伊吾，在天山柳谷建立兵工厂，令随军而来的山东军工专家打造各种攻城利器。公元640年6月4日，唐军投入威力巨大的攻城武器，很快就突破时罗曼山的高昌军防线，向西直趋交河城。另一路助攻的契苾何力也及时赶到，突然袭击可汗浮图城，阿史那步真大惊，不战自溃，西奔千余里。

　　交河城成了一座孤城，而城外唐军满山遍野，比地上的草木还要多。麹文泰惊惧万分，心脏病发作而死。其子麹智盛在战战兢兢中登上王位，屁股还没有坐稳，唐军就发起进攻了。高昌军在田地城没命地阻击，契苾何力的铁勒军攻势如潮。战至中午，田地城被夷为平地，高昌男女七千余人被俘。侯君集又命中郎将辛獠儿为前锋，一路猛打猛冲，砍杀高昌军无数，于夜里杀到交河城下。唐军主力随后跟进，完成了对交河城的合围。

翌日清晨，总攻开始，唐军在城下摆出各种攻城利器，诸如抛石车、撞车等等。随着侯君集一声令下，抛石车发射出巨大的石块，轰轰作响，无数高昌士兵被砸中。紧接着，唐军奋不顾身地往前冲，用木头填充沟壑，推上撞车，朝着矮墙猛烈撞去。

高昌守军也很玩命，弄来毛毯、被子包裹城墙，以减轻巨石块的冲击力。唐军又架起十丈高的瞭望木楼，上面有侦察兵为唐军定位导航，大大提高了唐军抛石车的命中率，高昌守军死伤无数。7月1日，躲在暗室的高昌王麹智盛见大势已去，摇晃着白旗出城投降。西突厥派驻高昌的特使阿史那矩下落不明。

侯君集继续分兵进攻高昌各郡县，前后攻拔三个郡、五个县、二十二城，获口三万七千八百户，马四千三百匹。高昌东西八百里、南北五百里尽入唐帝国的版图。10月，唐太宗在高昌设西州、可汗浮图城设庭州，二州下属各有郡县，与中原无异。

10月11日，唐太宗又在西州与庭州之间的高昌王都交河城置安西都护府，留兵驻守，以震慑西突厥，保护丝绸之路的安宁。令乔师望为第一任安西都护，官阶三品。这是唐帝国在塔里木盆地设置的第一个高级军事机构。

唐太宗征服高昌，遏制了西突厥向东扩张的势头，为日后经营西域建立了一个极其重要的前进基地。唐帝国的版图也急剧扩大，"东极于海，西至焉耆，南尽林邑，北抵大漠"，东西九千五百里，南北一万一千里。

玄奘法师西游

唐太宗为经营西域和拓通丝绸之路呕心沥血，举国上下也是热情高涨，大江南北，忙碌一片。有一位孤独的高僧却在丝绸之路上蹒跚爬行，时而陷入漫漫黄沙受到炎日的炙烤，时而在白雪皑皑的高山巅峰忍饿挨冻，用自己的双脚踏出了一条令后人无比敬畏的求知之道，在丝绸之路上点亮了文化交流的千年荣光。这位高僧就是继法显之后又一位西行取经的玄奘法师。

公元602年，玄奘诞生于洛阳以东、少林寺脚下的缑氏县。玄奘生父陈惠，是隋王朝的陈留令，生有兄弟四人。老二名素，早年在洛阳净土寺剃度出家，法名长捷。老四名祎，就是玄奘法师。玄奘十岁时父亲升任江陵令，但不久就去世。次年，玄奘随哥哥长捷法师同住洛阳净土寺，学习《法华经》《维摩经》等佛教经典。公元618年，西巡河西走廊、主持焉支山盛会的隋炀帝在江都被弑杀，天下大乱，兵戈四起。洛阳城内乱糟糟的，做个和尚也整日提心吊胆。于是玄奘跟随长捷法师到长安，投靠在庄严寺的高僧道基门下。此后玄奘又游学四川名山大刹，寻访得道高僧，到处讲经说法。

在八九年的游学期间，玄奘产生了两个困惑：一是南北佛学各宗派各说各话，相互排斥；一是佛经内容"隐显有异，莫知适从"，佛经的翻译版本各异，不知所从。于是玄奘发誓要西行求真知，尤其要获取大乘佛教根本论经——《瑜伽十七地论》，以彻底根绝南北学派纷乱，一统中原佛学。

公元627年，玄奘"结侣陈表"——与同行僧侣一道上书唐太宗，要求西行取经。但是奏书被唐太宗否决，其他僧侣都知难而退，只有玄奘不屈服，决定西行。9月，关东及河南、陇右沿边各郡受到霜害，庄稼歉收，朝廷允许饥民出关觅食求生。于是玄奘装束拂衣，混在饥民队伍中，"冒越宪章、私往天竺"，踏上了前途未卜的西行之途。是年玄奘二十六岁。

出了长安城，玄奘沿着河西走廊西上，一路幸运。先是与天水的和尚孝达同行，到天水住上一宿，结识到一位兰州的伙伴。到兰州再住一宿，又结识了一位送官马要回家的凉州人，于是随同前往。他在凉州待了一个月，应当地僧俗的请求，开坛讲法。

凉州是河西走廊上的大都会，粟特商贩的聚居地。当时唐朝立国不久，边疆不稳，朝廷下了一道命令，禁止内地居民出关。凉州都督李大亮拿着皇帝敕令，日夜巡防。一个部下报告说，凉州突然来了一位京师的和尚，要往西而去，李大亮大惊，急忙抓来盘问，玄奘如实相告，要去天竺取经。李大亮勒令玄奘立即返回长安城。玄奘西行计划眼见就要夭折，这时候有位河西的高僧惠威法师出面相助。他暗中派遣两个弟子惠琳、道整，偷偷地把玄奘送出凉州城。从此，玄奘再也不敢公开露面，小心翼翼地昼伏夜行。

走到瓜州（酒泉），瓜州刺史独孤达信奉佛教，对玄奘殷勤相待。玄奘趁机四处打听西行之路，结果令他沮丧万分。向北行，五十余里处有条瓠芦河，水流湍急，难以渡过。向西行，必须经过玉门关，这是丝绸之路的咽喉。玉门关外西北有五烽燧的驻兵，各相去百余里。五烽燧之外就是荒无人烟的莫贺延碛，是高昌王国的边境。正当玄奘为此发愁时，所乘坐的马又病死了。玄奘不知所措，被困在瓜州一个多月。

不久，凉州都督李大亮又送来通缉文书，命令河西各州县捉拿偷渡出关要去西域的和尚玄奘。文书送到崇佛的瓜州官吏李昌手中，他暗中向玄奘泄密，要玄奘赶紧上路。玄奘慌忙购得一匹马，还收了一位西域青年石槃陀（槃陀在粟特语中是仆人的意思，或许玄奘所收的徒弟是石国人）做徒弟，为他受戒。这个石槃陀据说就是明代小说《西游记》中孙悟空的原型人物。

起初石槃陀还算恭敬，悉心照料与导引玄奘，"斩木为桥，布草填沙"，让玄奘安然渡河。孰料半路石槃陀起了邪心，要谋害玄奘。玄奘淡定地诵经念菩萨，让石槃陀不忍心下手。石槃陀勒索玄奘的马之后扬长而去。玄奘"孑然孤游沙漠矣，唯望骨聚马粪等渐进"——孤身一人在沙漠里游荡，顺着白骨堆和干马粪，摸索前进。在沙漠深处，玄奘经历了种种骇人的景象，饱受精神折磨。

但玄奘还是顽强地走出了荒漠。过五烽燧时，差点儿又被守兵乱箭射死。总算有惊无险,得到第一烽燧校尉王祥的热心帮助,安全通过五烽燧,离开唐帝国的边疆,走敦煌到高昌之间的大海道,越莫贺延碛,进入西突厥的势力范围。

过莫贺延碛也是险象环生,"夜则妖魑举火烂若繁星,昼则惊风拥沙散如时雨",最难耐的是缺乏饮水,饥渴不堪。"四夜五日无一渧沾喉,口腹干燋,几将殒绝不复能进"——四五天没沾一滴水,口干舌燥,腹中如烤,几度昏厥休克,无法继续前行。玄奘体力消耗到了极限,只好躺卧沙中,靠着默念佛经支撑自己微弱的生命。终于在第五夜寻得一"甘澄镜澈"的清泉,得以走出莫贺延碛,两日后到达伊吾。次年(628年)春,玄奘从伊吾出

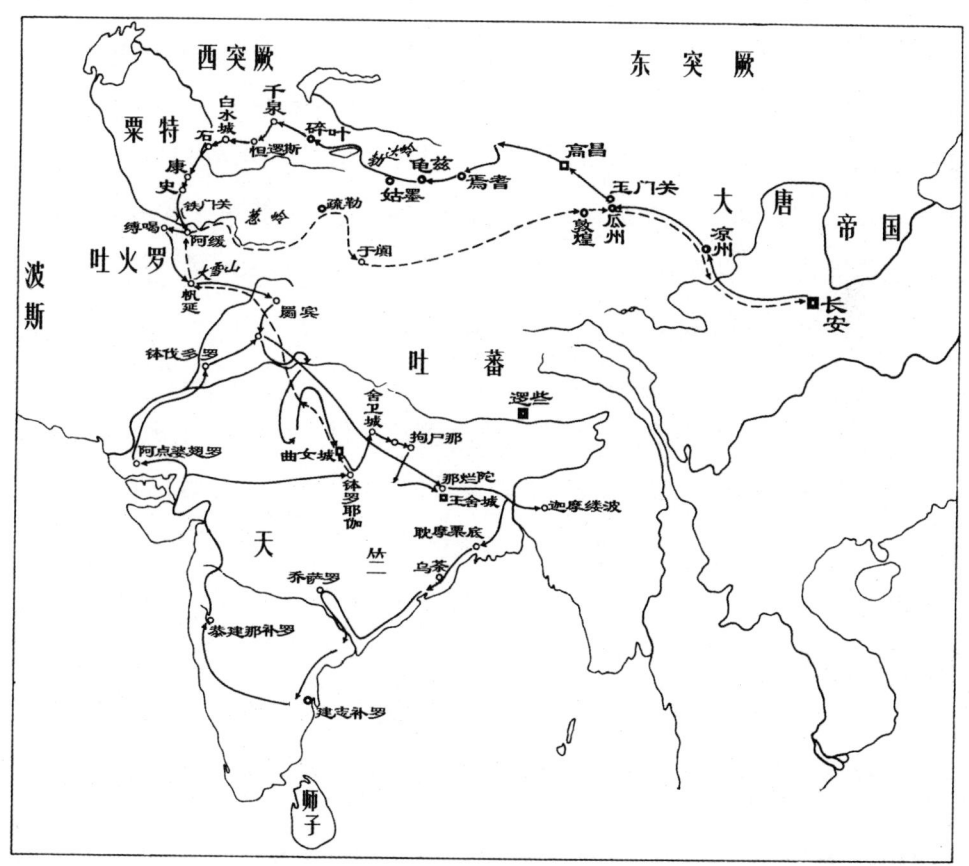

图9 玄奘西行示意图

发，西行六天，抵达高昌王国的都城交河城。

当时高昌王麴文泰尚未受到突厥人的诱惑，奉行亲唐政策。麴文泰深信佛法，把玄奘留在交河城十余天，殷勤款待，日夜同他谈经论法。玄奘侃侃而谈，麴文泰佩服得五体投地，想要玄奘终生留在高昌，并把他当作活菩萨供养。可无论麴文泰怎么软磨硬泡，玄奘就是坚决不允。

麴文泰勃然大怒，捋起袖子，大声威胁玄奘说："或定相留，或送师还国，请自思之！"——要么留在高昌，要么把你送回大唐，请好自为之！玄奘以绝食抗拒，连续三天没吞下一粒米、一滴水，到第四天玄奘仅剩下一口气。麴文泰唯恐闹出人命，赶紧道歉，以留停高昌讲解《仁王般若经》一个月为条件，换取玄奘恢复进食。

一个月后，玄奘离开高昌国时，有了自己的取经团队。麴文泰让四个和尚在途中鞍前马后服侍玄奘，制法服三十具，造面衣、手衣、靴袜等各数事；慷慨赐赠黄金一百两、银钱三万，还有绫、绢等丝织品五百匹，足够玄奘二十年之用；送马三十匹、差役二十五人，供玄奘使唤。又亲笔书信一封，绫绢五百匹、果味两大车，命殿中侍御史欢驰送西突厥统叶护可汗，另给龟兹等西域二十四国各一封书信，让他们为玄奘大开绿灯。

玄奘沿着丝绸之路西域北道，自高昌西行八日至焉耆。焉耆王深恨之前被麴文泰侵略过，不肯给玄奘马匹。玄奘留住一日，继续向西南而行，走了数百里，约于是年4月抵达龟兹国。在此逗留六十余日，6月离开龟兹，途中遭遇两千西突厥游骑。突厥人劫下玄奘的财物，但在瓜分时发生窝里斗，各作鸟兽散，玄奘由此逃过一难。之后一路平安，西行数百里，经姑墨抵达葱岭脚下。

7月，玄奘一行翻越海拔四千三百米的勃达岭，行进在崇山峻岭之间，从伊塞克湖湖岸擦边而过，西北行五百里至碎叶城[①]，遇到正在游猎的西突厥统

[①] 碎叶城，今吉尔吉斯斯坦楚河上游托克玛克镇西南八公里的阿克·贝希姆村（Ak-Beshim）附近。

叶护可汗。统叶护可汗刚刚与拜占庭帝国联手，击败萨珊波斯，大胜而归，所以见到玄奘和高昌王的亲笔信后格外高兴。统叶护可汗在汗帐中大摆酒宴，突厥众臣争先向玄奘献酒致敬。"窣浑钟碗之器，交错递倾。僸佅兜离之音，铿锵互举。"尽情娱乐之后，统叶护可汗派遣精通汉语及粟特语的翻译，护送玄奘西行。

玄奘由此西行四百里至西突厥可汗的避暑胜地——千泉，自千泉西行一百五十里至怛逻斯城。此城是丝绸之路上著名的商贸中心，汉代时叫郅支城，西汉名将陈汤在此大破匈奴人，斩杀郅支单于，发出"犯强汉者，虽远必诛"的豪言壮语。怛逻斯城城周八九里，城内粟特贩商云集，来自中原的丝绸、铁器以及西亚的琉璃、珠宝等物，应有尽有。玄奘离开后不久，统叶护可汗在千泉汗庭被莫贺咄弑杀，西突厥内乱。

但此时玄奘早已远离风暴的中心，并向西南而行，至白水城，此地聚居被突厥掳掠的汉人。其后玄奘过笯赤建（今哈萨克斯坦奇姆肯特），这儿是古康居的都城卑阗城，张骞出西域时也途经此城。再西行至石国，进入泽拉夫善河流域的粟特地区，在昭武九姓诸国中穿行。历经苏对沙那、康国、何国、东安国、西安国、花剌子模等国，最后在史国走出粟特地区，穿越西突厥重兵把守的铁门关，向南下阿姆河流域。铁门关是中亚丝绸之路的必经之地，两侧山峰峭直，不可攀缘，中间一狭窄通道，最窄处张开双臂就可以触及两侧峭壁。因盛产铁矿石，关门用精铁打造，门上悬挂铁铃，故名铁门关。西突厥在此设置关卡，对频繁过往的商贩征收关税。

玄奘出了铁门关，向南而行，进入吐火罗境内。吐火罗也是统叶护可汗刚刚从萨珊波斯手中夺取过来的，是西突厥的属土，已经丧失独立自主权。其统治者称叶护，是突厥贵族。其都治设在阿姆河南岸的阿缓城（今阿富汗昆都士），西边是缚喝（巴里黑）。玄奘在缚喝城西南郊外的一座小乘佛教新寺，向慧性法师学习《毗婆沙论》。一个月后，玄奘与慧性法师由此南越兴都库什山脉，经锐秣陀、胡实健、揭职，再东南行，走出吐火罗国界，抵达帆延国（今阿富汗巴米安）。

玄奘在此瞻仰了著名的巴米扬东、西大佛。《大唐西域记》中记载："王城东北山阿，有石佛立像，高百四五十尺，金色晃耀，室饰焕烂。东有伽蓝，此国先王之所建也。伽蓝东有鍮石释迦佛立像，高百余尺，分身别铸，总合成立。"

王城东北山阿的石佛是西大佛，高五十三米，伽蓝以东的是东大佛，高三十八米。西大佛为红像，因为外披的僧衣是红色的，浑身上下贴有金箔，阳光照射，闪闪耀眼。东大佛外层包了一层黄色有光泽的鍮石，鍮石被剥去之后露出原来的淡色岩石，所以又被称作白像。佛像背后的石窟还有大量精美的壁画。

科学家们利用佛像的泥层材料做了探测，结果显示东大佛雕刻于公元544年到595年之间，大致在嚈哒帝国灭亡前后。西大佛雕刻于公元591年到620年之间，在统叶护可汗夺取吐火罗之前。

巴米扬东、西大佛见证了丝绸之路的战争苦难。在玄奘瞻仰石佛数十年之后，阿拉伯人窜入中亚，大肆刮削巴米扬石窟的壁画和石佛的颜面。数个世纪后，1221年，成吉思汗西征，攻占巴米扬城，再次破坏了巴米扬的石窟和壁画。1646年，印度莫卧儿帝国皇帝奥朗则布远征坎大哈，驻军巴米扬期间，用火炮炮轰西大佛，又将两佛的面部和前臂挖去，留下残缺不全的佛耳。2001年3月，阿富汗恐怖组织塔利班不顾世界各国的谴责，用炸药和大炮炸毁了两大佛。

玄奘膜拜石佛之后，继续南行两天，遭遇暴雪迷路，幸得一猎人的指路，抵达罽宾国，于公元628年冬天进入天竺境内。

公元629年春，应罽宾王的要求，玄奘在一座大乘佛寺内举行为期五天的法会。之后玄奘与慧性分道扬镳，东行六百里至北天竺滥波国，又东南行百余里，渡过喀布尔河，至那揭国，重游西晋高僧法显之路，巡礼国中的龙王窟等佛迹。又向东南行五百里，抵达犍陀罗国的都城富楼沙。

犍陀罗东临印度河，是罽宾的属国。玄奘巡礼了富楼沙城中的佛钵、迦腻色迦一世建造的佛塔等圣迹，并贡献了高昌王麴文泰赐赏的金银、绫绢、衣服等。又自乌铎迦汉荼城向北行六百余里，入乌仗那国（乌苌国）。乌仗那是连接犍陀罗平原与北部山区的交通枢纽，西与波斯相连，先后受到波斯、亚历山大帝国、安息、贵霜、萨珊波斯、嚈哒、突厥的统治，多种文化在此交汇，形成一种独特的艺术——犍陀罗艺术。又从乌铎迦汉荼城南渡印度河，抵达犍陀罗国的古都呾叉始罗，其间游历了印度北部和克什米尔地区的小国。在罽宾驻留两年，学习经论。

公元630年，玄奘离开罽宾，巡游西部的旁遮普地区，而后向天竺进发。于次年夏天抵达戒日王的都城——曲女城。戒日帝国是继孔雀帝国之后，第二个统一印度半岛核心地区（主要是恒河流域）的大帝国。在那里，玄奘将开启一次震烁古今的天竺之旅。

扬威曲女城大会

戒日王本名喜增王（曷利沙伐弹那），公元606年，继其兄增王位，定都于曲女城，东征西讨，一统恒河流域，成为北天竺的盟主，国威播扬于南亚。玄奘称颂说，戒日王"雄姿秀杰算略宏远，德动天地义感人神"，算得上是南亚史上一位英主，堪称印度版唐太宗。戒日王原来信奉印度教湿婆派，后来笃信佛教，在国中修建了许多佛塔、寺院，供养僧众。他崇尚学术自由，每五年就要在曲女城中举办一次无遮大会，允许各种宗教、学派进行辩论交流，使得曲女城成为天竺的学术文化中心。

由于戒日王率大军南征去了，玄奘在曲女城中的一座寺院待了三个月后，渡恒河，到达南岸的阿踰陀国，巡礼国中佛学大师世亲、无著两兄弟的故迹。之后搭船顺恒河东下，被五十多个盗贼劫持到岸上，抢走所有的衣服、物资。幸亏随行的小和尚发现逃生的水洞，两人向东南狂跑两三里，跑到附近的一个农村，引来村民八十余人，赶走强盗。得免后玄奘又顺恒河东下，游览两岸的城邦。再行千余里，抵达古印度的十六城邦之一——舍卫国，巡礼舍卫城中给孤独园等佛迹。又经数国，至拘尸那城，瞻仰佛陀的涅槃之处。从拘尸那城东下，过华氏城，至王舍城。王舍城北有著名的那烂陀寺，为天竺第一大寺，僧众逾万人。玄奘拜大长老戒贤法师为师，学习瑜伽论，钻研佛学、婆罗门教义，兼学标准地道的梵语。经过五年的苦学，玄奘精通佛学各门理论，成为释门巨擘。

公元636年，玄奘离开那烂陀寺，继续环游印度半岛。沿恒河南岸东下三百余里，经过东天竺的瞻波、羯朱嗢祇罗、奔那伐弹那等国，巡礼佛迹。而后掉转方向，朝西南，至恒河的入海口——耽摩栗底，西晋高僧法显称之为多摩利。再顺着印度半岛东海岸而下，南至乌荼国（今印度奥里萨邦北部）、恭御陀国（今印度奥里萨邦甘贾买），走出戒日帝国的势力范围。自此转西北行一千八百余里，至南憍萨罗国，在婆罗门所停月余，学习《集量论》。再穿越德干高原茂密的森林，经案达罗国，抵临达罗荼毗国的都城建志补罗（今印度泰米尔纳德邦坎奇普南）。建志补罗为南天竺的优良港口，汉代称黄支，相传是达摩祖师的故乡。玄奘本准备在此渡海到斯里兰卡去，恰逢斯里兰卡国王死去，国内大乱，有三百僧侣逃窜到建志补罗。于是玄奘取消了斯里兰卡之行的计划，自西北归，行两千里至恭建那补罗。

此后沿着印度半岛西侧的海岸线而上，途经摩诃剌佗、跋禄羯呫婆、摩腊婆等国，行数千里，进至西天竺印度河口的阿点婆翅罗。再转东北向，在钵伐多罗国停驻两年，悉心研读《正量部根本阿毗达摩论》《摄正法论》《成实论》等佛经。公元637年，玄奘结束印度半岛南部之旅，回到那烂陀寺，与戒贤师徒相逢。此后玄奘听说大学者胜军在旧王舍城附近的杖林山开办学堂，又跟他学了两年的佛经。

公元640年2月12日，玄奘偕同胜军出山，数日后回到那烂陀寺。当时戒日王崇信大乘佛教，准备在那烂陀寺为戒贤法师建造一座高十余丈的铜塔。小乘佛教信徒们眼红不已，想方设法斗倒戒贤法师。戒日王南征时，途经乌荼国，有位老婆罗门叫般若鞠多，写了一部攻讦大乘佛教的《破大乘论七百颂》，将大乘理论贬得一文不值。小乘信徒们大喜，拿去见戒日王，沾沾自喜地说："我宗如是，岂有大乘人能难破一字者？"——我宗才得佛陀的衣钵真传，大乘学派有谁敢破此文一个字？

戒日王为大乘佛教打抱不平，说了一句话："弟子闻狐行鼷鼠之群，自谓雄于狮子。及其见也则魂亡魄散！"——我听说狐狸走进了鼷鼠群，自以为比狮子还要雄壮。结果狐狸见了狮子，吓得魂飞魄散。小乘信徒不服气，要求跟大乘信徒辩论。于是戒日王书信一封，让那烂陀寺的戒贤法师去乌荼国，找般若鞠多论战，以维护大乘佛教的尊严。

戒贤法师尚未动身，戒日王就率大军征讨乌荼国南边的恭御陀国去了，此事因而暂且搁置。玄奘在那烂陀寺学习期间，戒日王又来信，让戒贤法师南下乌荼国。玄奘自告奋勇，以大唐留学生的身份去找般若鞠多。正当玄奘整装待发时，一位顺世论的学者在那烂陀寺大门上贴了一张大字报，上面书写四十条经义，声称"若有难破一条者，我则斩首相谢！"——有谁能破我一条，我就砍头向他致谢！

顺世论属于印度古老的唯物主义哲学，跟唯心论水火不相容。他的四十条经义挂出之后，那烂陀寺好几天静悄悄的，无人敢出来应战。最后还是玄奘出马，逐条将四十条经义批倒。那位顺世论者默然无言，准备如约自杀。玄奘饶他不死，收为奴仆。

玄奘收拾行李，启程南下乌荼国，临行前拿起《破大乘论七百颂》细细一看，找出几处破绽。但是玄奘一时难以将其全部驳倒，那位顺世论者以唯物主义观点将《破大乘论七百颂》一一驳倒。玄奘大喜，用梵语写了一份《制恶见论》，这或许是历史上中国佛教学者唯一用梵语写的经典。《制恶见论》呈送给戒贤法师，戒贤法师传遍全寺，全寺僧侣皆对玄奘刮目相看，惊为天人。

那位顺世论者为化解那烂陀寺之祸立下汗马功劳，玄奘将他释放。顺世论者大喜而去，前往迦摩缕波国，在国王鸠摩罗面前极力推崇玄奘。鸠摩罗王听说唐帝国来了位圣人，当即书信一封送到那烂陀寺，邀请玄奘来访。但是戒贤法师与戒日王有约，不许玄奘私自去见其他国王。鸠摩罗王再请，戒贤法师仍不肯放人。鸠摩罗王虽有文化，却是个粗人，一怒之下给戒贤法师下了最后通牒："若也不来，则弟子分是恶人，不谓无力，踏碎那烂陀寺！"——如果大唐来的高僧再不过来，我就率领千军万马把那烂陀寺夷为平地。

玄奘无奈之下，只好携带佛经东去参拜鸠摩罗王，准备事毕后就回唐帝国。鸠摩罗王见到玄奘，相见恨晚，率群臣迎拜赞叹，接到王宫之时，香花、声乐、美食，无不具备，如同供奉天神一般。

一个月后，戒日王南征恭御陀国归来，听说玄奘在鸠摩罗王那儿，就书信一封要鸠摩罗王立刻把玄奘送回来。鸠摩罗王也是硬汉子，只简简单单回了几个字："我头可断，法师未可即来。"

戒日王强硬地放出狠话："汝言头可得者，即付使将来！"——你说头可断，那就把你的狗头送过来。他整军备战，准备用武力抢回玄奘。南北朝时期苻坚为了一个鸠摩罗什，不惜兴师十万远征龟兹。眼见历史要重演，鸠摩罗王只好率象军二万，乘船三万艘，把玄奘送到恒河的戒日王军营。至羯米喝只罗国，两王相会于恒河南。

当夜戒日王与玄奘首次会面，相见甚欢。第二天，不待天明戒日王就把玄奘接回曲女城的王宫。玄奘献出《制恶见论》，驳斥小乘佛教徒对大乘佛教徒的诬蔑。戒日王拍案叫绝，就连信奉小乘佛教的王妹也改弦易辙，心向大乘。

于是戒日王做了一个破天荒的决定，在曲女城召开辩论大会，邀请五印度沙门、婆罗门、外道等资深学者，任命玄奘为主辩手，"示大乘微妙之理，绝其毁谤之心，显师盛德之高，摧其我慢之意"。大有罢黜百家、独尊大乘佛教之意。戒日王广发邀请函，五天竺十八个国王、谙知大小乘僧三千余人、婆罗门及尼干外道二千余人，那烂陀寺也有千余僧人到现场观战。这是佛教史上一次大规模盛会，而论主则是年方三十九的大唐留学生玄奘法师。

顿时曲女城中"或象或舆，或幢或幡"，骑象的、坐轿子的，幡旗漫天飞，充塞数十里。戒日王早已下令搭建两座草殿，作为辩论场所，每座可容纳千余人，戒日王的行宫在会场西五里。

曲女城大会当日，一座纯金佛像从行宫中被请出来，安置在一头大象背上的宝帐中，缓缓前往辩论会场，人们夹道欢呼，声动九天。戒日王装扮成佛教护法神帝释天，手持白拂，站立在佛像右边。鸠摩罗王装扮成大梵天王，手持宝盖，站立在佛像左边。两王浑身"天冠花鬘、垂璎佩玉"，为第一梯队，身后又有两头大象载着宝花，跟随在佛像之后，象背上的侍者边走边撒花。玄奘等高僧团各乘大象，为第二梯队。王后为第三梯队。五天竺国王和大臣等乘坐三百头象，为第四梯队。浩浩荡荡，鱼贯而行。

到了会场，戒日王命令取下佛像置于宝座，并与玄奘依次上前供养。而后五天竺十八位国王、各国博学的高僧千余人、婆罗门外道五百余人、各国大臣等二百余人依序进入会场。其余的外道僧侣等，就只能在会场外候着。当天到场的总人数超过五十万人。

戒日王摆下酒席，供养大众。吃完饭，以金盘一只、金碗七只、金澡罐一只、金锡杖一只、金钱三千，供养佛像，又施舍三千件细棉披衣。

辩论会开始后，玄奘端坐宝座，为辩主，开宗明义，阐述大乘佛教的教义。由那烂陀寺的高僧明贤法师当众宣读玄奘的论纲，另外抄写一本悬挂在会场之外，并宣布"若其间有一字无理能难破者，请断首相谢！"——如果有谁发现玄奘的论纲有一个字错误，将他驳倒，玄奘当即砍下头颅感谢！

玄奘的论纲就是《制恶见论》，论证大乘佛教是正宗的佛道，驳斥小乘佛教对大乘佛教的指责。论纲挂出来的第一天，直到傍晚，无人出来反驳。

日落之后，戒日王、玄奘高高兴兴地回到王宫，鸠摩罗王等众也各自散去。次日，依旧如此。直到第五天，小乘佛教信徒看到自己名誉扫地，狗急跳墙，企图谋害玄奘。

戒日王早已警觉，宣令说玄奘乃大唐得道高僧，专为降伏外道邪说，万里迢迢来此，"众有一人伤触法师者斩其首，毁骂者截其舌！"——有敢伤害法师一根毫毛的杀头，诋毁辱骂的割舌！

小乘佛教信徒自此大气都不敢喘。玄奘的论纲挂了十八天，没有一个人站出来批驳。戒日王当即宣布玄奘获胜，对他更加尊崇，赏赐金钱一万、银钱三万、细棉披衣一百件，玄奘却无一领受。戒日王又特意安排盛大的游行，恭请玄奘坐上大象的宝幢，王公贵族陪侍，巡游曲女城，以庆祝胜利。玄奘谦让不行，戒日王说这是天竺由来已久的习俗。玄奘才乘坐大象，风风光光地绕着曲女城巡游一圈，接受人们的膜拜。第十九日，戒日王在恒河与阎牟那河交汇处的钵罗耶伽举行无遮大法会，邀请玄奘以贵宾身份参加。玄奘由此名扬五天竺，被大乘佛教徒称为"摩诃耶那提婆"，意即大乘天，小乘佛教徒也称颂他为"木叉提婆"，意即解脱天。玄奘成了五天竺佛教界共同瞩目的大师。

无遮大会前后共举行了七十五天，直到第二年即公元641年才结束。玄奘向戒日王、鸠摩罗王告别，携带佛经、佛像、佛舍利等宝物，踏上归乡之途。戒日王将三千金钱、一万银钱交给北天竺毗兰达国王乌地多，让他派遣一支军队将玄奘安全护送出境。

此时西域已发生了变化。玄奘在曲女城辩论会扬威五天竺时，十五万唐军西征高昌，高昌王麴文泰惊惧而死。玄奘赴天竺时走丝绸之路西域大海道、丝绸之路天山北道，回去时走丝绸之路南道，经呾叉始罗，渡印度河，过阿薄健、谢飓、迦毕试等国，至阿缓城（今阿富汗昆都士），停留在此一个月，才获知高昌王国已经不复存在，西突厥也大乱，南庭有一个沙钵罗叶护可汗、北庭也有一个乙毗咄陆可汗。天无二日民无二主，两位

第八章 拓疆西域

可汗长期征战不休。中亚到处战乱，玄奘决定横穿葱岭，沿着丝绸之路西域南道回唐帝国。

公元642年，玄奘从吐火罗出发，统叶护可汗之子咀度设派遣一队人马护送玄奘至葱岭脚下。玄奘入葱岭后，经矕健国（今阿富汗东北部塔利甘）、呬摩怛罗国，翻越兴都库什山脉上的钵铎创那（今阿富汗巴达赫尚山），遭遇暴风雪封山，停留个把月。又向东南行经淫薄健国至屈浪拿国（此地盛产琉璃），而后往东北瓦罕走廊的护密国而去。这段山路是丝绸之路南道上的重要补给路段。玄奘"逾山越谷、经危履险"，走了七百余里，出帕米尔冰谷。那里寒风凛冽，终年飘雪，昼夜暴风，属于海拔四五千米的生命禁区。

玄奘踏冰雪而行，沿着阿克苏河谷一路向东南行，至揭盘陀国。北魏宋云的僧侣团也走过此道。揭盘陀国都城建在大石岭上。玄奘在此停留二十多天，又向东北行五天，途经大石崖、奔穰舍罗（今新疆塔什库尔干县瓦恰乡），再往东走，乱石之中有一棵树干粗壮的山杨树。这棵山杨树至今巍然挺立，八人才能合抱。科学家们估计，玄奘路过时树已有一千六百年，或许当年玄奘就在树下休憩，喝口水。这是唯一能够确认的目睹玄奘东归的生命体。此后玄奘一路踏雪东奔，冒着酷寒，走下葱岭，进入塔里木盆地，抵达莎车国。这儿是西域的西门户，玄奘历经十六七年的漫漫西行之后，终于回到自己的祖国了，西行时二十六岁，回来时四十三岁，满脸沧桑。

玄奘沿着丝绸之路西域南道，轻松东归。他先派遣高昌俗人马玄智随同商贩，奉表赴长安城告知朝廷。唐太宗听说玄奘回来了，感慨不已，敕令西域于阗等南道诸国、河西走廊的敦煌等郡，给玄奘马匹、人力，甚至用轿子把玄奘抬出大沙漠。

公元645年2月7日，玄奘回到长安城，他用二十只马驮回来大乘经等共五百二十夹、六百五十七部，另外还有如来肉身舍利一百五十粒、金佛像二躯、刻檀佛像四躯、银佛像一躯等佛门至宝。2月24日玄奘赴洛阳。3月3日唐太宗在洛阳仪鸾殿召见玄奘。此时唐太宗正准备东征高丽，寒暄之后皇帝就刨根问底，向玄奘咨询西域诸国的情况，玄奘侃侃而谈。唐太宗大喜，令玄奘著书立说。最后劝他还俗，在朝中谋个官职，为国效劳。玄奘婉言拒绝之后，君臣各走各路，玄奘往西去长安城翻译佛经，唐太宗往东，率军征讨叛逆的辽东高丽。4月2日，玄奘回到长安城，居弘福寺、慈恩寺翻译佛经。从公元645年到公元663年的十九年间，玄奘网罗天下人才，共译出从西域带回的佛经七十五部，一千三百三十五卷。玄奘翻译的经书，无论在数量上还是质量上，都是数一数二的。公元664年3月7日夜半，玄奘法师在玉华宫寺圆寂，享年六十五岁。消息传到朝中，当时的皇帝唐高宗哀痛万分，诏令罢朝数日。玄奘法师，堪称丝绸之路上一位标杆性历史人物。

唐、突决战西域

在玄奘法师西游天竺期间，唐太宗先征服高昌，置安西都护府，奠定了日后经营大西域的根基，后又把矛头对准经营西域、拓通丝绸之路的最大障碍——西突厥。自公元640年西突厥两位可汗——南庭沙钵罗叶护可汗、北庭乙毗咄陆可汗并立后，相互攻击。乙毗咄陆可汗在谋略上略胜一筹，渐渐压过沙钵罗叶护可汗，不断地蚕食他的地盘，主要是河中的粟特地区，即所谓的昭武九姓属地。

西突厥取代嚈哒成为粟特地区的宗主之后，通过各种手段，强化对粟特地区的统治，促使昭武九姓突厥化，其中最迅速的是锡尔河中游的石国。西突厥初兴，处罗可汗就在石国北部驻军，设一小可汗，成为石国的影子政权。射匮可汗上台后，一不做二不休，干脆把石国王废了，设一位特勤"摄其国事"，其后石国王变成突厥吐屯——驻节该国的监察官员，负责征收赋税。统叶护可汗将汗庭西迁到千泉，统治中心西移，这无异于勒紧了套在中亚诸国脖子上的绳索，大量的突厥人涌入石国，促其最早完成突厥化。

费尔干纳盆地的拔汗那土著居民原为塞种人，突厥人来到中亚之后，异姓突厥车鼻施部落率先入主拔汗那，在俱战提立了一个王。后来最正统的突厥阿史那部又进来了，在北部的渴塞城也立了一个王，形成一国两主的局面。

至于昭武九姓的领头羊——康国，早在达头可汗时期就利用政治姻亲，控制该国。其后西突厥在康国派驻吐屯，进行监国，又将康国王统由粟特人变为突厥人。其他的昭武九姓诸国，如史国、安国、曹国等等，都在不同程度上出现突厥化，突厥语成为昭武九姓的官方语言。

昭武九姓以南、阿姆河流域的吐火罗，前身是大夏王国，后来被大月氏所灭。贵霜崛起之后，统治该地区，之后又成了嚈哒帝国的一部分。突厥联手萨珊波斯灭掉嚈哒，吐火罗本来划分给萨珊波斯。公元617年，西突厥统叶护可汗讨伐波斯，夺取吐火罗，派军驻守，将具备突厥血统的贵族子弟立为国王，号叶护，姓阿史那，都治在阿缓城。

吐火罗叶护权势极大，管辖兴都库什山脉南北诸国的国王、都督、刺史，总共二百一十二人，包括悒怛、谢䫻、帆延、罽宾、犍陀罗、骨咄、护密、俱密、护时健、解苏、多勒建、咀蜜、石汗那等国，这都是丝绸之路的必经之地。其中悒怛为嚈哒人所建立，都治活路城。公元582年，突厥五个可汗联手南犯隋王朝，悒怛勾结萨珊波斯，在达头可汗背后插一刀，迫使他临阵先撤。统叶护可汗时，派遣大军南进阿姆河，征服悒怛，立突厥族人为王，从此悒怛突厥化。吐火罗西南的谢䫻，都治鹤悉那（今阿富汗加兹尼）。西突厥统叶护可汗时代就对该国进行渗透，国中突厥人、吐火罗人、罽宾人杂居，其突厥化也很迅速。西突厥通过吐火罗叶护，使其势力范围达到南亚的印度河流域和西亚的伊朗高原，形成一个庞大的突厥世界，控制丝绸之路上的各种贸易活动。

但是这个突厥世界很快就崩溃。乙毗咄陆可汗击败沙钵罗叶护可汗，越过伊犁河，征服中亚昭武九姓中的康国、米国，兵锋一度出现在阿姆河流域的吐火罗国。不久，乙毗咄陆可汗指使石国吐屯发动叛乱，杀掉沙钵罗叶护可汗。

被西征胜利冲昏了头脑的乙毗咄陆可汗，开始夜郎自大，藐视唐太宗，拘押唐帝国的使臣，傲慢地说："我闻唐天子才武，今我讨康居，尔视我与天子等否？"并决定挥师东征唐帝国，与唐太宗一较高低。

公元642年，乙毗咄陆可汗派兵袭击伊州，挑起战争。伊州告急。当时凉州都督郭孝恪刚刚被任命为安西都护，他亲率两千轻骑，抄交河城与伊州之间的捷径——乌骨道，歼灭了西突厥入侵者。乙毗咄陆可汗首战失利，又派遣处月、处密二部，围攻天山县（今新疆托克逊东北）。郭孝恪又从伊州掉头向西，昼夜星驰，赶到天山县，击溃突厥人，并转入反攻，乘胜直捣处月部酋长俟斤的老巢（今新疆乌鲁木齐东北），一直追杀到遏索山（今乌鲁木齐西南）。那儿是处密部落的聚居地，郭孝恪顺手虏获无数处密牧民，而后凯旋。

乙毗咄陆可汗生性贪婪残暴，西征康国途经米国，在瓜分战利品时与部属泥孰啜发生冲突。乙毗咄陆可汗大怒，杀死泥孰啜。于是泥孰啜的手下胡禄屋趁着乙毗咄陆可汗两次挑衅唐帝国均撞得头破血流威望急降时，率先发难，起兵进攻乙毗咄陆可汗。乙毗咄陆可汗众叛亲离，身边的人马逃散一空，只好西逃至白水胡城（今哈萨克斯坦奇姆肯特）。

西突厥群龙无首，各部遣使赴长安城，觐见唐太宗，请求废了乙毗咄陆，另立可汗。唐太宗立即派遣通事舍人温无隐为特使，册封立莫贺咄之子为乙毗射匮可汗。

乙毗射匮为了剪除后患，率西突厥各部西攻白水胡城。乙毗咄陆出城迎战，乙毗射匮大败。乙毗咄陆试图招回那些老部下，但他早已名誉扫地，信义丧失殆尽。老部下都说："使我千人战死，一人独存，亦不汝从！"——即使我们都战死了，只留下一个人，也不跟你走。乙毗咄陆彻底成了孤家寡人，只好逃到吐火罗去避难。乙毗咄陆的草原政权，不到四年就垮台了。这是西突厥全面走向崩溃的开端，也是葱岭东西诸国全面摆脱西突厥控制、依附唐帝国的开端。唐帝国经营西域的前景一片光明，丝绸之路形势大好。

乙毗射匮可汗刚上台，就将之前被乙毗咄陆拘押的唐朝使者全部遣返。但是乙毗射匮坐稳位置后，马上翻脸出手，跟唐帝国争抢西域。公元644年，乙毗射匮暗中策反西域北道上的焉耆，西突厥贵族重臣屈利啜让弟弟迎娶焉耆王龙突骑支的女儿，缔结政治同盟。唐太宗震怒，令安西都护郭孝恪为西州道行军总管，率领三千步骑兵，出银山道，讨伐叛逆的焉耆。

龙突骑支仗着焉耆城四面环水，易守难攻，麻痹大意。9月17日，郭孝恪在龙突骑支弟弟龙栗婆准的带领下，倍道兼行，疾驰三天，在夜里到达焉耆城外。郭孝恪下令让士卒在黑夜的掩护下悄悄泅渡过去，埋伏在焉耆城下。翌日天明，一声炮响，唐军突然攻城，焉耆守军大乱。唐军斩获首级千余，龙突骑支被唐军生擒。

郭孝恪留下龙栗婆准代理国政之后，引军东归。郭孝恪离开了三天，屈利啜的西突厥援兵就到了。屈利啜囚禁了龙栗婆准，派遣五千锐骑追击郭孝恪。追到银山，双方在此展开一场血战。郭孝恪奋勇一击，杀得突厥人丢盔弃甲，狼狈而逃。唐军追出数十里而返。

西突厥的另一位部落酋长处那啜趁机派一个亲信为焉耆吐屯。焉耆吐屯派人入贡唐朝，唐太宗骂说："我发兵拿下焉耆，你是何人，敢窃取我的胜利果实？"焉耆吐屯大骇，连忙卷起铺盖，逃回西突厥。焉耆人另立龙栗婆准的堂哥薛婆阿那支为王，但仍然依附于处那啜。

公元646年7月，乙毗射匮可汗遣使入唐朝贡，要求和亲。唐太宗对乙毗射匮的过河拆桥极为愤慨，提出一个条件。和亲可以，但西突厥必须割让龟兹、于阗、疏勒、朱俱波、葱岭五国作为聘礼。

如此的聘礼对乙毗射匮可汗来说，无异于割去一大块心头肉。于是和亲之事谈崩了，唐帝国正式跟西突厥决裂。

公元647年，西突厥的附庸——龟兹国王白苏伐叠死去，其弟诃黎布失毕继位。乙毗射匮可汗把公主下嫁诃黎布失毕，结为姻亲。诃黎布失毕依仗西突厥之势，多次出兵欺凌周边各国，并断绝朝贡唐帝国。

唐太宗忍无可忍之下，决定出兵严惩龟兹。这是继西征高昌之后，唐帝国第二次对叛逆的西域国家进行大规模的动武。此役是唐帝国与西突厥代理人之间的战争，攸关拓通丝绸之路的成败。彪悍的东突厥降将、左骁卫大将军阿史那社尔被任命为远征军的统帅——昆丘道行军大总管，右骁卫大将军契苾何力、安西都护郭孝恪、兵部侍郎杨弘礼三人为副大总管，左武卫将军李海崖、敦煌刺史苏海政、伊州刺史韩威等为行军总管，统率各路汉军步骑兵，还有铁勒、突厥等兵，共十余万骑。唐太宗投入的兵力更甚于高昌之役，可见对龟兹是势在必得，其意在杀鸡儆猴，威慑乙毗射匮可汗。

公元648年春，唐军穿过白龙堆沙漠，声势浩大，惊天动地。5月，乙毗咄陆的部将阿史那贺鲁率三千突厥骑兵投降唐军，被唐太宗授予昆山道行军总管，加入讨伐龟兹的大军行列。8月，乙毗射匮可汗的得力干将屈利啜见势不妙，也赶紧弃暗投明，倒戈降唐。唐军走丝绸之路西域北道，杀入西突厥境内，先降服处月、处密两个部落，而后自焉耆西趋龟兹北境。唐军兵分五路，从天山滚滚南下，突然袭击焉耆。焉耆王薛婆阿那支弃城西遁龟兹，阿史那社尔派兵追击，将其活捉。

龟兹守将看到唐军军容整肃，兵强马壮，吓得屁滚尿流，纷纷逃离阵地。唐军进至碛口，离龟兹都治伊逻卢（今新疆库车县城东皮朗旧城）只有三百里。阿史那社尔遣伊州刺史韩威帅率一千精骑为前锋，骁卫将军曹继叔继后，杀到多褐城（今新疆轮台西）。这儿是入伊逻卢城的要地，龟兹王诃利布失毕、国相那利、大将羯猎颠，率五万龟兹大军在此阻击唐军。韩威见寡不敌众，交锋不久，便佯装失利败退。诃利布失毕不知是计，倾巢而出，追击韩威，要将唐军包饺子。韩威退了三十里，与曹继叔会合，杀了个回马枪，大破龟兹军，一路追杀了八十余里。

诃利布失毕狼狈退回伊逻卢城。阿史那社尔挥师而进，将伊逻卢城围得水泄不通。诃利布失毕见大事不妙，赶紧弃城逃往西边六百里处的拨换城（汉代姑墨国，今新疆阿克苏），将王城拱手让给阿史那社尔。阿史那社尔留下安西都护郭孝恪守卫伊逻卢城，自己跟敦煌刺史苏海政、尚辇奉御薛万备率数万骑兵西击拨换城。经过四十余天的激烈战斗，公元649年1月18日，唐军攻陷拨换城，生擒龟兹王诃利布失毕与大将羯猎颠。

龟兹国相那利仅以身免，逃入西突厥境内，勾结西突厥大军，纠集龟兹残兵共万余人，袭击驻守伊逻卢城外的安西都护郭孝恪大营。有龟兹百姓好心告诉郭孝恪说："国相那利深得龟兹人心，侥幸脱逃，必为祸害。王城里的人都有异心，你不可不防。"郭孝恪被唐军的节节胜利冲昏了头脑，不以为然。结果那利率军突然杀到，郭孝恪这才如梦初醒，带领千余人准备入城坚守。那利捷足先登，与王城中的龟兹人相呼应，对郭孝恪来个前后夹击。郭孝恪身先士卒，冲入敌阵。其部下陷入敌军重围，不是被突厥铁骑踩躏践踏，就是惨死于乱箭、斧钺之下，城内顿时血流成河。郭孝恪入城后回头一看，身边的随从仅数十人。郭孝恪正准备突围出城，敌军却越杀越多，血战一夜，黎明时冲到西门，死于乱刀之下。郭孝恪之子郭待诏也以身殉国，死在父亲身旁，郭部的千余唐军全部阵亡。

城中大乱，危急之时，仓部郎中崔义超重金招募两百勇士，誓死保护唐军的军用物资和粮草补给。城外的曹继叔、韩威也猛烈进攻王城西北隅。在唐军的内外配合之下，那利进攻了一整夜被迫退出伊逻卢城，留下三千具尸首。

十来天后，那利又招引万余龟兹人，再度进攻王城。曹继叔予以一记重拳，斩首八千有余，那利单骑逃走，但这回他没有那么幸运，被龟兹人抓住，五花大绑，移送唐军。

进攻拨换城的阿史那社尔也大获全胜，前后攻破五座大城、七百余座小城或堡垒，虏获龟兹男女数万口。乙毗射匮可汗被迫收兵，退到楚河以西。阿史那社尔召集龟兹民众，晓以利害，宣播大唐国威，立诃利布失毕之弟叶护为龟兹王。

是战，唐军在不利的情况下仍然取得辉煌的战绩，史称"西域震骇，西突厥、于阗、安国争馈驼马军粮，社尔勒石纪功而还"。唐、西突厥第二次对决，以唐帝国的大胜而告终。

2月22日，诃利布失毕、那利等被扭送到长安城。唐太宗痛斥一番后，将他们释放，授诃利布失毕为左武卫中郎将。3月29日，唐太宗诏令置瑶池都督府（驻庭州莫贺城），隶属安西都护管辖，任命阿史那贺鲁为瑶池都督。由于郭孝恪战死，唐太宗任命柴哲威为安西都护，置龟兹、疏勒、于阗、焉耆四军镇，称之为安西四镇。

四个月后，7月10日，一代英主唐太宗驾崩。唐太宗先后灭高昌、东突厥、龟兹，控制了西域门户，逐步将西突厥的势力驱赶出西域，设置安西都护府，捍卫西域的和平与安宁，确保丝绸之路畅通安全，堪称唐帝国经营西域的奠基者，为后世之君唐高宗、武则天、唐玄宗等等，进一步在塔里木盆地和中亚开疆拓土，夯实了基础。

新皇帝的麻烦

经过唐太宗的苦心经营，大唐帝国的势力已经深入塔里木盆地，最远抵达葱岭脚下的疏勒。丝绸之路西域南、北道上脆亮的驼铃声又叮当响起，是两汉、北魏之后的第三次大畅通。

但是唐太宗驾崩前后，唐帝国的周边，以及丝绸之路沿线地带又发生了新的变化，而这些变化将对唐帝国日后主宰西域和控制丝绸之路，造成巨大的挑战。首先是河西走廊西南的青藏高原崛起了一个崭新的政权——吐蕃王朝。

吐蕃人属青海古羌人，神话中说，吐蕃的前几代赞普（酋长）都是通过一条长长的天绳从天上降落人间。第八代止贡赞普，无意间砍断了天绳，再也无法回到天堂，死后只好埋葬在人间。第三十二任赞普囊日论赞，相继征服青藏高原的其他部落，包括阿里地区的象雄王国（又称羊同）。囊日论赞因其武功卓著，树立了巨大的个人权威。

公元608年、609年，囊日论赞两次遣使赴隋王朝觐见隋炀帝，开启了吐蕃与中原交往的序幕。九年之后，隋炀帝和囊日论赞同时死去。隋王朝随之灭亡，而吐蕃在松赞干布继位之后大阔步迈向繁荣富强。年轻有为的赞普迅速扑灭了吐蕃境内的叛乱，剪除能够威胁到自己地位的各种势力，最后成为青藏高原的霸主，于公元633年迁都逻些城（今西藏拉萨），建立了强大的吐蕃王朝。翌年，唐太宗发兵征伐青海境内的吐谷浑人，松赞干布第一次遣使到长安城，意在刺探唐军的情报。

其后松赞干布派人向唐太宗求婚，但是遭到拒绝。自尊心受挫的松赞干布决心把自己打造成不可被蔑视的强人，为此于公元638年9月袭击唐帝国的边防要镇松州（今四川松潘），并扬言如果皇帝不许和亲，就继续深入唐帝国的腹地。松赞干布在退兵之后向唐太宗谢罪，并再次提出求婚。此举似乎见效，又恰逢跟西突厥乙毗咄陆可汗争夺西域，唐太宗于是答应了松赞干布的要求。

公元640年12月，松赞干布派遣宰相禄东赞携带五千两黄金、数百件珍宝，赴唐求婚。次年2月27日，禄东赞受到唐太宗的召见，被赐封为右卫大将军。双方很快就在联姻问题上达成一致意见，皇室宗女文成公主将被许配给松赞干布。3月2日，礼部尚书、江夏王道宗持节护送文成公主入吐蕃。从此唐蕃同如一家，唐太宗得以放手跟西突厥在西域交锋。唐太宗驾崩时，唐高宗遣使赴吐蕃告哀，并授松赞干布为驸马都尉，封西海郡王。松赞干布感激涕零，特地书信一封给宰相长孙无忌，说"天子初即位，臣下有不忠者，当勒兵赴国讨除之"。誓言要维护新君的尊严，捍卫国家的一统。松赞干布这一郑重表态，是唐蕃和平的保证，是丝绸之路安宁的保证。直到现在还看不出新兴的吐蕃王朝对西域有什么野心，这让柔弱的唐高宗得以专心应付西突厥的威胁。

唐蕃结成政治联姻，双方往来热络的同时，西亚地区却硝烟弥漫，大食人四处搜捕逃亡的萨珊波斯末代君主伊嗣俟三世。伊嗣俟三世曾经幻想大食军在侵占富庶的美索不达米亚平原后，会心满意足，放他一马。但是大食骑兵马不停蹄向东疾进，攻陷了苏萨，又占领位于扎格罗斯山谷中的丝绸之路交通枢纽——伊斯法罕。伊嗣俟三世偏安一隅的美梦化为泡影，遂发出勤王诏令，号召波斯各行省组织军队，抗击大食人。高傲的伊嗣俟三世拒绝低头，哈里发欧麦尔只好下令穷追猛打。双方在里海南岸的崎岖山区展开猫捉老鼠的游戏。伊嗣俟三世躲到伊斯法罕没几天，大食军就追杀来了。

伊嗣俟三世无处藏身，只好沿着丝绸之路继续向东逃到克尔曼高原，而后又躲避到吐火罗境内的巴里黑城，最后又藏身于木鹿城。此地是萨珊波斯重镇，丝绸之路西段的咽喉，毗邻吐火罗国。伊嗣俟三世向吐火罗叶护阿史那乌湿波求援。唇亡齿寒，拥军十余万的阿史那乌湿波伸出宝贵的援助之手，帮助波斯人顽强抵抗大食军，长达三四年之久。

公元644年11月3日，阿拉伯帝国第二任哈里发欧麦尔遇刺身亡，奥斯曼继位。大食军东进的势头更加凶猛，吐火罗人的热情援助如杯水车薪，伊嗣俟三世见性命堪忧，分别向邻近的唐帝国、拔汗那、可萨（突厥人在伏尔加河下游建立的政权）、罽宾求救。史书记载，"大唐贞观二十一年（648年），其国（波斯）又献活褥蛇"。这是伊嗣俟三世第三次向唐太宗求援。伊嗣俟三世在流亡途中，钱财散尽，能进贡的只有西亚的稀有动物了。此时，唐太宗正跟西突厥乙毗射匮可汗在西域展开对决。

但唐太宗业已病入膏肓，无心理会波斯王的事。唐高宗即位后，接见伊嗣俟三世的求援使时，问道："大食军在开战前跟你们的国王说了些什么？"波斯使者回答说："大食军给我们三种选择，要么选择他们的信仰，要么交纳人头税，要么战争。"

唐高宗对波斯末代君主很是无奈，哀其不幸，怒其不争，在给他的回信中说道："基于人道精神，我可以派出一支军队援助你们。这支军队头在木鹿城，尾在唐帝国。但是，你的使臣所描述的大食人要是进入山区作战，要是他们把牛羊牲畜都放走了呢？只要他们并不禁止你们容许的东西，也不容许你们禁止的东西,他们早晚会把我赶走。"

大食军远在数千里之外,出兵救援波斯没有这个必要。唐高宗只能友情提示伊嗣俟三世,跟大食军友好相处,不要轻易触怒他们,就会相安无事。

唐高宗即位之后遇到的真正大麻烦是阿史那贺鲁叛乱。阿史那贺鲁是瑶池都督,领地包括吉尔吉斯草原和巴尔喀什湖地区,他投靠唐帝国是因为遭到乙毗咄陆可汗的排斥。唐太宗去世后,阿史那贺鲁趁着国丧,暗中谋划袭取庭州、西州。

庭州刺史骆弘义密报唐高宗,唐高宗很果断,立刻派遣通事舍人乔宝明去抚慰阿史那贺鲁,力求将危机扼杀在萌芽之中。乔宝明劝说阿史那贺鲁把长子咥运送到长安城,宿卫皇宫,以消除皇帝的疑虑。等咥运上路后,阿史那贺鲁开始反悔了,要咥运溜回来。乔宝明狠下心来,把咥运挟持到长安城,作为人质。唐高宗很宽容,咥运一到,就赐封他为右骁卫中郎将,待遇优渥,以示无猜忌,不久又把他放了。

咥运回去之后劝阿史那贺鲁叛唐西走。公元650年,阿史那贺鲁击破乙毗射匮可汗,在双河(今新疆博乐、温泉县境内)和千泉建立汗帐,自号泥伏沙钵罗可汗。阿史那贺鲁拥兵数十万,以其子咥运为莫贺咄叶护,掌管军事。阿史那贺鲁与躲在吐火罗的旧主乙毗咄陆联手,共同奴役处月、处密和西域诸国。次年(651年)春,阿史那贺鲁派遣咥运统领处月、处密、葛逻禄等五个部落,对庭州辖地展开大规模进攻,连陷金岭城、蒲类县,杀掠数千人而去,直接威胁到唐帝国在西域的统治。

唐高宗决意发动西征,割除阿史那贺鲁这一颗毒瘤。筹划西征的同时,波斯的事再度走进唐高宗的心坎里。8月25日,大食使者第一次出使唐帝国,让唐高宗对这个陌生的民族有了进一步的了解。大食使者自云"王姓大食氏,名噉密莫末腻,有国已三十四年,历三主矣"[1]。穆斯林只崇拜真主,禁

---

[1] 噉密莫末腻,又译作黑密牟尼,为Amiral-Mu'minin(信士们的长官)的音译。三十四年当为三十年,自公元622年穆罕默德出走麦地那算起,至公元651年,恰好是三十年。三主,即前三任哈里发。

止向别人行叩拜礼，"唯平立不拜"，唐玄宗时来朝，曾遭到唐朝官员的非议。唐朝史官对第一次来访的大食使者似乎并不感兴趣，没有留下更多的记载，所以公元651年大食使臣出使唐帝国的动机不明。

大食使臣离开后没有多久，伊嗣俟三世死在木鹿城。唐代史书记载说："伊嗣俟不君，为大酋所逐，奔吐火罗，大食击杀之。"伊嗣俟三世死前确实爆发兵变，但并非死于大食军之手。

实际情况是这样的。吐火罗叶护阿史那乌湿波亲自率兵到木鹿城去接应伊嗣俟三世，但是见到了伊嗣俟三世后，阿史那乌湿波大失所望。伊嗣俟三世仍然视己为高高在上的波斯王，摆出"王中之王"的臭架子，待阿史那乌湿波如同下臣，态度甚为骄慢，又生性刻薄吝啬，舍不得犒赏千里迢迢而来的吐火罗救兵，结果引发吐火罗人的哗变。阿史那乌湿波与木鹿城长官合谋，杀了伊嗣俟三世的随从，夺走伊嗣俟三世从泰西封王宫携带出来的金宝。伊嗣俟三世只身一人，仓皇逃走，躲避到一个磨坊。伊嗣俟三世在磨坊边的场地上吃饭时，被信奉基督教的磨坊主杀死，扔进了水渠。木鹿城内的基督教徒可怜伊嗣俟三世的下场，为他举行了一个葬礼，将他埋葬在木鹿大主教区的花园里。

伊嗣俟三世窝囊地死去，但是萨珊波斯王统并没有绝亡，伊嗣俟三世的儿子卑路斯被拥立为王，以木鹿城为根据地，积极谋划复国运动。

唐高宗并不知晓伊嗣俟三世已死，他此刻正为征讨阿史那贺鲁的事寝食难安。公元651年，唐高宗发动第一次西征，任命左武卫大将军梁建方、右骁卫大将军契苾何力为弓月道行军大总管，右骁卫将军高德逸、右武卫将军薛孤吴仁为副，率州府兵三万，另有五万回纥精锐骑兵，走丝绸之路天山北道，直取阿史那贺鲁的巢穴——位于双河、千泉之间的汗庭。

庭州刺史骆弘义建议招降处月、处密等部，专攻阿史那贺鲁，于是唐高宗将招安的使命交给骆弘义，但这只不过是骆弘义的一厢情愿而已。公元652年2月8日，处月部落的酋长朱邪孤注杀死唐帝国的招慰使单道惠，与阿史那贺鲁联兵，共抗唐军。

唐军兵分两路，梁建方负责进攻处月部落、契苾何力负责进攻处密部落。2月19日，梁建方大破处月部落于牢山，朱邪孤注在夜色的掩护下逃走。梁建方派遣高德逸率领一队骑兵尾追五百里，追上朱邪孤注。朱邪孤注占据制高点，阻击高德逸。唐军猛冲，在战斗中活捉朱邪孤注，将他就地斩首。处月部落大溃，唐军阵斩九千余级，俘虏大小头目六十余名，获处月男女万余，牛、马牲畜七万头。进攻处密部落的契苾何力也取得大胜，生擒处密酋长而归。但因为唐军粮草耗尽，补给无法跟上，被迫退兵。

公元653年4月26日，唐高宗决心斩草除根，诏令废除瑶池都督府，剿灭阿史那贺鲁。恰逢乙毗咄陆死去，其子颉苾达度设自立为真珠叶护可汗，约唐军一同出兵，夹击阿史那贺鲁。6月，唐高宗当机立断，任命左屯卫大将军程知节为葱山道行军大总管，率唐军数万第二次进攻阿史那贺鲁，但为处月、处密所阻，无法继续西进。唐军在额尔齐斯河以东再次击溃处月、处密的残部，夺占处月的领地，设置金满、沙陀二州，作为日后西进的基地，而后东还。

两次西讨阿史那贺鲁，虽战绩辉煌，但并未跟阿史那贺鲁直接交锋，全因准备不足所致。唐高宗愀然不乐，决定发动第三次西征。公元655年6月，唐高宗又拜大唐开国名将程知节为葱山道行军大总管，全职负责西征事务。唐高宗让他周密准备，积蓄粮草，操练兵马，定于次年2月出征。

在唐高宗两次西征阿史那贺鲁期间，西亚形势又突变。公元654年6月，大食战将爱弥儿获知波斯王子卑路斯在木鹿城领导抵抗运动，决定全力围剿。爱弥儿沿着丝绸之路东进，直取木鹿城。经过激烈的战斗，卑路斯不支，弃守木鹿城，逃往吐火罗，向唐高宗紧急求援。唐高宗此时正厉兵秣马，全力以赴第三次讨伐叛乱的阿史那贺鲁，以路途遥远为由，拒绝出师。

"丝路命运共同体"

公元656年2月，在嘹亮的军乐声中，唐高宗御临玄武门，大摆酒宴，为即将出征的程知节等将领饯行。大唐开国以来这还是头一遭，足见唐高宗对剿灭阿史那贺鲁信念之坚定。9月3日，程知节率唐军深入西突厥腹地，在榆慕谷（今新疆西北部霍城县果子沟）打响了第三次西征的前哨战，大破西突厥的处月、葛逻禄两个部落，斩获千余级。另一路副总管周智度也传来喜讯，攻拔咽城（今新疆西北的博尔塔拉），击溃西突厥的突骑施、处木昆等部落，斩首三万余级，虏获无数。

公元657年1月，程知节继续西进，直捣西突厥的心脏地带——鹰娑川。唐军前方战将苏海政遇到西突厥两万骑兵的阻击，双方展开一场恶战。开战不久，突厥别种鼠尼施两万骑从焉耆以西的巴音布鲁克草原杀到，对苏海政形成夹击之势。危急之时，前军总管苏定方率五百精骑驰救，杀入敌阵。西突厥军大乱，唐军追奔二十里，斩获首级一千五百，缴获牛马、器械不可胜数。

此战唐军差点儿落败，战后爆发内讧，副大总管王文度指责程知节轻敌冒进，又捏造圣旨，夺了程知节的兵权。王文度瞎指挥，下令唐军不许深入敌境，收拢兵马，并布成密集方阵，辎重在中间，四周骑兵环绕，强令士兵整天穿着厚重铠甲，坐在马背上，随时准备战斗。结果搞得整支军队疲惫不堪，战马累死无数。苏定方看不下去，劝程知节说："出兵就是了打仗，现在王文度胡来，早晚必败。如此懦弱，怎么打仗？皇帝任命你为主将，你岂能把兵权交给副将？不如拿下王文度，夺回兵权。"

程知节不听，率部与阿史那贺鲁之子咥运交战，杀敌数千，进至怛笃城（今哈萨克斯坦东南）。有胡人数千家打开城门出降，王文度以为是诈降，将他们全部杀光，夺取资财。最后杀红了眼，竟然下令屠城，将怛笃城劫掠一空，然后下令撤军，错过了剿灭阿史那贺鲁的战机。唐军回朝后，唐高宗震怒,将程知节、王文度二人打入大牢。

7月,唐高宗发动第四次征讨阿史那贺鲁,战功卓著的苏定方被任命为主帅。苏定方实施远程大迂回战术,先在阿尔泰山击破西突厥处月部,降其族人万余帐。紧接着,苏定方绕到额尔齐斯河西,阿史那贺鲁率十姓突厥兵十余万迎战。苏定方率唐军及回纥骑兵万余出击,阿史那贺鲁见唐兵少,下令全部压过去,准备一举将唐军包饺子。苏定方谙熟战法,让步兵在南原布阵,枪槊对外,他自率骑兵在北原待敌。

阿史那贺鲁先攻南原的步兵,连续发动三次进攻,均被唐军击退,士气大泄。苏定方趁机率骑兵从北原俯冲而下,锐不可当。西突厥军一触即溃,狂奔三十里,遗尸数万具。次日,苏定方整兵再战,西突厥降者无数。阿史那贺鲁仅与其子咥运及少数亲信西奔。时刮起暴风雪,唐军诸将请求休息,苏定方果断抓住战机,下令追击残敌。唐军步兵尾追阿史那贺鲁身后,回纥骑兵又来个大迂回,直插中亚的塔拉斯河,切断阿史那贺鲁的退路,形成关门打狗之势。

时大雪深两尺,唐军不顾疲劳,踏雪昼夜疾行,终于在楚河揪住阿史那贺鲁。苏定方下令猛攻,阿史那贺鲁大败,逃往西南的石国。苏定方令萧嗣业追击阿史那贺鲁,自己引军东还。阿史那贺鲁逃到石国西北的苏咄城,城主伊涅达干摆下鸿门宴,诱骗阿史那贺鲁入城,将其五花大绑,扭送给石国王鼠耨。萧嗣业率兵追到,鼠耨乖乖献出阿史那贺鲁。至此,阿史那贺鲁的游牧政权历经八年之久终于被唐军消灭。唐军也第一次进入河中粟特地区,威震昭武九姓诸国。

此后,唐高宗经营西域的事业非常顺利。灭阿史那贺鲁后第二年(658年)1月20日,唐高宗诏令,在西突厥地置濛池、昆陵二都护府。唐高宗又将阿史那贺鲁的种落分为六都督府,"其所役属诸国皆置州府,西尽波斯,并隶安西都护府"。自此,唐帝国的疆域拓展到中亚,与波斯旧地相邻。

不久,龟兹内乱,唐高宗令左屯卫大将军杨胄率兵征讨,擒杀龟兹大将羯猎颠。3月4日，立前龟兹王布失毕之子素稽为龟兹王兼都督。6月7日，将安西都护府的府衙从交河城迁到龟兹，并将安西都护府升级为安西大都护府，任命杨胄为大都护。大都护官阶从二品，与朝廷中尚书、左右仆射平起平坐。在交河城置西州都督府，任命左骁卫大将军兼安西都护麹智湛为都督，镇守高昌故地。7月19日，唐高宗又诏令，将罽宾改为修鲜都督府，任命罽宾王为修鲜等十一州诸军事兼修鲜都督。这标志着唐帝国的势力范围扩展到南亚次大陆，这对维护丝绸之路南道无疑裨益良多。

阿史那贺鲁政权覆没后，西突厥的领地并未全部归入大唐帝国，在中亚还有两个政权——汗帐设在楚河以西的真珠叶护可汗政权，以及统治吐火罗的阿史那氏政权。真珠叶护可汗逐步向东扩张，危及昆陵都护府的领地。公元659年4月，昆陵都护阿史那弥射与真珠叶护可汗战于双河，击斩真珠叶护可汗。此役结束了南北庭分裂的历史，宣告西突厥本部全境归唐。

其后不久，阿史那贺鲁的部将——思结部酋长都曼勾结疏勒、朱俱波、谒般陀三国造反，击破于阗，阻断了中亚与塔里木盆地的交通往来，西域震动。为了保护丝绸之路的安宁，公元660年1月8日，唐高宗命左骁卫大将军苏定方为安抚大使，征讨都曼。

苏定方在千泉湖、楚河一带集结人马，都曼赶紧守住马头川城（今伊塞克湖以南、喀什西北）。苏定方率精锐步卒一万、骑兵三千，急行军一昼夜，跑了三百里，拂晓时似神兵从天而降，出现在马头川城下。双方在城外打了一仗，都曼大败，退守内城。傍晚时分，唐军大部队陆续赶到，把马头川城围得如铁桶一般。都曼吓得魂不附体，乖乖地竖起白旗。苏定方仅用一天的时间，就剿平了思结人的叛乱，堪称神速。他平阿史那贺鲁、降都曼，有力地维护了丝绸之路的安宁。

随着西突厥本部、思结部的覆灭，其下属的其他西突厥势力，如中亚费尔干纳盆地的拔汗那监国吐屯等也相继归唐。而吐火罗叶护阿史那乌湿波的降唐，更是丝绸之路上一件有划时代意义的大事。

第八章 拓疆西域

吐火罗位于中亚阿姆河上游地区，唐代以前称之为大夏，即西方人笔下的巴克特里亚。该地区是多难之地，频繁遭到外族的统治、践踏，历经沧桑变化，先后臣属于波斯帝国、亚历山大帝国、希腊-巴克特里亚王国（大夏）、贵霜帝国、嚈哒帝国。西突厥联手萨珊波斯灭掉嚈哒后，瓜分领土时，吐火罗归属萨珊波斯。后来西突厥统叶护可汗从波斯人手中夺走吐火罗，作为长子呾度设的封地。玄奘西行途经时，吐火罗已分成二十七城邦，由阿缓城的吐火罗叶护总摄，隶属于西突厥。

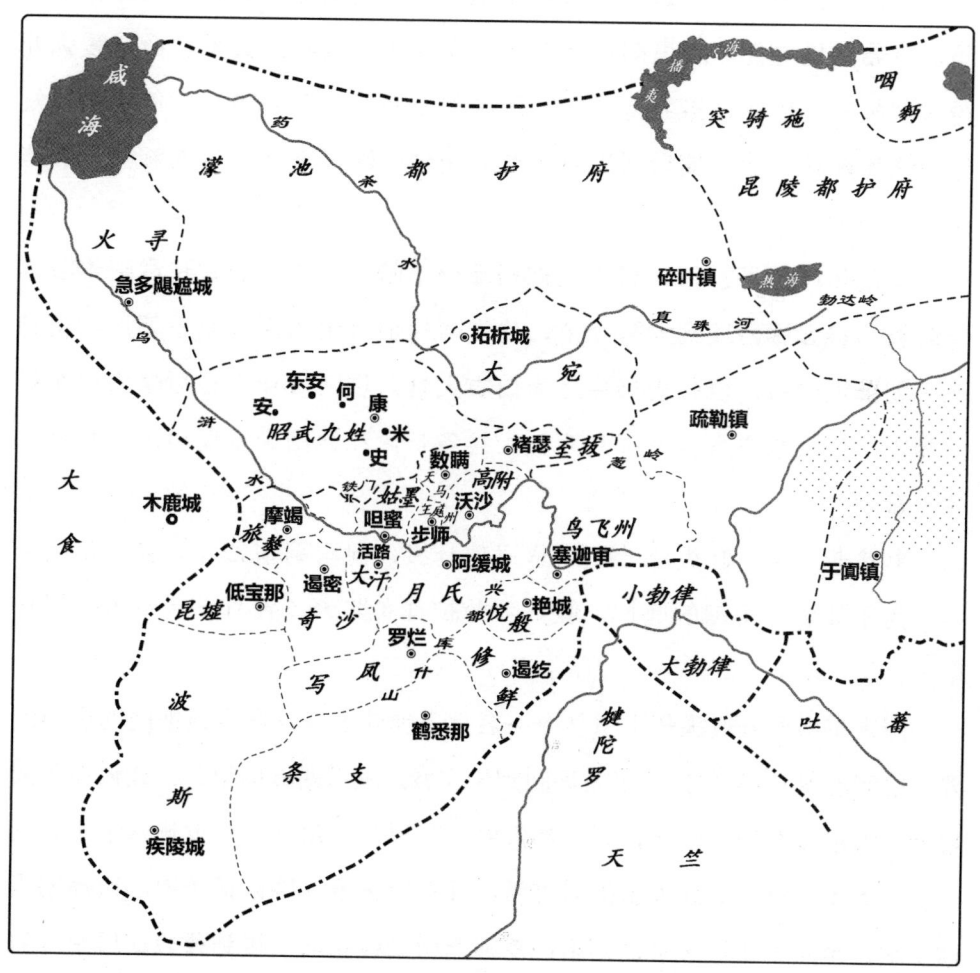

图10 唐朝中亚十六都督府示意图

随着阿拉伯帝国顺利占领波斯的呼罗珊，大食骑兵饮马阿姆河畔，日夜窥伺辽阔的中亚地区，吐火罗岌岌可危。爱弥儿攻陷木鹿城后，疯狂东进，越过阿姆河，杀入粟特地区。爱弥儿兵锋甚锐，攻拔那色波、史国、米国而归，这是阿拉伯军队第一次攻进中亚。

爱弥儿退兵之后，卑路斯在吐火罗人的护送下转移到西南的塞斯坦，在疾陵城继续高举抵抗大旗。公元655年7月，爱弥儿派遣特使盐莫念赴长安城朝贡，觐见唐高宗，希望唐帝国在卑路斯问题上保持中立。但是谈判不欢而散。公元656年6月，阿拉伯帝国哈里发奥斯曼被刺杀，先知穆罕默德的堂弟阿里继任。阿里即位之后，宣布与唐帝国断绝关系，命令爱弥儿越过阿姆河，目标直指支持波斯王子卑路斯的吐火罗。12月，巴士拉爆发第一次穆斯林内战，战后阿里将都城北迁到库法（今幼发拉底河畔距巴格达一百六十公里）。

公元661年1月24日，阿里又被极端分子暗杀。叙利亚省长穆阿维亚篡夺政权，将都城西迁到大马士革，建立阿拉伯帝国的倭马亚王朝。因倭马亚王朝旗帜尚白，唐朝史书称之为白衣大食。穆阿维亚上台后全力向东扩张领土，任命东方大将爱弥儿为巴士拉省长，让他围剿塞斯坦的卑路斯抵抗力量。

卑路斯王子与吐火罗叶护赶紧遣使赴唐，向唐高宗告急，请求出兵支援。为了获取唐帝国的庇护，吐火罗叶护宣布归唐，置身于唐帝国的保护伞下。

唐高宗当即派遣陇州南由县令王名远出使吐火罗，考察该地区的山川险要，绘制地图。7月19日，王名远回到长安城，献《西域图记》，建议在于阗以西、波斯以东的十六国，分置都督府，其属部为州县，共设州八十个、县一百一十个，隶属安西大都护府管辖，并在吐火罗立碑以记圣德。唐高宗当即采纳。至此中亚地区全部归附，从阿姆河到锡尔河，再到葱岭、塔里木盆地，以及南亚的喀布尔河，与中原连成一片，与唐帝国凝结成共存共荣的命运共同体。东西数万里，"西直大食"——向西直接跟倭马亚王朝的阿拉伯帝国（白衣大食）接壤。唐帝国完成了史上最为惊世的拓疆伟业，在丝绸之路上谱写了一个无比恢宏的篇章。

翌年（662年）2月14日，唐高宗又将波斯州都督府都督卑路斯立为波斯王，公开支持萨珊波斯的复国运动。

第九章　三国四方

两面告急

正当唐帝国举朝上下为史无前例的开疆拓土而庆贺时，西域却麻烦不断。首先是天山地区的九姓铁勒发生了大暴动，参与叛乱的部落有同罗、仆固、思结、多滥葛等，丝绸之路天山北道受到阻断。公元661年11月8日，唐高宗诏令郑仁泰为铁勒道行军大总管、萧嗣业为仙萼道行军大总管、阿史那忠为长岑道行军大总管，征讨铁勒。公元662年3月25日，郑仁泰在天山击溃铁勒叛军。铁勒叛乱才平，西域北道上的龟兹和疏勒在突厥部落弓月的煽动下，又起兵闹事。当时龟兹是安西大都护府的驻地，是唐帝国经营西域、保护丝绸之路的总部。唐高宗赶紧于公元663年1月任命苏海政为翙海道总管，同时诏令昆陵都护阿史那弥射、濛池都护阿史那步真出兵相助。

这次平叛进行得相当艰苦。阿史那步真与阿史那弥射不和，趁机在苏海政面前诬告阿史那弥射要造反。苏海政才领兵数千人，且已进入濛池都护府的领地，担心遭到阿史那弥射的围歼，就假传圣旨赏赐各部落首领，诱杀阿史那弥射。之后苏海政先灭龟兹叛军，解救被围困的安西大都护府，而后西击疏勒叛军。撤退时发生意外，弓月部勾结吐蕃，在疏勒以南截击唐军。唐军久战力疲，不敢与吐蕃人对抗，苏海政把军中物资都送给吐蕃人，约以讲和，这才安全东还。

吐蕃人趁机四处散言，称阿史那弥射是被冤枉的，苏海政滥杀无辜。西突厥各部落人心惶惶，一些部众在两个酋长阿史那都支、李遮匐的引诱下，叛投吐蕃。吐蕃势力开始向西域渗透，在不远的将来，吐蕃成为唐帝国在西域最强劲的对手。

公元644年，松赞干布灭象雄（羊同），打通了吐蕃通往西域的大道。吐蕃人沿着这条大道源源不断地进入塔里木盆地。

赞普松赞干布死后，其孙芒松芒赞年幼继位。大宰相禄东赞控制朝政，强力推行对外扩张政策。公元663年7月，禄东赞又大举进攻青海境内的吐谷浑。吐谷浑王慕容诺曷钵携妻带子，投奔凉州，寻求庇护。唐高宗这才对吐蕃有所警惕，命凉州都督郑仁泰为青海道行军大总管，率独狐卿云、辛文陵二将，分兵驻守凉州、鄯州（今青海乐都），以震慑吐蕃。不久，又令威震朝鲜半岛的名将苏定方为安集大使，统领唐军，防备吐蕃。

但是唐高宗对禄东赞的主攻方向判断失误。禄东赞击破吐谷浑后，将靶心对准丝绸之路西域南道上的要冲——于阗。禄东赞暗中唆使弓月部南下进攻于阗。公元664年1月26日，安西都护高贤围魏救赵，北击弓月，以救援于阗，保护丝绸之路。

年少的赞普芒松芒赞与禄东赞亲自坐镇吐蕃北方，督军进攻西域。由于吐蕃介入，唐军的护路行动陷入持久战。次年（665年）5月，疏勒再次叛唐，与弓月、吐蕃联手，围攻于阗。

西域战事告急，唐高宗敕令西州都督崔知辩为西域道行军总管，与左武卫将军曹继叔率唐军从交河城向西南疾进，驰救于阗。大规模的战事一直持续到该年秋天，才渐渐平息。

芒松芒赞、禄东赞君臣并未就此撒手，两人一直待在吐蕃北方毗邻西域的地区，并不断从国中调兵遣将，伺机与唐军决一死战。公元667年，禄东赞亲率十万吐蕃大军，大举入侵青海的生羌十二州。安集大使苏定方不顾七十六岁的高龄，率八千唐军驰救。双方在青海展开惊天动地的血战，禄东赞的十万吐蕃兵竟然被歼灭七万二千，仅有八千人逃回逻些城。唐军也伤亡惨重，此役之后苏定方累死在凉州前线。禄东赞因大溃败羞愧成疾，不久也呜呼哀哉。禄东赞死后，芒松芒赞宣布亲政，但是朝政仍然被禄东赞次子论钦陵操纵。

论钦陵为报父亲禄东赞之辱，决心夺取西域。公元668年，论钦陵派军占领且末城，在此建造堡垒，屯集重兵。经过充分的准备之后，公元670年，吐蕃人发动暴风骤雨般的猛烈攻势，在西域摧枯拉朽似的连连攻陷白州等十八个州。4月25日，吐蕃纠结疏勒、于阗等西域仆从军，又攻陷龟兹拨换城。吐蕃人的气焰非常嚣张，安西四镇已有焉耆、疏勒陷落，龟兹和焉耆也是朝夕不保，唐高宗只好下令罢安西四镇，安西都护府被迫迁回旧址——交河城。

为了挽回西域危局，唐高宗趁着吐蕃主力在塔里木盆地，决定调集重兵，批亢捣虚，直捣逻些城。5月3日，唐高宗任命悍将军薛仁贵为逻娑道行军大总管，阿史那道真、郭待封为副，率兵五万西征吐蕃，并护送吐谷浑王诺曷钵回家。另外任命阿史那忠为西域道安抚大使兼行军大总管，出征西域。

郭待封是战殁于龟兹的安西都护郭孝恪之子，公元668年唐军灭高丽之时，郭待封任积利道行军总管，与薛仁贵平起平坐。现在薛仁贵却成了他的顶头上司，他耻居其下，故在行军作战中处处与薛仁贵对着干。由于主将不和，唐军到达大非川（今青海共和县西南切吉旷原）时，不得不分成两个纵队，薛仁贵率三万骑兵先行，直取大非川以南五六百里的乌海城。郭待封则率两万步兵，在大非川筑建木寨，守护辎重。薛仁贵疾行至乌海城的河口（今青海玛多），击溃吐蕃兵的阻击，斩获甚众。于是薛仁贵退屯乌海城，等候郭待封的后续部队。

但是郭待封违背与薛仁贵的约定，令唐军拽拉着辎重物资在高原上缓慢前行。论钦陵从西域调回二十万大军，围歼郭待封。郭待封大败而走，辎重丢弃干净。薛仁贵闻讯退返大非川，但是后路早已被吐蕃军切断。论钦陵亲率四十万大军分割包围薛仁贵和郭待封的唐军，唐军几乎被歼灭，薛仁贵、郭待封与阿史那道真仅以身免，与论钦陵议和而还。

出征西域的阿史那忠恩威并济，招抚了叛变的西突厥各部。战后，薛仁贵三人免死除名，阿史那忠则被赐封为左骁卫大将军兼匐延都督。唐高宗把流离失所的吐谷浑部落暂时安顿在青海东北的大通河以南，但是吐谷浑王诺曷钵畏吐蕃如虎，不敢居留。唐高宗只好将吐谷浑部落迁到远离河西走廊的宁夏灵州境内，另置一个安乐州，任命慕容诺曷钵为刺史。至此吐谷浑故地，包括青海、塔里木盆地的且末与鄯善，全部被吐蕃占领。

在吐蕃全力夺取塔里木盆地同时，白衣大食的军队也向东推进，不断蚕食唐帝国在中亚地区的领地，包括泽拉夫善河流域的昭武九姓、阿姆河流域和兴都库什山脉南北的十六个都督州府。

公元662年，唐高宗立卑路斯为波斯王，宣告唐帝国直接与倭马亚王朝进行对抗。巴士拉省长爱弥儿派遣部将萨穆腊进攻塞斯坦——唐帝国的波斯都督府，攻陷首府疾陵城，宣布在此征收两百万迪尔汗（dirham）①的银币和两千个奴隶的贡赋。卑路斯极为窘迫，逃往东边的条支都督府。

萨穆腊穷追不舍，又越过赫尔曼德河，继续进攻东边的条支都督府。条支都督府（谢䫻国）是唐帝国在中亚地区最南边的羁縻府州，府治鹤悉那城。谢䫻国王兼条支都督尊比尔被萨穆腊击败，鹤悉那城沦陷。萨穆腊继续向东北挺进，攻打条支都督府细柳州的治所护闻城（今阿富汗喀布尔）。围攻了数个月，最后用威力巨大的弩炮摧毁城墙，攻陷护闻城。至此，继波斯都督府之后，条支都督府又被白衣大食侵占。两个羁縻州府的沦亡令唐帝国震惊，在史书上留下沉重的一句话："大食击波斯、拂菻，破之；南侵婆罗门，吞灭诸胡，胜兵四十余万。"可怜的波斯王子卑路斯无处安身，只好流

---

① 阿拉伯帝国东部通行银币，西部通用金币第纳尔（dinar）。

亡到唐帝国。

阿拉伯人则欣喜若狂，巴士拉省长爱弥儿为了犒赏萨穆腊，将这两个都督府的领地独立置省，任命萨穆腊为总督。萨穆腊一直待在那儿，直到公元665年被另一个大食将领剌庇取代。

由于唐帝国在朝鲜半岛上陷入战争泥潭，在西域又受到吐蕃的疯狂进攻，唐高宗焦头烂额，再也无力、无心在万里之遥的中亚开辟第三个战场，只能眼睁睁地看着中亚的那些羁縻州府饱受大食军的蹂躏。

大食对被征服的东方各地征收沉重的贡税，引发被征服人民的强烈不满，反抗运动此起彼伏。波斯的西部重镇赫拉特城曾经爆发大规模暴动，但是在公元664年被镇压下来。大食军趁机东进，一路攻城略地。唐帝国阿姆河流域的羁縻州府，一个个改旗易帜。至公元670年，即唐蕃大非川之役的那一年，昆虚都督府、奇沙州都督府、大汗都督府，相继沦陷。

倭马亚王朝在中亚的扩张频频得手，哈里发穆阿维亚任命齐雅德·伊本·阿比希为巴士拉省长，加快东进的步伐。呼罗珊地区在巴士拉省长的职权范围之内，齐雅德·伊本·阿比希指定剌庇为呼罗珊总督，唐朝史书称为大食东道使。大食东道使或呼罗珊总督在日后将担负着向中亚扩张、指挥大食军与唐军交战的重任。

剌庇担任呼罗珊总督期间，最大的功劳就是重新夺取巴里黑城，也就是大汗都督府的治所活路城（缚喝）。巴里黑城首领曾经主动向大食军投降，但是大食军撤去后，又紧闭城门，拒绝交纳贡税。剌庇上任之后，用谈判的手段，诱使巴里黑居民背弃他们的主人——大汗都督府都督或悒怛王捺塞达干，打开城门。

捺塞达干拒绝向剌庇低头，率领一部分突厥人西奔呼罗珊的忽希思丹。在剌庇的进攻下，突厥人一部分阵亡，一部分逃走，悒怛王捺塞达干留下来继续跟大食军周旋，坚持抵抗三十余年，才被大食名将屈底波镇压。

重夺巴里黑城，使之成为呼罗珊四郡之一，对大食来说意义重大。呼罗珊四郡包括首府木鹿城、赫拉特城、巴里黑城、尼沙普尔城,都是丝绸之路上的要隘,构筑了白衣大食的东部屏障。而巴里黑城位于最东部,是拱卫呼罗珊的重要门户。

剌庇是一位出色的地方长官,他执政期间,呼罗珊一片安宁,人们都纷纷往呼罗珊地区迁居。但是剌庇柔弱有余,杀伐不足。公元673年,巴士拉省长齐雅德·伊本·阿比希卒于任上。哈里发穆阿维亚将巴士拉行省和库法行省合并为伊拉克行省,以库法为首府,并任命齐雅德·伊本·阿比希的儿子伊本·齐雅德为呼罗珊总督,取代剌庇。

伊本·齐雅德决心继承父业,完成哈里发的使命,征服中亚。公元674年,伊本·齐雅德的一个儿子骑着骆驼,从木鹿城出发,渡过阿姆河,入侵粟特地区。

恰逢安国国王昭武闭息死去,幼子瓦尔特继位,年轻的王后图加莎妲垂帘听政。伊本·齐雅德趁机攻占安国的都城布哈拉(阿滥谧)和沛肯城。图加莎妲略作抵抗,旋即打出求和的旗号。伊本·齐雅德勒索巨额赎金,与图加莎妲达成和议后,返回木鹿城。

翌年(675年),伊本·齐雅德再度越过阿姆河,深入粟特的腹地,击败突厥酋长(阿史那都支或李遮匐)后,再次进攻安国。安国太后图加莎妲向康国王拂呼缦求援,两国合力抵抗大食军,但是寡不敌众,最终败北。伊本·齐雅德进围布哈拉城,图加莎妲再次求和,献出巨额赎金以及八十余名安国贵族子弟作为人质。

伊本·齐雅德移师东攻撒马尔罕——康国的都城萨末犍,俘虏三万余人。继而派兵从背后袭击突厥人的要隘铁门关,南取姑墨州都督府的治所呾蜜城。

在与撒马尔罕城的居民约和之后,伊本·齐雅德带领五十名粟特贵族子弟人质离开河中地区,回到木鹿城。伊本·齐雅德试图把这些粟特人质变为奴隶,任意驱使。但是宁死不屈的粟特人质打死看守他们的穆斯林长官,而后集体自杀。

公元676年，伊本·齐雅德调离呼罗珊，升任伊拉克省长。旋即哈里发穆阿维亚任命赛义德·奥斯曼为呼罗珊总督。赛义德·奥斯曼做了两年总督，又被阿布杜拉赫曼接替。阿布杜拉赫曼庸庸碌碌，人们形容他是一个"宽宏大量的、贪婪的、懦弱的人"。阿布杜拉赫曼任职期间，没有发动过一次进攻。到了公元680年，哈里发穆阿维亚死去，懦弱的叶齐德一世继位，撒尔姆被任命为呼罗珊总督，取代阿布杜拉赫曼。撒尔姆重启了停滞两年的征伐，北攻阿姆河下游、咸海南岸的花剌子模——唐朝称之为火寻。而后又从花剌子模进发东边的粟特地区。撒尔姆强行驻军布哈拉城，在河中地区建立了第一个军事基地。

撒尔姆在河中地区过冬。次年（681年）春，泽拉夫善河冰雪融化，撒尔姆渡过泽拉夫善河后，长驱直入，最远杀至费尔干纳盆地的拔汗那，在俱战提城下耀武扬威后班师回到木鹿城，这是迄今为止大食军到达的最东点。唐帝国的中亚羁縻州府体系在大食军的鲸吞蚕食之下，前后历经二十余载，终于全部崩盘。

此后，由于倭马亚王朝发生内乱，呼罗珊的移民部落又频频爆发冲突，大食征服中亚的军事行动停滞了十五六年。

重置安西四镇

公元670年对唐帝国来说，是较黑暗的一年。首先是大非川之战惨败，五万唐军，几乎全军覆没。然后是白衣大食的猖獗东进，唐帝国在阿姆河流域、兴都库什山脉地区的十六个羁縻州府沦丧了大半。公元674年，唐高宗在西域发起一次主动性的反攻，派遣鸿胪卿萧嗣业进攻吐蕃的仆从国弓月、疏勒。萧嗣业的大军还没有杀到，弓月王就吓得扯着疏勒王一起到长安城，向唐高宗乞降。

唐军重返西域，极大地鼓舞了一些亲唐的绿洲城邦。于阗王伏阇雄率先响应，赶走吐蕃驻军，亲自赴长安朝贡，宣布归附唐帝国。公元675年，唐高宗下诏，在于阗国设置毗沙都督府，分于阗国为十个州，任命伏阇雄为毗沙都督。

羊同-于阗道是吐蕃人进入塔里木盆地的最重要通道，于阗归唐对吐蕃人影响重大。公元676年4月，吐蕃展开反扑，进攻湟中、河西地区的鄯、廓、河、芳四州，杀掠人口、牲畜无数。10月，又进攻叠州，攻破密恭、丹岭二县。冬，吐蕃大相噶尔·赞聂亲自率军越过于阗南山，进攻降唐的疏勒，重新打通了与突厥各部落的通道。在噶尔·赞聂的挑拨下，突厥酋长阿史那都支、李遮匐宣布叛唐。阿史那都支自号十姓可汗，与李遮匐一道勾结吐蕃，联手攻陷设在交河城的安西都护府。

唐高宗被迫做出从朝鲜半岛脱身的痛苦决定，全力以赴解除吐蕃人的威胁。先是敕令左监门卫中郎将令狐智通率兴州、凤州的驻军，加强防备。其后又令皇七子李显为洮州道行军元帅，率工部尚书刘审礼等十二总管，皇八子李旦为凉州道行军元帅，将左卫大将军契苾何力等，调集重兵，准备大举进攻吐蕃。唐蕃双方剑拔弩张，眼见大战就要爆发，但突然间变得寂静无声了。原来吐蕃赞普芒松芒赞在这一年冬天逝于后藏八狼岗，论钦陵秘而不宣，将芒松芒赞的八岁幼子器弩悉弄拱上赞普大位。而唐高宗两个不成器的皇子李显、李旦不敢出征，恰逢契苾何力也死去，唐军丧失一员大将。唐、吐蕃各忙各的事，都把战争暂时抛诸脑后。

公元678年10月，唐高宗令中书令李敬玄、工部尚书刘审礼率十八万唐军征讨吐蕃。刘审礼率前军深入青海，遭到论钦陵的围攻。李敬玄畏惧论钦陵，胆怯怕战，不但没有派去救援部队，反而撒腿就跑，退守青海湖畔的承风岭（今青海湟中南拉脊山山口）。结果刘审礼孤立无援，以身殉国。论钦陵消灭了刘审礼之后，又在承风岭将李敬玄团团围住。李敬玄"阻泥沟以自固"——靠着一条泥泞的沟渠扎下大营。吐蕃人抢占制高点，切断了唐军的退路。危急之时，朝鲜半岛的百济降将黑齿常之组织一支敢死队，趁夜袭击吐蕃人，撕裂一个突破口。李敬玄趁机溃围而出，回到鄯州。

青海之战，是继八年前的大非川之战后，唐军又一次败绩。唐廷震动，再也不敢小觑吐蕃，叹说"自汉魏以来，西戎之盛，未之有也"。吐蕃人则自吹云"邦国富强，可与天界相比，武力雄强，战胜四境"。此战之后，唐高宗调整策略，对吐蕃采取守势，对西域采取攻势，矛头直指吐蕃的党羽阿史那都支和李遮匐。

吏部侍郎裴行俭给皇帝支着，说："青海之战刘审礼全军覆没，唐军元气大伤，岂能再战？现在波斯王卑路斯死了，借送其子泥涅师回波斯，要经过阿史那都支、李遮匐地盘的名义，来个假途伐虢，便宜行事，兵不血刃，可将二人擒获。"

于是唐高宗册立泥涅师为波斯王，令裴行俭为安抚大食使，肃州刺史王方翼为副使、检校安西都护，率兵护送泥涅师回波斯。当然这并非噱头，除了迷惑阿史那都支、李遮匐之外，唐高宗也认真地组织了一支准备远征波斯的队伍——波斯军。波斯军由汉、西域兵构成，第一任波斯使为金山都护杜怀宝，副使为王方翼。

裴行俭过西州（高昌）时，声称天气炎热，待秋凉后再上路。暗中却招募万余西域子弟，佯装狩猎，整顿队伍。而后悄悄逼近阿史那都支的老巢十余里，派人去见阿史那都支，要他亲自来接迎。阿史那都支跟李遮匐约定于秋天一起攻打裴行俭，裴行俭的使者突然来到，令他不知所措，只好亲自去见裴行俭。结果被五花大绑，送到碎叶城。解决了阿史那都支之后，裴行俭又率一支精锐的轻骑兵昼夜兼程，袭击李遮匐，途中抓获了李遮匐的使者。裴行俭释放李遮匐的使者，让他们回去报告主子说阿史那都支已被捉拿。李遮匐当即胆寒，乖乖投降。公元679年10月14日，裴行俭在碎叶城立碑纪功之后，将阿史那都支、李遮匐械送长安城，让泥涅师自己回波斯。留下王方翼为安西都护，安西都护杜怀宝调任庭州刺史。

王方翼修筑碎叶城，使之与龟兹、于阗、疏勒构成为新的安西四镇，这是唐帝国第二次置安西四镇。碎叶城，位于中亚楚河上游，地处东西方交通孔道，是丝绸之路的重要枢纽。

唐代丝绸之路与汉代或南北朝时期的丝绸之路相比略有差异。唐代丝绸之路出河西走廊进入塔里木盆地之后，有三条主干线：西域南道、西域中道与西域北道。这三条主干线并非相互孤立，其间辅线众多，纵横交错，形成一个复杂的网状格局。

西域北道，自敦煌或瓜州出塞，度莫贺延碛北上，至伊州（伊吾）。再沿着天山北麓，一路西行，经庭州等地到楚河边的碎叶城，再到中亚。此道为唐代丝绸之路最主要的通道。从伊州到庭州，有南、北两条辅线。北辅线称西域北道伊吾军路，其路线大致为从伊州北越折罗漫山，至伊吾军驻地甘露川，而后掠过巴里坤湖南岸，西行经蒲类，直达庭州。南辅线称西域北道伊庭路，其路线为自伊州西行，途经纳职、罗护守捉、赤亭守捉，再向北至独山守捉，与北辅线汇合，再到庭州。从庭州顺延天山北麓到碎叶城之间的路段，称为西域北道碎叶路，其间途经张堡守捉、乌宰守捉等六个哨所，至弓月城，而后西南行，越过伊犁河，到达碎叶城。

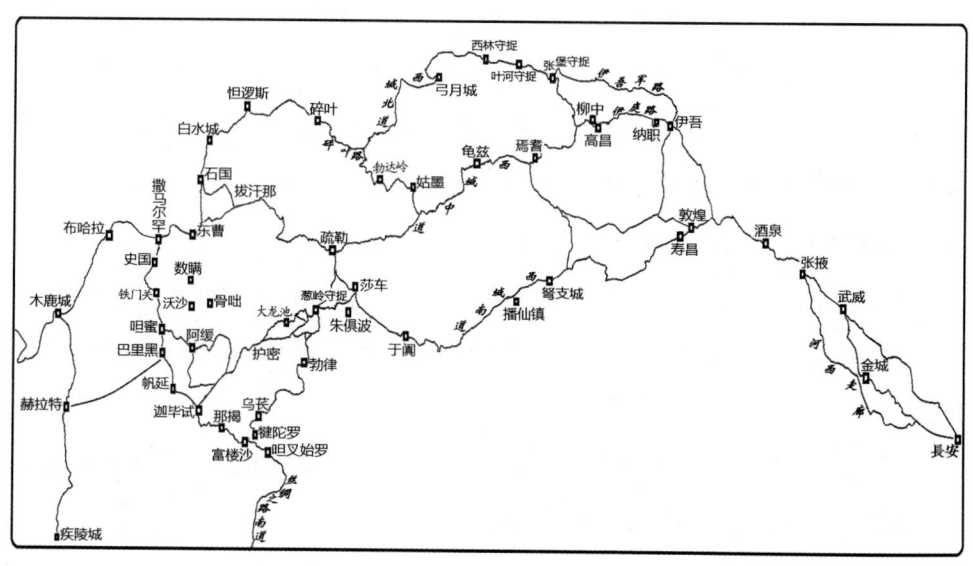

图11　唐代丝绸之路示意图

西域中道，自瓜州经第五道至伊州，或者经大海道至西州（高昌），再顺沿天山南麓、塔里木盆地北缘一路西行。途经张三城守捉、焉耆，至安西都护府的驻地龟兹都治伊逻卢。再西南行经拨换城至疏勒，然后越葱岭，入中亚。西域中道在拨换城有个岔口，由此西上，过大石城，穿越天山南脉东段山口——勃达岭，一路西北行，可达碎叶城。

西域南道，自敦煌出阳关，掠过罗布泊南岸，沿塔克马拉干沙漠南缘，一路向西。途经粟特移民首领康艳典筑造的弩支城（今新疆若羌西南的瓦石峡古城）、且末、兰城守捉、于阗，而后向西北行至郅支满城，再北行至疏勒，在此越葱岭，入中亚。

从上述路线来看，碎叶城地处西域北道与西域中道的交汇点，位置非常重要。碎叶城与西边六百里的怛逻斯城遥相呼应，控制了吉尔吉斯草原及这一带的绿洲城邦，南通泽拉夫善河流域的粟特，东扼天山山脉与塔里木盆地。

碎叶城是粟特人修筑的，大约建于公元五六世纪，成为"中亚商贸中心"粟特地区向东方延伸的触角，后来被西突厥控制。公元628年，玄奘西行时途经碎叶城，与西突厥统叶护可汗相会。《大唐西域记》中云，碎叶"城周六七里，诸国商胡杂居也。土宜糜麦、蒲萄，林树稀疏。气序风寒，人衣毡褐"——碎叶城方圆六七里，城中粟特商贩聚集。主要种植黍、麦、葡萄。由于气候严寒，林木稀疏，当地居民都用毛毡、毛布制作衣服。

公元658年，唐高宗灭突厥汗国，分置昆陵、蒙池两个都护府，碎叶城是蒙池都护阿史那步真的牙帐驻地。公元667年，阿史那步真死去，李遮匐投靠吐蕃，碎叶城沦亡。裴行俭智擒李遮匐后，碎叶城又回到唐帝国的怀抱。

王方翼在粟特人和突厥人的基础上，耗时五十天，重修、扩建碎叶城，"立四面十二门，皆屈曲作隐伏出没之状"——四面都有三座城门，暗藏于城墙曲折之处，使外人难以窥测城防情况。城中则是另一个世界，长条形的子城被坚固的城墙环绕包围，子城内狭窄的街区就是居民区。令人惊叹的是，狭小的居民区内宗教布局非常科学合理。由于碎叶城是东西方交通的枢纽，居民来自五湖四海，带来各自的信仰，包括佛教、摩尼教、景教（基督教聂斯脱利派）、拜火教（琐罗亚斯德教），在碎叶城内建有自己举行宗教仪式的场所。碎叶城竣工之日，粟特商贩纷纷前往观赏，对他们来说，这里无疑是贸易经商的天堂。所以粟特商贩竞相贡献方物，资助王方翼进行城防建设。

　　碎叶城建成后，大大改善了唐帝国在西域的防御态势。安西四镇之龟兹、于阗、疏勒、碎叶，各据一方，形成一个巨大梯形，如同一只庞大的手掌，罩住了唐帝国在西域最为薄弱的西部地区，扼住塔里木盆地通往中亚的

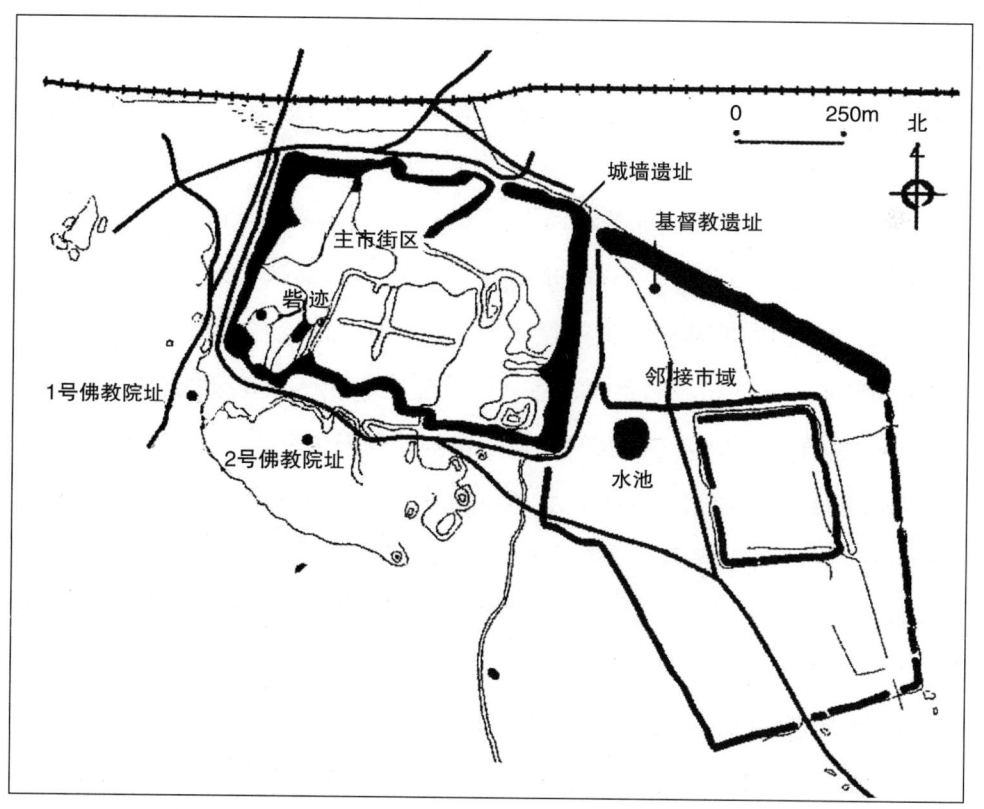

图12　碎叶城遗址平面图

各个出口，同时粉碎了吐蕃勾结西突厥叛乱部落侵夺西域的图谋。

由于大非川、青海两次交手的惨败，唐帝国清醒地认识到，曾经信誓旦旦"合同为一家"的吐蕃，已经羽翼丰满，唐、吐蕃对抗呈长期化的态势。唐高宗变得更加务实，在重置安西四镇之后，决心经营好西域，于是他又想起了萨珊波斯王族。波斯王子卑路斯失国之后，长期依附吐火罗，后跟随吐火罗叶护阿史那乌湿波归附唐帝国，被册立为波斯都督，不久又被立为波斯王，在塞斯坦疾陵城与大食军做殊死搏斗。不幸的是，能够帮助波斯复国的唐帝国深陷朝鲜与吐蕃两个泥潭沼泽，无法抽身。再之后，月氏都护兼吐火罗叶护阿史那乌湿波也战殁了，卑路斯只好流亡到唐帝国，寄居在长安城数年，最后于公元678年客死长安。

适逢西突厥余孽阿史那都支、李遮匐附吐蕃谋乱。吏部侍郎裴行俭献计，假借护送卑路斯之子泥涅师归国为名，出其不意，生擒阿史那都支、李遮匐。裴行俭、王方翼完成平叛使命之后，以波斯路途遥远为由，让泥涅师自个儿回家。

但是唐帝国并没有抛弃泥涅师。公元681年，唐高宗再次组建肩负帮助泥涅师复国使命的波斯军，诏令庭州刺史王方翼为第二任波斯军使，领金山都护。杜怀宝改任安西都护，镇守碎叶。波斯军的组建工作异常艰难缓慢，直到公元682年，还在西域的伊州、庭州、西州等地招兵买马。经过两三年的招募活动，总算有不少满腔热血的义士愿意陪伴泥涅师回国。在波斯军的护送下，泥涅师自疏勒越葱岭南下，经乌飞州都督府（即护蜜，今瓦罕走廊），前往吐火罗。乌飞州都督府当时尚未受到白衣大食的染指。

但泥涅师有家难归，复国成了空中楼阁。大食军四处通缉萨珊家族的最后血脉，泥涅师在吐火罗流浪二十年，一事无成，聚拢在身边的数千萨珊王室拥趸渐渐灰心丧气，逃离干净。泥涅师成了孤家寡人，只好在公元708年返回长安城，被复辟后的唐中宗授予左威卫将军的职务，不久病终。

武则天光复安西

公元679年11月,漠南突然响起一阵轰雷,降唐的东突厥部落爆发大规模反唐武装叛乱。阿史那泥孰匐被拥立为可汗,得到东突厥二十四州酋长的响应,有数十万之众卷入这场叛乱。

负责监督东突厥的名将萧嗣业迅速做出反应,率右领军卫将军花大智、右千牛卫将军李景嘉统兵镇压。但是唐军以步兵为主,在辽阔的草原疲于奔命,粮草补给遭到东突厥叛军的截击,再加上突降暴风雪,唐军受冻挨饿,东突厥叛军趁机袭营,唐军大败,死者不可胜数。

唐高宗暴跳如雷,将萧嗣业流配桂州,花大智、李景嘉夺职。并紧急把裴行俭从西域召回朝,任命他为定襄道行军大总管,率唐军十八万,北讨叛军。裴行俭兵马未动粮草先行,保证了后勤补给的安全。公元680年4月,裴行俭取得黑山(今内蒙古大青山)大捷,东突厥叛军内讧,阿史那泥孰匐被部下杀死,叛乱平定。

正当朝廷内外沉溺于平叛胜利的欢庆中时,9月,东突厥叛军余孽趁着裴行俭班师回朝,在夏州(今陕西省靖边县)拥立阿史那伏念为可汗,又发动暴乱,席卷漠南。次年2月,裴行俭再次临危受命,率军平叛。足智多谋的裴行俭并不急于跟叛军交手,而使用反间计瓦解叛军。11月,可汗阿史那伏念被送至长安城,举国同庆。

但是喜悦的胜利气氛再度被突厥人破坏了,这一回是西突厥。公元682年春,西突厥酋长阿史那车薄纠集葛逻禄、咽面、突骑施、处木昆等部落,包围弓月城。5月,摄政的武则天再次起用战功赫赫的裴行俭,任命他为金牙道行军大总管,率唐军分道讨伐西突厥。但是频繁奔波于东西突厥之间的一代名将裴行俭,劳累过度,出师未捷身先死。

安西都护王方翼力挽狂澜,率军救援弓月城,在伊犁河大破西突厥叛军,斩首千余级。解了弓月城之围后,王方翼乘胜向西南进军。阿史那车薄率葛逻禄、咽面等部,在伊塞克湖附近阻击王方翼。双方展开一场恶斗,混战中王方翼的臂膀被叛军的乱箭射中,血流如注,染红战袍。王方翼忍住剧痛,挥刀砍断箭竿。最后,王方翼趁着大风,分兵袭击阿史那车薄与咽面的军营,杀敌七千,抓获酋长三百余名。阿史那车薄叛乱平定。

经过三次扫荡之后,漠南突厥、西突厥的叛乱基本上平定,重新向唐帝国俯首称臣。但是阿史那伏念被抓到长安城后,宰相裴炎嫉妒裴行俭的功勋,违背裴行俭的许诺,杀死阿史那伏念。唐廷的出尔反尔,引发漠南突厥的强烈反弹。阿史那伏念的余党阿史那骨咄录跟着十七个亲信,躲入总材山(今内蒙古白云鄂博附近)打游击战,继续开展反唐活动。突厥人相继响应,队伍很快就扩大到七十人。唐军四面封山围剿,阿史那骨咄录等在总材山深林中吃野山羊和兔子度日,进行艰苦的战斗。唐军撤走之后,阿史那骨咄录走出总材山,四处散播反唐言论。躲到树林里和荒原上的突厥人纷纷来投,总数超过七百人。其中有一位叫暾欲谷(或阿史德元珍),本来效命于唐的贵族子弟,故谙习中原习俗,对唐帝国的边防了如指掌,被阿史那骨咄录聘为谋臣。

在暾欲谷的策划之下,阿史那骨咄录袭取黑沙城(今内蒙古呼和浩特市北),在此召集阿史那伏念的旧部,队伍迅速增至五千人。于是他自称颉跌利施可汗,任命其弟阿史那默啜为杀(设,突厥官职),负责军事,咄悉匐为叶护,负责民政,暾欲谷为阿波达干(首席参谋),统领军队,正式建立突厥政权,史称后突厥汗国或突厥第二汗国。

阿史那骨咄录称汗之后派遣暾欲谷率两千精骑,北击于都斤山(今蒙古国杭爱山之北山)的铁勒部落。其后,阿史那骨咄录将汗庭从黑沙城迁徙到漠北于都斤山,为一统蒙古高原奠定基础。紧接着,暾欲谷又率军南侵唐帝国,破定襄、犯岚州、攻并州。武则天紧急起用被废黜已久的名将薛仁贵为代州都督,大败突厥军于云州,斩获万余级。

翌年(683年)3月,突厥军再次大举南犯。定州刺史李元轨以空城计吓退突厥人。4月4日,阿史那骨咄录、暾欲谷围攻单于大都护府(今内蒙古和林格尔县土城子）。单于大都护府司马张行师率军苦战，城陷身死，单于都护府城焚于战火，变成一堆瓦砾。6月，突厥进攻蔚州，唐朝名将丰州都督崔知辩率部出战，结果吃了败仗，以身殉国。

后突厥汗国在短短几个月之内残破唐帝国北边大片领地，朝廷震动。危难之际，武则天命右武卫将军程务挺为单于道安抚大使，负责清剿突厥军。程务挺上任不到一个月，唐高宗于该年12月27日驾崩，唐廷陷入混乱。武则天篡国乱政，废嗣位的唐中宗，另立李旦为唐睿宗。程务挺出兵之事因而搁置了数个月，但是不久程务挺因卷入裴炎的政治案被武则天杀害。修筑碎叶城的名将王方翼也被武则天废黜，流配海南岛，唐帝国的边防因而几近瘫痪。武则天先后任命了几位守边大将，都被突厥军打败。

直到公元686年，武则天任命百济籍悍将黑齿常之为主帅，统兵出征突厥。黑齿常之长期驻守河湟防备吐蕃人，曾在公元681年大破吐蕃论赞婆（禄东赞第三子）于良非川（今青海共和西南），缴获粮草、牲畜无数，令吐蕃人闻风丧胆。黑齿常之奉命后，于公元687年8月在朔州黄花堆大破来犯的突厥军，追奔四十余里，取得大捷。但是此时阿史那骨咄录正集中力量，准备西征西域，所以与唐帝国的大规模战争暂告一个段落。

武则天执政之后，在边防事务上屡犯错误。平定徐敬业之后，为了笼络人心，武则天于公元685年以"妄破回纥"的罪名免去金山都护田扬名的职务，并撤销金山都护府。金山都护府治所在庭州，管辖范围包括天山以北、巴尔喀什湖以南、阿尔泰山以西、粟特以东的西突厥故地。金山都护府撤销之后，西突厥他匐十姓旋即叛乱，危及安西四镇。大约就在此时，他匐暗中勾结阿史那骨咄录，约以联手反唐。

武则天不得不恢复唐高宗时期行之有效的羁縻可汗、羁縻制都护府制度，于公元685年12月册立阿史那弥射之子阿史那元庆为昆陵都护，命他前去招抚他匐。次年，阿史那元庆战殁，安西四镇随即被攻陷。公元686年10月，武则天又任命阿史那步真的儿子阿史那斛瑟罗为濛池都护兼金牙道行军大总管,以完成阿史那元庆未竟的使命。阿史那斛瑟罗有点本事,不但平定了他匍叛乱,而且于11月23日收复了安西四镇,逼退阿史那骨咄禄的西征部队。

但是好景不长,西域的形势很快就恶化。公元687年,吐蕃瞄准唐帝国女主篡政导致的混乱,强势介入西域。吐蕃赞普器弩悉弄驻足于逻些城西北的延葛川,权臣论钦陵率大军越过于阗南山,进入西域,攻占焉耆、龟兹以西的绿洲城邦。亲唐的于阗王尉迟伏阇雄被迫逃往中原。唐军兵分四路,以金山、金牙、疏勒、昆丘为行军道名,分别救援碎叶、龟兹、疏勒和于阗,但是全部被论钦陵击败,武则天遂下诏废置安西四镇。论钦陵沿着丝绸之路西域南、中、北道三条主干线对唐军发动大规模攻势,自龟兹杀向西州,从西州北攻丝绸之路北道的枢纽庭州,直至莫贺延碛,兵临敦煌城外,切断了河西走廊与塔里木盆地的交通,几乎将整个西域收归囊中。

论钦陵又立逃往吐蕃的突厥阿史那俀子为瞰叶护可汗,在碎叶城建牙帐,以招拢西突厥各部。阿史那俀子是阿史那元庆的儿子,阿史那元庆被武则天的爪牙酷吏来俊臣冤杀,阿史那俀子逃往吐蕃避难。论钦陵扶植的阿史那俀子政权成为吐蕃争取突厥民心、瓦解西域的有力工具。

吐蕃人在西域肆意横行,震惊了整个唐帝国。公元688年1月,为了反击吐蕃,武则天任命右相韦待价为安息道行军大总管,率军西征,但是遭到大诗人陈子昂的讥讽之后,武则天的西征计划流产。公元689年,右相韦待价上疏武则天,主动请缨出战。5月28日,武则天再度任命韦待价为安息道行军大总管,安西大都护阎温古为副总管,统领三十六总管等近二十万之众,讨伐占据塔里木盆地的吐蕃军。

行军司马宋师将为先锋,出塞之后走大海道,击溃吐蕃军,收复焉耆,因粮草补给不继,停止不前。韦待价、阎温古则率三十六总管从西州西行,走丝绸之路西域北道,迂回了一大圈,绕道弓月城,寻找论钦陵的吐蕃军主力。

8月,双方在弓月城西南的寅识迦河狭路相逢。寅识迦河应在伊塞克湖附近,处低洼之地,唐、吐蕃两军对险要地形都很陌生。唐军数量上处于优势，所以开战不久就取得胜利。论钦陵狡猾多端，身经百战，颇懂得用兵之法，又占据以逸待劳的便宜，迅速扭转不利的局面。而韦待价只是一介书生，不是行军打仗的料，驭众无术。再加上寅识迦河夏季仍天寒雪冻，唐军身上还披穿单薄的夏装，冻死冻伤等非战斗减员异常严重。更糟糕的是，后勤补给无法跟上，军中断炊，阎温古的后续部队又没有及时赶到，韦待价的部众士气直降到冰点。论钦陵趁机邀击，唐军"狼狈失据，士卒饥馑，皆转死沟壑"，死伤异常惨重，几乎被歼灭，残部在安西副都护唐休璟的带领下退回弓月城，而后安全转移到西州。

寅识迦河之役是唐、蕃两军继大非川、青海后的第三次会战，仍以唐军的惨败而收局。败讯传到长安城，武则天震怒，于8月27日诏令将主帅韦待价流放广西绣州、副帅阎温古斩首。唐休璟有功，被任命为西州都督。唐帝国在西域的前景一片黯淡，吐蕃成了塔里木盆地的主人。论钦陵把西域交给幼弟勃伦赞刃，自己率大军凯旋。

寅识迦河大战后，濛池都护阿史那斛瑟罗也率六七万突厥人退入中原内地，濛池都护府的治所碎叶城旋即落入东突厥之手。阿史那斛瑟罗部属——异姓突厥突骑施的酋长乌质勒，收拢来不及撤离的西突厥民众，获众十余万，按照唐军的编制，置二十个都督，各率七千人。乌质勒在没有唐军的支援下，独力击败阿史那骨咄录的东突厥军，收复碎叶城，并把牙帐从弓月城迁徙到碎叶城。

大非川、青海、寅识迦河三战皆墨，唐军再也不敢对吐蕃大动干戈。公元690年8月18日，武则天正式僭取皇位，改国号为周，建立历史上唯一的女皇政权——唐帝国武周王朝。

公元691年4月，武则天试图在西域发动一次中等规模的攻势，为武周王朝壮威。她命文昌右相岑长倩为威武道行军大总管，讨伐吐蕃。这次进攻的结果史书上只留下八个字："中道召还，军竟不出。"但是9月8日，岑长倩在长安城莫名其妙地被诛杀，可见也是打了大败仗，令武则天蒙羞。

数个月之后，武则天迎来了洗雪寅识迦河之辱的良机。吐蕃论钦陵的专断独权日益招来其国人的不满，尤其是赞普器弩悉弄年已二十二岁，不甘心受制于人，开始打压论钦陵兄弟，一度剥去了论钦陵的主盟权，吐蕃发生内乱。公元692年2月，吐蕃党项族酋长曷苏率万余部众内附，武则天立即派将军张玄遇率两万精兵前去接应，结果到了大渡河，曷苏被吐蕃人抓回去。

虽然曷苏归附未成，但是武则天敏锐地觉察到，吐蕃国内不再是铁板一块，她决心夺回西域。这时候西州都督唐休璟上书朝廷，请求发兵收复安西四镇。武则天当即敕令，任命右鹰扬卫将军王孝杰为武威军总管，与突骑施汗乌质勒的部将阿史那忠节一道，率大军讨伐西域的吐蕃军。

王孝杰是公元678年青海大战时的唐军副总管，在工部尚书刘审礼帐下效命。刘审礼战死，王孝杰被俘，送到逻些城去见年幼的赞普器弩悉弄。王孝杰长相酷似芒松芒赞，器弩悉弄大惊，待之如上宾。王孝杰阴差阳错不但免于一死，而且脱身逃回，因谙熟吐蕃国情，被朝廷任命为右鹰扬卫将军。

此时，失国的于阗王尉迟伏阇雄在长安城病逝，武则天立其子尉迟瑕为于阗王，让他跟随王孝杰返回故国。

王孝杰率唐军出塞之后，在塔里木盆地西部与勃伦赞刃的吐蕃军殊死鏖战。身为统帅的王孝杰甚至"裹足徒行，身与士卒齐力"，足见战事之艰辛。公元692年10月9日，王孝杰大破勃伦赞刃，光复龟兹、疏勒、于阗三镇，碎叶城也在亲唐的突骑施酋长乌质勒手中。而吐蕃统帅勃伦赞刃与阿史那俀子蜷缩在中亚楚河以西。

此役被誉为中兴之举，王孝杰因而声名大振，被武则天提携为左卫大将军，进复官尚书，同凤阁鸾台三品等官职，一跃成为唐帝国（武周政权）耀眼的将星。

收复四镇之后，武则天重新在龟兹伊逻卢城设置安西都护府，派驻汉兵三万镇守，极大增强了在西域的防御能力。于阗地区处丝绸之路南道的要冲，南边是喀喇昆仑山和昆仑山，统称于阗南山，为吐蕃出入塔里木盆地的主要通道。西域守军以于阗为中心，依傍沙漠绿洲建立要塞阵地群，东三百里有坎城镇、东六百里有兰城镇，南六百里有胡弩镇，西二百里有固城镇，西三百九十里有吉良镇。而塔里木盆地东南的石城、播仙（且末）二镇由中亚昭武九姓的粟特移民镇守，剽悍的粟特移民把这些地区视为自己的家乡，吐蕃每次入侵都会遭到顽强的抵抗，成为西域东南一道坚固的屏障。

安西四镇光复之后，公元694年1月，唐、吐蕃在西域再度交锋。起因是唐将郭虔瓘与阿史那忠节闯入费尔干纳盆地的休循州（拔汗那），擅自调拨兵马，强征赋役。拔汗那不堪其扰，勾结吐蕃勃伦赞刃及突厥阿史那俀子，进攻安西四镇。

勃伦赞刃率吐蕃军、阿史那俀子率突厥伪军，合计三万，从千泉附近南下，与王孝杰战于冷泉、大领谷，结果王孝杰大获全胜。碎叶镇守将韩思忠也击破另一路突厥伪军万余人，乘胜攻拔吐蕃在西域的据点泥孰没斯城。

此役之后，勃伦赞刃率吐蕃残部灰溜溜逃回吐蕃。禄东赞的第四子、勃伦赞刃的哥哥悉多于跑到中亚去，被粟特人生擒，也有学者认为悉多于南逃吐蕃，途经石城、播仙时，被驻守的粟特移民俘虏。这一仗吐蕃输得连裤子都快没了，终结了在西域六年的统治。

吐蕃、大食与突骑施

冷泉、大领谷惨败加剧了吐蕃赞普器弩悉弄与论钦陵家族的矛盾。公元695年冬天，赞普器弩悉弄在延葛川以叛乱的罪名将勃伦赞刃处死。输红了眼的论钦陵、赞婆兄弟孤注一掷，进犯河西走廊，试图开辟通往西域的第二通道。公元695年8月，论钦陵袭击临洮。12月22日，武则天诏令王孝杰为肃边道行军大总管、娄师德为副总管，率军迎战。次年4月7日，双方在被吐蕃人称之为"老虎穿越唐人墓地"的素罗汗山（今甘肃临洮界）展开一场血战。唐军大败，论钦陵趁机偷袭凉州。凉州都督许钦明在城外巡逻，猝不及防被俘。朝野震动，王孝杰削籍为民，娄师德贬原州员外司马。

素罗汗山之战后，唐、蕃双方热昏了的脑袋开始冷静下来。唐军多年征战，损失惨重，元气大伤，无力再组织大规模的战役。而吐蕃国内统治阶层内讧不断，论钦陵功高震主，令赞普器弩悉弄如芒刺在背，为了抑制论钦陵兄弟的威赫权势，他遣使赴长安城谒见武则天，要求开启和平谈判。武则天令右武卫铠曹参军郭元振出使吐蕃，与论钦陵谈判。

谈判的焦点集中在西域和丝绸之路的控制权上。论钦陵要求唐自废安西四镇，割让突厥部落领地给吐蕃，这无异于将西域和丝绸之路拱手让给吐蕃。天下哪有这样的好事？

聪明的郭元振为了稳住论钦陵，并不直接拒绝他的无礼要求，而是提出一个交换条件，让吐蕃割还吐谷浑和青海，并建议武则天对吐蕃施展离间计，每年遣使赴吐蕃讲和，论钦陵穷兵黩武，擅权专政，必不许和，长此以往就会激化器弩悉弄与论钦陵之间的矛盾。

武则天果断采用了郭元振的离间计。两三年后吐蕃君臣猜忌日益加深，吐蕃百姓对论钦陵的暴虐恨之入骨，甚至还编了一首歌来讥讽，说什么"论钦陵也想当赞普哩，蛤蟆也想飞上天哩！老黄牛发情了，放牧的不知道"等等。在公元698年冬天终于兵刃相见。赞普器弩悉弄趁着论钦陵出外，以狩猎为由召集论钦陵的党羽两千余人，将其全部戮杀。而后又下令论钦陵兄弟回来，论钦陵遂发动叛乱，结果被器弩悉弄攻杀。论钦陵家族几乎全部被诛，幸存者赞婆率千余人东投长安城，被武则天册封为特进、归德王。论钦陵之子弓仁也率吐谷浑千余帐来投。论钦陵势力覆没之后，器弩悉弄不再热衷于向北方的西域扩展，转而谋求吞并南部的南诏国，窥伺四川、云南等地。唐帝国在西域的压力大为减轻，得以从容应对后突厥、白衣大食等势力对西域的进犯，保护贸易日益频繁的丝绸之路安宁。

公元683年的白衣大食（阿拉伯帝国倭马亚王朝）与唐帝国同时出现政局大动荡。是年11月11日，倭马亚王朝第二任哈里发叶齐德一世死去，其子穆阿维亚二世继位。穆阿维亚二世，是一个体弱多病的少年，难以服众。持不同政见者伊本·祖拜尔在圣城麦地那公开举旗叛乱，自称哈里发，另立中央，与倭马亚王朝对抗。庞大的帝国分裂成两大阵营，打得天昏地暗。

叶齐德一世死后一个半月，12月27日，病怏怏的唐高宗也一命归天。野心勃勃的武则天把持权柄，忙着诛杀异己，徐敬业在扬州叛乱，拥兵十余万，自称为匡复府大将军。倭马亚王朝的呼罗珊总督撒尔姆乘虚发兵攻打粟特昭武的安国，兵临布哈拉城下，威逼安国太后图加莎妲再度俯首称臣，勒索巨额赎金后扬长而回。

公元684年，穆阿维亚二世上台不到一年就病死。6月22日，倭马亚家族推选马尔万一世为哈里发。呼罗珊总督哈兹姆，拥护伊本·祖拜尔，结果在内战之中，马尔万一世击败伊本·祖拜尔，哈兹姆处境尴尬，无力继续进攻中亚。

翌年5月7日，马尔万一世死去，阿卜杜勒·马利克就任倭马亚王朝第五任哈里发。阿卜杜勒·马利克消灭伊本·祖拜尔的割据势力，重新统一帝国。阿卜杜勒·马利克向哈兹姆表示，只要他愿意效忠，呼罗珊还是他的，但是遭到哈兹姆的拒绝。不久哈兹姆在一次战斗中阵亡，阿卜杜勒·马利克任命威沙赫为呼罗珊总督。威沙赫做了两年呼罗珊总督，在他任职期间，武则天派遣名将王孝杰收复安西四镇，重置安西都护府，唐帝国恢复了在西域的统治。

随着铁腕人物哈贾吉·本·尤素福在公元696年走马上任伊拉克省长（管辖呼罗珊、塞斯坦），富庶的中亚诸国又罹兵祸。哈贾吉·本·尤素福被称为那个时期最残酷的首领。他以手段残忍著称，对内实行恐怖统治，无情地杀戮老人、妇女，对外则野蛮扩张。名将穆海莱卜被指定为呼罗珊总督，他上任之后在中亚开始了新一轮征服掠夺。

穆海莱卜首先进攻康国，曾经英勇抵抗大食的康国王拂呼缦业已西去，武则天册封其大首领笃婆钵提为康国王。翌年，穆海莱卜又进攻安国，安国王遣使向武则天献上一只两头的狗,并求援。不久,康国王笃婆钵提战死,武则天又册封其子泥涅师为康国王,继续抵抗穆海莱卜的攻势。

但是穆海莱卜在河中地区的征战并不很顺利,因为受到阿拉伯部落世仇和部落之间冲突的阻碍。其中最重要的是前呼罗珊总督哈兹姆的儿子穆萨在河中地区发动叛乱,穆海莱卜不得不集中兵力对付穆萨。穆萨带领一两百骑兵跑到安国去避难,遭到安国王的冷遇。于是穆萨又跑到东边的康国去,在那儿受到康国王笃婆钵提的厚待,因为此时康国正受到穆海莱卜的威胁。孰料穆萨的一个手下杀死了一个粟特人,穆萨被迫逃往南边的呾蜜城(今乌兹别克铁尔梅兹城),该城位于阿姆河北岸,是丝绸之路上的重镇。呾蜜城的突厥首领对他很好,但是穆萨恩将仇报,利用宴会的机会占领了呾蜜城,并在那儿站稳脚跟。哈兹姆的旧部闻讯纷纷前来投靠,穆萨的队伍迅速超过八千人。

穆萨以呾蜜城为根据地,建立了一个独立的王国。突厥人、吐蕃人、粟特人组成联军——这也是吐蕃人最早出现在葱岭以西,他们都带着球顶尖帽,试图夺取呾蜜城,但被穆萨击败。穆海莱卜率大食军,从木鹿城越过沙漠与阿姆河进攻呾蜜城,也被穆萨击退。穆萨由此威震中亚地区,前来投效的人不计其数。部下劝穆萨打过阿姆河,夺取呼罗珊。但是穆萨偏安一隅,反而将来自呼罗珊的居民都赶走。穆海莱卜和他的儿子都奈何不得穆萨,认为最好不要去管他。穆萨因而横行中亚长达十五年,是那个地区无可争议的统治者。直到公元704年,穆海莱卜的一个儿子穆法达尔为了向伊拉克省长哈贾吉·本·尤素福邀功,派出一支由一万五千突厥人组成的雇佣军去攻打穆萨,经过长期的苦战,终于攻陷呾蜜城,杀死穆萨。

穆萨窃占呾蜜城,拖住了大食军东进的后腿。吐蕃也转移了进攻的主方向,让唐帝国在西域得以建立稳固的统治秩序。

这一时期唐帝国的主要威胁不是吐蕃,更不是有数千里之遥的白衣大食,而是近在咫尺的后突厥汗国。阿史那骨咄禄创建游牧政权之后,公元692

年，在西征突骑施部落的战斗中死去，弟弟默啜继位，称阿波干可汗。默啜上台之后的首要任务就是将唐帝国从漠北挤走，一统大漠。公元693年，默啜击溃依附唐帝国的回纥，使铁勒臣服，完成了统一蒙古高原的大业。其后开始进军叶尼塞河上游，走上扩张的道路。

为此默啜佯装向武则天遣使求降，武则天大喜，于公元695年10月册封默啜为左卫大将军、归国公。默啜因而从南线脱身，集中兵力进攻叶尼塞河流域的黠戛斯人，并取得胜利，从而得以越过叶尼塞河，深入西西伯利亚平原。紧接着，默啜又吞并东边的契丹、奚等游牧部落，趁势迫使唐军退出西拉木伦河流域和科尔沁草原。

默啜坐大之后开始藐视南边的武周政权。根据武则天与默啜达成的和亲协议，公元698年六七月之间，武则天令会说突厥语、会唱突厥歌、会跳突厥舞的淮南王武延秀，携带厚重的聘礼，率领一个高规格、庞大的迎亲队伍，浩浩荡荡前往突厥，迎娶默啜的公主。武则天本以为，选派这么一个突厥化的小鲜肉，做默啜的乘龙快婿绰绰有余。孰料默啜早已不把武氏女主王朝当作一回事，8月，武延秀的迎亲团队风尘仆仆地抵达黑沙城，默啜突然翻脸，派遣千余骑兵劫持"未来的女婿"武延秀，把他打入大牢。又勒令迎亲团的所有成员投降突厥，否则格杀勿论。贪生怕死的和亲正使阎知微在突厥人的威逼之下，率先变节，跪下埋首称奴。默啜遂当众册封阎知微为南而可汗，令他为向导，带领突厥骑兵南侵。

默啜在发布的讨伐檄令中，如此辱骂业已称帝的武则天："我可汗女当嫁天子儿，武氏小姓，门户不敌，罔冒为婚。"此时武周政权正沉浸于和亲的欢庆之中，默啜趁其不备，命暾欲谷率兵南下袭扰。虽然暾欲谷仅仅两千余人，却所向披靡，劫掠边境各郡县，如入无人之境。

武则天仓促之间，临时拼凑一支三十万的大军，但大军行动迟缓，畏敌如虎，未战先溃。谙熟中原地理的暾欲谷像闪电一般，席卷北方各州郡，摧毁城池二十三座。

暾欲谷南侵令武则天胆战心惊，从此专注于防守，不敢主动出击。默啜与暾欲谷则放手发动第二次西征，默啜之子匐俱被任命为拓西可汗，目标直指游荡于中亚楚河流域地区的西突厥部落。此时的西突厥部落如一盘散沙，唐帝国主管该部落的金山都护府早已被武则天撤销，所册立的两个都护，昆陵都护阿史那元庆返回中原后被冤杀，濛池都护阿史那斛瑟罗也退入中原。两大主宰力量阿史那忠节、乌质勒本来关系亲密，都为武则天经营西域抛头颅、洒热血。王孝杰光复安西四镇、重建安西都护府于龟兹伊逻卢城，阿史那忠节功不可没。乌质勒则独立收复碎叶城，长期为唐帝国看守西大门户，劳苦功高，被武则天册封为瑶池都督。但是两人为争夺地盘相互仇视。武则天大为头疼，只好在公元700年拜阿史那斛瑟罗为平西军大总管，返回西域，镇守碎叶城，让他调和两个老部下的矛盾。但是阿史那斛瑟罗处事不公，一味袒护阿史那忠节，使得本已危机四处的西突厥火药味十足。

公元700年，西突厥酋长阿悉吉薄露发动叛乱，勾结吐蕃人阿史那俀子进攻碎叶城。武则天令左金吾将军田扬名、殿中侍御史封思业率兵镇压，结果在碎叶城被阿悉吉薄露打得落花流水。田扬名招引阿史那斛瑟罗援军，与阿悉吉薄露叛军僵持不下。8月，阿悉吉薄露诈降，封思业也设下圈套，诱杀阿悉吉薄露，叛乱平定。阿史那俀子在乱中失踪。

顺便提一下，田扬名取得碎叶城大捷后第二年，公元701年（相传是2月28日），一位不平凡的婴儿在碎叶城中呱呱坠地。他就是伟大的浪漫主义诗人李白。李白祖籍陇西成纪，是西凉开国君主李暠的九世孙。唐人留下有关李白身世最可靠的两条史料，其一是李白族叔李阳冰在《草堂集序》中云"中叶非罪，谪居条支，易姓与名"，其二是苏湖父母官范传正为李白作的墓志铭提到"隋末多难，一房被窜于碎叶，流离散落，隐易姓名"。证实李白先祖在隋朝末年获罪，被隋炀帝流放到西域去，逃到碎叶城，隐姓埋名，定居于此。碎叶城因而是李白的第二故乡，让丝绸之路放射出耀眼的文化光芒。

后突厥汗国匐俱的西征因西突厥的涣散，几无阻力，一路进展顺利，兵锋直指伊犁河流域。但在公元702年，乌质勒在跟阿史那忠节的竞争中取得优势，遏止了匈俱西征军的前进势头。

公元703年1月7日，武则天做出一次英明的决定，在庭州（今新疆吉木萨尔北破城子）置北庭都护府，自此天山北麓东段又有了统一的军政领导机构。这不但确保了丝绸之路西域北道的安宁，而且也有力地遏制了匈俱西征军的侵犯。安西都护府只负责天山南路、葱岭以西的领地，保护丝绸之路西域南道和中道。

此后，被流放到海南岛的阿史那元庆之子阿史那献被武则天召回，授予右骁卫大将军、北庭都护一职。阿史那献智略超群，主持北庭军政事务之后，不仅稳定了天山北麓的形势，还诱使后突厥的酋长拔悉蜜发动叛乱。后突厥汗国后院起火，匈俱的西征无果而终，唐帝国在西域的统治获得了进一步巩固。

西征失利、拔悉蜜叛乱，后突厥可汗默啜见势不妙，又耍起诡计，于7月遣使赴长安城重提和亲的事，要将自己的公主许配给皇太子。两眼昏花的武则天再次上当受骗，当即许亲。默啜遂趁机扫平拔悉蜜叛乱。

就在此时，碎叶地区发生了剧变。还镇碎叶城的阿史那斛瑟罗用刑残酷，西突厥民众备受荼毒，人心思乱。突骑施酋长乌质勒本是阿史那斛瑟罗的部将，但他果断英明，得到西突厥各部的拥护。阿史那斛瑟罗的部属纷纷弃暗投明，依附乌质勒，阿史那斛瑟罗拦都拦不住。终于爆发公开的武装冲突，乌质勒拥众十四万，屯驻于碎叶城西北的楚河河谷，势如猛虎下山，阿史那斛瑟罗和阿史那忠节被打得溃不成军，将碎叶城拱手让给乌质勒。乌质勒又将牙帐迁至碎叶城，并吞阿史那斛瑟罗和阿史那忠节的所有地盘。

阿史那斛瑟罗在西域彻底失去了政治号召力，几乎成了一个光杆司令，心灰意冷之下溜回长安城，再也不敢回西域。乌质勒从此独占天山北麓一带，其领地东北与后突厥汗国接壤，东南至西州、庭州，西南至中亚昭武九姓，南抵伊塞克湖，在西域出现了第一个强大的异姓突厥游牧政权——突骑施。突骑施就像一轮明月，在历史的地平线上冉冉升起，将在丝绸之路上扮演一个不可忽视的主角。

屈底波征服粟特

公元705年2月20日，宰相张柬之等发动神龙革命，逼迫武则天退位，拥立被废黜的唐中宗李显复辟。3月3日，唐中宗将国号恢复为唐，武周王朝僭政十五年后寿终正寝。唐中宗比较务实，正视乌质勒在西突厥的统治地位，于公元706年1月遣使赴突骑施，册封乌质勒为怀德郡王，以集中力量对付来自北方的威胁。次年，安西大都护郭元振赴突骑施，同乌质勒在牙帐外商议军事，由于天寒，乌质勒被冻死。2月5日，唐中宗诏令册封乌质勒之子娑葛为嗢鹿州都督、怀德郡王。

后突厥可汗默啜从唐帝国与突骑施的和睦中，嗅出了战争的火药味，先发制人，南下抄掠灵州。公元707年1月17日，与唐军灵武军大总管沙吒忠义战于鸣沙县。唐军大败，被杀六千余人。但是此一时彼一时，默啜的对手不再是昏庸的女主，而是英明的唐中宗。唐中宗并没有因此役的战败而气馁，反而更加积极部署打击默啜的军事计划。鸣沙之役，成了后突厥汗国的最后一次进攻。公元710年6月16日，唐中宗颁布北伐诏令，决定反击默啜。此次北伐动员的兵力规模空前，总数不下八十万，堪称唐代军事史上之最。消息传来，漠北震动，后突厥军事统帅暾欲谷寝食难安，只能坐以待毙。然而，本来北伐形势一片大好，从天山北麓到河西走廊数千里的战线上，唐军各部人马集结完毕，随时待命出发。孰料7月，唐中宗病逝，韦后立年幼的李重茂为帝，企图复制武则天的旧路。唐睿宗李旦之子李隆基发动兵变，诛杀韦后，废李重茂，拥戴唐睿宗复辟。北伐的事因而不了了之。

从公元705年唐中宗复辟到公元710年唐睿宗复辟的五年期间，唐帝国政局不稳，又受到后突厥汗国的威胁，除了结好突骑施之外，在西域几乎没有什么建树。这五年间，阿拉伯帝国却成了丝绸之路上的大赢家。

第九章 三国四方

在唐中宗复辟的同时，倭马亚王朝的哈里发阿卜杜勒·马利克在巴勒斯坦死去，儿子瓦利德一世继位。瓦利德一世一如其父，非常信任崇尚暴力的伊拉克省长哈贾吉，继续对他委以重任。此时负责向中亚扩张的呼罗珊总督穆海莱卜已战死，换了两个总督，均是穆海莱卜的儿子。他们在四年的任期内主要是跟咀蜜城的"独立王国"——穆萨割据势力周旋。

皈依伊斯兰教的粟特贵族萨比特和商人胡赖斯帮助穆萨建立了一个反倭马亚王朝的联合阵线。但是这个联合阵线最终还是垮了，穆萨叛军被穆海莱卜之子穆法达尔镇压，大食军得以扫清继续征战中亚的障碍。

公元705年，哈贾吉任命自己的爱将年轻的屈底波为呼罗珊总督。屈底波出生于叙利亚，哈贾吉曾经被暴民围困，屈底波响应哈贾吉的号召，应募入伍，在平暴战中立下汗马功劳，成为哈贾吉身边的红人。

屈底波入主木鹿城之后，立即部署征服中亚的军事行动。他一路东攻，袭取吐火罗的重镇巴里黑城，侵占吐火罗全境，迫降兴都库什山西北麓的石汗那（原唐帝国悦般州都督府）。吐火罗叶护那都泥利（阿史那乌湿波之孙）苦战不支，被迫投降。屈底波挟持吐火罗国相捺塞为人质，挥师北上，进攻解苏（原唐帝国天马都督府）的数瞒城、忽论城①，受到奚素突厥人的顽强抵抗，屈底波屡攻不下，只好命令撤退。大军未撤，屈底波接到上级哈贾吉的手谕，要他渡过阿姆河，北攻昭武九姓，夺取富饶的粟特地区。

粟特地区的商贸中心、丝绸之路的交通要镇——米国都治钵息德城首当其冲。钵息德城位于泽拉夫善河南岸的一处高地上，据史书记载钵息德城方圆不过两里，却处河中心脏地带，位置相当重要。

面对外敌来犯，昭武九姓空前团结，各路援军成群结队，直奔钵息德城而去。昭武九姓联军将大食军队阻止在泽拉夫善河南岸，誓死捍卫治钵息德城。双方的攻防战打得异常惨烈，屈底波猛攻了五十天，治钵息德城安然

---

①忽论城，今塔吉克斯坦哈特隆州的库洛布（Kulob）。

图13 钵息德城遗址粟特壁画：城堡前的决斗（公元8世纪）

无恙。最后屈底波设计在城下挖了一条长长的地道，穿越一个马棚，进入城内。大食军队蜂拥而至。为了避免遭受屠杀，钵息德城居民竖起白旗，宣布投降。屈底波留下一队人马驻扎在钵息德城内后，率部撤退。但是屈底波没走多远，城中一位独眼龙号召居民起来反抗，杀死了所有的阿拉伯人。屈底波大怒，恶狠狠地杀了个回马枪，下令屠城。一位居民请求用五千匹中国丝绸为己赎身，但是屈底波无动于衷，将他杀死。大食军杀光城中的男人，掳走女人，摧毁所有的佛寺院，掠夺走无数阿拉伯人从未见过的珠宝财富。掳掠而来的金银器被熔化之后，超过一千三百斤。参战的大食人一夜暴富，他们互相炫耀，看谁的衣服和佩戴更加奢华。他们不惜花费高价购买精致的武器，以致武器的价格暴涨，一支长矛的售价高达七十迪尔汗。

屈底波洗劫中亚富庶的粟特地区时，西域天山北麓也战火连天。突骑施酋长娑葛被唐廷册封为嗢鹿州都督、怀德郡王后，开始收拾宿敌阿史那忠节。娑葛上书唐中宗，请求废了阿史那忠节。廷议时兵部尚书宗楚客认为，阿史那忠节"竭诚于国，作扞玉关。若为娑葛除之，想非威强拯弱之义"——阿史那忠节对大唐帝国忠心耿耿，苦心守护国家的门户。如果为了一个娑葛就除掉阿史那忠节,那就做出了令亲者痛、仇者快的事。唐中宗遂决定支持阿史那忠节,对抗娑葛。碎叶城唐军守将周以悌出兵协助阿史那忠节,击败娑葛。娑葛因而对唐帝国恨之入骨,反目为仇,出兵夺取碎叶城。

阿史那忠节陷入困境,向南边的拔汗那求救兵。恰逢公元707年,屈底波再犯昭武九姓。他绕过史国,由南向北进攻安国的都治布哈拉城。安国王瓦尔特业已亲政,率众奋起抵抗,凭险固守,殊死搏斗。大食军死伤无数,尸首堆积如山。屈底波绞尽脑汁,终未能攻克布哈拉城,只得撤退。

阿史那忠节获知大食军入犯,率突厥人、拔汗那人、粟特人驰援安国,切断了屈底波的后路。屈底波付出了巨大的代价,才突破阿史那忠节的包围圈,灰头土脸逃回木鹿城。这一次进犯,屈底波打了大败仗,被老上级哈贾吉骂得狗头喷血。哈贾吉责令屈底波按照他自己的作战计划,再度进攻河中。

公元708年,屈底波窝了一肚子火,调动大量的兵力,其中包括来自呼罗珊泰米姆(Temim)部落的强悍勇士,疯狂进攻布哈拉城。康国王突昏率昭武九姓联军来援,结果在战斗中负伤,私下与屈底波缔结和约,联军宣告土崩瓦解。布哈拉城孤立无援,终被屈底波攻陷。

拿下布哈拉城后,屈底波翻脸撕毁与突昏的和约,东取康国都城撒马尔罕,突昏处境尴尬,独木难支,当即树白旗投降。

临近冬天,大食军粮草补给不济,屈底波决定西归。充当人质的吐火罗国相捺塞逃回国,决定联合周围势力,截杀大食军。但吐火罗叶护那都泥利不敢撕毁与屈底波签订的和约,出手阻止捺塞。结果引起公愤,捺塞不得不实行兵谏,把懦弱的那都泥利软禁起来,发动起义,赶走大食驻将爱弥儿,向屈底波宣战。受到捺塞起义的影响,昭武九姓抗敌的热情不断高涨。康国王突昏投降屈底波,遭到国人的唾弃,被赶下台。贵族们拥立突昏的兄弟乌勒伽为王。

捺塞起义惊动了阿拉伯帝国,次年(709年),伊拉克省长哈贾吉给减员惨重的屈底波补充了大量的新兵。捺塞也在库尔姆山道调集重兵,还筑了一个城堡，准备与屈底波死磕。屈底波收买了捧塞义军的一个逃兵，在逃兵的带领下，大食军越过城堡，绕到捧塞的背后，来了一个前后夹击。但是捧塞凭险据守，屈底波并没有占到便宜，双方僵持了数个月。直到冬天降临，粮草断绝，屈底波有点心慌，就耍了一个请君入瓮的诡计，向捧塞保证他的人身安全，诱骗捧塞进入自己的帐篷中。孰料没等捧塞双脚踏入帐篷，就被屈底波捆成一个粽子。屈底波向远在库法的哈贾吉请示，要将捧塞斩首。哈贾吉过了许久才答复，于是屈底波将捧塞及其部众七百余人全部处死，捧塞的头颅送给哈贾吉过目。

镇压了捧塞的叛乱之后，屈底波将吐火罗叶护那都泥利押送到倭马亚王朝的都城大马士革，关在大牢中，直到公元715年瓦利德一世死去。屈底波留下兄弟阿布杜拉赫曼驻守巴里黑城，自己撤回木鹿城。屈底波的这一次远征战果颇丰，不但剿杀了捧塞的义军，而且将阿拉伯帝国的领土扩展到阿姆河上游地区。而这些地区都是丝绸之路必经之地，自这一次征伐之后，葱岭以西的丝绸之路落入大食之手。大食为了获取丰厚的丝绸贸易利润，借着进贡上等马匹、方物特产的名义，多次遣使通好唐帝国。

大食军横行粟特、吐火罗时，唐帝国在西域的统治却再次陷入大危机。由于唐廷选择了阿史那忠节，与突骑施汗娑葛交恶构怨，双方关系紧张，频繁爆发武装冲突。唐廷在错误的道路上越走越远，继续扶持阿史那忠节，对抗娑葛。唐中宗派遣御史中丞冯嘉宾安抚阿史那忠节，命侍御史吕守素统领四镇，任命牛师奖为安西副都护，调派河西驻军，做好军事打击的准备。终于将娑葛逼上绝路，娑葛撕破脸，成了唐帝国的死敌。公元708年，娑葛发兵五千骑出龟兹、五千骑出拨焕、五千骑出疏勒、五千骑出焉耆，对唐军发动大规模的攻势。金山道行军总管郭元振在疏勒躲在大营里，气都不敢喘。

阿史那忠节亲自到塔里木河口去迎接安抚使冯嘉宾，娑葛派兵袭击，活捉阿史那忠节，打死冯嘉宾。又在僻城抓住吕守素，把他绑在驿站的柱子上一刀刀凌迟处死。公元709年1月10日，娑葛在火烧城围歼牛师奖的部队，牛师奖阵亡。娑葛进而袭取安西都护府的治所龟兹伊逻卢城，切断安西四镇与中原的通道，并上书唐中宗，索取麻烦制造者者——兵部尚书宗楚客的头颅。

唐中宗衡量利弊之后，任命郭元振为安西大都护，下诏赦免娑葛的罪行，并于公元709年8月正式承认突骑施政权的合法性，册封娑葛为贺腊毗伽钦化可汗。次年，唐中宗兵分三路北伐后突厥汗国，东路薛讷、中路张仁愿、西路吕休璟。吕休璟为北庭都护兼碎叶镇守使，任命娑葛为金山道前军大使。

但是这个庞大的北伐计划随着唐中宗的驾崩而流产，后突厥可汗默啜见有机可乘，派遣默矩、阙特勤和谋臣暾欲谷西征。后突厥军先击溃黠戛斯，后猛攻突骑施。这是游牧政权之间的残酷会战，公元711年，后突厥军翻越阿尔泰山，在博勒济尔河大败突骑施，杀死娑葛。

娑葛捐躯沙场之时，大食名将屈底波也再次入侵昭武九姓。屈底波把安国和花剌子模的军队编入自己的东征军中，渡过阿姆河，进攻康国都城撒马尔罕，其借口是为前康国王突昏复仇。

临战前，屈底波对他的部下做了一个颇具煽动性的演讲，说邪恶的粟特人破坏了跟他们的和约，真主安拉把花剌子模和粟特交给他们，要他们予以严惩。

在屈底波的鼓动之下，大食军疯狂扑向撒马尔罕城。康国王乌勒伽分别遣使向唐帝国、石国、拔汗那、后突厥汗国泣血求援。乌勒伽在给唐帝国的求援信中哭诉说："臣种族及诸胡国，旧来赤心向大国，不曾反叛，亦不侵损大国，为大国行裨益土"，"伏乞天恩知委，送多少汉兵来此，救助臣苦难。其大食只合一百年强盛，今年合满，如有汉兵来，臣等必是破得大食"。在给石国、拔汗那等国的求援书中云："我国是你们与大食之间的屏障，唇齿相依，一旦我国沦陷了，你们也岌岌可危。"

屈底波突破阿尔宾詹的康国守军防线之后，迅速包围撒马尔罕城。唐帝国正经历一场政变，无心赴救。石国王莫贺咄吐屯和拔汗那王都派出一支小部队，但是全部被屈底波消灭。

追击突骑施残部的后突厥西征军在阙特勤、暾欲谷的率领下，杀入河中昭武九姓，一路所向披靡，强渡锡尔河，翻越称为"天子"的波悉山，直抵铁门关要隘。进攻撒马尔罕的大食军后路陷入被切断之危，屈底波自然不敢掉以轻心，派兵急击之，与阙特勤前锋部队战于康曷里（今哈萨克斯坦讹答剌）。后突厥军战马体弱力竭，后勤补给业已告罄，结果兵败，被迫撤退，大食军也损失不轻。

击退外援之后，屈底波集中力量进攻撒马尔罕城。康国王乌勒伽亲自披挂铠甲，登上城头，指挥战斗。在国王的激励之下，守军斗志昂扬，英勇地击退大食军无数次疯狂的进攻。血战一个多月后，撒马尔罕城内外尸堆如山，血流成河。最后屈底波投入了三百辆攻城利器——抛车，这是一种有五名射手拉引的抛石机。巨石砸向撒马尔罕城墙，砸出了无数大窟窿，大食军呼喊着冲进城去。

康国王乌勒伽担忧城破之后居民遭到屠杀，只好请求讲和。经过谈判，屈底波同意撤军，但提出两个异常苛刻的条件。其一，康国必须缴纳巨额的战争赔偿金，包括两百万银币、三千名奴隶折算的六十万银币，每名奴隶的身价为两百银币；其二，康国必须无条件服从屈底波，接受屈底波的政治庇护。

此外狡诈的屈底波还提出一个颇具欺骗性的附加条件：让他先入城，在城中建造一座清真寺，举行宗教仪式之后再撤军。人在屋檐下，不得不低头。乌勒伽为了保全撒马尔罕城，只好全盘接受屈底波的屈辱条件。但是乌勒伽绝对忘了屈底波在镇压捺塞叛乱时的出尔反尔，屈底波一进城就命令摧毁城中所有的佛教寺院，烧毁雕像。

撒马尔罕城被誉为"丝绸之路文明的心脏"。八十四年前，玄奘法师西行途经此城时，居民多信奉祆教或拜火教。城中虽然有两所破烂的寺院，但是没有一个僧侣。外来僧侣入宿寺院时，粟特人高举火把，将他们赶走。

康国王起初把玄奘当作异教徒，冷眼相待。玄奘凭借他渊博的学识说动了国王，为国王说"人天因果、赞佛功德、恭敬福利"，国王欢喜不已，当即请受斋戒，从此康国逐渐信奉佛教。玄奘撒播下佛教的火种，经过八十多年的燃烧，被屈底波野蛮地浇灭。大食军侵占撒马尔罕城后，伊斯兰教信徒纷纷迁居于此，佛教徒成了异教徒，再也不敢留居城中。康国、安国、花剌子模，就这样被伊斯兰化。

乌勒伽不堪受辱，逃往西北的西曹瑟底痕城，虽然头上戴着康国的王冠，实则沦为西曹国主。

在屈底波洗劫撒马尔罕城的那一年即公元712年的9月8日，唐睿宗把皇位禅让给儿子李隆基，他就是唐玄宗。唐玄宗酷好文艺歌舞，但他一改前几任皇帝温和的态度，在西域推行强硬扩张政策。当世两大帝国，唐帝国与阿拉伯帝国，即将在丝绸之路上发生大碰撞。

屈底波侵略中亚时，曾经两次遣使赴唐。第一次是在公元711年12月，撒马尔罕城的攻防战如火如荼，康国王乌勒伽派人求助于唐帝国。屈底波的特使在这个时候赴唐，应携带阻止唐帝国出兵救援康国的政治意图。

第二次在公元713年或次年，屈底波的特使向唐玄宗进贡马、珍宝玉带等。但在谒见时唐玄宗时，屈底波的特使态度甚为倨傲，"唯平立不拜"，拒绝行叩头大礼。朝官们愤愤不平，引以为耻，准备按大唐律令予以惩罚。中书令张说劝谏"大食殊俗，慕义远来，不可置罪"，唐玄宗"特许之"——准其不跪。这固然与伊斯兰教崇拜真主的教义有关，但是屈底波遣使绝非慕义而去。阿拉伯史料记载，屈底波誓言要征服唐帝国。伊拉克省长哈贾吉曾经许诺屈底波及另一位进攻印度的爱将，谁先占领中国就让他出任中国的总督。可见屈底波此次遣使赴唐，是以宗主国的身份自居，旨在探测唐帝国在中亚的底线。但是唐玄宗出乎意料的容忍、克制，让屈底波气焰更加嚣张。

公元713年春，屈底波亲率大食军，调拨花剌子模、史国、那色波等国的粟特仆从军，分两路东取锡尔河上游。粟特仆从军为一路，进攻北边的石国；

屈底波自率穆斯林精锐骑兵为另一路，进攻东北费尔干纳盆地的拔汗那。

石国王莫贺咄吐屯挫败了进攻自己的粟特仆从军，遣使赴长安城向唐玄宗奏捷。屈底波则进展顺利，拔汗那王遏波之战败，都城俱战提沦陷。遏波之逃往东北的渴塞城，贪婪的屈底波窃取了遏波之的所有财产，另立贵族阿了达为王，在此驻扎一支军队，这是大食最东边的侵略据点。由于屈底波远征军的迅速推进，锡尔河成为大食与唐帝国的势力分界线。

"丝路卫士"苏禄可汗

后突厥西征军在康曷里惨败于屈底波后，历经一年多的艰苦转移，于公元713年末回到天山。西征受挫，默啜可汗遂调转矛头，于公元714年2月25日派遣儿子同俄特勒、妹夫火拔部酋长石阿失毕，率军围攻北庭都护府的治所庭州，被都护郭虔瓘击败。同俄特勒单枪匹马冲到庭州城下，郭虔瓘在路旁埋设伏兵，斩杀同俄特勒。突厥军士气大泄，只好撤去。4月30日，北庭大都护阿史那献率军西征，攻克被西突厥叛军占据的碎叶等城，声威大震，西突厥葛逻禄、胡禄屋、沙陀、鼠尼施等部落纷纷归降。次年（715年），默啜可汗西攻庭州西北的葛逻禄部落。阿史那献命北庭都护汤嘉惠率兵营救，又将其击败。阿史那献西征连连奏捷，势力深入楚河以西的中亚地区，与粟特昭武诸国取得联系。

而征战粟特的大食悍将屈底波，得到昭武九姓进献的战马之后，兵势复炽，陆续深入锡尔河流域各小国，甚至一度打到葱岭脚下，逼近疏勒等西域城邦。屈底波的势力在中亚的征战达到了极盛。然而，正当他准备翻越白雪皑皑的葱岭，与阿史那献会战于天山时，他的征途却走到了尽头。

先是在公元715年3月，哈里发瓦利德一世死去，喜欢女色、爱好享受的苏莱曼继位。6月，屈底波的恩公伊拉克省长哈贾吉暴卒。苏莱曼痛恨残忍的哈贾吉，意欲肃清他的余党。首当其冲的就是哈贾吉生前的得力干将、远在锡尔河流域征战的屈底波。屈底波获知新上任的哈里发正在通缉他，一不做二不休，扯上一部分军队，逃到费尔干纳盆地，准备发动叛乱。

但此时屈底波的声望从巅峰摔落到谷底。七八月间，屈底波的部下哗变，杀死屈底波。这一阿拉伯盖世名将惨死在异国他乡。苏莱曼对哗变士兵下达的第一道敕令就是，返回呼罗珊首府木鹿城。在那儿，士兵们遭到遣散。

屈底波死去之后，大食军也撤离拔汗那。拔汗那是屈底波生前在中亚苦心经营的一个据点。此时吐蕃赞普尺带珠丹年少，大论乞力徐摄政，趁机介入拔汗那，填补大食军撤离后的空白。

拔汗那伪王阿了达在吐蕃人的怂恿之下，进攻渴塞城。拔汗那王遏波之兵败，求助于龟兹的安西都护府。适逢监察御史张孝嵩在西域巡边，张孝嵩告诉西域都护吕休璟：不救拔汗那如何号令西域？于是张孝嵩率领周边的西域诸国兵万余人，从龟兹西行，长驱两三千里，沿途攻克城池数百座，于11月进抵拔汗那的都城俱战提。张孝嵩披穿甲胄，亲自督战。唐军奋勇向前，苦战五个时辰，夜幕降临之后攻占三座城池，俘斩千余人。阿了达仅率数骑，逃往深山躲避，遏波之复辟。此战，张孝嵩威震西域，扬播大唐国威于中亚。战后，康国、罽宾等遣使请降。倭马亚王朝的哈里发苏莱曼也因此役调整东方政策，于公元716年8月，遣使赴唐，进献金丝织袍、宝装玉、洒池瓶（玻璃瓶）各一。

有西方学者认为，拔汗那之战意义极其重大，是欧亚大陆历史的里程碑，自此，唐、大食、吐蕃三大国聚头了。历史翻开了新的一页。名将屈底波虽死，但他生前树立的战功足以让大食雄霸中亚。唐玄宗即位之后，出现了开元盛世，唐帝国进入全盛时期。吐蕃赞普尺带珠丹被誉为松赞干布之后又一位颇有作为的统领，他执政期间，仁慈和睦，消弭内乱，使百姓安居乐业。吐蕃国力强盛，同时在葱岭、南诏两条战线与唐帝国争霸。

自论钦陵死后，吐蕃人在西域的风光不再，唐帝国长期控制安西、北庭、河西、陇右，压得吐蕃都喘不过气来。尺带珠丹上台后，执政的大论乞力徐有论钦陵专横之风，要求与唐帝国平起平坐，双方屡屡发生激烈的冲突。公元714年11月21日，唐、吐蕃爆发武街驿（今甘肃临洮）之战，吐蕃数万人被杀，尸横遍野，塞满了洮河，唐、吐蕃全面交恶。

在葱岭，吐蕃积极拉拢称霸西域的突骑施汗国，与唐帝国对抗。公元711年，后突厥军西征，杀死突骑施酋长娑葛，继而在粟特地区遭到大食将领屈底波的痛歼，残部返回漠北。突骑施零散的部群凝聚在娑葛部将苏禄的旗帜下，重新获得了统一。苏禄善于驭众，为人清俭，与部属同甘共苦，每有所获，都分给战士和其他部落，拥有强大的号召力，短短几年，部众超过二三十万，称雄西域。三十年河东，三十年河西。公元716年8月，突骑施的仇敌后突厥可汗默啜死去，国中自相残杀。默啜之子小可汗匐俱被阙特勤弑杀，后突厥大乱，东走的东走，西徙的西徙，内附的内附。苏禄收容西徙的漠北西突厥部落，野心迅速膨胀，自称可汗，建立突骑施汗国。

苏禄称汗之后，与唐玄宗册封的西突厥王阿史那献不和。吐蕃趁机将公主许配给苏禄可汗，结成同盟。

这时候，唐、吐蕃、大食在中亚与葱岭的角逐进入了白热化阶段。公元717年7月10日，唐玄宗册封大勃律国王苏弗舍利支离泥为勃律王。大勃律国位于克什米尔地区，扼吐蕃出入中亚和塔里木盆地的要冲。唐玄宗通过册封，示警吐蕃：唐帝国已将触须伸到葱岭、克什米尔和喀喇昆仑山，随时就可以封锁、包围吐蕃。

吐蕃不甘坐以待毙，除了拉拢苏禄可汗之外，还跟大食人结为同党。吐蕃派出一个使团赴木鹿城，去拜访呼罗珊总督叶齐德·穆海莱卜，请他派遣一个教师为吐蕃宣讲伊斯兰教。叶齐德·穆海莱卜除了满足吐蕃人的要求之外，还令部将雅斯库尔率一支大食军侵入河中地区，驻扎在逼近塔里木盆地的一个关口。

大食、吐蕃、突骑施，组成联军，于公元717年8月突然袭击位于塔里木盆地北缘的拨焕城、大石城，目标直指安西四镇。安西副大都护汤嘉惠令碛西节度使阿史那献、葛逻禄兵救援。阿史那献英勇击退大食、吐蕃、突骑施的联军。这是大食与唐帝国的第一次直接碰撞。雅斯库尔仓皇撤退,逃入受大食控制的石国。

一个月之后,10月1日,倭马亚王朝的哈里发苏莱曼死去,欧麦尔二世即位。欧麦尔二世在中亚推行伊斯兰教,以代替野蛮的军事扩张。为此他撤掉呼罗珊总督叶齐德·穆海莱卜的职务,取而代之的是加拉赫。不久,叶齐德·穆海莱卜锒铛入狱,苏禄可汗与大食人之间的盟约也随之变成一张废纸。

欧麦尔二世的东方新政策让唐帝国受益,在其后三年中,大食控制下的中亚国家纷纷遣使赴长安城,寻求援助反抗大食军。公元718年12月13日,吐火罗叶护阿史特勤仆罗上书唐玄宗,表示效忠唐帝国。不久,昭武九姓的康国王乌勒伽也遣使进贡锁子甲、水精杯、马脑瓶、鸵鸟卵等方物。翌年3月,俱密王那罗延、康国王乌勒伽、安国王笃萨波提,相继上表唐玄宗,称被大食侵略,乞兵救援。5月14日,罽宾国王捺塞使、吐火罗大首领摩挲罗遣使进贡狮子、五色鹦鹉。

公元720年,唐帝国几乎每个月都有一次册封外藩属国的活动。4月,册封瓦罕走廊的护蜜王;5月,册乌苌、骨咄、俱位王;7月,册立大勃律国王苏麟陀逸之,自此朝贡不绝;9月,册封罽宾王;12月,册封南天竺王尸利那罗僧伽。尸利那罗僧伽大吹法螺,声称组织了一支象军,准备讨伐大食和吐蕃,请唐玄宗御赐军队的名称,"玄宗甚嘉之,名军为怀德军"。通过这些册封,唐帝国将葱岭以南、克什米尔地区甚至南亚地区置于自己的保护伞之下,对吐蕃构筑了环形包围圈。

与此同时,唐玄宗竭力拉拢异军突起的突骑施汗国,主要是通过传统的封官赐爵模式,以化解西北的威胁。公元718年,赐封苏禄可汗为顺国公,授予其金方道经略大使之职。作为回报,苏禄可汗在次年遣使赴长安效忠,唐玄宗龙颜大悦,进一步册封他为忠顺可汗。

苏禄可汗显然是在耍两面手法,一面受唐帝国赐封,另一面又试图攫取更多的领地，扩充自己的势力。在被册封为忠顺可汗的同时，苏禄可汗派兵攻取唐帝国在西域偏远的边防重镇碎叶城。

苏禄可汗也试图在河中地区扮演反大食的角色，以获取追求独立的粟特人的好感，在河中扩张自己的势力。公元720年，倭马亚王朝的哈里发欧麦尔二世死在叙利亚阿勒颇城，他的表兄弟叶齐德二世继位。被捕的前呼罗珊总督叶齐德·穆海莱卜越狱出逃，举旗叛乱，被叶齐德二世镇压。

叶齐德二世另委任胡海那为呼罗珊总督。新总督必须收拾前任留下的烂摊子。粟特人反抗大食的起义运动如火如荼，胡海那率军攻打河中地区的粟特义军。苏禄可汗派出爱将莫贺达干率一队人马，深入康国境内。大食军初战告捷，兴奋的胡海那下令追击，结果落入莫贺达干为他精心准备的伏击圈。大食军被击溃，胡海那龟缩撒马尔罕城，再也不敢出战。哈里发叶齐德二世旋即将这个懦弱的总督夺职，另派哈拉什入主呼罗珊。

此役之后，一个埋没已久的国名——波斯重新出现在唐朝的史书上。公元722年3月30日，"波斯国王勃善活遣使献表，乞授一员汉官，许之"。这个勃善活应该就是卑路斯之孙、泥涅师之子库思老三世。很显然，受到苏禄可汗胜利以及粟特起义日益高涨的影响，波斯复国运动又有复活的迹象。

粟特西部的义军为了暂避锋芒，在派城城主卡尔赞吉的领导下，前往西拔汗那。六年前被张孝嵩赶走的阿了达又从深山中逃出来，重新窃据俱战提，当上了西拔汗那王。阿了达许诺给粟特义军提供必要的武器、补给。粟特东部的义军闻讯，也在米国王迪瓦什蒂奇的统领下，溯着泽拉夫善河东上，投靠阿了达。撒马尔罕城内居民也有不少离开康国王乌勒伽，追随迪瓦什蒂奇。

但阿了达十分阴险，他本来就是屈底波扶植的傀儡。卡尔赞吉的粟特西部义军进入俱战提城后，阿了达暗中向呼罗珊总督哈拉什泄密。哈拉什迅速派遣大军赶往俱战提，略一交锋，卡尔赞吉就因寡不敌众，宣布投降。狡诈的哈拉什接受投降之后立即下令大屠杀，有七千义军倒在血泊中，另有三千平民惨死在大食军的屠刀之下,因为他们站在粟特义军那一边。只有商人逃过一劫,因为大食能从粟特贩商的丝绸贸易中抽取丰厚的利润。

消灭卡尔赞吉义军之后,哈拉什又调集重兵袭击迪瓦什蒂奇的粟特东部义军。迪瓦什蒂奇义军虽人马众多,但在狭窄的道路上陷入大食军的包围圈。哈拉什纵骑兵踩躏践踏,迪瓦什蒂奇义军死伤累累,血流满路。迪瓦什蒂奇被迫退入钵息德城东面两百余里处、泽拉夫善河左岸的阿巴嘎城堡(今名穆格山城堡)。之后迪瓦什蒂奇义军从城堡出发,在十余里处的库姆村附近的大峡谷与大食军狭路相逢。结果大食军获胜,进围阿巴嘎城堡,迪瓦什蒂奇苦战不支,被迫投降。

是年秋天,哈拉什在阿尔宾詹到石国的道路上将迪瓦什蒂奇杀害。公元723年,哈拉什西攻俱战提,阿了达秘密向突骑施苏禄可汗求援。苏禄可汗不曾理会,阿了达只好在城中埋下伏兵,然后打开城门,准备诱歼大食军。大食军入城之后,伏兵突起,虽然打死了首批入城的大食军,但是城外的大食军蜂拥而入,俱战提全城被屠。阿了达首鼠两端,也落个身死城破的下场。西拔汗那自此灭亡,此后史书上所提到的拔汗那,只是局限在锡尔河以东、定都渴塞城的东拔汗那国。

公元724年1月26日,倭马亚王朝叶齐德二世卒,希沙姆继位。希沙姆命令呼罗珊总督哈拉什攻取东拔汗那国,哈拉什围攻渴塞城,毁灭森林,将附近的乡村破坏殆尽。东拔汗那王忠心事唐,与苏禄可汗结盟。苏禄可汗派儿子尔微特勒紧急赴援,大破大食军。哈拉什尽弃辎重,狼狈逃至锡尔河北岸,退路又被石国、东拔汗那兵切断。双方在锡尔河岸边展开一场血腥的战斗,石国、东拔汗那兵奋力拼杀,将大食军压向滚滚的锡尔河中。哈拉什付出惨重的代价,才杀出一条血路,抢先渡河,将无数的兄弟抛弃在对岸。乱战之中石国、东拔汗那兵截住断后的大食军,击毙其指挥官,重创敌军,但也付出巨大代价,参加此役康国王乌勒伽的兄弟英勇战死。

哈拉什率残余的大食军惊魂不定地溃至锡尔河南岸的俱战提,而后又西撒撒马尔罕。是役被称为"渴水日之战",由于突骑施的介入,大食军败得一塌糊涂。

此战标志着大食军失去了对河中地区的控制权,为大食军征战中亚以来的一次大惨败。苏禄可汗因而成为丝绸之路上能够挡住大食军入侵的中坚人物,威名远播,被穆斯林信徒视作最可怕的对手,称其是"抵顶者"——把苏禄可汗比作像牛或大象那样敢于冲撞抵顶的庞然大物。

唐玄宗自毁门户

渴水日之战后的第二年,即公元725年3月10日,一个由将领苏黎满等十三人组成的大食使团出现在长安城。这个使团应是呼罗珊总督阿萨德派遣的。有人猜测使团的任务是前往唐帝国施展离间计,以孤立令大食军心有余悸的"抵顶者"苏禄可汗。

苏黎满使团到长安城不久,西域发生了一场叛乱,"于阗王尉迟眺阴结突厥及诸胡谋叛",结果被安西副大都护杜暹镇压。杜暹据说是一个非常残暴的人,在平定于阗叛乱第二年,杜暹冲撞了交河公主,差点儿摊上大事。交河公主是西突厥十姓可汗阿史那怀道的女儿,公元723年1月14日,被唐玄宗册封为公主,嫁于苏禄可汗。她派人赶着一千匹马到龟兹去交易,其使者在杜暹面前宣扬公主的信仰,要求杜暹皈依。这惹毛了脾气暴躁的杜暹,大骂说:"阿史那氏的女人焉敢对我指手画脚?"骂完还把使者痛打一顿,拘押起来。结果那一千匹马无人照料,全部冻死在风雪中。

苏禄可汗闻讯震怒,率兵袭击安西四镇。但在10月唐玄宗把杜暹召回朝,授予宰相的职务。代理安西都护的赵颐贞紧闭城门,消极应战,导致安西四镇的储备物资被苏禄可汗掠走,只有伊逻卢城幸免于难。不久苏禄可汗听说杜暹入朝拜相,怕事情越闹越大,只好收兵回家。公元726年2月苏禄可汗的特使赴唐贡马,被唐玄宗授中郎将。显然,双方都以大局为重,将发生过不愉快的事付诸一笑。

但是别忘了，苏禄可汗是一位非常狡猾的人物，他对市马之辱一直耿耿于怀，只是忌惮唐帝国的强大不敢公开撕破脸皮。

苏禄可汗一直在等机会，一定要唐人为市马之辱付出代价。

很快地，苏禄可汗如愿以偿了。

公元726年的冬天，吐蕃赞普尺带珠丹派遣大将悉诺逻恭禄袭击大斗拔谷——此地为河西走廊通往青海的要隘，一百多年前隋炀帝西巡，途经此谷突遇暴风雪，人马损失惨重——又侵犯甘州，烧杀劫掠后扬长而去。凉州都督王君㚟率唐军尾追其后，准备朝悉诺逻恭禄的屁股猛捅几刀。王君㚟事先秘密派人烧掉途中的野草，结果悉诺逻恭禄撤到大非川时战马饿死过半。天又下起暴风雪，吐蕃人冻死无数。公元727年2月23日，王君㚟与秦州都督张景顺在青海以西揪住吐蕃军的断后部队，将其全部歼灭，缴获辎重、牛马以万计。捷报传至长安城，唐玄宗大喜，当即提拔王君㚟为左羽林大将军，连他的父亲王寿也赏赐一个少府监的官职。

9月27日，吐蕃赞普尺带珠丹亲自出征，派遣悉诺逻恭禄袭击河西重镇瓜州，意欲洗刷青海战败之耻。瓜州是唐帝国丝绸贸易的集散中心，城中积聚了大量准备贩运到西域的丝绸及其他财物。悉诺逻恭禄抓住了瓜州刺史田仁献以及王君㚟的父亲王寿，将城中堆积如山的丝绸洗劫一空。

苏禄可汗终于等到了复仇的机会，于10月20日跟吐蕃赞普尺带珠丹联手进攻伊逻卢城，虽然攻势被安西副大都护赵颐贞粉碎了，但是自此突骑施与吐蕃同坐一条船，结成牢固的政治联盟，走上反唐之路。

就在苏禄可汗与尺带珠丹结成铁板一块对付唐玄宗时，中亚局势又陷入高度的紧张之中。公元727年，哈里发希沙姆任命苏拉米为呼罗珊总督。苏拉米在占领区强力推行伊斯兰教，下令凡皈依真主安拉的免征租赋，于是民众纷纷信奉伊斯兰教，造成税收暴减。苏拉米大为头疼，改为只有行割礼的才能享受这个优惠政策。粟特民众对苏拉米的出尔反尔异常愤怒，暴动此起彼伏，搞得苏拉米焦头烂额，整天忙于调兵镇压。

粟特义军向他们的庇护者突骑施寻求支援，苏禄可汗再次挑起抗击大食军的重责。突骑施的精锐勇士从楚河流域纷纷南下，在锡尔河与大食军对峙了三个月。大食将领哈坦率万余人马驰援苏拉米，渡过锡尔河后遭到安国、石国和拔汗那义军的阻击，伤亡累累。在哈坦的接应之下，苏拉米付出了巨大的代价之后率残部安全退往撒马尔罕。

苏禄可汗及粟特义军将撒马尔罕围得水泄不通，日夜不停地轮番进攻。城中的大食军仅有一万两千人，却出乎意料地顽强。攻城行动迟缓，每向前一步都要留下一大批尸体。苏禄可汗烦躁不安，竟然抬出萨珊波斯王室的后人库思老三世，高喊为波斯复国而战的口号，以振奋士气，但也无济于事。

眼见苏拉米就要丧命在撒马尔罕城中，哈里发希沙姆赶紧命令南方的信德总督居乃德率五千人马北上驰援。由于安国与康国之间的通道被突骑施控

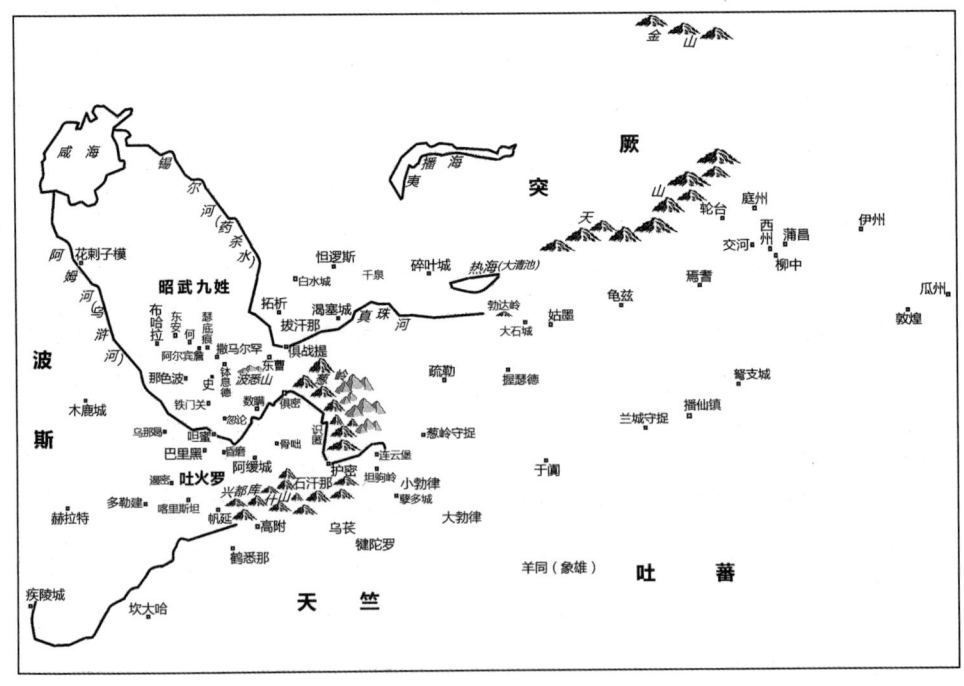

图14　唐代西域图

制，居乃德无法沿着古老的波斯皇家大道东援撒马尔罕，只好绕到撒马尔罕以南的史国而北上。居乃德走到卡马尔加时，也陷入苏禄可汗的重围。两军进行了数轮血腥的搏杀，尸首随处可见。

居乃德援军被迫躲进一个狭道，在那儿挖壕沟筑城墙固守。三个大食神箭手躲在城垣背后企图狙杀苏禄可汗，一个叫纳吉的大食人向苏禄可汗的脸部射出精准一箭。幸运的是，苏禄可汗身穿厚厚的吐蕃锁子甲，仅露双眼，因而化险为夷，逃过一劫。另一个大食神箭手萨伊巴尼再次瞄准苏禄可汗，仍然无法伤其一根毫毛。第三个神箭手伽里卜是白衣大食创立者阿布·阿拔斯的叔叔，朝苏禄可汗的胸膛猛射一箭。苏禄可汗痛叫一声，当即趴下，但如神佑一般，还是安然无恙。

狙杀苏禄可汗的行动宣告失败，居乃德让苏拉米冲出撒马尔罕城，一道夹击突骑施骑兵。苏拉米率部突围之后，努力向居乃德靠拢。苏禄可汗留下部分人马牵制居乃德，自己亲率主力对苏拉米发起迅猛的进攻。战斗异常激烈，杀喊声惊天动地。当日天气炎热，苏禄可汗施展火攻计，焚烧干枯的草丛。苏拉米的大食军被烧得哭爹叫娘，血肉模糊，侥幸出逃的又被突骑施骑兵用长矛刺死，几乎被全歼。最后苏拉米与居乃德汇合时，从撒马尔罕城突围的一万两千人仅剩下千余人。

大食人称此战为"亵渎之役"，侵占河中地区的大食军被突骑施勇士和粟特义军清扫干净。后来的穆斯林历史学家估计，总数在四万三千至四万八千之间的大食军中，有两万名成了突骑施勇士的刀下鬼。苏禄可汗再次让大食人留下悲伤的记忆，当之无愧为丝绸之路上的无敌雄狮。

在突骑施骑兵横扫中亚河中地区的同时，其盟友吐蕃也在河西走廊与唐帝国展开角逐，试图夺取丝绸之路的这一关键部位。尺带珠丹亲征瓜州获取的大量丝织品，让吐蕃人沉浸在梦幻之中。但是根据唐代史书的记载，唐军在河西走廊的英勇行为，粉碎了吐蕃人的一个个美梦。

公元728年夏季，瓜州都督张守珪击破吐蕃大将悉末郎的进犯。8月20

日，河西节度使萧嵩、陇右节度使张忠亮大破吐蕃军于渴波谷（今青海湖南），张忠亮乘胜追击，攻破吐蕃据点大莫门城（今青海龙羊峡），斩获累累。10月5日，右金吾将军杜宾客又在祁连城下大败吐蕃军。河西节度使萧嵩派遣四千强弩军支援，从早到晚，鏖战一天，杀死吐蕃人无数，生擒一名吐蕃大将。吐蕃军残部四处逃散，哭声震天。

公元729年4月，瓜州都督张守珪、敦煌刺史贾师顺攻入吐蕃大同军。朔方节度使、信安王李祎也攻破吐蕃石堡城。河西走廊上烽火四起，唐军屡屡奏捷，拓境千余里，再现唐太宗时代唐军所向披靡的强悍战斗力。吐蕃屡战屡败，赞普尺带珠丹惧而求和。此后三年双方再无大规模战事，进入和谈阶段，河西走廊一片安宁。公元733年，在金城公主的促和之下，唐蕃订立赤岭之盟，立碑分界。

但是吐蕃并未因一个赤岭之盟就心甘情愿地向唐帝国俯首称臣，而是暗中与突骑施汗国密谋联手夺取塔里木盆地。公元734年，吐蕃公主卓玛类嫁给苏禄可汗，通过政治婚姻缔结牢固的同盟关系。苏禄可汗愈加有恃无恐，频繁袭扰塔里木盆地的疏勒、西州、拨焕城等唐军据点。

唐玄宗对苏禄可汗的反复无常苦恼不已，召集廷臣秘密商议之后，决定采取严厉的措施，与大食结盟，一劳永逸地消灭突骑施。这个决策堪称唐帝国对外关系史上最大的失误。唐玄宗不惜抛弃深受倭马亚王朝高压统治之苦的粟特人，联合潜在的大敌——白衣大食，共同对付丝绸之路的捍卫者——唯一能够抵挡阿拉伯势力东侵的苏禄可汗。

可以说，突骑施汗国是丝绸之路上两大帝国——大食与唐之间的缓冲地带，或说是两者之间的一堵高墙。一旦拆毁了这堵墙，大食与唐帝国直接的碰撞势必不可免。可惜唐玄宗鼠目寸光，缺乏政治家的高瞻远瞩，急于求成，终铸成历史大错。

唐帝国与大食临时结盟的契机是在公元734年1月29日，苏禄可汗的手下败将呼罗珊总督居乃德，派遣摩思览达干等七人抵达长安城。唐玄宗授予七人"果毅,各赐绢二十四"。是年秋天,四镇节度副大使、安西副大都护王斛斯派遣密使张舒耀赴呼罗珊首府木鹿城,与大食商谈从吐火罗、勃达岭两路夹击突骑施。

但是张舒耀抵达木鹿城时,呼罗珊发生饥荒,居乃德病死。新任总督阿希姆发布了一条法令,向享有传统豁免权的穆斯林征收更多的丁税。法令一下,信徒怨声载道。乌那曷(原唐羁縻州府之旅獒州都督府)的大食驻将哈里斯率先发难,以"古兰"和先知"圣训"的名义,发动叛乱,公开反对阿希姆。哈里斯的旗帜一打出,邻近巴里黑城等地的居民纷纷响应。哈里斯身边很快就聚拢了六万穆斯林,紧接着吐火罗也随之反叛。呼罗珊首府木鹿城面临着起义部队的巨大威胁,形势非常严峻,哈里发希沙姆为之震动。

呼罗珊总督阿希姆是个叙利亚将军,无法得到当地驻军的支持,日夜哀叹无力回天,赶紧给哈里发希沙姆写信,说解决目前困境的唯一出路是将呼罗珊置于伊拉克行省的治理之下。当然阿希姆提出这个建议有推卸责任的嫌疑。但是哈里发希沙姆毫不犹豫地采纳了阿希姆的建议,责令伊拉克省长哈立德·卡斯里处理此事。阿希姆旋即被解职,哈立德·卡斯里的兄弟阿萨德再次入主呼罗珊(第一次任职在725年至727年)。

公元735年,阿萨德一上任就调集重兵,对哈里斯义军发动猛烈的攻势。战事主要在呾蜜城附近和骨咄境内进行。卷入战争的中亚城邦众多,分成两大阵营,吐火罗、骨咄、那色波、康国、石国、突骑施汗国等站在哈里斯义军那一边,只有拔汗那支持大食。

阿萨德的指挥部设在巴里黑城,先派遣部将祖代·克尔曼尼率六千人,进攻哈里斯义军的辎重粮草所在地——塔布什罕城堡,城堡里住着哈里斯的姻亲。经过激烈的进攻之后,祖代·克尔曼尼攻陷城堡,随之展开屠杀,俘虏城堡里的阿拉伯人及哈里斯的支持者,把他们都运到巴里黑城的市场上去拍卖。阿萨德的釜底抽薪战术迅速奏效,哈里斯义军缺乏补给,被阿萨德逐个击破。

平定哈里斯叛乱之后，阿萨德做了一件破天荒的事，将呼罗珊首府从木鹿城迁移到东南的巴里黑城。学者们认为，这正是阿萨德响应唐帝国分兵围剿突骑施而采取的重大措施。

阿萨德向唐使张舒耀许诺，第二年5月出兵。具体分工是，唐军从勃达岭西击碎叶城，大食军从吐火罗北击突骑施。得到阿萨德的允诺，张舒耀于公元735年秋天返唐。

对唐帝国与大食的密谋，苏禄可汗并非一无所知。公元734年，苏禄可汗曾经提出撤兵讲和，以缓和与唐帝国之间的矛盾。苏禄可汗撤兵的理由是，"以防大食之下，以镇杂虏之心"——防止大食趁机挑拨离间，唆使西域各部作乱。悲哀的是，唐玄宗已不再信任苏禄可汗，痛斥"此其奸数"，"岂乃真情？"

苏禄可汗有苦难诉，为了生存，决定先发制人，于公元735年11月15日突然袭击庭州、伊逻卢城和拨焕城。在交战中，拨焕守将朱仁惠中箭身亡。这次偷袭的目的意在警告唐玄宗，但也加大了双方之间的裂痕。不久苏禄可汗遣使赴唐求和。唐玄宗认为"此虏奸诈，首尾两端，外示讲和，内将诱我"，再往伤口上撒一把盐巴，致使双方关系彻底恶化。

和解无效，唐玄宗决心铲除这一屡屡叛逆的酋长，以免酿成更大的祸害。为此唐玄宗做了大反击的部署：命北庭都护盖嘉运出击突骑施，吸引苏禄可汗的注意力，救援危机重重的伊逻卢城；命河西节度使牛仙客率领五千精兵，驰赴伊逻卢城，接受安西大都护王斛斯的指挥，联合大食军，进攻碎叶城附近的突骑施汗庭。唐玄宗向王斛斯暗授机宜："宜密令安西征蕃汉兵一万人，乃使人星夜倍道，与大食计会，取叶护（即吐火罗）、勃达等路入碎叶。令王斛斯自领精骑取其家口。"——大食军取道吐火罗，唐军取道勃达岭，南北夹击碎叶城。

做了充分的围剿部署准备之后，唐玄宗无比兴奋，叫称苏禄可汗"率其犬羊犯我城堡,是其送死之日,可谓天亡之时!"

公元736年,丝绸之路上悲壮的一幕幕发生了。是年2月到3月间,北庭都护盖嘉运率先出击突骑施,深入楚河以西,杀到突厥室点密城,斩获突骑施部众无数。苏禄可汗被迫从伊逻卢城撤围,东击庭州,试图切断盖嘉运的后路。但是唐军援兵及时赶到,交战中打死突骑施的一员大将,庭州围解。

5月到6月间,呼罗珊总督阿萨德也应约袭击吐火罗,杀死苏禄可汗扶植的吐火罗叶护,但他并没直接北攻河中地区的突骑施驻军,而是东攻骨咄,克拔札哈札克城堡,再攻破基达什,掳获甚丰,切断了苏禄可汗南下的通道,兵临葱岭脚下,随时准备攻入塔里木盆地,与唐军会师。

龟兹的唐军却没有出兵响应阿萨德的军事行动。因为吐蕃赞普尺带珠丹听说盟友突骑施与唐军交战,派遣大将烛龙莽布支取道克什米尔地区的勃律,进入塔里木盆地,"侵轶军镇,践暴屯苗",使驻军龟兹的牛仙客和王斛斯不敢轻举妄动。苏禄可汗由此获得"续命膏",逃过覆没的劫运,安然回到碎叶城以西四十里处的新城——纳瓦契特。

但是苏禄可汗的处境日益窘迫,骨咄国主千里告急,请求苏禄可汗发兵击退大食人。苏禄可汗腹背受敌,只得派遣哥德都耽、安胡数半泥赴唐求和。唐玄宗见王斛斯、牛仙客的安西大军被吐蕃大将烛龙莽布支牵制,无法脱身,痛失与大食军夹击突骑施的战机,认为"向若安西出兵乘虚讨袭,碎叶逋丑,皆可成擒"——要是王斛斯、牛仙客的安西大军能乘虚袭击碎叶城,苏禄可汗早已成了阶下之囚。唐玄宗几分纠结之后,在9月16日接受苏禄可汗特使胡禄达干的请降,做好和战的两手准备。

而这时候苏禄可汗应该带领他的精锐骑兵,急行军十七天,飞越锡尔河、波悉山,昼夜星驰,南下骨咄国。苏禄可汗自诩为木杆可汗的继承者、吐火罗领地的宗主。他先派哈里斯义军的一名战士向阿萨德喊话:"贪婪的阿萨德,侵占了河中难道你还不满足吗?骨咄根本就与你无关,它是我父祖辈传给我的。"

色厉内荏的阿萨德对这个令大食人心惊胆战的"抵顶者"畏惧三分，听说他要来了，慌忙挟带石汗那（悦般州都督府）的百姓仓皇向西撤退。在阿姆河畔遭到突骑施部队的袭击，损失惨重。9月30日，苏禄可汗渡过阿姆河后，又偷袭大食军的营帐，并派出一队人马追赶先行逃窜的大食军。这支大食军正护送一批宝物，极有可能是经骨咄国去或来自唐帝国的珍贵货物。阿萨德只顾逃命，将运载宝物的行李车丢弃殆尽。苏禄可汗歼灭了大食军，缴获全部的宝物。此役因而被大食人称作"行李日之战"。

公元737年12月7日，苏禄可汗率昭武九姓、骨咄等共三万余人，进攻巴里黑城以东的昏磨城①，被大食守军击退。躲在巴里黑城中的阿萨德严阵以待，准备与苏禄可汗决一死战。但是出乎阿萨德意料之外，苏禄可汗竟然越过重兵把守的巴里黑城，西取遏密城②。此城本是唐帝国羁縻州府之一奇沙州都督府的治所，与呼罗珊近在咫尺。

攻占遏密城后苏禄可汗犯了一个致命错误，他派出人马四处劫掠，寻找过冬的物资，留在身边的只有四千人。阿萨德闻讯后欣喜若狂，当即调集七千人实行大反扑。在前哨战中，曼苏尔·巴加利率三百大食骑兵击溃突骑施人，阿萨德率大部队随后跟进，首先在西德拉村安营扎寨，然后进至距朱兹詹二十里处的喀里斯坦，在那儿与苏禄可汗展开决战。

这一战将决定苏禄可汗的命运。阿萨德令穆拉吉为总指挥，穆拉吉将胡扎伊和努迈里率领的两支叙利亚骑兵摆在右翼，左翼是胡戴因的拉比亚部落、巴拉尼的霍姆斯骑兵、穆哈里的约旦骑兵。在他们背后是阿兹迪和塔米米部落，此外还有朱兹詹王及其私人卫队。首战获胜的曼苏尔·巴加利与卡尔比率领的大马士革悍骑、阿萨德的侍从一道，组成锐利的先锋突

---

① 昏磨城，今阿富汗北部的胡尔姆（Khulm）。
② 遏密城，今阿富汗希巴尔甘（Sheberghan）附近。

击队。

苏禄可汗的部队仅仅四千人,其右翼是哈里斯义军,左翼除了突骑施骑兵,还有中亚诸国联军,包括石国、曹国、骨咄和吐火罗斯坦叶护的人马,在数量和战力上都远逊于对手,苏禄可汗注定难逃一劫。

决战伊始,苏禄可汗右翼的哈里斯义军旗开得胜,一度逼近阿萨德的帐篷。阿萨德在朱兹詹王的建议下,派出一支精骑偷袭苏禄可汗背后的妇孺、后勤人员,俘获了苏禄可汗的妻子。突骑施联军迅速崩溃,四处逃散。阿萨德乘势追击,大获全胜,战利品包括十五万五千只牛羊、数不清的银器等等。

苏禄可汗狼狈逃走,慌乱之中坐骑陷入泥潭沼泽,幸亏哈里斯追上将其救出,这才取道吐火罗安然撤往曹国,但部下损失严重。从此苏禄可汗失去了在阿姆河流域的控制权。

南征失利,兵力丧失大半,苏禄可汗垂头丧气地回到楚河流域的汗庭。在唐帝国与大食的夹击之下,苏禄可汗疲于奔命,威望骤降,无法驭众,渐失人心。由于中风,一只手臂几近瘫痪。突骑施的两个酋长莫贺达干、都摩度起了异心,再加上突骑施有黄姓、黑姓之分——娑葛可汗的部落属于黄姓,莫贺达干是黄姓的首领,苏禄可汗则出身于黑姓部落——黄、黑二姓相互猜忌,于是莫贺达干趁夜率部袭杀苏禄可汗,时间约在公元738年初。阿拉伯史料的记载更为详细,说苏禄可汗回到楚河汗庭后,与莫贺达干下双陆棋,以一只野鸡做赌注。苏禄可汗赢了,就向莫贺达干索取野鸡。莫贺达干答应给一只雌的,但是苏禄可汗坚持要雄的。于是两人吵得不可开交,最后动起手脚。苏禄可汗的一只手臂中风瘫痪,结果被莫贺达干折断。苏禄可汗暴怒,叫嚣也要折断莫贺达干的一只手臂。莫贺达干狗急跳墙,纠集部众,弑杀苏禄可汗。

也有人从唐代史料记载得出一个结论,苏禄可汗之死,是唐人在突骑施派了卧底,长期暗中鼓动,致使黄、黑二姓起了纷争。所以莫贺达干杀了苏禄可汗之后，向北庭都护盖嘉运汇报，盖嘉运马上率部趁乱攻打突骑施。但无论哪一种说法，苏禄可汗是死于唐帝国、大食的联合剿杀之下。

大食人获知苏禄可汗的死讯，欣喜若狂。年迈的萨雅尔出任呼罗珊总督后，立即将首府从巴里黑迁回木鹿城。大食再次征战河中地区的障碍不复存在，从此高枕无忧。

第十章 怛逻斯城

开元、天宝辉煌

苏禄可汗死后，强盛的突骑施汗国一夜之间土崩瓦解，裂为三块。苏禄可汗之子尔微特勒与苏禄可汗可敦（正妻）、交河公主等遗孀据怛逻斯城，是为黑姓可汗正支。权臣都摩度拥立苏禄可汗庶子骨啜据碎叶城，是为黑姓可汗庶支。尔微特勒与骨啜联手拒唐。权臣莫贺达干拥立黄姓可汗娑葛的后裔，取代苏禄可汗，成为中亚昭武九姓的宗主，协助粟特人抵御大食军，担负起保卫丝绸之路正常贸易的重任。黑姓是丁零部落的后裔，头发黑色。黄姓是塞种人的后裔，头发黄色。黄、黑二姓为了汗位继承问题斗争不断升级，其中也掺杂着都摩度与莫贺达干间的个人权力之争。

突骑施二姓纷争加剧，莫贺达干为了号令突骑施，求助于唐。唐玄宗立刻诏令碛西节度使盖嘉运"召集突骑施以西诸国"，全力支援莫贺达干夺权。

公元739年9月22日，盖嘉运联合石国王莫贺咄吐屯、史国王斯提谨进攻碎叶城。骨啜出战，大败，逃到碎叶城东南的贺逻岭被盖嘉运抓获。盖嘉运另派疏勒镇守使夫蒙灵詧（后赐姓马，又名马灵詧）、拔汗那王阿悉烂达干偷袭怛逻斯城，活捉尔微特勒。突骑施黑姓部落溃散，盖嘉运收拢数万部民，交给亲唐的拔汗那王阿悉烂达干。

莫贺达干对唐廷出兵襄助感恩戴德，当即率众上书唐玄宗："愿得稽首圣颜，以部落附安西，永为外臣。"唐玄宗对莫贺达干的盛情也却之不恭，并顺水推舟，在公元740年对莫贺达干、石国王、史国王大行赐赏。唐与突骑施又进入了蜜月期。

但在赏封莫贺达干的同时，唐玄宗册立西突厥十姓可汗阿史那怀道的儿子阿史那昕继承父爵，让他统领楚河以西的突厥部落，高高凌驾于莫贺达干之上。

莫贺达干对唐玄宗架空自己愤恨不已，上书责问朝廷，"首诛苏禄，我之谋也。今立史昕，何以赏我？"——诛杀苏禄可汗，我立了头功。现在又抬出阿史那昕，将置我于何地？莫贺达干于是与另一个酋长乌苏万洛扇煽动叛乱，向唐廷施压。

唐玄宗赶紧采取补救措施，诏令盖嘉运安抚莫贺达干，册封他为可汗，统领突骑施各部落。但是莫贺达干仍不愿委身于阿史那昕之下，一不做二不休，在公元742年春杀掉阿史那昕。

莫贺达干敬酒不吃吃罚酒。唐玄宗暴跳如雷，立刻翻脸，转而支持莫贺达干的死对头都摩度。7月，册封都摩度为三姓都护，授左羽林大将军，并将苏禄可汗的庶子骨啜从大牢里放出来，册封他为循义王，拜左金吾大将军。

此后唐玄宗对莫贺达干的反制措施进一步升级，于公元744年6月诏令河西节度使夫蒙灵詧出兵讨伐莫贺达干，将他杀死。7月26日，又将骨啜封为十姓可汗，成了突厥部落的共主。

突骑施内乱最大的受益者无疑是大食人。呼罗珊总督萨雅尔趁势恢复在河中地区的军事行动，重返被苏禄可汗赶出的地盘。公元741年，萨雅尔以石国王收容叛乱的哈里斯为借口，派出两万大军进攻石国。大食军接连发动了两波攻势，均被石国击退。最后石国王同意大食在其国派驻官员监国，并将哈里斯驱逐到讹答剌[①]。臣服石国后，萨雅尔征讨亲唐的拔汗那国，迫使拔汗

[①] 讹答剌，今哈萨克斯坦奇姆肯特市附近。

那王投降。

在进攻石国、拔汗那时，这只狡猾的老狐狸又派遣特使和萨赴唐。和萨是否肩负政治使命未知，但是回去时被授予左金吾卫将军之职，赐紫袍、金钿带，可见其层次不低。或许是借重申几年前夹击苏禄可汗缔结的临时盟约，以迷惑唐廷，换取唐帝国在昭武九姓保持中立的态度。

萨雅尔的任期相当长，在呼罗珊前后待了十年。但在剩余的任期内，萨雅尔没有继续在河中地区采取大规模的冒险行动。定都于大马士革的倭马亚王朝摇摇欲坠，到处燃起叛乱的战火，正处在改朝换代的大前夜。虽然年迈的萨雅尔殚精竭虑，但是仍然无法阻止眼皮下如火如荼的起义运动，而这场起义运动推翻了老总督效忠的朝廷。

公元743年2月6日，哈里发希沙姆死于扁桃体炎，他的侄儿瓦利德二世继位。瓦利德二世是个昏君，不学无术、臭名昭著。在他的暴政之下，倭马亚王朝日益腐朽。庞大的阿拉伯帝国国内暗潮涌动，冒出了三股反倭马亚王朝的势力：以库法为基地的什叶派，其主要成员是阿拉伯人；以侯迈麦村①为基地的阿拔斯派，成员都是先知穆罕默德叔父阿拔斯的后裔；第三股势力就是萨雅尔治下的呼罗珊人。瓦利德二世上台后不久，阿拔斯派领袖易卜拉欣派遣其代理人并波悉林，一位出身卑贱的波斯奴隶，潜入呼罗珊，煽风点火，号召呼罗珊居民起来反抗倭马亚王朝。呼罗珊由此成为运动中心，三股反叛势力迅速结成同盟，推举易卜拉欣的弟弟阿布·阿拔斯为盟主。控制丝绸之路中段的阿拉伯帝国正处于诡异的变幻之中。

公元744年，倭马亚王朝频繁易主。4月17日，哈里发瓦利德二世被乱民弑杀，他的堂兄叶齐德三世采取非法手段登上大位。但是叶齐德三世君临天下不到半年，就在9月25日病死了，其兄弟易卜拉欣继位。易卜拉欣的统治更加短命，仅仅几周后，就被绰号"叫驴"的马尔万二世所取代。此君在位期

---

①侯迈麦村（Humaymah），今巴勒斯坦境内、死海南边。

间，倭马亚王朝走到了终点。

马尔万二世上任之初，国内形势略显稳定，呼罗珊老总督萨雅尔又开始窥伺河中地区。昭武九姓在苏禄可汗的帮助下，一度赶走了大食军，除了安国的布哈拉城外，其余各地大多数获得了独立。萨雅尔卷土重来，曹国王哥逻仆罗率先上表唐玄宗，"将奴国土同为唐国小州"——恳请将本国并入唐帝国，但是遭到唐玄宗的拒绝。昭武九姓自此心冷，逐渐投入大食的怀抱。

此时由于扫清了突骑施汗国这个障碍，唐帝国在西域可谓顺风而呼，其势力臻于极盛。苏禄可汗身死，突骑施被唐帝国完全控制，吐蕃-突骑施联盟瓦解，吐蕃孤掌难鸣，在葱岭以南与唐帝国的角逐中屡屡受挫。公元734年，吐蕃侵占大勃律，侵入葱岭。唐玄宗为了报复吐蕃人，命令河西节度使崔希逸袭击吐蕃，于公元735年3月在青海西大破吐蕃边将乞力徐，斩获两千有余。乞力徐只身逃走。两年前的赤岭之盟宣告破裂，吐蕃赞普尺带珠丹复绝朝贡，并于当年冬天命论结桑东则布入侵小勃律，控制了整个葱岭地区，重新打通出入中亚和西域的通道。其后，双方在河西走廊一带冲突不断，互有胜负。

公元740年，为了夺回葱岭以南地区，安西都护、碛西节度使盖嘉运率唐军越过葱岭，杀入勃律西北地区，吐蕃军溃败。公元742年年底，已升任安西副大都护兼四镇节度使的夫蒙灵詧率唐军越过葱岭，讨伐识匿、护密等小国，控制了瓦罕走廊。此地是丝绸之路入中亚或南亚的必经之地。公元745年，夫蒙灵詧再次进攻护密国的婆勒城，即吐蕃在瓦罕河岸边修筑的坚固城堡——连云堡，其地在小勃律北五百里。夫蒙灵詧虽然未能夺取连云堡，但是恢复了在该地区的影响力。当年10月，唐玄宗册命罽宾王子勃匐准袭封罽宾王、乌苌王。

此后双方争夺的焦点转移到河西走廊。公元745年秋，陇右节度使皇甫惟明进攻青海湟中的吐蕃边防重镇石堡城（又名铁刃城）。吐蕃守将为大论烛龙莽布支，极善用兵。皇甫惟明仓促进攻，遭到重创，副将褚翊阵亡。次年春天，唐玄宗解除了皇甫惟明的职务，让屡立战功的王忠嗣接任陇右节度使，把夺取石堡城的希望寄托在王忠嗣身上。

王忠嗣的头脑很清晰，石堡城地处南丝绸之路、唐蕃通道的要冲，三面险峻，只有一条蜿蜒盘曲的小道直通石堡。一夫当关，万夫莫开。王忠嗣苦谏唐玄宗："石堡险固，吐蕃举国而守之。若顿兵坚城之下，必死者数万，然后事可图也。臣恐所得不如所失，请休兵秣马，观衅而取之，计之上者。"在王忠嗣看来，吐蕃倾举国之力固守，唐军即使攻下石堡城也要付出牺牲数万的高昂代价，无异于一场皮洛士式的惨胜，得不偿失。

唐玄宗是一个爱美人也爱边功的皇帝，对石堡城决不轻易罢手，根本就听不进王忠嗣的忠言。于是唐玄宗改命董延光主攻石堡城，王忠嗣负责助攻。王忠嗣知事不可为，只好勉强为之。结果董延光屡攻不下，归罪于王忠嗣配合不力。唐玄宗震怒，将王忠嗣下狱，准备斩首。幸亏受皇帝宠爱的哥舒翰将军苦苦求情才免于一死，王忠嗣对哥舒将军有赏识提拔之恩。

哥舒翰出身不凡，他是突骑施哥舒部落酋长的后裔，生父哥舒道元，曾做过安西都护府副都护，母亲是于阗国的公主。可以说，哥舒翰举家都奉献给了丝绸之路。公元747年12月25日，唐玄宗任命哥舒翰为陇右节度使，让他进攻石堡城，继续为丝绸之路献身。

经过一年半的充分准备之后，公元749年7月，哥舒翰率唐军六万三千人出击石堡城，其中包括陇右、河西、朔方等地的驻军，还有突厥骑兵。石堡城在赤岭以西二十里，依靠同一个山体的两个山峰，构建两个平台堡垒，中间有一条山脊小路相连，组成一个立体式的防御工事。四周森林茂密，附近多红砂岩石块和鹅卵石，平时可用来加固工事，战时可就地取材，做滚石或檑木，猛砸仰攻之敌。吐蕃驻军仅仅数百（约六百），在石堡城中储积了大量的粮食、滚石和檑木。

哥舒翰投入战场的唐军有六万三千人，为了阻击吐蕃援军，唐军抢先占领石堡城附近各个制高点。这是一场实力异常悬殊的惨烈的攻防战，吐蕃守军仅唐军的百分之一。经过实地勘查之后，哥舒翰决定利用人数优势，采取肉弹战术，对石堡城展开全方位的进攻。

唐军冒着雨点般的箭、滚石和檑木，没命地往上冲，攻势一波又是一波。吐蕃人也很玩命，居高临下，轰轰地乱扔滚石和檑木，砸死了无数唐军。唐军猛攻数日，除了丢弃上万具尸体外一无所获。哥舒翰大怒，拿下负责主攻的两个将领高秀岩、张守瑜，要将他们斩首示众。二将请宽期三天，如期不克再砍头。

在高秀岩、张守瑜的严厉督战下，数万唐军士卒奋不顾身地蚁附而上，区区五六百吐蕃人砸都来不及。唐军血拼三天，终于攻陷石堡城，生擒吐蕃守将铁刃悉诺罗以下四百人。但不出王忠嗣所料，唐军付出了惊人的代价，阵毙高达数万之巨。

拔取石堡城的消息传到长安城，举朝欢呼。边塞诗人高适也即兴题诗一首，中云："泉喷诸戎血，风驱死虏魂。头飞攒万戟，面缚聚辕门。鬼哭黄埃暮，天愁白日昏。石城与岩险，铁骑皆云屯。"足见石堡城战斗之惨烈。

"肉弹战术专家"哥舒翰因此役名声大噪，因不负皇命，被唐玄宗赐封为西平郡王。一将功成万骨枯。石堡城成了唐军的"伤心岭"和"血岭"，后驻精兵防守。战后这支唐军更名为神武军，后又更名天威军。唐军继而在赤岭以西屯田驻军，又在青海湖中的龙驹岛构筑要塞——应龙城，驻守两千人，将战线往西推进数百里，掌控了湟中战场的主动权，让战火远离河西走廊。

"山地之王"高仙芝

在唐军夺取石堡城的同时，唐玄宗还把眼光瞄准吐蕃侧翼的葱岭地区，包括喀喇昆仑山脉和克什米尔。这一高原地带是丝绸之路的交通枢纽，西汉时丝绸之路南、北两道都要经过葱岭。唐代时丝绸之路穿越塔里木盆地有两条主干道，西域中道和西域南道，以及通往南亚的丝绸之路南道，都要在葱岭地区汇合，然后通往中亚和印度。

此地区有两个国家，大勃律、小勃律①。大勃律，在吐蕃西北隅，西与北天竺、乌苌国接壤，地处喜马拉雅山脉、喀喇昆仑山脉、兴都库什山脉交汇处。小勃律在大勃律西北二百三十余里，都治孽多城②。大、小勃律本为一国，依附于吐蕃。公元687年，勃律国首次遣使赴唐朝贡。公元692年，武威军总管王孝杰大破吐蕃，重置安西四镇，在于阗地区建筑堡垒群，堵住了吐蕃人翻越喀喇昆仑山脉入塔里木盆地的通道。吐蕃人只好另辟入中亚和塔里木盆地的羊同-勃律道，吞并勃律国，设置勃律节度衙，对该地区进行有效的管辖。部分勃律人举兵反抗吐蕃，退避西北的孽多城，形成小勃律国。

吐蕃人为了侵犯安西四镇，多次攻打小勃律。公元722年9月，吐蕃围攻小勃律，小勃律王没谨忙求救于北庭节度使张嵩，说勃律是唐帝国的西门，勃律一沦丧，西域就全部被吐蕃吞并了。张嵩立即派遣疏勒副使张思礼，率步骑四千人挥师越过喀喇昆仑山脉，在小勃律的配合下，大败吐蕃军，斩获累累。自此十数年吐蕃对小勃律老实了许多。吐蕃赞普尺带珠丹即位之后，为了吞并小勃律，胡萝卜加大棒，软硬兼施。公元737年，尺带珠丹令大论结桑东则布再次进攻小勃律，以武力相威胁。其后又将自己的女儿赤玛类嫁给小勃律王苏失利，终于完成对小勃律的吞并。

吐蕃进而控制葱岭以南诸国，打开了入中亚、塔里木盆地的通道。安西节度使田仁琬、盖嘉运、夫蒙灵詧曾经数次出兵讨伐，均未果。以开疆拓土为荣耀的唐玄宗一直对此耿耿于怀，在策划进攻石堡城的同时，也对夺取勃律地区进行了周密的部署。唐玄宗将这个神圣的使命交给将军高仙芝。

高仙芝的父亲高舍鸡原是高句丽国人。公元668年唐高宗灭高句丽国，高舍鸡内迁中原，先后在河西、西域从军，为保护丝绸之路而战。高仙芝年幼

---

① 大勃律，今克什米尔巴基斯坦实控区的巴尔蒂斯坦（Baltistan），首府斯卡杜（Skardu）。小勃律，今克什米尔巴基斯坦实控区西北吉尔吉特（Gilgit）和亚辛（Yasin）一带。

② 孽多城，即今吉尔吉特。

时随父到达安西都护府驻地——伊逻卢城，因骁勇善战，二十余岁被授予将军。此后一直在安西四镇节度使田仁琬、盖嘉运麾下任职，默默无闻。直到夫蒙灵誉担任节度使后，高仙芝一飞冲天，官至安西副都护、四镇都知兵马使，从此迈上通往名将的坦途。

公元747年，唐玄宗采纳夫蒙灵誉的推荐，令高仙芝为行营节度使，率胡、汉兵万余人，讨伐小勃律。高仙芝离开龟兹后，沿着丝绸之路西域中道，一路西行，走了十五天至拨换城，又西南行十余天至握瑟德（今新疆巴楚），此城即东汉的盘橐城，曾经是名将班超经营西域的大本营，为丝绸之路上的重镇。高仙芝从握瑟德西行十余天至疏勒，在此翻越白雪皑皑的葱岭，在群山高原之间向南行进了二十余天，抵达葱岭守捉。葱岭守捉原属揭盘陀国，是丝绸之路南道上的咽喉要隘，法显、宋云、玄奘西行都途经此地。这里可以找寻到东西方文化交流的痕迹，拜火教信徒的圣火曾经在此熊熊燃烧。唐玄宗即位后，安西都护府在揭盘陀国故地置葱岭守捉，派兵驻守，成为唐帝国位置最偏远、海拔最高的哨所。

高仙芝在此休整数日，向南又开始艰苦的行军。经二十余天，至帕米尔河，又二十天抵达识匿国。唐军饮马瓦罕河边，进行战前总动员。高仙芝召集诸将，制定进攻第一个目标连云堡的作战计划。万余唐军分为三个纵队，各自行动。疏勒守捉使赵崇玼率三千骑兵，走北谷道，傍着瓦罕河北岸而行；拨换守捉使贾崇瓘走赤佛堂路；高仙芝与监军太监边令诚取道护密国攻取连云堡，约定三天后即8月23日辰时（上午七到九点）发起总攻。

连云堡下临瓦罕河，涨水时无法渡过，南面十五里有座山。连云堡上有吐蕃守军千余人，他们依据山形搭建木栅栏，安营扎寨，屯兵八九千，与连云堡守兵形成互为掎角之势。

三路唐军只带三日的干粮，克服了高原行军的种种困难，沿途以泉水或融化雪水解渴，准时于8月23日早晨在连云堡附近会师。

史书中有段记载颇为传奇："水既难渡，将士皆以为狂。既至，人不湿旗，马不湿鞴，已济而成列矣。仙芝喜谓令诚曰：'向吾半渡贼来，吾属败矣，今既济成列，是天以此贼赐我也。'"——唐军上下都以为瓦罕河水涨难渡，无不忧心似焚，结果到了瓦罕河边，水位浅得"人不湿旗、马不湿鞴"，高仙芝一阵狂喜，大呼："天助我破敌也！"这些文字有神话高仙芝的嫌疑，但也从侧面反映了高原行军的艰辛。

唐军飞越葱岭天险，突然间兵临连云堡城下。吐蕃守军慌作一团，纷纷爬上山去，搬起巨石块、檑木，朝唐军没头没脑地乱砸一通。

高仙芝令中郎将李嗣业、田珍为左右陌刀将，让二人打头阵。李嗣业身材魁梧，力大无穷，擅用陌刀，威震四方。陌刀是当时盛行的近战利器——长柄刀，威力巨大。史书云："陌刀，长刀也，步兵所持，盖古之斩马，刀重十五斤，又名砍刀，长七尺，刃长三尺，柄长四尺，下用铁钻。马步水路咸可用。力士持之，以腰力旋斩，挡者皆为齑粉。"其长二到三米，重约合今天的二三十斤，专为对付突厥等游牧部落的骑兵而打造。唐军在开阔的荒原与突厥骑兵对战时，中军前方三排为陌刀兵，陌刀兵背后是弓弩兵，左、右两翼为装备长槊、横刀、弓箭的轻骑兵。交锋时陌刀兵手握长柄陌刀，上砍人下砍马腿，大量杀伤敌骑。弓弩兵配合陌刀兵，阻断敌骑的后续部队，必要时也跟敌骑展开贴身肉搏。左、右两翼轻骑兵迂回横击，或保护中军。

高仙芝给李嗣业、田珍下达死命令，"不及日中，决须破虏"——必须在中午之前拿下连云堡。由于长途高原行军，唐军根本无法携带抛石机等重型武器，只能靠士卒的血肉之躯杀开一条血路。吐蕃人也是头一回见识到两米长、明晃晃的陌刀，吓得叽里呱啦叫。李嗣业、田珍二将身先士卒，带头冲锋陷阵，把陌刀挥舞得像风车似的，无数吐蕃人在惨叫声中被腰斩，坠落身死的无数。其余的吐蕃人看了无不胆寒，连云堡上一片鬼哭狼嚎。唐军后续部队如潮涌，一窝蜂往上爬，吐蕃人抵挡不住，溃不成军。唐军自辰至巳，鏖战两个时辰，终于在午前攻陷连云堡，斩首五千级，活捉千余，缴获战马千余匹，粮草、器械无数。

下一个目标是阿弩越城（或即亚辛城）。但太监边令诚眺望远处的崇山峻岭，双腿发抖，立刻瘫软在地。高仙芝只好让他带领三千伤病员和老兵留守连云堡，自率大军继续往南，行三天后抵达坦驹岭。坦驹岭是兴都库什山脉的山口之一，海拔四千七百米，史书称"下峻阪四十余里"。从坦驹岭直下，到阿弩越城所在的亚辛山谷，地势渐渐降低，足足有一千八百余米长的陡峭山坡，令唐军将士望而胆寒，云"大使将我欲何处去？"都大骂说这个高丽人要把他们带到阴曹地府去。

高仙芝担忧士卒心生恐惧，不敢下去，就耍了一个心计。暗中让西域人伪装成阿弩越城的使者，前来投降，说阿弩越城赤心归唐，已将通往吐蕃的吉尔吉特河上藤桥尽皆砍断。高仙芝假装大喜，鼓励将士继续前行。唐军士气大振，壮起胆子，安全通过四十余里的陡坡。三天之后，兵临阿弩越城下。高仙芝要整军攻城，孰料阿弩越城守军早已吓破了胆，真的摇晃着白旗投降。高仙芝很走运，兵不血刃地拿下第二个目标。

第三个目标孽多城是小勃律王苏失利的老巢，位于一块小盆地中，四面环山。攻陷阿弩越城的次日，高仙芝入城，立即部署袭取孽多城。高原地区山路狭窄崎岖，不利于大兵团行动，高仙芝先让将军席元庆、贺娄馀润修整桥路。

为了活捉苏失利，高仙芝决定采用假途伐虢之计，先派席元庆率一千骑兵去见苏失利，哄骗他说："不取汝城，亦不斫汝桥，但借汝路过，向大勃律去。"——我既不占领你的城池，也不砍断你的藤桥，只是借个路过去，征讨大勃律。临行前高仙芝又对席元庆面授机宜："军队一到，城中五六个死忠吐蕃的头目一定会挟持老百姓，逃进附近的深山老林。你可假借皇帝要赏赐丝帛，骗出那些头目，然后全部抓起来，等我到了再做处置。"

席元庆依高仙芝之计一一行事，抓捕了吐蕃的死忠头目，但是小勃律王苏失利和吐蕃公主赤玛类躲入石窟，一时找不到。高仙芝率大部队到达之后，马上将那些吐蕃死忠头目全部斩首，并赶紧令席元庆砍断藤桥。藤桥距离大勃律仅六十里,长一箭道(相当于一千米),是吐蕃军增援孽多城的唯一通道。吐蕃人花了一整年的时间才修好。席元庆跟部下砍了一天,在夜里将藤桥砍断。藤桥刚断,大队吐蕃人马就杀过来了,但为时已晚,只能站在断桥那边干瞪眼。吐蕃援军无望,小勃律王苏失利在高仙芝的亲自招安之下,只好乖乖出来投降。高仙芝远征小勃律之战,威震西域,唐朝史书说:"拂菻、大食诸胡七十二国皆震慑降附。"虽然吹嘘的成分极大,但是此役唐军咸鱼翻身,重新夺回葱岭以南的主导权,将吐蕃人牢牢压制在瓦罕河、喀喇昆仑山一线。

9月,高仙芝押送苏失利和赤玛类凯旋,10月至连云堡,与边令诚会合。月底到帕米尔河,高仙芝迫不及待遣使驰赴长安城奏捷。夫蒙灵詧被高仙芝越级上报气得就要呕血,竟然不顾身份,爆粗口,痛骂高仙芝忘恩负义,什么"啖狗肠高丽奴!啖狗屎高丽奴!"高仙芝却脾气很好,没有与火大的夫蒙灵詧争论,只是不停地谢罪道歉。太监边令诚看不下去,偷偷给唐玄宗打小报告:"仙芝深入万里,立奇功,今旦夕忧死!"——高仙芝远征万里,立了千古奇功,现在却担心被杀!

唐玄宗二话没说,立即在次年2月1日提拔高仙芝为安西四镇节度使,取代夫蒙灵詧,并把夫蒙灵詧召回京城。陌刀将李嗣业因功也被任为疏勒镇守使,他是唐帝国最西端的边关守将。李嗣业的双脚牢牢地踩在丝绸之路上,从中亚过来的商贩,从塔里木盆地过去的商贩,都要经过李嗣业的严查后才能放行。

几乎在高仙芝远征小勃律、扬威葱岭以南山地的同一时刻,唐帝国邻近的倭马亚王朝在轰轰烈烈的革命运动中荡然无存,取而代之的是一个崭新的王朝——阿拔斯王朝。阿拉伯帝国江山易色,丝绸之路也随之发生深刻的变化。

"真主的化身"并波悉林

波斯奴隶并波悉林是阿拉伯帝国改朝换代的头号功臣。倾覆倭马亚王朝的是呼罗珊末任总督萨雅尔。这位糊涂的老总督干了一件非常愚蠢的事,让叛乱的哈里斯回到呼罗珊,这无异于引狼入室。公元745年7月,哈里斯率领他的反叛队伍大摇大摆地开进呼罗珊的首府——木鹿城。老总督萨雅尔非常乖巧地退到尼沙普尔城,将木鹿城拱手让给哈里斯。

但是不久发生部落战争,公元746年4月,哈里斯被他的世仇部落杀死,木鹿城落到大食战将祖代·克尔曼尼手中。哈里斯与祖代·克尔曼尼都是呼罗珊地区阿拔斯派首领并波悉林的先锋。

年已八十的萨雅尔后悔得肠子都青了,决定亲自出征,夺回木鹿城。呼罗珊地区阿拔斯派的支持者大多数是饱受倭马亚王朝高压统治之苦的波斯人,大敌当前,并波悉林决定发动起义。6月9日,并波悉林振臂一呼,木鹿城周围的奴隶、农夫和手工业者纷纷云集在象征阿拔斯派的旗帜下,向腐朽的倭马亚王朝开了第一炮。阿拔斯的旗帜原是先知穆罕默德的战旗,上面写着伊斯兰教经典《古兰经》里的一句话,"被进攻者,已获得反抗的许可,因为他们是受压迫的。"

并波悉林天生就具备领袖的风范,他为人谦和、俭朴,足智多谋。他高喊推翻背叛先知穆罕默德的倭马亚王朝,让先知的后裔阿拔斯派去当哈里发。"应者悉着黑衣,旬月间,众盈数万。"——并波悉林的人格魅力吸引了众多的追随者,呼罗珊和中亚地区的农民纷纷揭竿而起,携带武器,投奔并波悉林,渐成星火燎原之势。

面对并波悉林咄咄逼人之势,呼罗珊的阿拉伯人空前团结,在总督萨雅尔的统率下于8月夺回木鹿城。

但并波悉林很快就时来运转。不久祖代·克尔曼尼被哈里斯的一个儿子杀死,并波悉林趁机挑拨说是萨雅尔教唆的,结果引起阿拉伯阵营的分裂,有部分呼罗珊的阿拉伯贵族投奔并波悉林。并波悉林义军的队伍日益壮大，决心重夺木鹿城。

萨雅尔四面楚歌，赶紧向大马士革的哈里发马尔万二世求援。在求援信的末尾，萨雅尔引用了一首诗歌："余烬之星火兮，终将燎原。烈焰之喷勃兮，兵戈起于谗言。如不以灭兮，必烈烈而白童颜。余之惊愕兮，未知王之觉眠。"萨雅尔质问哈里发马尔万二世："火山就要爆发了，沉睡的倭马亚王朝到底醒了没有？"

马尔万二世也是万般无奈，各地起义如火如荼，从地中海沿岸一直到波斯湾沿岸，最西部的西班牙省早已分崩离析。马尔万二世拆西墙补东墙，忙于扑火，根本就抽调不出一个兵丁去支援萨雅尔。正在此时，马尔万二世截获了阿拔斯派领袖易卜拉欣写给并波悉林的亲笔信，信中责令并波悉林不要过于急躁，免得打草惊蛇。马尔万二世大为震惊，立即派人去侯迈麦村缉拿易卜拉欣，将他处死。易卜拉欣的弟弟阿布·阿拔斯漏网脱逃，东奔库法城。

萨雅尔望穿秋水，就是盼不来援军，只好偷偷溜出木鹿城，逃往尼沙普尔城，死在途中。公元748年2月15日，并波悉林攻陷木鹿城，推翻了倭马亚王朝在呼罗珊的统治。之后，他率义军一路向西，直取伊拉克，沿途所向披靡，终于在公元749年8月29日攻陷库法城，与逃往这里的阿布·阿拔斯及其家人胜利会师。阿布·阿拔斯宣布自己就是穆斯林期待的救世主，并波悉林亲自带领呼罗珊地区的十二个酋长，赴库法拥戴阿布·阿拔斯。

11月28日，阿布·阿拔斯在库法被拥立为哈里发，建立阿拔斯王朝。因尚黑，中国的史书称之为黑衣大食。阿布·阿拔斯自称嗜血者（萨法赫Saffah），决心要用铁腕手段来治理国家。

唐玄宗似乎已洞悉这个西边强邻正陷入一场大动乱。因为公元747年六七月间，"大食国遣使献豹六"。当时正值并波悉林在木鹿绿洲发动起义，谋取木鹿城之时，萨雅尔兵窘，遣使赴唐搬救兵是有可能的。唐玄宗决定利用这个良机，恢复在中亚的政治影响。经过一系列外交运作之后，取得了进展。

公元749年8月，唐廷册封移拔为突骑施可汗。9月29日，瓦罕走廊的护密国王罗真檀入朝，觐见唐玄宗，赖在长安城不回去，要留下宿卫皇宫，得到唐玄宗的许可，被授予左武卫将军。12月18日，吐火罗叶护失里怛伽罗上书唐玄宗，称揭师（今巴基斯坦北部奇特拉尔）勾结吐蕃，阻断了吐火罗与中原的交通，要求唐军出兵收拾揭师国，廓清阿姆河-克什米尔通道。并约定若唐军次年6月抵达小勃律，7月抵达大勃律，吐火罗叶护将同时发兵配合唐军作战。

唐宗玄当即核准吐火罗叶护的合击计划，并把这个重任交给精通山地战术的安西四镇节度使高仙芝。高仙芝的行动比吐火罗叶护的预期更加迅速。他迫不及待地在公元749年末出兵，而后翻越小勃律、大勃律，进展顺利。公元750年春击破揭师国，抓获国王勃特没。4月22日，立勃特没之兄素迦为揭师王。

经过高仙芝两次出兵，唐帝国完全控制葱岭地区，再次将势力范围扩展到中亚的阿姆河流域。高仙芝威震西域，成为继突骑施苏禄可汗之后又一位令阿拉伯人畏惧的东方统帅，并赠赐一个"中国山地之主（Sahib gibal al-Sin）"的荣称。高仙芝犹如一座巨山，挺立在塔里木盆地，俨然是唐帝国在中亚的总督。但是他的威望也达到巅峰，很快就要从云端上摔落下来。因为阿拉伯人来了！

在唐廷立素迦为揭师王之后四天，即4月26日，阿拔斯王朝（黑衣大食）第一任哈里发萨法赫率军攻陷倭马亚王朝（白衣大食）的京城大马士革。马尔万二世逃往埃及，四个月后在一座清真寺里被杀，白衣王朝覆没。

并波悉林也回到木鹿城，顺理成章地入主呼罗珊总督府。并波悉林一如其主"嗜血者"萨法赫，收复了粟特地区一些叛离的城邦，如安国、史国，并实施残酷的统治。结果引发反抗阿拔斯王朝的大起义，其中影响最大的是布哈拉城的沙里赫起义。沙里赫义军包括三万阿拉伯人和粟特人，矛头直指并波悉林。

是年夏天,并波悉林派遣部将谢多诃密(阿拉伯名为齐雅德·本·萨里赫)率万余人,前往布哈拉城镇压沙里赫义军。双方交战了三十七天,结果谢多诃密被沙里赫义军击败。并波悉林赶紧又派出一万援兵,切断沙里赫义军的补给线,终于杀死了沙里赫。

与此同时,并波悉林命令巴里黑总督达乌德越过阿姆河,西攻喷赤河流域的骨咄国。骨咄王胡拜什趁夜突围,逃往北方的拔汗那。

拔汗那本来就麻烦不断,早些时候与邻邦石国反目成仇。石国王那俱车鼻施(莫贺咄吐屯之子)虽然仍与唐帝国保持宗藩关系,但车鼻施是大食所立,企图勾结突骑施移拔可汗,反叛唐帝国,依附大食,并与亲唐的拔汗那王阿悉烂达干为敌,由此在中亚掀起一阵骚乱。

拔汗那王阿悉烂达干求助于"中国山地之主"——安西四镇节度使高仙芝。高仙芝伪装要跟石国谈判讲和,这是他的屡试不爽的计谋。石国王车鼻施信以为真,因而疏忽大意。高仙芝趁机率军突袭,活捉车鼻施及其部众,杀死老弱,奴役丁壮。撤退时高仙芝露出贪婪的本性,大肆掠夺,"瑟瑟十余斛,黄金五六橐驼,其余口马杂货称是,皆入其家"——抢走瑟瑟十余斛(波斯蓝宝石六七百公斤),五六头骆驼满载的黄金,其他的马等牲畜、杂货更是无法计量,全部中饱私囊,致使其家赀累巨万。另一路唐军北庭节度使王正见亦袭击碎叶城,也凯歌高奏,擒获了突骑施移拔可汗。

次年(751)2月,高仙芝押送近期在西域靖边战争中的战俘,包括突骑施移拔可汗、石国王车鼻施、揭师王勃特没,还有几个吐蕃王公,到长安城向唐玄宗邀功。唐玄宗下令将车鼻施推出开远门斩首,授予屡获战功的高仙芝开府仪同三司。这是唐帝国文官制度中最高的官阶,正一品。

高仙芝由此成为唐帝国一颗灿烂耀眼的将星,风光无限。大诗人杜甫特意赋诗一首《高都护骢马行》,歌颂高仙芝的赫赫战绩,中有"安西都护胡青骢,声价欻然来向东。此马临阵久无敌,与人一心成大功"。晚唐著名诗人薛能也写了一首《拓枝词》，专门歌颂高仙芝的武功，诗云："悬军征拓羯（即石国），内地隔萧关。日色昆仑上，风声朔漠间。何当千万骑，飒飒贰师还。"可见唐代高级知识分子对高仙芝此役还是引以为豪的。

高仙芝的征战本来是完美的，但是他的贪婪、残忍也为其招惹祸端。史书载经过高仙芝大劫掠之后，石国百姓一贫如洗，"国人号哭"，其状甚惨。石国王子远恩曾经赴唐朝贡，对高仙芝的贪暴恨之入骨，就奔逃河中地区，向粟特昭武诸国诉苦。昭武诸国震怒，联名向驻扎撒马尔罕城的大食战将谢多诃密控告高仙芝的贪暴，请求为他们主持公道。谢多诃密赶紧向木鹿城的呼罗珊总督并波悉林请示。

并波悉林认为这是真主恩赐自己建功立勋的大好时机，立即宣布向唐帝国开战！他调派大量援军，其中部分是侵占吐火罗的大食军。这批援军在5月开赴撒马尔罕城，与谢多诃密汇合。为了防备唐军的进攻，并波悉林未雨绸缪，下令加固撒马尔罕城的防御工事。

一切准备充分之后，并波悉林命令谢多诃密率军继续向北扫荡。沿途所经，拔汗那、石国等亲唐的城邦纷纷投降。很快阿拔斯王朝的旌旗插在了锡尔河流域各地，兵临石国重镇怛逻斯城下。

鏖战阿特拉赫小镇

怛逻斯城，位于锡尔河上游塔拉斯河畔，在唐帝国最偏远的边防重镇——碎叶城西边五百里，距离南边的石国也有四百五十里。其前身为西汉郅支单于西迁后强征康居人修建的郅支城，公元前36年被名将陈汤攻破。突厥兴起后，怛逻斯城一直是突厥部落的政治、经贸中心。公元628年，玄奘西游曾途经此地，发现城中粟特贩商云集，四周还有三百个小镇。其居民都是突厥部落从中原掠夺而来的汉人，在此聚居，讲汉语写汉字，保留原有的中原习俗。突骑施部落兴起后，控制该城。其后苏禄可汗死去，突骑施分裂，石国趁机将怛逻斯城占为己有。

第十章 怛逻斯城

进驻怛逻斯城的是大食偏将赛义德·本·哈米德，他入城后立即修补城墙缺口，做好打硬仗的准备。呼罗珊总督并波悉林则亲自坐镇撒马尔罕城，将大批的将领和招募的士卒都派到赛义德·本·哈米德那儿。除了大食军外，还有从康国、安国、米国、石国、花剌子模、拔汗那、黑姓突骑施等，强征硬拉入伍的仆从兵，总数超过三万人。

根据安西节度使幕府掌书记、边塞诗人岑参所写诗判断，高仙芝听说石国王子招引大食人来攻，于天宝十载四月（阳历5月）离开长安城，"都护（高仙芝）新出师，五月发军装"（《武威送刘单判官赴安西行营便呈高开府》）——五月（阳历6月）高仙芝抵达安西都护府驻地龟兹伊逻卢城。"火山六月应更热，赤亭道口行人绝"（《送李副使赴碛西官军》）——六月（阳历7月），安西节度副使李嗣业率威名赫赫的陌刀兵，走伊吾至高昌之间的赤亭道，开赴伊逻卢城。岑参则留在高昌，以待后命，未随军征战。

高仙芝待安西军集结完毕，立即挥师西进。自龟兹西征怛逻斯，要途经姑墨、勃达岭、大清池、碎叶城等地，总路程超过两千里。

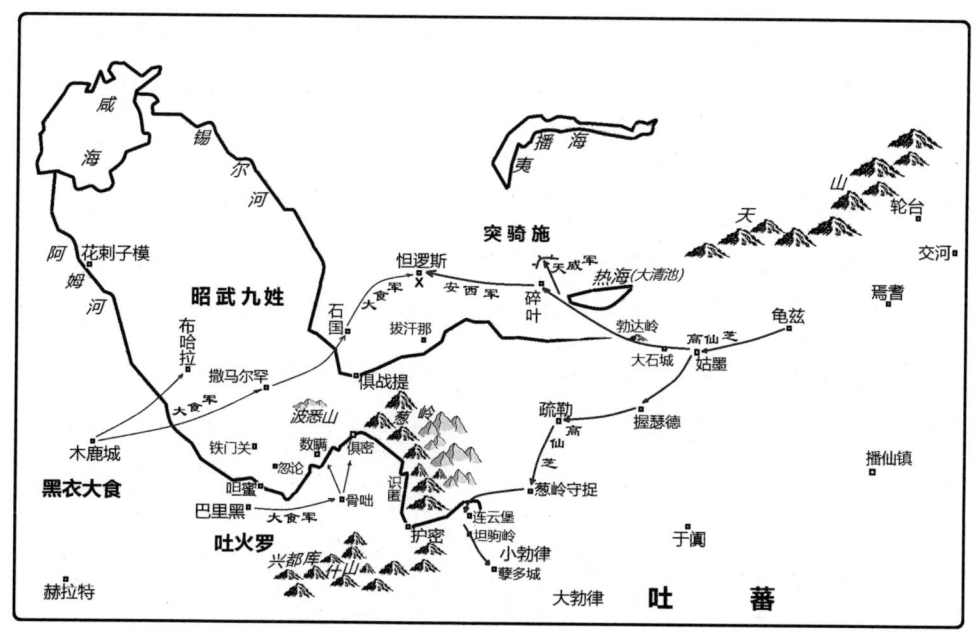

图15　高仙芝西征示意图

高仙芝能调动的兵马有多少？史料记载，公元742年唐帝国有三百三十一个直辖州、八百个羁縻州，唐军总数四十九万，战马八万匹，置十个军区。其中安西军区（安西都护府）下辖疏勒、龟兹、于阗、焉耆四镇，兵两万四千人；北庭军区（北庭都护府）下属瀚海、天山、伊吾三军分区，驻伊、西二州，兵两万。高仙芝不可能调动北庭都护府的下属部队，而安西四镇也要有留守人员，所以只能出动两万有余的兵力，其中包括陌刀将李嗣业的精锐陌刀兵。为了防止碎叶城的突骑施部落乘虚而入，唐玄宗又调派驻防吐蕃边境重镇天威军（原名石堡城）的锐卒天威健儿赴西域作战。健儿，又称长从兵或长征健，是唐玄宗时期专为戍守边关而招募的精锐士卒。

由于有天威健儿挡住碎叶城的突骑施部落，西征怛逻斯城的安西军可高枕无忧。高仙芝对手下的这两万安西军战力信心爆棚。他确信，单凭李嗣业的陌刀兵就足以劈得大食军落花流水。高仙芝率军沿着丝绸之路西域中道西行，在途中听到情报人员说大食军有数万之众，这才有点担忧，赶紧临时补充了一些人马，包括拔汗那、葛逻禄部落的队伍，使其总数达到三万人[①]。随后的战况证明，临时补充的葛逻禄骑兵，像几粒老鼠屎，坏了一大锅汤。

葛逻禄跟突骑施一样，都是异姓突厥部落。葛逻禄是个容易变节的部落，有过叛变的前科。公元628年叛西突厥，引爆西突厥内乱。公元743年叛东突厥，拥立拔悉蜜。突骑施发生黄、黑二姓之争，葛逻禄又叛离而去。后来依附唐帝国，其忠诚指数远远低于突骑施。

高仙芝率三万大军抵达大石城，略做休整，穿越勃达岭，深入七百里，直奔怛逻斯城而去。抵达城下时，城头上阿拔斯王朝的旌旗迎风招展。高仙芝怒气冲天，立即下令攻城，怛逻斯之战就此爆发，时间约在公元751年7月下旬。

[①] 高仙芝与大食军交锋的兵力数量各说不一。杜佑《通典》的数据为七万。马宇《段秀实别传》云"蕃、汉六万众"。司马光《资治通鉴》引《唐历》作"蕃、汉三万众"。《新旧唐书·李嗣业传》均作二万人。阿拉伯人的史书都是唐军十万，其中死、俘共七万。

第十章 怛逻斯城

大食军守将赛义德·本·哈米德率部顽强抗击,以箭、石头击退高仙芝的多次进攻。谢多诃密闻讯率大部队陆续赶来。安西军初战没有占到便宜,大食援兵又出现地平线上,高仙芝唯恐陷入大食军的内外夹击,当即下令后撤数里,在一个叫阿特拉赫的小镇布阵,准备迎敌。几天后,约7月28日,谢多诃密与高仙芝在此展开一场大决战。

阿特拉赫小镇在塔拉斯河的岸边。塔拉斯河是一条内陆河,起源于吉尔吉斯山脉,缓缓向西北流淌,在沙漠边缘徘徊,最后注入埃丁湖。由于史书上没有记载大食军或安西军渡河作战,也找不到战后安西军渡河逃跑的记录,所以两军的交战地点当在塔拉斯河的西侧或者西南侧。

从武器装备来看,安西军和大食军各有所长。安西军配备的长柄武器陌刀是对付骑兵的大杀器,而大食军拥有闻名遐迩的乌兹钢刀,有时也称为大马士革弯刀。大马士革弯刀长度只不过是陌刀的一半,刀身有一道深深的凹痕。乌兹钢技术是来源于印度西北海得拉巴的一种精湛的冶铁技术,炼成高硬度或者抗断裂能力极佳的块铁,再贩卖到大马士革,经过当地铸刀匠锻造之后,锋利无比,刀面上有一种特殊的花纹,伊斯兰信徒称之为穆罕默德花纹。除了近战武器刀、剑,双方都配备远程武器弓箭。

由于安西军仅有战马两千七百匹,以步兵为主,交战时面对完全陌生的敌人,高仙芝按照以往在葱岭以南惯用的山地战法,把李嗣业的陌刀兵摆在最前头,背后是弓弩手,侧翼是为数不多的骑兵,粮草、辎重部队则放置在最后边。谢多诃密的大食军以轻骑兵为主,机动性与灵活性远远超过安西军,他们分成几个纵队,轮番对安西军发动马蜂式的攻势。

高仙芝的山地战术兵力部署过于集中,骑兵为了保护中锋,无法充分发挥强大的机动性。大食军挥舞着奇特的弯刀,试图避开李嗣业的陌刀兵,迂回到安西军阵后,攻击行动迟缓的辎重部队。但是遭到陌刀兵的奋力阻击,陌刀寒光闪闪,大食骑兵人仰马翻,惨叫声此起彼伏,血淋淋的马腿夹杂着残手断脚在半空中飞舞。

大食骑兵伤亡惨重，寸步难进，无法冲破安西军的密集阵形。战事胶着，一直持续了四天。高仙芝缺乏强有力的反击力量，一味防守，遭到大食骑兵疯狂进攻的压制，极为被动。全军上下一片浮躁，人心开始动摇，终于厄运降临了。

第五天，葛逻禄部叛变，与大食军前后夹击安西军。对于葛逻禄部的叛乱，阿拉伯的史书将其归功于大食军统将谢多诃密敏锐的战略观察力与高超谋略。据阿拉伯人的记载，石国王子远恩是葛逻禄酋长的一个堂兄弟，在战前葛逻禄酋长就跟石国王子"暗通款曲"，许诺帮助他为惨死的石国王车鼻施报仇。谢多诃密洞悉到安西军的军心不稳，与葛逻禄部秘密媾和，合伙算计高仙芝。遗憾的是，骄横自大的高仙芝及其他将领对葛逻禄部与谢多诃密的阴谋一无所知。

这是高仙芝数十年戎马生涯中最黯淡的一天。安西军的阵形仍然不变，威力巨大的李嗣业陌刀兵摆在前阵，心怀不轨的葛逻禄骑兵被置于左右两翼，负责保护安西军侧背后安全，战斗力最弱的拔汗那部队负责看守粮草辎重。

谢多诃密下令呼罗珊骑兵从正面强攻安西军。呼罗珊骑兵异常剽悍，堪称大食军中的精锐，在颠覆白衣大食的战争中发挥了举足轻重的作用。呼罗珊骑兵攻势凌厉，李嗣业率陌刀兵奋力阻击。双方鏖战正急，突然，葛逻禄部临阵倒戈，从侧翼袭击脆弱的拔汗那人。拔汗那人不堪一击，丢弃粮草辎重，四处逃散。高仙芝手足无措，来不及组织有力的反攻，安西军就土崩瓦解了。大食骑兵击垮棘手的陌刀兵后，也成功绕到安西军的背后，与葛逻禄叛军会合，将粮草辎重扫荡一空。

血战至日落，三万安西军"士卒死亡略尽，所余才数千人"。塔拉斯河畔，原野上，横七竖八地躺着阵亡者的尸体，鲜血染红了河岸边的草丛。有记载称，殁于此役的安西军超过八千人。

高仙芝不甘心战败，准备收拾残部与大食人拼个你死我活。李嗣业安

第十章 怛逻斯城

慰说:"智者千虑,或有一失。势危若此,不至胶柱。"——胜败乃兵家之常,留得青山在,不愁没柴烧。因此劝高仙芝在夜幕的掩护下突围撤退,否则就有全军覆没之危。结果撤军时白石岭的狭窄通道挤满了拔汗那溃兵、马匹,后面的大食骑兵又叫嚣冲来,危急之时李嗣业抡起大木棒,猛砸堵路的拔汗那溃兵和马匹,高仙芝这才踩着尸体狼狈南逃。

高仙芝一跑,安西军群龙无首。夜幕降临,黑暗之中相互踩踬,哭声一大片。别将段秀实大骂李嗣业:"避敌先奔,无勇也;全己弃众,不仁也。幸而得达,独无愧乎!"——见了敌人拔腿就跑,是懦夫;为了保全自己抛弃部下,是自私。就算侥幸逃生,难道心中就无愧吗?李嗣业羞愧万分,握住段秀实的双手连声道歉,自愿率陌刀兵断后。在李嗣业的誓死拼杀之下,击退了大食追兵,收拢了逃散的士卒,且战且退,安全撤回龟兹。

怛逻斯之役,唐军惨败,生还者仅数千,被俘的不计其数。大食统将谢多诃密并未追赶,因为唐军丢弃了价值无法估量的财物,其中包括令人炫目

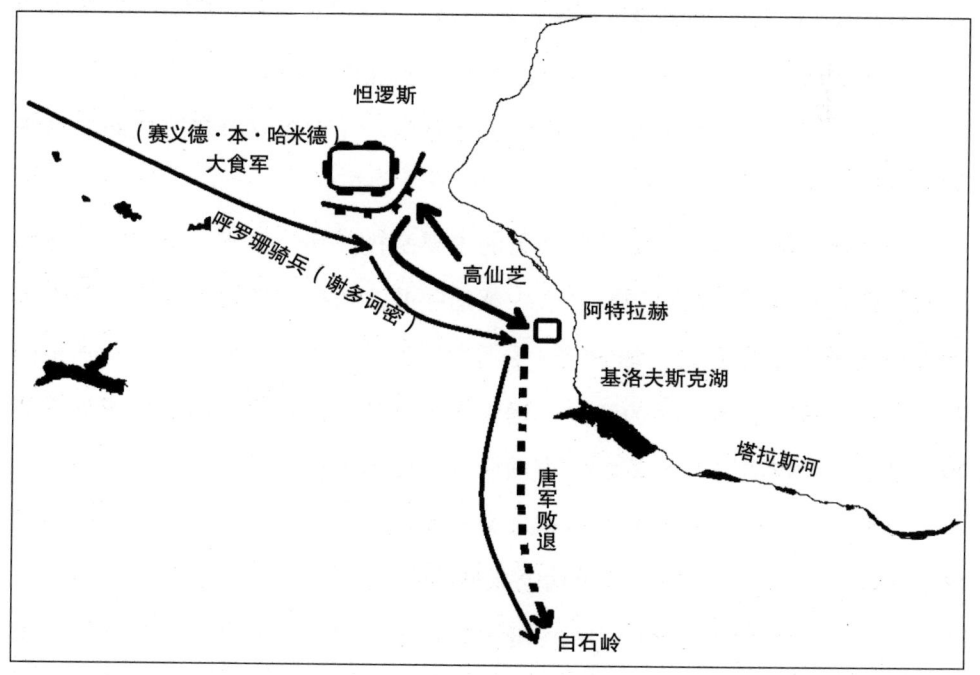

图16 怛逻斯之战示意图

的丝绸和瓷器。谢多诃密打扫战场，清点战利品后，押送唐军战俘回到撒马尔罕城，向并波悉林献上一枚举世罕见的蓝宝石。估计也是从唐军手中缴获过来的。

并波悉林整顿人马，决定乘胜追击，杀入塔里木盆地。但是谢多诃密的一个举措让并波悉林打消了这个疯狂的念头。谢多诃密从口袋里掏出一封哈里发萨法赫的亲笔信，信中说任命谢多诃密为呼罗珊都督。为了避免重蹈屈底波的悲惨覆辙，并波悉林决定回到木鹿城以观后变。

怛逻斯惨败，高仙芝从神坛上跌落下来。尽管名誉扫地，但是唐玄宗并没有因此重责高仙芝，只是撤了他的职务，让北庭节度使王正见去接任安西四镇节度使的军职。高仙芝被召回京师，担任右金吾大将军的闲职。

怛逻斯之役是丝绸之路上一次影响深远的战役。战后，唐帝国的灿烂阳光在中亚迅速黯淡下去，大食则挟怛逻斯大胜之余威，席卷河中地区。巴里黑总督达乌德进攻石国，杀其国王，谢多诃密也趁机将未称臣的城邦尽数征服，中亚地区大部分并入阿拉伯帝国的版图。

昭武诸国虽然慑于并波悉林淫威，不得不屈服，但是也不忘向昔日的宗主国——唐帝国遣使表忠诚。粟特人长袖善舞，在大食与唐帝国之间左右逢源，确保了丝绸贸易的正常运行。

怛逻斯战后，最先遣使赴唐朝贡的主要是拔汗那、俱密、康、安、花剌子模等国，这些城邦在怛逻斯之战中都追随并波悉林，与唐军为敌。坚定亲唐的中亚城邦被唐玄宗大加褒奖。公元752年，屡遭大食军侵犯的骨咄王胡拜什赴唐，唐玄宗册封他为叶护，赐汉名罗全节。在嘉奖诏书中，唐玄宗盛赞罗全节，"顷者以群丑拨动，方欲胁从，而忠恳不渝，始终弥固。言念于此，嘉尚良深"——罗全节在群丑（大食及其仆从国）的裹胁之下，冒着灭国之危，附唐之心坚如磐石，令唐玄宗感动不已。

尽管在怛逻斯遭遇挫折，在中亚大幅后退，但是唐玄宗决不会从塔里木盆地再退却半步。那是自张骞出西域以降，用无数先驱者的鲜血换来的神圣领土，一尺一寸都不能丢。

葛逻禄部落反复无常，令唐玄宗心生厌烦，决定扶植突骑施取代葛逻禄。公元753年10月7日，唐玄宗册封突骑施黑姓可汗登里伊罗蜜施为突骑施可汗。

这一年，唐玄宗派遣安西节度使封常清讨伐大勃律，进至克什米尔中部的菩萨劳城，大破吐蕃伏兵，将葱岭以南的吐蕃势力尽皆驱逐。次年冬天，封常清又攻破丝绸之路西域南道上的播仙镇（即且末），这是吐蕃在塔里木盆地的一个军事据点。

诗人岑参在封常清帐下，亲历此战，为庆祝播仙大捷，作《献封大夫破播仙凯歌》六首。其中第五首云："蕃军遥见汉家营，满谷连山遍哭声。万箭千刀一夜杀，平明流血浸空城。"再现了当时安西军将士为捍卫边关抛头颅洒热血的情景，谱写了可歌可泣的历史篇章。

公元755年，吐蕃赞普尺带珠丹遇刺身亡，太子赤松德赞继位。吐蕃大乱，逻些城西边四百里处的苏毗（今西藏日喀则南木林县）部落王子乘势反叛，宣布归唐。

可见怛逻斯战败并未对唐帝国经营西域的事业产生消极影响，史书载"是时中国盛强，自安远门西尽唐境凡万二千里，闾阎相望，桑麻翳野，天下称富庶者无如陇右"——自长安城正北的安远门，一直到西域尽头，在长达一万两千余里的丝绸之路上，屋舍林立，一派繁荣，生机勃勃，那时候河西走廊以西的大西域是唐帝国最为富庶的地区。镇守河西走廊的名将哥舒翰遣使入朝奏事，都要骑上白骆驼，每天疾行五百里，非常抢眼。

并波悉林之死

怛逻斯之役后，大食遣使赴唐的次数出乎意料地增多，这似乎表明大食人并不想与唐帝国彻底撕破脸。因为河中地区的粟特人以贩卖丝绸为生，每年可向大食缴纳丰厚的税赋。这也跟唐玄宗对大食使者采取宽容态度有关，凡是前来朝贡的使团都满载而归。公元753年竟有四批大食使团到达长安城。有两次在史书上明确指出是大食的官方使团，其余两次极有可能是投机商贩冒充的。

公元753年1月15日，大食外阿姆河总督谢多诃密派遣的使臣抵达长安城，这是怛逻斯之战后大食第一个赴唐的使臣。谢多诃密歼灭高仙芝的安西军后，因功被授予外阿姆河总督。唐玄宗忙于倡导和平，不念旧恶，在谢多诃密的特使回国之前，封授其为左金吾大将军。

此时谢多诃密遣使赴唐是否肩负某种政治任务，史无明载。从中亚赴长安城至少要走四五个月，谢多诃密的特使出发日期当在公元752年的夏秋之间，正值呼罗珊总督并波悉林与哈里发"嗜血者"萨法赫关系紧张之时。

并波悉林可谓一世英雄，既为阿拔斯王朝的开国元勋，又在怛逻斯击溃唐军，战功赫赫，在呼罗珊地区一呼百应。老百姓只知道有一个"真主的化身"并波悉林，都称呼他为"阿拉伯王"，并不识得库法城内还有一个哈里发。

功高震主，其下场都不得善终，古今中外，概莫能外。并波悉林忽略了这一条颠扑不破的真理，居功自傲，开始为所欲为。

怛逻斯之战后，大食军从唐军那儿缴获了大量精美的丝绸和瓷器等货物，并波悉林、谢多诃密、达乌德，甚至参战的粟特仆从国，加入瓜分这些战利品的斗争之中，你争我抢，差点儿引发火并。最后全被并波悉林据为私有，把它们藏在里海南岸的陀拔斯单。哈里发萨法赫也有所耳闻，对并波悉林独吞财物的贪婪之心深恶痛绝。

阿布·萨拉马也是呼罗珊阿拔斯派的领导人之一，萨法赫上台之初，两人情同手足，几乎是铁板一块。后来阿布·萨拉马与萨法赫政见不合，萨法赫写信问并波悉林该怎么办，并波悉林的回答只有三个字：处死他！

萨法赫的叔叔深知阿布·萨拉马在呼罗珊人心中的崇高地位，建议借刀杀人，让并波悉林去处决他。不久，萨法赫把阿布·萨拉马召到王宫，阿布·萨拉马在深夜回家的路上遇刺身亡。萨法赫由此对并波悉林的党羽众多大为惊恐。

于是萨法赫任命自己的哥哥阿布·贾法尔为木鹿城总督,到并波悉林身边做卧底,刺探他的情况。阿布·贾法尔亲眼所见的与想象中的并无两样,并波悉林在呼罗珊地区拥有至高无上的权势,一手遮天,大搞独裁,而且日益残忍。一位阿拔斯王朝的大功臣就因一句话惹恼了并波悉林,结果身首异处。

此事就发生阿布·贾法尔眼前,使他对并波悉林的厌恶与恐惧永难消除。阿布·贾法尔赶紧回到库法,向萨法赫报告,如果不剪除这个可怕的专制者,早晚会被并波悉林赶下台。萨法赫把阿布·贾法尔的劝告牢记心中,但他告诫阿布·贾法尔不得泄密。

公元752年,外阿姆河总督谢多诃密不满并波悉林的暴政,在撒马尔罕城举旗谋反,自立为康国王。并波悉林奉萨法赫之命前去镇压,谢多诃密于此时遣使赴唐,似乎有求援之意。但唐玄宗整天沉溺于杨贵妃的温柔乡中,荒废朝政,根本就无心插手。结果谢多诃密孤立无援,被并波悉林击破。

在平叛时,并波悉林发现哈里发萨法赫的一个间谍与谢多诃密日夜躲在帐篷里窃窃私语。并波悉林抓到哈里发的间谍后严刑拷打,间谍承认收到哈里发的指示,要他刺杀并波悉林。为了避免事态扩大,并波悉林下令立即将谢多诃密与间谍就地斩首。

但是哈里发间谍的事如同恶魔般缠绕着并波悉林,使他日夜不得安宁。并波悉林决定亲自去库法一趟,摸清哈里发的意图。

公元753年,并波悉林率领八千部下,离开呼罗珊,到库法附近的安巴尔王宫面见哈里发萨法赫,请求让他去圣城麦加朝觐。萨法赫当即批准,但是只允许并波悉林携带一千人进入麦加城。此外萨法赫还通知他,阿布·贾法尔将担任朝觐的总管。这个职位是并波悉林做梦也想得到的。

当时阿布·贾法尔就在安巴尔王宫,他非常忌恨并波悉林,建议萨法赫召见并波悉林，然后趁其不备，由他在背后将并波悉林砍翻在地。萨法赫担忧并波悉林带来的人马造反，于是拒绝了阿布·贾法尔的建议。

公元754年5月，并波悉林以"王朝监护人"的身份出现在麦加城中，与阿布·贾法尔共同管理朝觐仪式。主持朝觐的是阿布·贾法尔，但是并波悉林衣饰华丽，器宇轩昂，其豪迈与霸气令阿布·贾法尔黯然失色，成为朝觐仪式上的真正主角。阿布·贾法尔恨不得将并波悉林碎尸万段。

朝觐结束之后，在返回库法的途中，传来哈里发萨法赫已经在6月10日驾崩的消息，阿布·贾法尔被王族成员指定为下一任哈里发。阿布·贾法尔即位后，自号曼苏尔（胜利者），他是阿拔斯王朝的第二任哈里发。

此时曼苏尔君临天下，大权在握，杀掉并波悉林易如反掌。但曼苏尔不露声色，因为他的哈里发大位正面临叔父阿卜杜拉的挑战。大食第一悍将并波悉林现在成为曼苏尔手中的一块王牌，他就像天平上的一个砝码，加到哪边天秤就往哪边倾斜，堪称大食版的韩信。

曼苏尔坦诚地向并波悉林倾吐心中的担忧，并波悉林当即拍胸脯保证，一旦阿卜杜拉图谋不轨，他必将誓死捍卫曼苏尔。

阿卜杜拉获悉萨法赫已死，马上在小亚细亚黄袍加身，自封为哈里发，率大军南下进攻曼苏尔，攻势凌厉。关键时刻并波悉林挺身而出，声东击西，在尼西比纳大破阿卜杜拉，保住了曼苏尔的大位。并波悉林战无不胜，在丝绸之路上呼风唤雨，堪称一代枭雄。

但是并波悉林早已看透曼苏尔的心思。飞鸟尽，良弓藏；狡兔死，走狗烹。为防备不虞，并波悉林启程回呼罗珊。一旦并波悉林回到呼罗珊，无异于放虎归山留后患。眼见并波悉林将成尾大不掉，曼苏尔决定拔除这一眼中钉。曼苏尔宣布并波悉林调任埃及省长，但是并波悉林拒绝接受新的任命书。他委婉地给曼苏尔回话说，即使回到了呼罗珊，自己也是哈里发的一个忠实奴仆，否则将逼上梁山，不得不解除对哈里发的效忠。

并波悉林绵里藏针，曼苏尔大发雷霆，严令并波悉林立即返身回来，自己将在底格里斯河畔泰西封附近的迈达因行宫等候他。并波悉林左右为难，身边的一个亲信被曼苏尔收买了，在这个亲信的怂恿和劝说之下，并波悉林只好赶到迈达因行宫。

曼苏尔假惺惺地热情款待并波悉林，和蔼地让并波悉林先去沐浴更衣，解除旅途劳顿之苦。第二天，曼苏尔再次将并波悉林召进行宫，寒暄了几句之后，蓦然翻脸，指控并波悉林私藏阿卜杜拉的女奴、谋杀阿布·萨拉马等忠臣、在朝觐的路上藐视自己的一系列罪名。并波悉林竭力为自己辩护，并吻湿曼苏尔的手，向真主安拉发誓永无叛逆之心。但已经无济于事，曼苏尔猛击手掌，从窗帘后冲出五个全副武装的壮汉。在曼苏尔不绝于口的谩骂声中，并波悉林被剁成肉酱，含恨而死。

并波悉林殒命之时尚不满三十五岁，但是他武功盖世，凭借着自己非凡的才智和军事才能，不但改变了伊斯兰世界的面貌，推翻腐朽的倭马亚王朝，是阿拔斯王朝的首义功臣，而且以一人之力撼动唐帝国在中亚的统治，堪称那个时期伊斯兰世界的伟大人物。但是这位叱咤风云的豪杰，终因功高震主，与古今中外数不清的名将一样，都惨死于自己效忠的朝廷，在丝绸之路上留下了一段无比悲壮的历史传奇。

并波悉林死后，他的心腹大将散巴德以替并波悉林复仇为名，在呼罗珊发动起义，控制了大片地区，严重威胁阿拔斯王朝。叛乱蔓延到美索不达米平原，曼苏尔派出去的镇压部队屡战屡败。但是翌年，曼苏尔终于成功地平定美索不达米和呼罗珊的叛乱，帝国重新恢复了平静。

曾经做过巴里黑总督的达乌德被曼苏尔任命为呼罗珊总督。他任职之时正值唐帝国发生巨变，粟特人后裔安禄山在范阳叛乱，史称安史之乱，唐帝国从鼎盛时期迅速衰落下来。达乌德于安禄山叛乱的第二年，即公元756年，派遣使臣等二十五人赴唐，后派兵帮助唐玄宗收复沦陷的长安城与洛阳城。

杜环西行

并波悉林虽死,但他指挥的怛逻斯之役却是丝绸之路上一次标志性的事件,此役后大唐退大食进,成为中亚政治形势的分水岭。更重要的是,此役中数千名唐军俘虏,将唐帝国先进的科技文化传播到中亚、西亚,甚至欧洲、非洲,极大影响了东西方历史进程。

被并波悉林俘虏的唐军中,有一位叫杜环的人,在公元751年到公元762年之间环游西亚、欧洲、非洲,成为自西汉张骞以来走得最远的中国人。杜环回国后写下了一部游记《经行记》,虽然大部分失传,他叔父杜佑摘抄也不过一二千字,但是从中可以一窥怛逻斯之役对东西方文化交流的巨大促进作用。

杜环在《经行记》中详尽记录游历诸国的情况,是继法显《佛国记》、玄奘《大唐西域记》之后又一部价值连城的地理著作。根据该书,大食军押送唐军战俘从怛逻斯城南下,途经石国、拔汗那,转移到西边的撒马尔罕城。并波悉林正在那儿翘首以待,静候佳音。杜环在拔汗那国看到波罗栎林,林下有球场,当时中原盛行的体育运动马球或许就通过丝绸之路传至中亚。此外杜环还见到桃、杏等,这些植物都是通过丝绸之路传播到西域去。在异国他乡,身陷囹圄,见到熟悉的家乡物产,杜环或许回想起童年时代在桃树下嬉戏的情景,惆怅之情油然而生。

进入河中地区的昭武诸国之后,只见粟特商贩忙碌穿梭,到处一派繁荣景象,更勾起了唐军战俘们对中原的怀念。但是他们永远回不了家了!大食人把战俘都押送到撒马尔罕城,也就是康国的都城。呼罗珊总督并波悉林将战俘分类关押,挑选出造纸、书画、制瓷等能工巧匠,命令他们向粟特人、大食人传授技艺。

中国古代四大发明之一——造纸术就在这一年传入到中亚、西亚。撒马尔罕城内建立的造纸工场跟中原地区的没有两样,从那儿出来了一批批雪片般的纸张,取代了树叶、羊皮、贝叶和埃及纸草等书写材料,备受人们的青睐。撒马尔罕由此成了中亚的造纸业中心,拥有阿拉伯帝国最先进的造纸工场。撒马尔罕纸闻名遐迩,成了撒马尔罕的特产,供不应求,在短短的数十年间迅速传入西亚的巴格达、大马士革等城市,又传入欧洲的拜占庭帝国,风靡法国、德国、意大利等地区。英国科学史学家李约瑟对这些被俘的中国人给予高度的评价,说造纸术的西传为欧洲文艺复兴铺平了道路。

约公元757年,杜环等唐军战俘被带到木鹿城。此地是丝绸之路中段要地,也是呼罗珊总督——杜环称之为大食东道使的府衙驻地。此时威名赫赫的并波悉林已被哈里发曼苏尔处死,现任总督达乌德长期在中亚征战,接触过中原人。杜环等战俘在木鹿城待了两年,又被押送到西亚去,哈里发曼苏尔决定另造一座新的都城——巴格达,唐军战俘将参与营建工作。

曼苏尔居住在库法城附近的哈希米亚王宫和希拉王宫,经常受到暴乱分子的袭击,这让曼苏尔寝食难安。公元758年6月,并波悉林的追随者聚集在哈希米亚王宫前,寻衅滋事,有两百人被曼苏尔拘捕,结果引发数千人的暴动,暴徒们冲进大牢,救出同伙。又有六百人在深夜攻打哈希米亚王宫,曼苏尔从睡梦中惊醒,吓得从后门偷偷逃跑。不久,临近的巴士拉又发生暴动。频繁的暴动、滋扰,甚至政变,让曼苏尔心惊肉跳,日夜不得安宁,他决心离开这个是非之地。为此他亲自骑行,溯底格里斯河而上,找寻营建新都城的风水宝地,最后看上库法以北三百里的塞拉。此地在底格里斯河的西岸,距幼发拉底河只有六十余里,位于两大河流之间距离最短的地段,其后还有一条深深的运河,交通异常便利,可谓是两河流域的心脏地带。更重要的是,新城址紧紧挨着萨珊波斯旧京泰西封,无论从陆地还是海上运输过来的中国丝绸,还是埃及、叙利亚的物产,均可汇集此处,供曼苏尔享受。

公元758年8月间,曼苏尔开始勘查新城址。当地的土著酋长闻讯大喜过望,称赞说此处是真主安拉恩赐给哈里发的礼物,底格里斯河、幼发拉底河将是新都城的天然堑壕,没有敌人敢妄想接近。于是曼苏尔开始调派人力,筹划资金，各地的人员和建筑材料源源不断地被输送到新工地，底格里斯河、幼发拉底河都沸腾起来。

杜环与其他的唐军战俘就在这时候来到了西亚。他们沿着丝绸之路西行，横穿伊朗高原，沿途经过萨珊波斯的旧迹，于公元759年抵达库法，杜环称之为亚俱罗。在这里，杜环并未感受到沦为战俘的耻辱，反而为能够领略到神奇的异域风光而欣慰。城内清真寺林立，穆斯林满眼皆是，杜环留下了中国历史上关于伊斯兰教最早、最准确的记载，从而名垂千古。

杜环写道："其士女瑰伟长大，衣裳鲜洁，容止闲丽。女子出门，必拥蔽其面。"——穆斯林女性必须戴盖头，以取得真主的悦纳。描述了穆斯林教俗和禁忌："每七日，王出礼拜，登高座为众说法""其俗：每七日一假，不买卖""不食猪、狗、驴、马等肉"。又记载了当地的大量方物、特产，如石蜜（冰糖）、香油（芝麻油）、香草（香料）等等。还有"小而紧，背有孤峰，良者日驰千里"的阿拉伯单峰骆驼，以及"高四尺以上，脚似驼蹄，颈项胜得人骑行五六里，其卵大如三升"的沙漠骏马——鸵鸟。

黑衣大食为当时世界上幅员最辽阔的大帝国，东起中亚，与唐帝国接壤，西及北非的摩洛哥、直布罗陀以北的西班牙。杜环称："今吞灭四五十国，皆为所役属，多分其兵镇守，其境尽于西海焉。"在杜环的地理认知中，西海是一个非常遥远而又缥缈的概念，有如现在人们所说的太阳系边缘。

在库法城内，最令杜环欣喜的是，他竟然遇到来自中原的金银工匠、画匠以及丝绸技术工，如长安籍的画匠樊淑、刘泚，山西籍的丝绸工匠乐䥔、吕礼，等等。他们是否在怛逻斯战役中被俘，跟杜环一样流亡他乡，不得而知。但肯定的是，这些拥有一技之长的工艺大师通过丝绸之路西来之后，将唐帝国的灿烂文化传遍西亚、欧洲，为东西方技术交流做出了巨大贡献。

此时巴格达的营建工作如火如荼，曼苏尔几近倾全国之物力，耗费四百八十八万三千第纳尔的金币，雇佣的建筑工、技术工超过十万人。这些建筑工等都是从叙利亚、美索不达米亚、波斯各地征集而来的，唐军战俘必定有部分被征用去筑城。撒马尔罕纸由于广泛流传，也被穆斯林的建筑工程师用来制作巴格达城市平面设计图。如此热火朝天地苦干了四年，一座崭新、庞大的巴格达城屹立在底格里斯河畔。

有人认为"巴格达"这个名称的原意就是"中国皇帝恩赐的礼物"，"达"意为"恩赐、礼品"。传说巴格达本来是一个贸易小市场，中国商人携带丝绸到那儿去卖，当地土著获取暴利，因中国皇帝叫"巴格布尔（Baghbur）"，故而以巴格达来命名。三十年后，巴格达城——这座"中国皇帝恩赐的王城"也拥有了自己的造纸工场和丝绸加工作坊，唐军战俘的技艺传授功不可没，他们是当时丝绸之路上最可爱的人，因其传播中华灿烂文化而永载史册！

在营建巴格达新都的同时，北非突尼斯等地区的柏柏尔人和阿拉伯人否认阿拔斯派的正统地位，举兵叛乱。曼苏尔不得不调遣呼罗珊军南下非洲平叛，以维护阿拔斯王朝的权威。或许杜环在这时候随军出行，开始了他的欧洲和非洲之旅。他可能是历史上第一个到达欧洲和非洲的中国人！

杜环离开库法或巴格达建筑工地后，沿着丝绸之路向西挺进地中海东岸。他首先抵达苫国，即叙利亚。倭马亚王朝旧都就设在叙利亚大马士革。杜环描述说，苫国"造屋兼瓦，垒石为壁。米谷殊贱，有大川东流入亚俱罗"。大川即指幼发拉底河。

苫国以西的拂菻国，"隔山数千里，亦曰大秦"。大秦或拂菻国就是当时的拜占庭帝国或东罗马帝国。阿拉伯帝国建立后，多次与拜占庭帝国展开争霸战争。公元634年，哈里发阿布·伯克尔派遣悍将哈立德攻夺拜占庭帝国在亚洲的属地叙利亚，其后又陆续征服了巴勒斯坦、埃及等地，将拜占庭帝国的势力赶出非洲和地中海东海岸。在小亚细亚半岛，阿拉伯与拜占庭以托罗斯山脉为分界线，故而杜环说"隔山数千里"。

在杜环笔下，欧洲人"颜色红白，男子悉著素衣，妇人皆服珠锦。好饮酒，尚干饼"——肤色白里透红，男人都穿单色衣衫，女人服饰奢华，喜欢喝酒，吃面包。拜占庭帝国的都城君士坦丁堡"王城方八十里，四面境土各数千里。胜兵约有百万，常与大食相御"。杜环对拜占庭帝国的描述很准确，跟欧洲人自己记载的君士坦丁堡方圆十八英里（合九十里）接近。

杜环还记载了君士坦丁堡城内一种特殊的贸易形式"鬼市"。"客主同和，我往则彼去，彼来则我归。卖者陈之于前，买者酬之于后，皆以其直置诸物傍，待领直然后收物。"——所谓的鬼市是指旧货铺和长摊，不用缴纳税收和摊位费，买卖双方不直接接触，卖方放货之后就离开，买方取货后自觉留下钱款，卖方晚上来取。

杜环对欧洲的医术赞不绝口："大秦善医眼及痢，或未病先见，或开脑出虫。"在君士坦丁堡，杜环还听到当时欧洲盛传的女人国故事："又闻西有女国，感水而生。"女人国的传说在世界各地都流传过：阿拉伯的民间故事集《天方夜谭》上说女人国位于第聂伯河中的岛屿上，13世纪欧洲旅行家马可·波罗提到女人国在印度洋，15世纪的西班牙人克拉维约认为女人国位于撒马尔罕以东某个区域，等等。

玄奘《大唐西域记》中云："拂懔国（拜占庭）西南海岛，有西女国，皆是女人，略无男子。多诸珍货，附拂懔国，故拂懔王岁遣丈夫配焉。其俗产男，皆不举也。"玄奘有关女人国方位的记述与杜环听闻的一样，都在拂菻国即拜占庭帝国的西边。这与古希腊神话传说中黑海沿岸、小亚细亚地区的女人国类似，其方位是一致的。杜环一定是在拜占庭境内亲耳听见西方人提及女人国的故事。

杜环对拜占庭帝国的描述如此入微、准确，若没有亲身经历，是无法做到的。他极有可能跟随阿拉伯商贩，到过君士坦丁堡，此后，又乘坐商船，穿越地中海，踏上非洲大陆。他到达的一个地方是千古之谜："摩邻国，在秋萨罗国西南，渡大碛，行二千里至其国。其人黑，其俗犷，少米麦，无草木，马食干鱼，人餐鹘莽（波斯枣）。瘴疠特甚，诸国陆行之所经也。"

摩邻国究竟在何方？众说纷纭，聚讼不已。有人说，摩邻国在秋萨罗国

（西班牙）的西南，位于非洲西北角的马格里布地区，有人甚至干脆指出就是今天的摩洛哥。也有人说，摩邻国是今天东非肯尼亚的马林迪港。阿拉伯帝国建立后，穆斯林商贩曾经长途跋涉至此。陆上丝绸之路衰落之后，海上丝绸之路兴起，马林迪成了海上丝绸之路的一个终点。但不论哪种说法，去摩邻国都要经过大碛（撒哈拉沙漠），其土著居民是黑人，粗犷野蛮。由于地处热带沙漠区，除了绿洲上少量种植水稻、小麦之外，杂草不生。马吃鱼干，人吃鹘莽，过着无比艰辛的日子。

游历摩邻国之后，杜环北上埃及，可能在亚历山大港搭乘商船，取海道回国，约于公元762年在广州登陆。杜环先后历时十余载，游欧亚非数十国，行程达数万里。

杜环远涉重洋，回到祖国，尚未弹去身上的灰尘，一股日暮的悲凉之感就直涌心头。唐帝国业已遭遇一场近世罕见的大动乱，中原一片狼藉，残垣断壁，随处可见。昔日的盛世辉煌不再，西域沦丧了，丝绸之路也千疮百孔。

第十一章　日暮丝路

安史之乱

将唐帝国推向没落深渊的罪魁祸首是两个突厥化的粟特武夫安禄山和史思明。所谓的突厥化粟特人并非纯粹的粟特人，而是指受过突厥部落影响，过着半游牧半农耕生活的粟特人。

南北朝时期，中亚泽拉夫善河流域的粟特人先后遭到贵霜人、寄多罗人（红匈奴）、嚈哒人（白匈奴）的奴役，大量的粟特商贩为了躲避战乱，通过丝绸之路东迁中原。他们成群结队，在首席商人——萨宝的带领下，跨越葱岭，进入塔里木盆地，其后不断涌入狭长的河西走廊，在甘肃地区形成许多有组织的粟特聚落。地处甘肃中心的凉州，由于粟特移民的迁居，逐渐由一个荒凉的边陲小镇，演变成汇聚粟特人、中原人、北方游牧民族的繁华大都市。

公元552年，突厥汗国建立之后，陆续攻占河西走廊、西域，有众多的粟特移民依附突厥汗国，慢慢接受逐水草而居、习武骑射的游牧文化，他们就是突厥化粟特人。公元630年，唐太宗灭东突厥汗国，在鄂尔多斯南部的黄河大弯曲地带——"河曲"置鲁、丽、塞、含、依、契六州，将归附中原的十万突厥部落安顿在那儿，称六胡州。六胡州的居民大多数为突厥人，也有部分粟特人。公元682年，阿史那骨咄禄在六胡州以北的阴山地区建立后突厥汗国，六胡州一部分突厥化粟特人北上，安禄山的父辈就是其中的一位成员。

安禄山生于公元703年1月22日，也就是武则天置北庭都护府之后半个月。安禄山原名康轧荦山，其生父本是瓜州康氏粟特聚落的一员，生母是突厥正统部落阿史德氏的一个巫婆。传说其母因祈祷突厥的斗战胜神"轧荦山"而产下一子，故取名为康轧荦山。这个康轧荦山命运多舛，幼年丧父，其母改嫁后突厥可汗阿史那默啜帐下将军安波注的哥哥安延偃。

公元716年，可汗阿史那默啜死，重臣阙特勤与暾欲谷专政，后突厥汗国动荡不安。安延偃家族破落，康轧荦山与安波注之子安思顺逃离突厥，从此改名换姓为安禄山。禄山，在粟特语中意为闪亮发光。更名之后，安禄山的人生确实闪闪发亮。传说他极具语言天赋，精通六种语言，在北方的边境贸易市场中混了个互市牙郎——中介。后来从戎，在跟契丹人的战斗表现突出，被幽州节度使张守珪收为义子。

公元742年，安禄山被喜好边功的唐玄宗任命为平卢节度使。当时的宰相李林甫是个奸臣，担忧朝中的汉人高官会削弱他的专权，于是重用外族人。安禄山善于溜须拍马，在李林甫的庇护之下平步青云，公元744年，安禄山被提拔为范阳节度使，兼任河北采访、平卢军等使，控制唐帝国东北军队，成为一个手握重兵的军阀。

史思明的经历与安禄山类似。他的祖先是中亚昭武九姓史国的粟特人，循丝绸之路东来，聚居河西走廊甘州、肃州之间，后来依附突厥，东突厥灭亡后迁居六胡州。后突厥汗国复辟，史思明的父辈也北上阴山。史思明原名史窣干，长得歪瓜裂枣，据说比安禄山早一天出生。两个人从小就一块儿玩，长大后更是臭味相投，一同跟契丹人战斗过。后来觐见唐玄宗，赐名史思明。公元752年，在安禄山的推荐下，史思明被任命为平卢兵马使，与安禄山结成军事集团。

安禄山政治野心不断膨胀，除了手中的枪杆子之外，还得到北方粟特商群的支持。这个粟特商群靠贩卖中原丝绸及其他商品发家致富，拥有雄厚的经济实力。二者相互勾结，图谋大唐江山已久。根据唐朝别史《安禄山事迹》记载，安禄山"潜于诸道商胡兴贩，每岁输异方珍货计百万数"，"遂令群胡以诸道潜市罗帛，及造绯紫袍、金银钱袋、腰袋等百万计，将为叛逆之资，已八九年矣"。这与正史中的记载"安禄山专制三道，阴蓄异志，殆将十年"相吻合。

在北方粟特财阀商团的资助之下，安史军事集团不断地招兵买马，扩充实力，密谋在唐玄宗驾崩之后发动兵变夺权，建立一个粟特武夫帝国。但是朝中大权奸杨国忠忌恨安禄山，常在唐玄宗面前说安禄山有谋反迹象，以此狠整安禄山。一时朝廷上闹得沸沸扬扬，严惩安禄山的呼声四起。

做贼心虚的安禄山得到干妈杨贵妃的密报之后，决定提前动手。自公元755年9月开始进行紧急大动员，磨刀霍霍，完成作乱的最后准备。12月16日，范阳城头响起一声惊天动地的炸雷，安禄山假借奉密诏讨伐杨国忠为名，树起了叛旗。

叛军共十五万，号称二十万，从范阳向南杀奔河北、河南各州郡。唐玄宗的国防政策是虚内实边，五十万唐军几乎全摆放在边关各地，以抵御吐蕃、突厥、契丹等周边各族，偌大的唐帝国成了一棵空心菜。故而安史叛军一起，如入无人之境，迅速横扫黄河以北诸郡县。

12月21日，唐玄宗闻讯，立即部署平叛行动。将镇守西域的安西节度使封常清调回中原，让他防守洛阳城。重新起用因怛逻斯战败被废的山地战专家高仙芝，让他挂帅东征。

公元756年1月18日，叛军攻陷洛阳，封常清与高仙芝退守潼关，坚守不战。昏庸的唐玄宗听信太监边令诚的诬告，将这两员曾经威震西域的大将斩首。国中无将，唐玄宗只好把卧床养病的哥舒翰拉出来，让他担任兵马副元帅，镇守潼关。哥舒翰采取了与封常清、高仙芝相同的战法，深沟壁垒，凭险据敌，把安禄山叛军挡在潼关外四个月。宰相杨国忠以为哥舒翰想对己不利，强令他出战。哥舒翰痛哭流涕，只好率军出战，结果在灵宝被叛军包了饺子，几乎覆没。部将突厥人火拔归仁变节，挟持哥舒翰投降安禄山。2月，安禄山在洛阳称帝。

灵宝之役后，潼关失守，长安城沦陷。朝中涣散，官员各自逃命。7月14日，唐玄宗携带杨贵妃等皇室眷属仓皇西走。次日，马嵬坡兵变，杨国忠、杨贵妃被杀。

河西凉州的粟特聚落闻风而动，趁势作乱，跟安禄山遥相呼应。一个月后，太子李亨在灵州自行登基，他就是唐肃宗。

西域的唐军响应勤王诏令，安西节度李嗣业、节度使判官段秀实率五千精锐步骑兵，安西行军司马李栖筠率步兵七千，安西将军马璘率前、后庭三千精锐重甲兵，共一万五千人驰援中原。塔里木绿洲诸城邦闻讯也派入援唐军。南道上的于阗王尉迟胜最为积极，一听到安禄山造反，就让给弟弟尉迟曜代理国事，亲率五千人马驰赴中原。此外还有阿姆河流域的吐火罗叶护阿史那乌那多统领的九国兵、费尔干纳盆地的拔汗那兵、黑衣大食呼罗珊总督达乌德派出的大食兵等等，一道东向保护李唐朝廷。

唐帝国兵戈四起、战火纷飞的危难时刻，吐蕃人在背后猛插几刀，落井下石，伺机夺取唐帝国的大片领土。赞普赤松德赞即位之后，遣使赴唐报丧，见到到处生灵涂炭，主动向唐玄宗提出增援。唐玄宗对吐蕃心怀戒心，唯恐引狼入室，断然拒绝。赞普赤松德赞探知河湟地区的唐军被抽调一空，几乎成了无人区，遂于公元756年10月大举发兵，攻陷威戎、神威、定戎、宣威、制胜、金天、天成等军，以及石堡城、百谷城、雕窠城。公元757年11月攻占西平（今青海乐都）。继而向葱岭以南地区出击，蚕食唐帝国的势力范围，逼令护密、俱位、识匿等国臣服吐蕃。公元758年12月陷河源军，公元760年陷神策军、莫门军及廓州。公元761年陷岷州，深入甘肃腹地。公元762年陷临洮和秦、成、渭等州，控制甘南地区。公元763年8月陷兰、洮、河、鄯等州，控制甘北地区。至此吐蕃将边界线东移五六百里，基本侵占甘肃全境，切断中原与河西走廊、西域的联络，威胁李唐朝廷的临时驻地——灵州。"数年间，西北数十州相继沦没，自凤翔以西、邠州以北，皆为左衽矣。"唐帝国受到安禄山叛军与吐蕃军的东西夹击，进入史无前例的大黑夜，随时就有覆国之危。

值此生死垂亡之际，漠北的回纥汗国出手相助。回纥本是铁勒部落的一支，南北朝时期隶属于突厥汗国，游牧于漠北色楞格河流域。东突厥汗国灭亡，隶属于薛延陀汗国。公元646年，在唐军的支援下，回纥灭薛延陀，建立回纥汗国。后突厥汗国复辟后，阻断了回纥与唐帝国的往来。公元745年，回纥酋长骨力裴罗灭后突厥汗国，再次统一漠北，自称骨咄禄毗伽阙可汗。唐玄宗为了借助回纥抚宁漠北，册封骨力裴罗为怀仁可汗。公元747年，骨力裴罗死去，其子葛勒可汗继位。安史之乱爆发后，葛勒可汗遣使赴唐称要派兵助剿叛军，被唐玄宗拒绝。唐肃宗上台后，为了巩固皇位，早日平乱，于公元756年10月派遣敦煌王李承寀、兵马使仆固怀恩出使漠北，向葛勒可汗乞兵。葛勒可汗当即应允，并将女儿嫁给李承寀，通过和亲，建立牢固的政治同盟。

公元757年1月，叛军内讧，安禄山被杀，其子安庆绪自立为帝。不久安西、北庭、拔汗那、大食等救兵抵达河西的凉州、鄯州，唐肃宗这才稍稍安心，将临时朝廷从灵州南移至保定。11月，名将郭子仪率十五万唐军、四千回纥骑兵，在长安城南郊的香积寺与叛军决战。李嗣业的陌刀兵大显神通，令叛军闻风丧胆。唐军一举收复长安城。次年，郭子仪、李光弼等率唐军大举反攻，结果被史思明击破。公元759年3月，威震西域的陌刀将李嗣业死于箭伤，唐军又折损一员猛将。但是叛军随即陷入第二次内讧，史思明杀死安庆绪，糅合中原皇帝与粟特王公的称号，自称昭武皇帝。

公元761年4月，史思明被儿子史朝义幽禁。史朝义在幽州城内大开杀戒，寓居幽州的无数高鼻子粟特人惨死。史朝义似乎自此失去了北方粟特商群的支持，势力渐弱。公元762年5月，唐代宗即位。11月，唐代宗令仆固怀恩率军北征，在回纥兵的襄助下收复洛阳。史朝义败逃，于次年2月自缢树林中。历时八年之久的安史叛乱宣告结束。

安史之乱对唐帝国来说，无疑是一场大灾难。唐帝国在东亚和中亚的霸权时代就此谢幕，甚至连自身的存亡也成大问题。

吐蕃人继续痛打落水狗，不让经历惨烈内战的唐王朝有复苏之机。公元763年11月，吐蕃人攻陷泾州，又在叛徒的引路下杀到长安城西北两百里处的邠州，兵锋直指长安城。唐代宗大惊，仓促之间组织力量抵御，但是饱经内乱摧残之后的唐军不堪一击。吐蕃人长驱直入，11月18日攻陷京城，扶植李承宏为傀儡皇帝。继而大肆"剽掠府库市里，焚闾舍，长安中萧然一空"。根据唐政府民政部门的统计，公元764年全国仅有二百九十万户，一千六百九十万余口。而公元754年为一千五百万户，八千万余口，经历安史之乱后，锐减七八成，堪称中国历史上一次空前的大灾难。

西域易主与悟空西行

安史之乱不但是唐帝国由盛而衰的转折点，也严重影响了丝路贸易。北方丝绸生产中心，河北的定州、河南襄邑、山东的青州与临淄等地，遭到兵祸洗劫，几乎陷入停顿状态。这使得东西方贸易的主力品种丝绸出现史上最严重的断货危机，整条供应链受损。

唐军撤出西域之后，吐蕃赞普赤松德赞迅速出兵，填补西域的权力真空，并四面出击，对外扩张达到顶峰。公元766年，吐蕃攻陷河西节度使治所凉州，将河西走廊拦腰截断。河西节度使杨休明被迫退往西北的敦煌。

此时唐帝国的影响在西域显得微乎其微，中亚成了大食人的天下。但是被征服者对大食人满怀仇恨，叛乱已成家常便饭。公元767年，传教师乌斯塔·西斯率领悟悭人在赫拉特、巴德吉斯发动起义，塞斯坦的民众也揭竿而起，震撼了整个呼罗珊。大食军筑起堡垒，并等待吐火罗方向援军的到来，最后将起义镇压。公元768年，黑衣大食哈里发曼苏尔任命希沙姆·塔赫利比为信德总督，进攻克什米尔地区的罽宾国，虏获甚众。这是大食人从未涉足过的地方，逼近吐蕃进出中亚的勃律地区。公元769年，呼罗珊总督胡麦德又入侵高附国，不但清除了本地区的亲唐势力，而且围堵吐蕃向中亚拓展的势力。到公元772年，中亚诸国基本上断绝了与唐帝国的往来。三十年河东，三十年河西，贞观之治、开元盛世已成美好的依稀回忆！

在失去唐帝国的庇护之后，西域诸国凭借自己微弱的力量，不屈不挠地与大食作坚决的斗争。公元776年，呼罗珊爆发"戴面纱的人"起义，河中地区的昭武诸国纷纷响应。起义持续了五六年，但最后还是被镇压下来。

这时候大食已取代唐王朝，成为吐蕃的最大威胁，《旧唐书》云大食"与吐蕃为劲敌，蕃军太半西御大食"。为了避免陷入两线作战，吐蕃不得不暂时跟唐王朝讲和。公元783年2月15日，赞普赤松德赞的首席宰相尚结赞与陇右节度使张镒盟于清水，议定边界。唐德宗接受了屈辱的条件，被迫割让凤翔以西的大片领土，使得长安城暴露在吐蕃军的威胁之下。11月，军阀朱泚在泾原兵变，腐朽的唐王朝无力平叛，竟然许诺以割让安西四镇、北庭为条件，换取吐蕃出兵助剿叛军。

但是第二年乱平，唐王朝变脸，拒绝兑现允诺的割土。吐蕃赞普赤松德赞恼羞成怒，于公元786年令尚结赞大举入犯，掠泾、陇、邠、宁州，又进攻夏州、麟州、凉州。次年7月，尚结赞在平凉劫盟，假意求和，派兵劫杀参加会盟的唐方人员。双方关系急剧恶化，战事又起。敦煌在坚守数年之后也失陷了，吐蕃几乎控制整个河西走廊。

面对吐蕃的疯狂进攻，宰相韩滉认为吐蕃"兵众浸弱，西迫大食之强，北病回纥之众，东有南诏之防"——吐蕃四面环敌，不足为虑。唐德宗的首席智囊李泌则建议照搬唐玄宗围剿苏禄可汗之策，与大食联手，东西夹击吐蕃，大食"代与吐蕃为仇，臣故知其可招也"。

但是远水救不了近火，唐德宗并没有采取联合大食之策，而是加固与身边回纥汗国的政治联盟。唐王朝虽然仍旧牢牢掌控安西四镇、北庭和西州，但是河西走廊沦陷了，留守西域的军政人员，以及滞留长安城的西域诸国使臣，统统无法回去。在于阗丹丹乌里克遗址发掘出标注"建中八年（相当于公元787年）"字样的文书，表明西域留守的军政人员完全与朝廷失去联络，信息封闭，处于隔绝孤立状态。因为唐德宗早就改元两次，公元787年已是贞元三年。

唐德宗紧紧抱住回纥这一根救命稻草，在漠北另辟回鹘道，与西域交通往来。公元788年，唐德宗第八女咸安公主出嫁回鹘天亲可汗，是年回纥改称回鹘。唐德宗这一决定非常及时、英明。公元789年冬，吐蕃就纠合葛逻禄、白服突厥、沙陀等部，进攻孤悬数千里之外的西域唐军。天亲可汗立即命令大相颉干迦斯率兵驰救，拉开了回鹘与吐蕃争夺西域的序幕。

公元790年夏，颉干迦斯与吐蕃军首战横口失利，吐蕃军趁势攻陷庭州，北庭节度使杨袭古率两千士卒南奔西州（高昌）。是年秋，颉干迦斯倾国中精锐，率五万青壮士卒卷土重来，联合杨袭古的唐军，收复庭州，命令沙陀酋长朱邪尽忠守城。

12月，吐蕃军招引葛逻禄部落再次进攻庭州，回鹘兵死伤大半，庭州沦陷。朱邪尽忠投降吐蕃，并率沙陀全族七千帐迁到甘州，依附吐蕃。

杨袭古的唐军几近覆没，仅存一百六十人，西域一片阴惨惨。杨袭古灰心丧气，又要回西州。颉干迦斯兵败，羞愤难当，竟然移怒于杨袭古，骗他说一同去漠北牙帐，然后把他送回中原。杨袭古不明就里，遭到颉干迦斯的杀害。

此役之后，"安西由是遂绝，莫知存亡，而西州尤为唐固守"——整个塔里木盆地除了西州通过回鹘道跟中原有联系之外，其余的唐军据点均被吐蕃分割包围。一年后西州也沦陷了。

葛逻禄部落趁机坐大，夺取古尔班通古沙漠以东的草原领地。回鹘举国震惊，忠贞可汗将西北地区部落的游民全部东迁到牙帐以南，以避葛逻禄的锋芒。

葛逻禄部落一跃成为西域的草原霸主，其势力一度向西扩展到中亚费尔干纳盆地的拔汗那，跟大食人干上了。呼罗珊总督吉特里夫大为惊恐，慌忙派出一队人马将葛逻禄骑兵赶出拔汗那。

公元792年，回鹘汗国组织反攻，宰相没密施合即后来的保义可汗亲率大军杀奔西域，首先在匀曷户（今地名不详）击溃吐蕃和葛逻禄联军，收复敦煌。没密施合乘胜围攻庭州城，歼灭敌酋，收复该城。继而挺进南部的吐鲁番盆地，从吐蕃手中夺回西州。

公元793年，吐蕃大军围攻龟兹，回鹘宰相出兵救援，"吐蕃落荒，奔入于术，四面合围，一时扑灭，尸骸臭秽，积为京观，败没余烬"。这一仗，回鹘大获全胜，吐蕃军被迫退入龟兹以东五百六十里、焉耆以西七十里的于术守捉。回鹘军四面合围，随即实施火攻计，全歼吐蕃军。一时尸臭弥漫数里之外，回鹘收集吐蕃人尸体，筑为"京观"，堆积成山。

回鹘宰相又自龟兹越过天山山脉南麓，进入中亚的真珠河谷（锡尔河上游的纳林河），《九姓回鹘可汗碑》云此次西征，回鹘"俘虏民众万万有余，驼马畜乘，不可胜计"，臣服了聚居此地的葛逻禄三大部落之一炽实力。自此除了龟兹、于阗之外，唐王朝势力基本退出塔里木盆地。西域成了回鹘与吐蕃争霸的主战场。

公元794年，吐蕃赞普赤松德赞倾国力大举反扑，首先攻下敦煌。此后敦煌一直在吐蕃治下，直到半个世纪后张议潮奉表归唐。吐蕃大军从敦煌一路北上，直取庭州，再次与回鹘展开激战。但是吐蕃军惨败，死伤累累，战后不得不向云南的南诏国征兵万人。

吐蕃祸不单行，西域争霸屡屡败于回鹘手下，中亚又受到黑衣大食的夹击。公元795年，哈里发哈伦·拉希德任命法德尔为呼罗珊总督，法德尔攻占迦毕试、吐火罗和识匿的许多城镇，并在阿姆河南岸阿缓城以东击败吐蕃人。为了堵住吐蕃人涌入中亚，法德尔在惹瑟知的两座山之间修筑一道城门，这儿是阿姆河上游喷赤河流域的要隘。吐蕃出勃律，经护密、识匿、骨咄、俱密，可达西北方向河中地区的昭武九姓。而惹瑟知位于识匿与骨咄之间，法德尔筑城门于此，牢牢地将吐蕃人堵在葱岭上，故而他得意扬扬地名之为"大食之门"或者"吐蕃之门"。为了突破大食人的封锁，吐蕃势必会在此与之展开激烈的冲突。由于史料缺乏，详情不得而知。但在公元801年时，南诏跟吐蕃有一场大战，吐蕃溃败，"康、黑衣大食等兵及吐蕃大酋皆降，获甲二万首"。可见吐蕃曾经在阿姆河流域大败大食、粟特联军，俘获甚众，并将其带到东线，攻打南诏国。

公元798年，呼罗珊总督阿里·马汉派遣含嵯、焉鸡、沙北三人赴唐，这可能是黑衣大食最后一个抵达长安城的使团。其肩负使命可能就是与唐王朝结盟，东西夹击凶悍的吐蕃人。11月3日，三位大食使臣离开时，被唐德宗授予中郎将的官职。十一年前，谋臣李泌曾提出"结食攻蕃"之策，但并未被唐德宗采纳。此时唐军在西域完全失去立足点，龟兹已在三年前被吐蕃攻陷。唐王朝的最后忠臣——于阗王尉迟曜率军民孤军奋战，也在公元799年左右沦陷。

塔里木盆地的最后一个亲唐势力于阗被攻破，标志着唐王朝势力彻底退出西域，从此再也没有回来过，唐王朝的夕阳最先斜照在塔里木盆地的沙漠上。干戈代替玉帛，流血代替和平。曾经繁忙热络的丝绸之路，犹如沙漠中即将干涸的季节小河，忽流忽断，脆亮的驼铃声不再响荡。取而代之的是铁蹄铮铮，还有令人毛骨悚然的杀喊声、哀号声。

只有几个孤零零的僧侣为了寻求佛陀真理，不惜冒着生命危险，在血与火中穿梭着，如西行求法的高僧悟空。悟空，陕西泾阳人氏，原名车奉朝，鲜卑族后裔。

公元750年，唐帝国经营西域的事业正处于鼎盛时期，安西节度使高仙芝在西域纵横驰骋，威名远播。丝绸之路南道上的罽宾国派遣大首领萨婆达干、僧侣舍利越摩，赴唐内附，请求唐玄宗遣使巡视该国。翌年，唐玄宗应其所求，派太监张韬光率一个四十余名成员组成的代表团，携带御赐印信，出使罽宾。

　　车朝奉时年二十一，以左卫泾州四门府别将员外置同正员——正式编制的左卫泾州四门府别将，随团出行。这一年，高仙芝兵败怛逻斯城。张韬光使团走丝绸之路西域中道，自疏勒南越葱岭，渡帕米尔河，历经护密、俱密、乌苌等国，又渡印度河，于公元753年3月30日抵达罽宾国的冬都犍陀罗城。

　　张韬光使团受到罽宾王的高规格接待，圆满完成使命。正当使团启程回国之际，车朝奉病倒了，只好留在犍陀罗城养身子。张韬光使团走后不久，车朝奉痊愈了，但他看破红尘，于公元755年拜在舍利越摩门下为徒，出家当和尚，取法名达摩驮都（汉语意为法界）。此后法界循玄奘法师路线，巡游天竺诸国。先是在罽宾国蒙鞮寺学习小乘戒律，公元764年访中天竺，巡礼佛陀的家乡迦毗罗卫城、摩揭陀国的金刚座正觉大塔、波罗奈斯城鹿野苑、鹫峰山、毗舍离城、拘尸那城娑罗双林等佛迹，最后在玄奘留学过的那烂陀寺学习了三年。

　　待了二十八年后，法界开始思念故土与父母。舍利越摩授予梵本《佛说十地经》《回向轮经》《佛说十力经》，还有一颗释迦牟尼佛牙舍利。师徒二人泪别之后，法界担心海上凶险，就走陆路回国。公元780年，法界孤身一人踏上归乡之途。此时唐王朝遭到安史之乱的摧残，吐蕃窥伺西域，丝绸之路上险象环生。法界历经吐火罗地区的骨咄、俱密、惹瑟知、识匿等五十七地，一路上风餐露宿、千辛万苦，但他"捐躯委命，誓心报国"，走了三年，于公元789年翻越葱岭，抵达疏勒。

　　这一年，吐蕃大举入犯西域，到处兵荒马乱。法界受疏勒王裴冷冷、镇守使鲁阳的邀请，留住五月。取丝绸之路西域南道，途经于阗，受于阗王尉迟曜、镇守使郑据的邀请，又留住六月。此时吐蕃大军已越过喀喇昆仑山，西域南道战火纷飞，法界只好横穿塔克拉玛干沙漠，至西域中道上的拨换城，会见镇守使苏岑。又往东行至握瑟德城，会见守使卖诠。又往东，抵临安西都护府驻地龟兹伊逻卢城，会见四镇节度使、安西副大都护郭昕。龟兹王白环、高僧莲花精进听说是西行归来的留学僧，当即邀请法界留下讲法。于是法界在龟兹住了一年有余，与莲花精进翻译从犍陀罗带回来的《佛说十力经》。

此后法界离开龟兹，东行至焉耆，会见焉耆国王龙如林、镇守使扬日祐，又在这儿待了三个月。不久，吐蕃大军围攻龟兹，法界只好离开焉耆，前往丝绸之路西域北道的庭州，会见北庭节度使杨袭古。杨袭古也是个崇佛之人，获知法界带回梵本《佛说十地经》与《回向轮经》，当即召集龙兴寺僧众，邀请于阗国通晓梵文的学问僧戒法，群策群力，一起翻译。

快要译完时，正值四镇、北庭宣慰使叚明秀来庭州视察，法界就跟随北庭奏事官节度押衙牛昕、安西道奏事官程锷等人回中原。此时河西走廊完全被吐蕃占领，阻塞不通，唐王朝只好另外开辟回鹘道，与西域互通往来。但是回鹘人信奉摩尼教等宗教，视佛法为异端邪说。法界怕惹出麻烦，只好将历经千山万水带过来的梵文佛经留在龙兴寺，自己携翻译好的经文上路。法界一行于公元789年10月6日启程，翌年3月回到长安城。叚明秀将释迦真身一牙舍利，及法界等人所译经文，献给唐德宗。唐德宗感慨不已，御赐法界法名悟空，住持章敬寺。悟空携回的佛牙舍利，就是一百六十年前玄奘法师在犍陀罗城所见到的那颗佛牙舍利。玄奘《大唐西域记》中描绘这一佛教圣物说："新城东南十余里故城北大山阳，有僧伽蓝僧徒三百余人。其窣堵波中有佛牙，长可寸半，其色黄白，或至斋日时放光明。"

公元784年，唐德宗将佛牙移奉长安城西南永阳坊的大庄严寺。唐武宗灭佛时因为大庄严寺的崇高逃过一劫，黄巢起义时唐僖宗携佛牙逃往四川，滞留成都大慈寺。又经半个世纪，佛牙落入蜀守孟知祥之手。孟知祥又将其进献给后唐第二位皇帝李嗣源。公元936年，后晋开国之君石敬瑭灭后唐，夺得佛牙。石敬瑭将其视为镇国至宝，秘藏皇宫，世人莫知。赵匡胤建北宋，四处寻访佛牙，最后在洛阳获得一颗"神授佛牙"，赵匡胤大喜，钦定为镇国之宝，将其隆重供奉于皇家大相国寺。

不想一百年后，开封附近的咸平县爆出一个大发现，博物学家沈括在一座寺院里发现了一颗神奇的佛牙舍利。这颗佛牙舍利才是悟空从犍陀罗携回中原、石敬瑭私藏的佛陀真身舍利，在公元1049年被宋仁宗的皇后曹氏瘗藏于咸平县皇家功德寺洪福院。悟空佛牙重现于世之后不久就被宰相王安石私藏，王安石又将佛牙赠予宋神宗胞弟嘉王赵頵。公元1073年4月3日，宋太祖的五世孙赵世昌从封地汶上（今山东济宁）来到开封，从"嘉王宫亲事官孙政处求得佛牙一肢、舍利数百颗"。佛牙遂成了赵世昌的私人藏品。公元1112年4月13日，佛牙瘗藏于汶上县宝相寺太子灵踪塔，自此在人间消失了八百八十余年，直到公元1994年3月15日才被发现，这一丝绸之路上的佛家至宝终于又重见阳光。悟空法师泉下有知，当欣慰矣。

悟空法师西行时还是个二十一岁的小伙子，回来时已是六十岁的老迈高僧，出外足足四十载。就在这四十年中，先后历经玄宗、肃宗、代宗、德宗四朝，遭遇安史暴乱、吐蕃入侵战争，曾经辉煌灿烂的唐帝国满目疮痍，一片萧条，物是人非，令悟空感叹沧桑巨变。

悟空和前辈们，朱士行、法显、宋云、惠生和玄奘等等，他们向往和平，追求真理，在丝绸之路上不辞辛劳，奔波了数十年，把一生最辉煌的岁月都奉献给中外文化交流，书写了一个又一个丝路传奇。随着时光流逝，传奇变传说，传说变成神话。悟空法师西行归来四百年后，党项族在河西走廊建立的西夏国，攻占敦煌，将丝绸之路文化宝库莫高窟据为私有。西夏的艺术家们发挥天马行空的想象力，在莫高窟石壁上留下了无数瑰丽的壁画。其中在东千佛洞第二窟和榆林窟第二、三窟，各有一幅《玄奘取经图》，画的都是一个雷公脸尖嘴毛猴，手中牵着一匹马，跟随在虔诚拜佛的玄奘法师身后。再经过民间文艺家数百年的加工，由明代吴承恩汇撰成一部神话小说《西游记》。在吴承恩的笔下，玄奘法师的徒弟由莫高窟壁画上的一只猴子，演变成一只猴子、一头猪和一个河中妖精。那只猴子神通广大，法名叫悟空。那只猪憨厚怠懒，法名悟能。孙悟空的原型是否就是晚于玄奘一百年西行的悟空法师（法界）与石槃陀的合体？猪八戒的原型是否就是早于玄奘三百七十年西行的朱士行（法号八戒）？一切谜底尽在丝绸之路上。

支离破碎的西域

悟空法师西行四十年，正值唐王朝由盛而衰大逆转的时代，东西方陆上交通动脉——丝绸之路也处在衰落的前夕。随着唐王朝退出中亚和塔里木盆地，吐蕃、大食，还有回鹘，为了角逐霸主地位，都在绞尽脑汁，合纵连横，不停地厮杀。呼罗珊总督阿里·马汉联唐抗击吐蕃的计划受挫之后，大食在中亚的势力不断受到吐蕃、葛逻禄联盟的挑战。

公元806年，康国爆发了拉菲·莱瑟起义，很快就蔓延到石国、安国、拔汗那、花刺子模，以及阿姆河流域的骨咄、吐火罗等地。在大起义蓬勃发展的背后，也可以看到吐蕃人、回鹘人的身影。两三年后，吐蕃人派兵介入，与拉菲·莱瑟义军肩并肩，跟大食军战斗。由于吐蕃人的介入，中亚形势迅速恶化。黑衣大食哈里发哈伦·拉希德不得不御驾亲赴呼罗珊平叛，公元809年3月24日死于途中。其长子阿明继承了哈里发大位，次子也就是后一任的哈里发马蒙，则挑起稳定呼罗珊统治秩序的重任。

马蒙遇到的麻烦不断。中亚各地竞相起义，试图摆脱大食的束缚；吐蕃、葛逻禄虎视眈眈，随时就会杀过来；高附国王不断派兵袭击邻近的呼罗珊辖地；讹答剌的统治者拒绝缴纳贡赋，这一切让马蒙焦头烂额。更让马蒙心烦的是，他与兄长哈里发阿明失和。马蒙日夜哀叹自怜，甚至认为："我最好的命运是尽速逃离呼罗珊这块是非之地，投靠吐蕃王。他应该可以庇护我，免受其他要置于我死地的人的攻击。"

公元811年5月，黑衣大食爆发阅墙之战，哈里发阿明派大军进攻呼罗珊。兄弟残杀两年，公元813年，阿明死去，马蒙成为黑衣大食的第七任哈里发。马蒙登上宝座之后并没有立即返回巴格达，而是继续留在木鹿城。马蒙认为当务之急是尽快稳定东方的局势，为此他起用法德尔为呼罗珊总督，让他率军越过西亚的哈马丹山，直到中亚的识匿山。

法德尔的战斗目标有四个，高附国、讹答剌、葛逻禄、吐蕃。高附王最先投降，并背弃佛教，皈依伊斯兰教。高附王给木鹿城的哈里发马蒙献上一尊银座金佛像，宣示臣服与效忠马蒙。马蒙沾沾自喜地将佛像作为战利品送到圣城麦加，声称吐蕃国王已向他投降。佛像在欧麦尔广场上公开展示三天后，被送进禁寺中央的克尔白神殿收藏。

降服高附之后，法德尔下一个目标是葱岭以南的护密和勃律。法德尔在此大获全胜，击溃吐蕃军，将俘获的吐蕃将领和骑兵押送到巴格达城炫耀。继而挥师北上，攻克讹答剌，葛逻禄叶护丢下妻儿后狼狈逃亡。法德尔乘胜进攻拔汗那，夺其都治渴塞城。

吐蕃人灾祸连连，在葱岭以南遭到大食的重创，节节败退，在塔里木盆地也受到回鹘的打击。公元813年11月，回鹘军穿越古尔班通古沙漠，从交河城附近的柳谷西击吐蕃据点，胜利天秤再次向回鹘人倾斜。为了早日确立在西域的霸主地位，公元817年，回鹘保义可汗多次向唐宪宗求婚。这时候中原军阀割据，战火连天，朝廷每年都必须拨出巨额的粮饷。唐宪宗让有关部门核算结婚费用，共需耗费近五百万缗。唐宪宗吓了一跳，赶紧让宗正少卿李诚出使回鹘，要求拖延婚期。

公元821年3月，唐与回鹘第四次和亲。唐穆宗将第五皇妹册封为太和公主，出嫁回鹘崇德可汗。为了迎娶太和公主，回鹘出动一万骑兵出龟兹，打击吐蕃，为和亲团保驾护航。这一次和亲保卫战回鹘军全力以赴，取得了丰硕的战果，不但将吐蕃军驱逐出塔里木盆地，而且一直追到中亚的东曹，并越过锡尔河，趁机杀入拔汗那。在那儿，回鹘人大肆劫掠，满载而归。

唐、回鹘、大食对吐蕃形成C形包围圈，吐蕃三面受敌，屡战屡败，实力大损，不得不再次向唐王朝求和。公元823年3月29日，唐蕃最后一次会盟，史称长庆会盟。双方重申共同维护舅甥之亲，宣示"今社稷和同如一，为此大和",并在拉萨大昭寺竖立甥舅和盟碑。这次会盟使唐与吐蕃维持了二十多年的边境和平。

由于史料缺乏,长庆会盟之后大食与吐蕃在葱岭以南的争夺情况不明。公元822年,黑衣大食哈里发马蒙任命塔希尔为呼罗珊总督。塔希尔在马蒙与阿明的斗争中坚决站在马蒙这一边,为马蒙夺权立下汗马功劳。塔希尔入主呼罗珊之后,完全以独立的身份统治着呼罗珊和中亚地区,脱离黑衣大食,建立了自己家族的王朝——塔希尔王朝。中亚地区从此摆脱大食的统治,走上独立发展的道路,粟特昭武九姓遣使赴中原朝贡从此成了历史。

吐蕃似乎趁着大食势力退出中亚收复了部分领地,河中地区的粟特人又跟吐蕃来往。公元825年,有一位来自撒马尔罕城的使臣赴逻些城,谒见吐蕃赞普可黎可足。

公元838年,赞普可黎可足死去,其弟朗达玛继位。朗达玛是统一的吐蕃王朝末代赞普,史书上说他是位昏君,"荒淫残虐,国人不附,灾异相继,吐蕃益衰"。朗达玛一上台就发起残酷的灭佛运动,激起广大佛教徒的愤恨。四年后在大昭寺唐蕃会盟碑前,朗达玛被一位愤怒的佛教信徒杀死,吐蕃政权迅速瓦解,政权内部不断混战厮杀。处于水深火热中的民众不堪受虐,频频爆发起义,推翻吐蕃王朝。结果青藏高原上诸侯林立,陷入一个空前的混乱黑暗时代。随着吐蕃王朝的分崩离析,其在中亚的势力也土崩瓦解。在唐王朝退出中亚之后七八十年,大食和吐蕃势力也相继撤离中亚。在中亚涌现出数个附属于黑衣大食的封建王朝,定都木鹿城的塔希尔王朝(821—873)、定都疾陵城的萨法尔王朝(867—1002)、定都布哈拉城(后迁都巴里黑城)的萨曼王朝(874—999)。

此时亚洲北部的回鹘汗国也出现大动乱。公元839年,回鹘宰相安允合、特勒柴革阴谋作乱,被彰信可汗诛杀。宰相掘罗勿率兵在外,用三百匹宝马贿赂沙陀酋长朱邪赤心,招引沙陀兵攻打彰信可汗。彰信可汗兵败自杀,国人立馺驭特勒为可汗。屋漏偏逢连夜雨,本来混乱不堪的回鹘汗国又遭暴风雪灾的袭击，草原上疫病横行肆虐，马、羊等牲畜几乎死光。回鹘从此一蹶不振。

本来稳定的漠北再起波澜。公元840年，一位叛逃的将军句录莫贺勾结黠戛斯攻打回鹘。黠戛斯出兵十万，攻陷回鹘牙帐，厎䭾特勒可汗身亡。回鹘人四处逃散，统领回鹘牙帐以西十五个部落的庞特勤率众西迁庭州。黠戛斯尾追其后，进入塔里木盆地，开始全力经营西域。公元842年攻占庭州、龟兹。

庞特勤受到黠戛斯的围攻，被迫南逃至焉耆，在此另立炉灶，先称叶护后称可汗，建立安西回鹘政权。另一部分回鹘南迁，还有一支回鹘逃入吐蕃境内。

西域乱象丛生，唐武宗做起了重返西域的美梦，准备让太仆卿赵蕃出使黠戛斯，讨回庭州和龟兹。宰相李德裕说："安西去京师七千余里，北庭五千余里，借使得之，当复置都护，以唐兵万人戍之。不知此兵于何处追发，馈运从何道得通，此乃用实费以易虚名，非计也。"李德裕认为龟兹距离长安城七千里、离庭州也有五千里，如果重新设置都护府，须驻兵万余，中原混乱、藩镇割据，征讨犹不及，从哪儿去抽调兵力戍守西域，又从哪儿去调运粮草？出力不讨好，最后仅能获得一个虚名而已。唐武宗重返西域的美梦就这样被无情的国内乱局击碎了！

吐蕃末代赞普朗达玛死后，贵族阶层分别拥立小王后所生的遗腹子俄松、正妃那囊氏哥哥尚延力之子云丹，分裂成对立的俄松派和云丹派。俄松派在山南地区，云丹派在逻些城，两派纷争不休，搞得民不聊生，也无力掌控西域。

逻些城内的伪赞普云丹才三岁，由那囊氏垂帘听政，一时朝中乌烟瘴气，民众怨声载道。地方豪强趁势而起，镇守河西洛门川（渭州陇西县东南）的讨击使论恐热残暴而有谋略，野心勃勃，自尊为宰相，打着伪赞普云丹的旗号，企图篡国夺政，取而代之。但是论恐热在西进途中，遭到吐蕃另一大将鄯州节度使尚婢婢的阻击。尚婢婢酷好读书，却不想当官。赞普可黎可足生前强邀他出山，镇守河西走廊的要地鄯州。尚婢婢足智多谋，精通兵法，其部下训练有素，战斗力颇强，因而受到吐蕃人的尊敬。

尚婢婢无疑是论恐热实现政治野心的最大拦路虎，论恐热必欲除之而后快。公元842年7月，论恐热率领大军进攻尚婢婢，旌旗、杂畜千里不绝。孰料走到河州西边的镇西军时，部队突然遭到雷劈，天火烧死裨将十余人、杂畜数百只。论恐热大为沮丧，不敢继续前进。9月，论恐热在镇西军以南的大夏川安营扎寨。尚婢婢派出五万精兵袭击，将论恐热诱进布袋阵，杀得论恐热军丢盔弃甲，伏尸五十里，溺死者不可胜数。公元844年，论恐热部将莾藏丰赞投奔尚婢婢。论恐热大怒，率军攻打鄯州，结果被尚婢婢包围在镇西军附近的东谷，断绝水源，论恐热仅率百余骑狼狈而逃。公元845年，论恐热再次发兵以报东谷之耻，尚婢婢派遣五千骑兵出战，又杀得论恐热落花流水。

论恐热屡败于尚婢婢之手，一筹莫展。就将祸水东引，趁着唐武宗驾崩，唐朝国丧，纠集党项、回鹘余部侵犯河西，但在盐州被唐朝的河东节度使王宰击败。论恐热惶惶无策，只好又把枪口对准尚婢婢。公元849年3月，论恐热在河州，尚婢婢在河源，双方夹着湟水对峙。尚婢婢部将被屡次胜利冲昏了头脑，不从主帅，贸然进军，结果打了败仗。这也是论恐热与尚婢婢交手以来的首次大捷。公元850年，论恐热乘胜进攻尚婢婢，尚婢婢派部将磨离罴子、烛卢巩力率兵阻击。但是两人尿不到一个壶里去，烛卢巩力称病回鄯州，磨离罴子孤军出战，被论恐热歼灭。尚婢婢粮草不继，只好留下拓跋怀光守鄯州，自己率部落三千余人逃到北方张掖以西的水草丰茂之处，自此尚婢婢下落不明。

论恐热听说尚婢婢跑了，率五千轻骑追到瓜州。结果没有追到，就趁势劫掠河西鄯、廓等八州，疯狂屠戮当地居民，"杀其丁壮，剕刖其羸老及妇人，以槊贯婴儿为戏，焚其室庐"，赤地千里，白骨累累，惨不忍睹。

唐、吐蕃、黑衣大食相继退出西域，西域邦国林立，一盘散沙。唐王朝重返西域无望，塔里木盆地凌乱无序。河西走廊历经吐蕃内斗，百姓遭殃，遍地哀号，丝绸之路破碎不堪，复通无期，从此衰落下去。

落日余晖：张议潮归唐

丝绸之路的咽喉通道——河西走廊在吐蕃铁骑无情的践踏蹂躏之下痛苦地呻吟着，深陷水火苦难的各族民众热切期待救世主的降临。不在绝望中爆发，就在绝望中灭亡。公元848年，敦煌民众忍无可忍，在当地土豪张议潮的率领下，掀起了一场轰轰烈烈的反抗吐蕃大起义。在没有任何外来力量的支援下，张议潮孤军浴血奋战，取得了一连串伟大的胜利。

张议潮，公元799年出生于敦煌神沙乡的豪门贵族世家。此时整条河西走廊都落在吐蕃人手中，敦煌早已沦陷多年。张议潮从小目睹了吐蕃人的残忍无道，长大后矢志于驱逐吐蕃人，暗中结交当地英雄豪杰，伺机回归唐王朝，就是苦无机会。

公元848年5月，年近半百的张议潮趁着论恐热与尚婢婢自相残杀，跟好友安景旻、阎英达等扯起大旗，率众擐甲挥戈，在汉人和粟特移民的帮助下，赶走敦煌的吐蕃人，打响了反抗吐蕃暴政的第一枪。张议潮令粟特人康通信为删丹镇遏使，镇守河西走廊中段，担任东部防御重责，阻击吐蕃人的反扑。

夺得敦煌之后，张议潮亦耕亦战，一边恢复生产，一边开展大练兵运动，随时备战。张议潮派遣手下高进达等十余名壮士，各带一条空心木棒，将河西地图填进去，从瓜州向东北行，经百帐守捉、豹文山守捉等地，掠居延海，取道回鹘境内，绕至阴山南麓的丰州天德军，与唐朝守兵取得联系，而后南下灵州，将河西地图献给唐宣宗。唐宣宗大喜，立即颁诏表彰张议潮的忠义之行，命持节河西。得到朝廷的嘉奖，张议潮异常兴奋，斗志更加昂扬。

公元850年，吐蕃论恐热荼毒河西鄯、廓等八州，制造了一桩桩惨案，引发部下及百姓的极大愤怒,军心涣散。张议潮趁机收复张掖、酒泉,继续挺进塔里木盆地,收复伊州、西州。次年9月,张议潮派遣兄长张议潭、李明达、李明振等二十九人,第二次赴长安城告捷,并献上瓜、沙、伊、肃、鄯、甘、河、西、兰、岷、廓等十一州地图、籍册。除了河西走廊九个州之外,还有西域的伊州、西州,使得河湟地区在沦陷近百年之后又并入唐朝的版图。

唐宣宗对张议潮的赤胆忠心感动不已,立即授予张议潮敦煌防御使之职,李明达为河西节度推官兼监察御史、李明振为凉州司马等等。12月,唐宣宗又诏令在敦煌置归义军,任命张议潮为归义军节度使兼十一州观察使,张议潮的判官曹义金为归义军长史。这是一个半自治的地方政权,管辖十一州,张议潮作为行政首长拥有任免官吏、征收赋役等自主权,其权力不亚于唐王朝的地方藩镇长官。唐宣宗的这一决策非常英明,收复了河湟之地,拓地四千里,一时举国欢腾,人心大为振奋。

唐廷赋予张议潮独立自主的军政大权,使他得以放手向西域拓展。伊州城西有纳职县,聚居着回鹘人和吐谷浑人,时常袭扰伊州,抄掠人口、牲畜,使伊州百姓不得安宁。公元856年7月11日,张议潮亲率甲兵,穿越莫贺延碛,突然出现在纳职城外。张议潮下令摆出乌云之阵,义军四面急攻,杀得回鹘人、吐谷浑人措手不及,纷纷溃逃城外。义军乘胜追击,斩获累累,"不过五十里之间,杀戮横尸遍野处"。

翌年8月27日,张议潮任命的伊州刺史王和清急报称,回鹘首领翟都督率领五百帐叛唐的回鹘百姓逼近伊州城。张议潮又从敦煌疾驰而至,将这股回鹘叛民赶走,保卫了伊州的安宁。老百姓无不将张议潮义军视为子弟兵,编撰变文——当时流行的一种通俗说唱文学作品,来歌颂张议潮的恩德。

公元861年10月,张议潮又率义兵七千人从吐蕃人手中夺取河西重镇凉州,遣使赴长安城上表唐懿宗:"今凉州之界,咫尺帝乡,有兵为藩垣,有地为襟带。扼西戎冲要,为东夏关防,捉守则内有金汤之安,废之则外无堵埝之固。"张议潮称凉州为京城屏障,扼河西走廊咽喉之地,他愿为朝廷戍守边关,护卫唐王朝的西大门。"河陇陷没百余年,至是悉复故地",凉州自公元766年沦陷,至此已有九十五年,终于回到了唐王朝的怀抱。

张议潮的一片忠心天地可鉴。唐懿宗感动万分,赞叹道:"关西出将,岂虚也哉!"——都说关西自古出名将,果然不虚此言,当即下诏褒奖。翌年,置凉州节度使,由张议潮兼任,辖领凉、洮、西、鄯、河、临六州。张议潮一身兼任归义节度使、凉州节度使,在河西威名赫赫,权重望崇,深受各族百姓的爱戴。

回鹘汗国灭亡之后,庞特勤率十五部西迁,建立安西回鹘政权——黑汗王朝,西方称为喀喇汗王朝。散布于天山东部博格达山一带的回鹘人称作北庭回鹘,最初依附黑汗王朝,后来又归附张议潮,逐渐脱离黑汗王朝。公元866年,北庭回鹘酋长仆固俊与庞特勤的黑汗王朝彻底决裂,在张议潮义军的支援下,攻夺黑汗王朝控制下的西州、北庭、轮台、清镇诸城,并通过张议潮向唐懿宗告捷。

仆固俊又率部进攻河西的吐蕃军阀论恐热,将其斩首,头颅送到长安城示众。"于是河陇肃清,朝廷无西顾之忧。"至此吐蕃的势力完全退出西域。北庭回鹘取代黑汗王朝,以西州为都,建立高昌回鹘王国,生存了四个世纪,直到元朝时才被察合台汗国吞并。

这一年,张议潮的侄儿、河州刺史张淮深为了纪念张议潮光复河西走廊的丰功伟绩,在敦煌莫高窟凿了一个功德窟,并招聘技艺高超的画师描绘下《张议潮统军出行图》的壁画,成为丝绸之路上的一颗艺术宝珠。

公元867年9月,张议潮赴长安城朝见唐懿宗,被授予右神武统军,赐宅养老京师。张淮深接替归义节度使的职务。五年之后,这位孤军奋战、建立千古奇勋的一代豪杰在长安城溘然而逝。西域、河西虽归服朝廷,但是一直在张氏家族的统领下,成为唐朝的一个特别行政区。

此时唐王朝已日渐西斜，根本就无意重开丝绸之路。公元875年，王仙芝、黄巢起义，成了压倒唐朝这只瘦弱骆驼的最后一根稻草。公元881年，黄巢攻占长安城，这是唐朝京师第四次陷落。次年，流亡四川的唐僖宗展开反攻，虽然收复长安城，但是大势已去。黄巢义军叛将朱温借尸还魂，将朝政大权牢牢控制在手中。唐朝的最后几位皇帝都成了稻草人，被朱温肆意玩弄于股掌之间。公元907年，朱温逼迫唐哀宗禅位，唐朝灭亡，中国进入了五代十国时期。

河西张氏地方政权为唐王朝固守了一个甲子的岁月，但也是风波不断。自张议潮派遣兄长张议潭赴长安城之后，张氏兄弟之间似乎就隐隐有些失和。张议潮的离开，使得归义军失去核心人物，河西张氏之间的矛盾日益激化。

张淮深威信不足以服众，也渐渐失去对归义军的控制。先是北庭回鹘酋长仆固俊出走，自立门户，建立高昌回鹘或西州回鹘。而后河西地区的回鹘与张淮深交恶，又出走，也建立了一个甘州回鹘王国。高昌回鹘甚至与张淮深反目为仇，兵戎相见，于公元876年趁着中原黄巢暴动，派兵袭击瓜州。其后高昌回鹘王子剧又入犯西河，被张淮深击败。但是执政十四年，张淮深大失人心，众叛亲离。

公元890年3月16日，河西爆发一场诡异而又血腥的内乱。张淮深惨遭灭门，除了两个庶子侥幸逃脱之外，一家九口包括张淮深自己及妻阴氏、妾陈氏以及六个儿子，一夜之间倒在血泊中。

杀害张淮深的凶手说法各异，有人认为张淮深全家死于张议潮女婿索勋之手，也有人认为是张议潮之子张淮鼎杀死张淮深的。

张淮深惨死，河西群龙无首，索勋浑水摸鱼，自称节度使。公元892年，被军阀李茂贞、朱温逼到墙角的唐昭宗无心顾及河西的事，糊里糊涂地承认索勋的合法地位。

正当索勋沾沾自喜之时，次年10月间，河西爆发第二次内乱。这次内乱的主角是张议潮第十四女，也就是曾经赴唐入朝、做过凉州司马的李明振之遗孀。她遗传其父基因，对索勋倒行逆施恨之入骨，愤然而起，派三个儿子杀掉索勋，另立张淮深之孙张承奉为主，并遣使赴京师奏告唐昭宗。唐昭宗自身都是泥菩萨，朝不保夕，对河西张氏只能听之任之，索勋要当节度使，就让他当。现在李明振之妻张氏又要立张承奉，唐昭宗顺水推舟，就派遣太监常某等人赴敦煌慰抚，正式授予张承奉归义节度使之职。另外还授李明振长子李弘愿为敦煌刺史兼归义节度副使，李明振次子李弘定为瓜州刺史，李明振三子李弘谏为甘州刺史，作为张氏忠心事唐的酬谢。

张承奉接手的是一个千疮百孔的烂摊子。丝绸之路早已断绝，民生凋敝，外敌环视，尤其是甘州回鹘，趁着张氏内乱屡屡侵犯敦煌。公元901年，甘州回鹘袭击敦煌，焚烧金光明寺等，河西大受其害。

张承奉有张议潮骁勇忠义之遗风，在唐王朝摇摇欲坠之时，不离不弃，始终作为唐的属臣，十数年矢志不渝。

公元906年，朱温篡唐，建立后梁。唐朝灭亡，河西归义军无所栖依，于是，公元909年张承奉走上自主道路，与后梁决裂，独立建国，自称白衣天子，定国号为西汉金山国，都城敦煌。金山，即敦煌西南的金鞍山。西汉金山国隔着东边的甘州回鹘，是最西边的汉人政权。

西汉金山国建政后，遭到甘州回鹘的多次进攻，但均被张承奉击退。张承奉也一度出兵西域，试图恢复丝绸之路。吐蕃势力退出西域之后，鄯善石城镇一带有小月氏遗种的璨微政权、回鹘遗种的仲云政权。他们依附西州回鹘，公然拦路劫掠道上往来的商旅，于阗国深受其害。于阗是西域忠心于唐王朝的绿洲城邦，与敦煌归义军保持密切的联系，互通使臣。公元901年，两国双向通好，于阗使臣梁明明出使敦煌，归义军的使臣张良真也出使于阗。为了扫清西域南道上的障碍，打通跟于阗国的联系，张承奉任命充任国相的都押衙罗通达为统帅，率一千精兵，讨伐鄯善地区的璨微政权。

罗通达攻占石城镇后，又继续向西，一度进至且末的萨毗城。于阗国也积极派兵东进，与罗通达胜利会师，使得河西与西域南道连成一片。但是好景不长，公元911年，甘州回鹘可汗的弟弟狄银西犯敦煌，张承奉国穷兵弱，被迫与甘州回鹘订立城下之盟，与甘州回鹘约为父子之国，张承奉是子，奉回鹘可汗为父。西汉金山国、白衣天子也分别降格为西汉敦煌国、敦煌王，沦为甘州回鹘的附庸。

公元914年，张承奉死去，大权落在敦煌长史曹议金手中。此人是敦煌粟特聚落的土豪，也是索勋女婿和张议潮的外孙婿。曹议金接管敦煌、瓜州之后，废去敦煌国、敦煌王的称号，恢复归义军的称号，自称归义军节度使。

曹议金东有甘州回鹘，西有于阗国，但他善于在夹缝中生存，继承与甘州回鹘屈辱的"父子之国"关系，先娶甘州回鹘可汗的女儿为妻，后又把自己的两个女儿分别出嫁甘州回鹘新可汗、于阗王。由是左右逢源，极大改善了归义军的生存环境。公元922年，曹议金又称托西大王。翌年遣使入贡通好中原的后唐政权，得到后唐庄宗李存勖的承认。

卧薪尝胆数年之后，曹议金兵强马壮，对甘州回鹘进行秋后算总账。公元926年秋，曹议金突然出兵数万讨伐甘州回鹘。回鹘可汗措手不及，只好出城投降。曹议金一洗前辱，双方重订关系，曹议金为父，甘州回鹘可汗为子。曹议金由此称霸河西走廊，九年之后死去，他的几个儿子继续尊奉中原的王朝为正朔。又与西域的于阗积极通好，远嫁于阗王的曹氏眷恋娘家，频频遣使与曹氏兄弟互通音信，还把己出的三个儿子送到敦煌去留学。在曹氏家族的努力之下，河西走廊与西域南道连成一片，丝绸之路得到局部的恢复。到了第五代归义节度使曹元忠执政期间，积极发展生产，尊崇佛教，保护文化瑰宝——莫高窟，雕版印刷佛经，敦煌呈现出欣欣向荣的景象。

此后，曹氏子孙奉行事大主义，无论中原王朝谁坐庄，都向他俯首称臣，以确保河西的安宁。公元960年，宋太祖陈桥兵变，建立宋朝。曹元忠年年进贡，公元973年，被宋太祖敕封为推诚奉国保塞功臣、归义军节度使、检校太史兼中书令、西平王。

曹元忠死后，归义军内讧不断，为了夺权自相残杀，又跟甘州回鹘爆发冲突，曹氏政权走向衰落。公元1006年，于阗国被西迁回鹘建立的黑汗王朝灭亡，中原王朝与西域再次断绝。归义军曹氏政权在甘州回鹘的侵压之下举步维艰，虽然有两次遣使入贡北宋，但在公元1023年后就消失在史书上，可能被甘州回鹘吞并，而甘州回鹘在公元1028年被新兴的西夏王朝灭亡。拥有一百七八十年历史的归义军至此谢幕，河西走廊落入西夏之手。

丝绸之路更替

西夏王国的建立者党项族本为西北羌人部落的一支，南北朝后期才冒出来，原居住在河湟一带，"东接临洮、西平，西拒叶护（突厥），南北数千里"。中原汉族王朝称之为党项，党项自称为弥药，其他民族政权则称之为唐古特。党项有八姓，其中以拓跋氏最为强悍。

党项族在隋朝开始东迁，公元584年有千余家归化，次年党项酋长拓跋宁从又率部迁居旭州（今甘肃临潭），公元596年党项进攻会州（今甘肃省靖远县），将势力渗透到河西走廊。唐帝国建立后，党项各部仰慕中原的富庶，纷纷内迁。公元631年，唐太宗诏令在青海河曲平原置六十州，安顿内附的三十四万党项人。三年后，党项酋长拓跋赤辞向进攻吐谷浑的唐军投降，被唐太宗授予西戎州都督之职。

在党项内迁的同时，青藏高原的吐蕃崛起，党项受到挤压，被迫离开发迹之地河湟，东迁陇右庆州（今甘肃庆阳）。安史之乱爆发后，河西、陇右的唐军响应勤王号召，纷纷入卫长安城。吐蕃乘虚而入，数年之间尽夺河西各地。庆州的党项依附吐蕃，经常袭扰唐王朝。公元764年，唐代宗将党项拓跋氏赶到远离河西走廊的夏州、银州。

其后夏州的党项酋长拓跋思恭率族人参加镇压黄巢起义有功，被唐僖宗提携为夏州节度使，赐国姓李。从此夏州拓跋氏改姓李，银、夏地区成了拓跋部李氏的世袭领地。唐灭之后，五代十国纷纷扰扰，李思恭对中原的割据政权采取中立和不结盟态度，避免卷入内战的风暴之中，由此偏安一隅，独善其身。

赵宋王朝建立之后，党项人内讧不断，令酋长李继捧头痛不已，他索性率族人赴东京朝觐宋太宗，请求内迁。宋太宗龙颜大悦，当即差人往夏州发遣党项人。孰料是尼姑瞧嫁妆——空喜一场，遭到李继捧族弟李继迁的强烈抵制。李继迁偕同弟弟李继冲、心腹张浦"走避漠北，安家立室"——逃到夏州东北三百里的地斤泽（今内蒙古毛乌素沙漠），建立抗宋根据地。其后李继迁联合党项土豪强族，卷甲重来，于公元985年收复银州、夏州。

当时北宋与契丹连年战争，李继迁就向契丹称臣，联手抗宋，几度大败孱弱不堪的宋军。宋廷没辙了，抛出招安的橄榄枝。李继迁为了从互市中捞取好处，跟宋廷玩起蜻蜓点水。宋太宗大为恼火，对李继迁实施物资禁运，颁布青白盐禁令，试图用经济封锁来扼杀李继迁。但是伤及无辜边民，引发众怒，暴动频频发生，反而增强了李继迁的凝聚力。

公元996年，李继迁袭击灵州的宋军粮草，继而粉碎了宋军五路大围剿，攻陷灵州，打开了通往河西走廊的门户。公元1003年，李继迁渡黄河、越贺兰山，杀入河西走廊，进攻河西重镇凉州。在乱战中李继迁被吐蕃人射死，抗宋重责落到其子李德明身上。李德明为了巩固摇摇欲坠的政权，与宋真宗勉强媾和，双方按照澶渊之盟的模式，订立了景德约和。景德约和让李德明占了大便宜，不但通过岁赐和贸易获取巨大的经济利益，而且使李德明得以安心向河西走廊拓展。

此时河西走廊南半段的凉州已被李德明吞并，中段是甘州回鹘，北半段是归义军曹氏政权。不久，甘州回鹘灭归义军，兼占大半个河西。公元1028年6月，李德明之子李元昊挥师西上，攻陷甘州，归化宋廷的回鹘可汗夜落隔自焚，妻女被李元昊俘虏。公元1030年4月，瓜州回鹘将王贤顺率千余骑投靠西夏。公元1032年，李元昊又攻取西凉府（今甘肃武威）。宋人哀叹说："今德明得之，恃其形势，制驭西蕃，灵夏之右臂成矣！"

其后李德明死去，子李元昊继位。李元昊即位之初仍然将精力放在经营河西上。公元1033年,李元昊遣部将苏奴儿攻打河湟的吐蕃唃厮啰政权,被吐蕃人击败。李元昊亲自率兵进攻,陷牦牛城,大开杀戒。又连续鏖战大半年,克肃州、瓜州、敦煌诸城,将河西走廊收入囊中。

公元1038年,李元昊见时机已成熟,在兴庆府筑坛称帝,建立西夏王国,完成了李继迁以来进据河西走廊而建国的夙愿。从此中原与西域的贸易主导权落到西夏人手中。丝绸之路形势发生了根本性的逆转,海上丝绸之路兴起,并取代陆上丝绸之路,成为东西方贸易的最重要商路。

在阿拉伯帝国崛起之前,海上贸易通道被萨珊波斯控制。7世纪50年代,阿拉伯帝国灭波斯后,取代波斯人,垄断东西方海上贸易。大食悍将屈底波的恩主哈贾吉担任伊拉克省长期间,建造了一种用木板缝合钉牢、船尾渐尖、抗风浪性能好的坚固船只,更加促进了海上贸易的大发展。阿拉伯商贩日渐成为东西方贸易的担当者。

公元751年的怛逻斯战役后,虽然唐帝国势力渐次退出中亚,但是阿拉伯人在葱岭为吐蕃所拒,也无法继续东进,于是取道海路东进印度半岛南缘,开辟了海上丝绸之路的新时代。阿拉伯人成了印度洋的霸主,并通过海上丝绸之路,大量涌入中国南方沿海地区,寓居于广州、泉州、扬州等港口城市,甚至在公元758年10月发生洗劫广州城的恶性事件。

但是在陆上,阿拉伯商贩并没有取代粟特人,成为中世纪东西方贸易的承担者。粟特人逐渐让位于黑汗王朝的回鹘商人,他们以从事丝绸、马匹贸易而著称。此外还有西域南道上的于阗商人,跟回鹘商人一道,是葱岭以东活跃的贸易者。

由于汉唐开辟的丝绸之路咽喉孔道——河西走廊被西夏扼住,回鹘商人、于阗商人与中原王朝的贸易往来势必冒着巨大风险,担负巨大的成本。史书记载,回鹘"多为商贾于燕,载以橐它,过夏地,夏人率十而指一,必得其最上品者,贾人苦之"。西夏政府对过境贸易的回鹘商人设置贸易壁垒,关税税率为百分之十,抽取巨额利润,回鹘商人叫苦连天。西夏在境内的黄河河段设置二十四个船舶处，每个船舶处设税监、出纳二名，负责征收渡船税。"河水上置船舶处左右十里以内，不许诸人免税渡船。倘若违律时，当纳税三分，一分当交官，二分由举告者得。"

但是西夏十分重视丝绸之路上的贸易。额济纳河下游北岸的黑水城，本是西夏十二监军司之一黑山威福司（汉代居延城故地）的治所，为草原丝绸之路的必经之地。后人在黑水城遗址发掘出的大量文书显示，西夏统治者为鼓励往来的西域使臣和商贩，制定了一系列优惠政策。在特殊情况下，西夏可将驮物牲畜、粮食、弓箭等卖给西域的商贩，西夏国都兴庆城内还设有专供西域商贩休息、交易的馆驿。在这些政策的保护之下，西夏与黑汗王朝、西域诸国之间的贸易往来非常热络。阿拉伯世界的许多物种通过丝绸之路东传到西夏境内，像大食瓜、蔓菁类的块根菜等植物，还有珊瑚、沉香、琥珀、乳香、玛瑙、安息香、于阗玉、阿富汗金青石等物产。

肥水不外流。党项人出于政治和经济目的，经常对过境河西走廊赴中原的中亚商队进行掠夺、抢劫，乃至于杀人越货。宋仁宗不得不在公元1023年诏令，中亚商队"自今取海路由广州至京师"。党项人使用暴力阻塞中原与西域的贸易往来，试图从经济上打击宋朝，这是丝绸之路从陆上转移到海上的重要原因之一。

而经济重心南移是丝绸之路改变的另一个重要原因。唐朝中期的安史之乱重创了北方经济，丝织业尤受其害，一蹶不振。宋代之后，南方的纺织业迅猛发展，由于西夏的恶意隔离，以及宋夏战争、宋辽战争、宋金战争连年不断，宋朝与西域的贸易通道几乎断绝。

随着海上丝绸之路的开拓，指南针、造船等航海技术的巨大进步，阿拉伯人、波斯人放弃陆路，取道海路蜂拥而至。宋朝取道海上的海外贸易由此欣欣向荣，跟北方各族贸易萧条惨淡，形成鲜明对比，且在商品结构上差异非常明显。

宋与西夏、契丹（辽）、女真（金）之间的边贸主要通过"与敌国互市之所"——榷场来进行。榷场的管理相当严格，基本上是农耕民族与游牧民族的茶马互补性交换贸易。宋朝进口马、牛、羊、毛皮、毡毯等，输出游牧民族所需的粮食、布帛、茶叶、铜铁器等，原本国际性很强的丝绸贸易蜕化成周边民族之间的小范围边境贸易。而宋朝与阿拉伯、印度、东南亚、非洲等国的海外贸易，以黄金搭档瓷器、丝绸为主，进口香料，故而海上丝绸之路亦称香料之路。

随着北宋灭亡，南宋偏安东南一隅。西夏和金所拥有的，能够吸引回鹘、于阗等西域商人的商品越来越稀少，陆上丝绸之路遂失去绚丽之色，黯淡下去。商旅古道慢慢荒凉了。夕阳西下，余晖照耀在枯萎的杂草上。沙漠绿洲之间的驼铃声渐渐远去，几度辉煌的丝绸之路也渐渐被世人淡忘。

此后西域形势的变幻令人眼花缭乱。公元1132年辽贵族耶律大石在辽朝灭亡前夕逃亡西域，建立西辽王朝，陆续吞并西域的高昌回鹘、黑汗王朝和花剌子模，成为一个疆域辽阔的大帝国。公元1206年，蒙古乞颜部酋长铁木真在斡难河源称成吉思汗，宣告了蒙古人时代的来临。成吉思汗东征西讨，统一大漠。公元1218年灭西辽帝国，三年后又灭花剌子模国。蒙古帝国经过三次西征，席卷欧亚大陆，征服了中亚草原、西亚的伊朗高原和两河流域，势力远及东欧俄罗斯平原。忽必烈时代又灭南宋，混一舆图，建立人类历史上疆域最为辽阔的超级帝国。

蒙古人为了征服世界，运输粮草和兵马，到处修路筑桥，设立驿站，保护商路。一度因战乱阻塞而衰落的丝绸之路再度兴起，东西方往来空前活跃，最著名的是马可·波罗来华。元代的丝绸之路分为东西两段，东段又有南北两道，交汇于察合台汗国的都城阿力麻里（今新疆霍城西北的克干平原）。东段北道起点是蒙古高原鄂尔浑河畔的和林城（匈奴王庭龙城及回鹘汗国旧都所在地），西行杭爱山、阿尔泰山，西南穿越准噶尔盆地，直抵阿力麻里；东段南道起点是大都（今北京市），由宁夏越黄河，入河西走廊，而后走天山北道抵阿力麻里，或由天山南道进入中亚河中地区。马可·波罗的东方之行就是取此道。西段也有南北两道。西段北道，由阿力麻里西行怛逻斯城，绕咸海、里海之北，穿过钦察草原，抵伏尔加河下游的金帐汗国都城撒莱，而后由此去欧洲；或南越高加索山脉，至西亚的伊利汗国。西段南道，由阿力麻里入中亚河中地区，抵临伊利汗国境内。横亘欧亚大陆的广袤草原成为东西方交往的主通道，汉唐以来形成的、由长安出发、绕行塔里木盆地的传统丝绸之路渐渐衰落下去。

明朝推翻元朝之后，西域出现东察合台汗国或叶尔羌汗国，中亚冒出帖木儿帝国，西亚兴起奥斯曼帝国，梗阻东西方之间，丝绸之路再次中断。欧洲人为了找寻东方的通道，开辟新航路，大航海时代来临。

当前，国家提出丝绸之路经济带和21世纪海上丝绸之路（简称"一带一路"）的伟大倡议，延续了自张骞以来从未停止过的梦想，打造互利共赢的"利益共同体"和共同繁荣发展的"命运共同体"。"一带一路"连接中国梦与世界梦，古老的丝绸之路势必重获新生，迎来更为辉煌灿烂的明天。

参考书目

[1]（英）威廉·穆尔著,周术情等译:《阿拉伯帝国》,青海人民出版社,2006年。

[2]（美）沃伦·特里高德著,崔艳红译:《拜占庭简史》,上海人民出版社,2008年。

[3]（伊朗）阿卜杜·侯赛因·扎林库伯著,张鸿年译:《波斯帝国史》,复旦大学出版社,2011年。

[4]（法）勒内·格鲁塞著,蓝琪译:《草原帝国》,商务印书馆,1998年。

[5]张志尧主编:《草原丝绸之路与中亚文明》,新疆美术摄影出版社,1994年。

[6]（法）让-诺埃尔·罗伯特著,马军、宋敏生译:《从罗马到中国——恺撒大帝时代的丝绸之路》,广西师范大学出版社,2005年。

[7]田卫疆主编:《大漠无声:西域古城兴衰之谜》,江苏古籍出版社,2002年。

[8]〔唐〕玄奘撰,辩机编次,芮传明译注:《大唐西域记全译》,贵州人民出版社,1995年。

[9]（英）约翰·瓦歇尔著,袁波、薄海昆译:《罗马帝国》,青海人民出版社,2009年。

［10］姜伯勤著：《敦煌吐鲁番文书与丝绸之路》，文物出版社，1994年。

［11］杜斗城、王书庆编著：《敦煌与丝绸之路》，海天出版社，2004年。

［12］李吟屏著：《佛国于阗》，新疆人民出版社，1991年。

［13］晁华山著：《佛陀之光：印度与中亚佛教胜迹》，文物出版社，2001年。

［14］宋晓梅著：《高昌国：公元五至七世纪丝绸之路上的一个移民小社会》，中国社会科学出版社，2003年。

［15］金秋著：《古丝绸之路乐舞文化交流史》，上海音乐出版社，2002年。

［16］王功恪、王建林著：《龟兹古国：遗落的西域故地文明探秘》，重庆出版社，2007年。

［17］刘锡淦、陈良伟著：《龟兹古国史》，新疆大学出版社，1992年。

［18］霍旭初编：《龟兹艺术研究》，新疆人民出版社，1994年。

［19］（法）于格等著，耿昇译：《海市蜃楼中的帝国：丝绸之路上的人、神与神话》，喀什维吾尔文出版社，2004年。

［20］岑仲勉撰：《汉书西域传地里校释》，中华书局，1981年。

［21］王宗维著：《汉代丝绸之路的咽喉——河西路》，昆仑出版社，2001年。

［22］杨秀清编著：《华戎交会的都市：敦煌与丝绸之路》，甘肃人民出版社，2000年。

［23］（英）格雷格·沃尔夫主编，郭小凌、晏绍祥、崔丽娜等译：《剑桥插图罗马史》，山东画报出版社，2008年。

［24］赵丰、齐东方主编：《锦上胡风——丝绸之路纺织品上的西方影响（4—8世纪）》，上海古籍出版社，2011年。

［25］（日）橘瑞超著，柳洪亮译：《橘瑞超西行记》，新疆人民出版社，1999年。

［26］（日）白鸟库吉著，傅勤家译：《康居粟特考》，商务印书馆，1937年。

［27］余太山著：《两汉魏晋南北朝与西域关系史研究》，中国社会科学出版社，2011年。

[28] 漆侠主编：《辽宋西夏金代通史》，人民出版社，2011年。

[29] 毛民著：《榴花西来：丝绸之路上的植物》，人民美术出版社，2005年。

[30]（瑞典）斯文·赫定著，王安洪、崔延虎译：《罗布泊探秘》，新疆人民出版社，1997年。

[31] 石云涛著：《三至六世纪丝绸之路的变迁》，文化艺术出版社，2007年。

[32]（英）约翰·曼著，谢焕译：《上帝之鞭阿提拉：挑战罗马帝国的匈人王》，国际文化出版公司，2008年。

[33] 联合国教科文组织、中国社会科学院考古研究所编：《十世纪前的丝绸之路和东西文化交流》，新世界出版社，1996年。

[34] 林梅村、李均明编：《疏勒河域出土汉简》，文物出版社，1984年。

[35]（瑞典）斯文·赫定著，江红、李佩娟译：《丝绸之路》，新疆人民出版社，1997年。

[36]（法）布尔努瓦著，耿昇译：《丝绸之路》，新疆人民出版社，1982年。

[37]（英）吴芳思著，谢焕译：《丝绸之路2000年》，山东画报出版社，2008年。

[38] 王博、祁小山著：《丝绸之路草原石人研究》，新疆人民出版社，1995年。

[39] 周伟洲、丁景泰编：《丝绸之路大辞典》，陕西人民出版社，2006年。

[40]（法）Jean-Pierre Drège著，吴岳添译：《丝绸之路——东方和西方的交流传奇》，上海书店出版社，1998年。

[41] 韩康信著：《丝绸之路古代居民种族人类学研究》，新疆人民出版社，1994年。

[42] 杜维善著：《丝绸之路古国钱币》，上海博物馆，1992年。

[43] 王炳华著：《丝绸之路考古研究》，新疆人民出版社，1993年。

[44] 李明伟主编：《丝绸之路贸易史》，甘肃人民出版社，1997年。

[45] 袁祖亮主编：《丝绸之路人口问题研究》，新疆人民出版社，1998年。

[46] 马通著：《丝绸之路上的穆斯林文化》，宁夏人民出版社，2000年。

[47]（日）长泽和俊著，钟美珠译：《丝绸之路史研究》，天津古籍出版社，1990年。

[48] 齐涛著：《丝绸之路探源》，齐鲁书社，1992年。

[49] 周菁葆著：《丝绸之路艺术研究》，新疆人民出版社，1994年。

[50] 苏北海著：《丝绸之路与龟兹历史文化》，新疆人民出版社，1996年。

[51] 阿不力木·克尤木主编：《丝绸之路与文化开放——新疆吐鲁番学会1996年度论文集》，新疆人民出版社，1999年。

[52] 李明伟著：《丝绸之路与西北经济社会研究》，甘肃人民出版社，1992年。

[53] 常任侠著：《丝绸之路与西域文化艺术》，上海文艺出版社，1981年。

[54] 周菁葆、邱陵著：《丝绸之路宗教文化》，新疆人民出版社，1998年。

[55]"法国汉学"丛书编辑委员会编：《粟特人在中国：历史、考古、语言的新探索》，中华书局，2005年。

[56]（法）魏义天著，王睿译：《粟特商人史》，广西师范大学出版社，2012年。

[57] 赵丰著：《唐代丝绸与丝绸之路》，三秦出版社，1992年。

[58] 许序雅著：《唐代丝绸之路与中亚历史地理研究》，西北大学出版社，2000年。

[59] 杨铭著：《唐代吐蕃与西域诸族关系研究》，黑龙江教育出版社，2000年。

[60]（法）张日铭著，姚继德、沙德珍译：《唐代中国与大食穆斯林》，宁夏人民出版社，2002年。

[61] 王小甫著：《唐、吐蕃、大食政治关系史》，北京大学出版社，1992年。

[62] 薛宗正著：《突厥史》，中国社会科学出版社，1992年。

[63]（英）凯瑟琳·马嘎特尼著，王卫平译：《外交官夫人的回

忆》，新疆人民出版社，1997年。

［64］王明哲、王炳华著：《乌孙研究》，新疆人民出版社，1983年。

［65］（英）帕特里克·法兰区著，郑明华译：《西藏追踪》，新疆人民出版社，2000年。

［66］岑仲勉著：《西突厥史料补阙及考证》，中华书局，1958年。

［67］冯承钧编：《西域地名》，中华书局，1980年。

［68］热扎克·买提尼牙孜主编：《西域翻译史》，新疆大学出版社，1994年。

［69］高永久著：《西域古代民族宗教综论》，高等教育出版社，1997年。

［70］马大正、王嵘、杨镰主编：《西域考察与研究》，新疆人民出版社，1994年。

［71］马大正、王嵘、杨镰主编：《西域考察与研究续编》，新疆人民出版社，1998年。

［72］华涛著：《西域历史研究（八至十世纪）》，上海古籍出版社，2000年。

［73］冯承钧译：《西域南海史地考证译丛一编》，商务印书馆，1962年。

［74］冯承钧译：《西域南海史地考证译丛二编》，商务印书馆，1962年。

［75］谢彬著：《西域探险考察大系：新疆游记》，新疆人民出版社，2010年。

［76］余太山主编：《西域通史》，中州古籍出版社，2003年。

［77］林梅村著：《西域文明：考古、民族、语言和宗教新论》，东方出版社，1995年。

［78］包铭新主编：《西域异服：丝绸之路出土古代服饰艺术复原研究》，东华大学出版社，2007年。

［79］（日）羽溪了谛著，贺昌群译：《西域之佛教》，商务印书馆，1999年。

［80］（英）弗兰克·威廉·沃尔班克著，陈恒、茹倩译：《希腊化世界》，上海人民出版社，2009年。

［81］陈恒著：《希腊化研究》，商务印书馆，2006年。

［82］（德）阿尔伯特·冯·勒柯克著，陈海涛译：《新疆的地下文化

宝藏》，新疆人民出版社，1999年。

［83］（瑞典）贝格曼著，王安洪译：《新疆考古记》，新疆人民出版社，1997年。

［84］新疆通史编撰委员会编：《新疆历史研究论文选编·两汉卷》，新疆人民出版社，2008年。

［85］陈序经著：《匈奴史稿》，中国人民大学出版社，2007年。

［86］江鸿著：《匈奴兴亡之追踪》，台湾商务印书馆股份有限公司，1985年。

［87］（英）卡特利奇著，曾德华译：《亚历山大大帝：寻找新的历史》，上海三联书店，2010年。

［88］（法）Pierre Briant著，吴岳添译：《亚历山大大帝：在版图的最前线》，上海书店出版社，1999年。

［89］（古希腊）普鲁塔克著，吴奚真译：《亚历山大大帝传》，团结出版社，2005年。

［90］（古希腊）阿里安著，李活译：《亚历山大远征记》，商务印书馆，1979年。

［91］（瑞典）斯文·赫定著，江红译：《游移的湖》，新疆人民出版社，2001年。

［92］张广达、荣新江著：《于阗史丛考》，上海书店出版社，1993年。

［93］（美）兰登·华尔纳著，姜洪源、魏宏举译：《在中国漫长的古道上》，新疆人民出版社，2000年。

［94］徐家玲著：《早期拜占庭和查士丁尼时代研究》，东北师范大学出版社，1998年。

［95］（日）桑原骘藏著，杨鍊译：《张骞西征考》，商务印书馆，1935年。

［96］（美）白桂思著，付建河译：《吐蕃在中亚：中古早期吐蕃、突厥、大食、唐朝争夺史》，新疆人民出版社，2012年。

［97］张保丰著：《中国丝绸史稿》，学林出版社，1989年。

［98］张忠山主编：《中国丝绸之路货币》，兰州大学出版社，1999年。

［99］雪犁主编：《中国丝绸之路辞典》，新疆人民出版社，1994年。

［100］张星烺编注：《中西交通史料汇编》，中华书局，2003年。

［101］（美）W.M.麦高文著，章巽译：《中亚古国史》，中华书局，1958年。

［102］薛宗正著：《中亚内陆：大唐帝国》，新疆人民出版社，2005年。

［103］许序雅著：《中亚萨曼王朝史研究》，贵州教育出版社，2000年。

［104］（法）丹尼、马松主编，芮传明译：《中亚文明史　第1卷　文明的曙光：远古时代至公元前700年》，中国对外翻译出版公司，2002年。

［105］（匈牙利）哈尔马塔主编，徐文堪译：《中亚文明史　第2卷　定居与游牧文明的发展：前700年至250年》，中国对外翻译出版公司，2002年。

［106］（俄）李特文斯基主编，马小鹤译：《中亚文明史　第3卷　文明的交会：公元250年至750年》，中国对外翻译出版公司，2003年。

［107］（塔吉克斯坦）阿基莫夫等主编，华涛译：《中亚文明史　第4卷上　辉煌时代：公元750年至15世纪末》，中国对外翻译出版公司，2008年。

［108］（英）博斯沃思主编，刘迎胜译：《中亚文明史　第4卷下　辉煌时代：公元750年至15世纪末》，中国对外翻译出版公司，2009年。

［109］（瑞典）贡纳尔·雅林著，崔延虎、郭颖杰译：《重返喀什噶尔》，新疆人民出版社，1994年。